NE능률 영어교과서

대한민국 고등학생 **10**명 중 **4.7**명이 보는 교과서

영어 고등 교과서 점유율 1위

[7차, 2007 개정, 2009 개정, 2015 개정]

KB124731

리딩튜터

그동안 판매된
리딩튜터 1,900만 부
차곡차곡 쌓으면 19만 미터

에베레스트 21배 높이

READING TUTOR

190,000m

에베레스트 8,848m

능률보카

그동안 판매된
능률VOCA 1,100만 부

대한민국 박스오피스
천만명을 넘은 영화 단 28개

VO CA

그래머존

그동안 판매된 450만 부의 그래머존을 바닥에 쭉 ~ 깔면

1000km 서울 - 부산 왕복가능

서울

부산

능률 VOCA 고교필수 2000

지은이	NE능률 영어교육연구소
선임연구원	신유승
연구원	선정아, 박효빈, 김정은
영문 교열	Curtis Thompson, Angela Lan
표지 · 내지 디자인	민유화, 기지영
맥편집	이정임

NE능률이
미래를
창조합니다.

건강한 배움의 고객가치를 제공하겠다는 꿈을 실현하기 위해
40년이 넘는 시간 동안 열심히 달려왔습니다.

앞으로도 끊임없는 연구와 노력을 통해
당연한 것을 멈추지 않고

고객, 기업, 직원 모두가 함께 성장하는 NE능률이 되겠습니다.

· 내신부터 수능까지 꼭 알아야 할 고등 필수 어휘 총정리 ·

능률 VOCA

고교필수 2000

VOCA

STRUCTURE & FEATURES

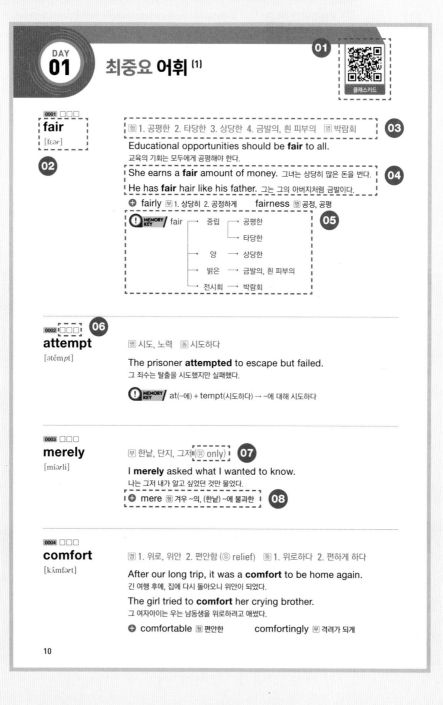

DAY 01 최중요 어휘 (1)

01

클래스카드

0001 ☐☐☐
fair
[fɛər]

02

03
형 1. 공평한 2. 타당한 3. 상당한 4. 금발의, 흰 피부의 명 박람회

Educational opportunities should be **fair** to all.
교육의 기회는 모두에게 공평해야 한다.

04
She earns a **fair** amount of money. 그녀는 상당히 많은 돈을 번다.
He has **fair** hair like his father. 그는 그의 아버지처럼 금발이다.

➕ fairly 閉 1. 상당히 2. 공정하게 fairness 명 공정, 공평

05
MEMORY KEY / fair → 중립 → 공평한
                              → 타당한
              → 양 → 상당한
              → 밝은 → 금발의, 흰 피부의
              → 전시회 → 박람회

0002 ☐☐☐ 06
attempt
[ətémpt]

명 시도, 노력 동 시도하다

The prisoner **attempted** to escape but failed.
그 죄수는 탈출을 시도했지만 실패했다.

MEMORY KEY at(~에) + tempt(시도하다) → ~에 대해 시도하다

0003 ☐☐☐
merely
[míərli]

07
閉 한낱, 단지, 그저 (⊜ only)

I **merely** asked what I wanted to know.
나는 그저 내가 알고 싶었던 것만 물었다.

08
➕ mere 형 겨우 ~의, (한낱) ~에 불과한

0004 ☐☐☐
comfort
[kʌ́mfərt]

명 1. 위로, 위안 2. 편안함 (⊜ relief) 동 1. 위로하다 2. 편하게 하다

After our long trip, it was a **comfort** to be home again.
긴 여행 후에, 집에 다시 돌아오니 위안이 되었다.

The girl tried to **comfort** her crying brother.
그 여자아이는 우는 남동생을 위로하려고 애썼다.

➕ comfortable 형 편안한 comfortingly 閉 격려가 되게

10

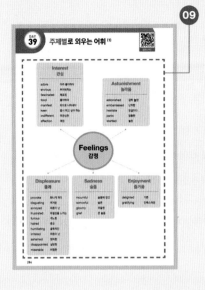

01 클래스카드로 바로 연결되는 DAY별 QR코드

02 한눈에 들어오는 표제어와 발음기호

03 표제어의 주요 의미를 품사와 함께 제시

04 어휘의 의미가 잘 드러나는 예문과 해석

05 자세한 어원 및 숙어 풀이, 연상기법을 통해 암기력을 높이는 ⚠ **MEMORY KEY** / 코너

06 암기 횟수, 잘 외워지지 않는 어휘 등을 표시할 수 있는 3회독 체크박스

07 유의어 및 반의어 수록

08 파생어, 관련 표현, 문법 정보 등 확장 학습 가능

09 주제별 어휘를 효율적으로 암기할 수 있게 해 주는 Mind Map

10 암기한 어휘를 점검해 볼 수 있는 Daily Test

본문에 쓰인 기호

명 명사	접 접속사	[ ] 대체 가능 어구
동 동사	전 전치사	( ) 생략 가능 어구, 보충 설명
형 형용사	유 유의어	【 】 해당 의미가 쓰이는 분야
부 부사	반 반의어	

((~s)) 해당 어휘가 복수형으로 쓰임

((the ~)) 해당 어휘 앞에 the가 함께 쓰임

HOW TO STUDY

능률VOCA 고교필수 2000 학습 TIP

01 하루에 1 DAY 분량의 어휘를 학습하고 Daily Test를 통해 점검한다. Daily Test를 다음 날 한 번 더 풀면 복습 효과를 얻을 수 있다.

02 총 7개의 파트로 나뉜 어휘의 특성을 고려하여 학습하면 좀 더 효율적으로 암기할 수 있다.

03 한 파트의 학습이 끝난 후 해당 Daily Test를 섞어서 다시 풀면 종합적인 복습이 가능하다.

04 다음 장에 있는 STUDY PLAN의 〈개인별 학습 진도 CHECK-UP〉을 활용하여 자신의 학습 진도를 기록하면 체계적인 학습을 할 수 있다.

05 3가지 버전의 MP3 파일과 클래스카드를 활용하여 자투리 시간에 학습하면 더욱 큰 암기 효과를 기대할 수 있다.

회독별 추천 학습법

1회독 MP3 파일로 표제어의 발음과 뜻을 먼저 들어 본다. 듣기가 끝난 뒤에는 표제어와 뜻을 본격적으로 암기한다. 단어의 정확한 의미와 쓰임을 이해하고 오래도록 기억하기 위해서는 예문도 반드시 읽어 보는 것이 좋다.

2회독 1회독 때 암기한 내용을 잘 기억하고 있는지 확인하면서 전체적으로 다시 학습한다. 각 단어의 유의어, 반의어, 파생어까지 확장하여 학습한다. 잘 외워지지 않는 단어는 별도로 표시해 둔다.

3회독 뜻을 가리고 표제어만 보면서 각 단어를 테스트하듯이 뜻을 쭉 읊어본다. 아직 미처 암기하지 못한 단어는 따로 암기하고, 2회독 때 잘 외워지지 않는 단어로 표시했던 것들도 다시 한번 확인한다.

CLASS CARD 이용법

1. 먼저 Google Play 스토어 또는 Apple App Store에서 "클래스카드" 앱을 설치하세요.
2. 오늘 분량을 모두 학습하고 난 뒤 QR코드를 찍어보세요.
3. 원하는 대로 구간 크기를 설정하여 학습할 수 있습니다.
   (1구간에 10개 단어씩 기본으로 설정되어 있습니다.)

TIP! QR코드 찍는 방법

스마트폰 카메라로 QR을 찍으면 자동으로 인식됩니다.
혹시 QR 인식이 안되나요? 스마트폰 기종이나 환경설정에 따라 안될 수도 있습니다.
이럴 때는 네이버나 다음 앱을 이용하세요.

· 네이버 앱 실행 > 하단 녹색 동그란 버튼 누르기 > 메뉴 중 왼쪽 하단의 'QR바코드' 누르기
· 다음 앱 실행 > 검색창 오른쪽 코드 모양 누르기 > 오른쪽 끝 '코드검색' 누르기
→ QR코드를 찍으세요!

❶ 암기학습

단어를 누르면 뜻을 확인할 수 있고 음성도 들어볼 수 있습니다. 뜻을 먼저 생각해 보고 단어를 눌러 확인하면 더욱 효과를 높일 수 있어요.

❷ 리콜학습

단어가 제시되면 4개의 선택지 중에서 올바른 뜻을 찾아 체크합니다.

❸ 스펠학습

제시된 우리말 뜻을 보고 생각나는 단어를 써보세요. 힌트보기를 누르면 잠시 나타났다가 사라집니다.

➕ **5일마다 제시되는 매칭게임**
단어와 뜻을 연결시키는 게임에 도전해 보세요. 재미와 복습 효과를 모두 누릴 수 있습니다.

STUDY PLAN

개인별 학습 진도 CHECK-UP

※ DAY별로 학습 여부를 체크해 보세요. 필요에 따라 학습 날짜를 기입해도 좋습니다.

		PART 01 최중요 어휘									
		DAY 01	DAY 02	DAY 03	DAY 04	DAY 05	DAY 06	DAY 07	DAY 08	DAY 09	DAY 10
학습 여부	표제어										
	Test										

			PART 02 어원으로 익히는 어휘								
		DAY 11	DAY 12	DAY 13	DAY 14	DAY 15	DAY 16	DAY 17	DAY 18	DAY 19	DAY 20
학습 여부	표제어										
	Test										

										PART 03	
		DAY 21	DAY 22	DAY 23	DAY 24	DAY 25	DAY 26	DAY 27	DAY 28	DAY 29	DAY 30
학습 여부	표제어										
	Test										

		함께 외우면 좋은 어휘			PART 04 여러 가지 뜻을 가진 어휘					PART 05	
		DAY 31	DAY 32	DAY 33	DAY 34	DAY 35	DAY 36	DAY 37	DAY 38	DAY 39	DAY 40
학습 여부	표제어										
	Test										

		주제별로 외우는 어휘									
		DAY 41	DAY 42	DAY 43	DAY 44	DAY 45	DAY 46	DAY 47	DAY 48	DAY 49	DAY 50
학습 여부	표제어										
	Test										

			PART 06 원리를 알면 쉬운 숙어								
		DAY 51	DAY 52	DAY 53	DAY 54	DAY 55	DAY 56	DAY 57	DAY 58	DAY 59	DAY 60
학습 여부	표제어										
	Test										

		PART 07 고난도 어휘									
		DAY 61	DAY 62	DAY 63	DAY 64	DAY 65	DAY 66	DAY 67	DAY 68	DAY 69	DAY 70
학습 여부	표제어										
	Test										

CONTENTS

CONTENTS

PART 01

최중요 어휘
DAY 01~13

DAY 01 최중요 어휘 (1)

클래스카드

0001 ☐☐☐

fair

[fɛər]

형 1. 공평한 2. 타당한 3. 상당한 4. 금발의, 흰 피부의 명 박람회

Educational opportunities should be **fair** to all.
교육의 기회는 모두에게 공평해야 한다.

She earns a **fair** amount of money. 그녀는 상당히 많은 돈을 번다.

He has **fair** hair like his father. 그는 그의 아버지처럼 금발이다.

➕ fairly 부 1. 상당히 2. 공정하게   fairness 명 공정, 공평

0002 ☐☐☐

attempt

[ətémpt]

명 시도, 노력 동 시도하다

The prisoner **attempted** to escape but failed.
그 죄수는 탈출을 시도했지만 실패했다.

MEMORY KEY at(~에) + tempt(시도하다) → ~에 대해 시도하다

0003 ☐☐☐

merely

[míərli]

부 한낱, 단지, 그저 (유 only)

I **merely** asked what I wanted to know.
나는 그저 내가 알고 싶었던 것만 물었다.

➕ mere 형 겨우 ~의, (한낱) ~에 불과한

0004 ☐☐☐

comfort

[kʌ́mfərt]

명 1. 위로, 위안 2. 편안함 (유 relief) 동 1. 위로하다 2. 편하게 하다

After our long trip, it was a **comfort** to be home again.
긴 여행 후에, 집에 다시 돌아오니 위안이 되었다.

The girl tried to **comfort** her crying brother.
그 여자아이는 우는 남동생을 위로하려고 애썼다.

➕ comfortable 형 편안한   comfortingly 부 격려가 되게

10

0005 ☐☐☐

import

동 [impɔ́ːrt]
명 [ímport]

동 1. 수입하다 (반 export) 2. ~의 뜻을 함축하다 3. 중요하다
명 1. 수입, 수입품 2. 의미 3. 중요성 (유 importance)

The company needed to **import** materials from overseas.
그 회사는 해외로부터 자재를 수입할 필요가 있었다.

➕ importer 명 수입업자, 수입국　　　　importable 형 수입 가능한

(!) **MEMORY KEY** / im(안으로) + port(운반하다) → 안으로 나르다

0006 ☐☐☐

register

[rédʒistər]

동 1. 등록하다 2. 기록하다 3. 신청하다　명 등록, 등록부

Students must **register** for classes before the deadline.
학생들은 마감 기한 전에 수업을 등록해야 한다.

Please sign your name on the **register** at the front desk.
안내데스크에서 등록부에 있는 당신의 이름에 서명해주세요.

➕ registration 명 등록, 접수

0007 ☐☐☐

accuse

[əkjúːz]

동 고발[고소]하다, 비난하다

The man was **accused** of being a pickpocket.
그 남자는 소매치기 혐의로 기소되었다.

➕ accusation 명 고발, 비난　　　the accused 피고(인)

(!) **MEMORY KEY** / ac(~에) + cuse(이유) → ~에 대한 (특정한) 이유로 고발하다

0008 ☐☐☐

include

[inklúːd]

동 1. 포함하다 2. 넣다, 포함시키다

The price **includes** delivery charges.
그 가격에는 배송료가 포함되어 있다.

➕ inclusion 명 1. 포함 2. 함유(물)　　including 전 ~을 포함하여

0009 ☐☐☐

exclude

[iksklúːd]

동 1. 제외하다 2. 차단하다

New products are **excluded** from the sale.
신제품은 할인 품목에서 제외된다.

➕ exclusion 명 1. 제외 2. 차단　　excluding 전 ~을 제외하고

approach
[əpróutʃ]

동 접근하다, 다가가다[오다]   명 접근(법)

The time is **approaching** when I should submit the report.
보고서를 제출해야 할 시간이 다가오고 있다.

MEMORY KEY ap(~에) + proach(가까이) → ~에 가까이 가다

---

nevertheless
[nèvərðəlés]

부 그럼에도 불구하고 (유 nonetheless)

He went deaf; **nevertheless**, he kept writing music.
그는 청각을 잃었음에도 불구하고 계속 작곡을 했다.

---

reliable
[riláiəbl]

형 믿을 수 있는, 확실한 (유 dependable)

It is a little expensive, but it is **reliable**.
그것은 약간 비싸지만 품질은 믿을 만하다.

➕ rely 동 의지하다, 믿다   reliance 명 의존, 의지

MEMORY KEY reli(믿다) + able('~할 수 있는' 형용사형 접미사) → 믿을 수 있는

---

promote
[prəmóut]

동 1. 증진[촉진]하다 2. 승진시키다 3. 홍보하다

This herb **promotes** digestion. 이 허브는 소화를 촉진시킨다.
He was **promoted** to full professor. 그는 정교수로 진급했다.
We **promoted** the product through TV ads.
우리는 TV 광고를 통해 그 제품을 홍보했다.

➕ promotion 명 1. 승진 2. 판촉, 홍보

MEMORY KEY promote ┬ 촉진 ┬ 증진[촉진]하다
                          │   └ 홍보하다
                          └ 승진 ── 승진시키다

---

adjust
[ədʒʌ́st]

동 1. 적응하다 (유 adapt) 2. 조정하다, 맞추다

Children are better at **adjusting** than adults.
아이들은 어른들보다 더 잘 적응한다.

➕ adjustment 명 1. 조정 2. 적응

MEMORY KEY ad(~에) + just(올바른) → ~의 (목적에) 맞게 하다, 바로잡다

0015 ☐☐☐

predict
[pridíkt]

동 예언하다, 예측하다

No social scientist can accurately **predict** the future.
어떤 사회 과학자도 미래를 정확히 예측할 수는 없다.

➕ predictable 형 예측할 수 있는   prediction 명 예언, 예측

! MEMORY KEY / pre(전에) + dict(말하다) → (어떤 일이 일어나기) 전에 말하다

0016 ☐☐☐

install
[instɔ́ːl]

동 설치하다, 설비하다

The city has a plan to **install** new signs.
그 도시는 새로운 표지판을 설치할 계획이 있다.

➕ installation 명 1. 설치, 설비 2. 장치

! MEMORY KEY / in(안에) + stall(놓다) → (어떤 장소) 안에 놓다

0017 ☐☐☐

alternative
[ɔːltə́ːrnətiv]

명 대안, 선택 가능한 것   형 대체 가능한, 대안이 되는

Do you have any **alternative** plans if rejected?
만약 거절당하면 너는 대체할 계획이 있니?

➕ alternate 형 1. 번갈아 나오는 2. 대안의 동 번갈아 나오다

! MEMORY KEY / alter(다른) + (n)ative(형용사형 접미사) → 다른 것의

0018 ☐☐☐

variable
[vέəriəbl]

형 변하기 쉬운, 변덕스러운

The English are familiar with **variable** weather conditions.
영국 사람들은 변덕스러운 날씨에 익숙하다.

➕ vary 동 1. 바꾸다 2. 다르다   variation 명 1. 변화 2. 변형
variety 명 다양(성), 변화(가 많음)

0019 ☐☐☐

various
[vέəriəs]

형 여러 가지의, 다양한

The store has **various** styles of furniture.
그 가게에는 다양한 스타일의 가구가 있다.

0020 ☐☐☐

varied
[vέərid]

형 가지각색의

Alex has lived a **varied** life so far. Alex는 지금까지 변화무쌍한 삶을 살아왔다.

0021 ☐☐☐

appoint
[əpɔ́int]

통 1. 임명[지명]하다 2. (시간·장소 등을) 정하다

The council will **appoint** someone to fill the empty seat.
의회는 공석을 채우기 위해 누군가를 임명할 것이다.

➕ appointment 명 1. 약속 2. 임명, 지명

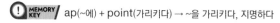 ❗MEMORY KEY/ ap(~에) + point(가리키다) → ~을 가리키다, 지명하다

0022 ☐☐☐

locate
[lóukeit]

통 1. 위치하다 2. (위치를) 알아내다 3. (특정 위치에) 두다, 설치하다

My car is **located** in the garage. 내 차는 차고에 있다.
I can't **locate** my charger right now. 나는 지금 내 충전기를 못 찾겠다.
He plans to **locate** his office downtown.
그는 시내에 사무실을 낼 계획이다.

➕ location 명 위치, 장소

 ❗MEMORY KEY/ locate ┌→ 위치 ┌→ 위치하다
                                              └→ (특정 위치에) 두다, 설치하다
                                    └→ 발견 → (위치를) 알아내다

0023 ☐☐☐

celebrity
[səlébrəti]

명 1. 유명 인사 (유 star) 2. 명성

We should respect the privacy of **celebrities**.
우리는 유명인들의 사생활을 존중해야 한다.

0024 ☐☐☐

handle
[hǽndl]

통 1. 처리하다 2. 다루다   명 손잡이

He quit his job because he couldn't **handle** the workload.
그는 업무량을 처리할 수 없어서 일을 그만두었다.

The **handle** on the front door needs to be replaced.
앞문 손잡이는 교체될 필요가 있다.

0025 ☐☐☐

originate
[ərídʒənèit]

통 1. ((~ from)) 생기다, 일어나다 2. ((~ in)) 비롯되다, 유래하다

Many viruses **originate** from animal species.
많은 바이러스는 동물의 종으로부터 생겨난다.

➕ origination 명 1. 창작 2. 발명

0026 □□□

aware
[əwɛ́ər]

형 알아차린, 알고 있는

He was **aware** of his fault and tried to correct it.
그는 자신의 잘못을 알고 바로잡으려고 노력했다.

➕ awareness 명 인식, 알고 있음   be aware of ~을 알아채다

(!) MEMORY KEY / a('강조') + war(e)(주의하다) → 주의하여 알아차린

0027 □□□

caution
[kɔ́:ʃən]

명 1. 조심, 신중 2. 경고   동 경고하다

Drivers should take **caution** when driving in the rain.
운전자들은 빗길에서 운전할 때 조심해야 한다.

➕ cautious 형 조심성 있는, 신중한   with caution 조심하여, 신중히

0028 □□□

barrier
[bǽriər]

명 1. 장애, 장벽 2. 방벽, 국경의 요새

She had problems caused by linguistic and cultural **barriers**.
그녀는 언어와 문화 장벽으로 인한 문제가 있었다.

(!) MEMORY KEY / bar(r)(장애) + ier(명사형 접미사) → 장애가 되는 것

0029 □□□

anticipate
[æntísəpèit]

동 1. 예상하다, 예측하다 2. 기대하다

We **anticipate** economic recovery within the next two years.
우리는 향후 2년 이내에 경기 회복을 예상한다.

➕ anticipation 명 1. 예상 2. 기대

(!) MEMORY KEY / anti(전에) + cip(잡다) + ate(동사형 접미사) → 미리 잡아내다

0030 □□□

breed
[bri:d]

동 (bred – bred) 1. 번식하다 2. 사육하다, 재배하다   명 (가축의) 품종

The insects tend to **breed** in certain places.
그 곤충은 특정한 장소에서 번식하는 경향이 있다.

Daily Test

1-18 영어를 우리말로, 우리말을 영어로 바꾸시오.

1	import	_____	10	장애; 방벽, 국경의 요새	_____
2	various	_____	11	처리하다, 다루다; 손잡이	_____
3	attempt	_____	12	증진[촉진]하다; 승진시키다	_____
4	nevertheless	_____	13	조심; 경고(하다)	_____
5	include	_____	14	대안; 대체 가능한	_____
6	reliable	_____	15	임명[지명]하다; 정하다	_____
7	merely	_____	16	변하기 쉬운, 변덕스러운	_____
8	install	_____	17	등록하다; 기록하다; 등록(부)	_____
9	celebrity	_____	18	제외하다; 차단하다	_____

19-24 문맥상 빈칸에 들어갈 단어를 찾아 적절한 형태로 넣으시오.

aware	accuse	locate	originate	anticipate	approach

19 Many viruses _____ from animal species.

20 The man was _____ of being a pickpocket.

21 The time is _____ when I should submit the report.

22 My car is _____ in the garage.

23 He was _____ of his fault and tried to correct it.

24 We _____ economic recovery within the next two years.

Answer ¹ 수입하다; ~의 뜻을 함축하다; 중요하다; 수입(품); 의미; 중요성 ² 여러 가지의, 다양한 ³ 시도(하다), 노력 ⁴ 그럼에도 불구하고 ⁵ 포함하다; 넣다, 포함시키다 ⁶ 믿을 수 있는, 확실한 ⁷ 한낱, 단지, 그저 ⁸ 설치하다, 설비하다 ⁹ 유명 인사; 명성 ¹⁰ barrier ¹¹ handle ¹² promote ¹³ caution ¹⁴ alternative ¹⁵ appoint ¹⁶ variable ¹⁷ register ¹⁸ exclude ¹⁹ originate ²⁰ accused ²¹ approaching ²² located ²³ aware ²⁴ anticipate

최중요 어휘 (2)

0031 ☐☐☐
commit
[kəmít]

통 1. (죄를) 범하다 2. 약속하다 3. 전념하다, 헌신하다

The criminals used guns to **commit** crimes.
그 범죄자들은 범죄를 저지르는 데 총을 사용했다.

They **committed** themselves to organ donation.
그들은 장기 기증을 약속했다.

He **committed** his life to his work. 그는 자신의 일에 일생을 바쳤다.

➕ commitment 명 1. 약속 2. 헌신 3. 위탁

MEMORY KEY / commit ┌──→ 죄 ──→ (죄를) 범하다
　　　　　　　　├──→ 약속 ──→ 약속하다
　　　　　　　　└──→ 전념 ──→ 전념하다, 헌신하다

0032 ☐☐☐
hence
[hens]

부 1. 따라서, 그러므로 2. 향후

The coupon is too old and **hence** it is invalid.
그 쿠폰은 너무 오래되어서 유효하지 않다.

0033 ☐☐☐
theorize
[θíːəràiz]

통 (이론 · 학설 등을) 세우다 (윤 hypothesize)

Scientists can only **theorize** about how the dinosaurs became extinct. 과학자들은 공룡이 어떻게 멸종했는지에 대해 학설만을 세울 수 있다.

➕ theory 명 이론, 학설

0034 ☐☐☐
assert
[əsə́ːrt]

통 1. 주장하다 2. 단언하다

The politician continued to publicly **assert** his opinion on the issue. 그 정치가는 그 사안에 대한 자신의 의견을 계속해서 공개적으로 주장했다.

➕ assertion 명 주장, 단언

0035 ☐☐☐
distribute
[distríbjuːt]

통 1. 나누어 주다, 분배하다 (윤 give out) 2. 유통시키다

They **distributed** clothes and blankets to the flood victims.
그들은 수재민들에게 옷과 담요를 나누어 줬다.

➕ distribution 명 1. 분배, 배급 2. 분포

MEMORY KEY / dis(떨어져) + tribut(e)(할당하다) → 나누어 주다

0036 □□□
steep
[stiːp]

형 1. 가파른 2. 급격한

They climbed the **steep** mountain quickly.
그들은 가파른 산을 빠르게 올랐다.

➕ steeply 부 가파르게

0037 □□□
former
[fɔ́ːrmər]

형 이전의, 예전의 명 ((the ~)) (둘 중에서) 전자

The **former** president of the U.S. was invited to the conference.
전직 미국 대통령이 그 회의에 초청되었다.

0038 □□□
latter
[lǽtər]

형 1. 후반의 2. (둘 중에서) 후자의 명 ((the ~)) (둘 중에서) 후자

He appears in the **latter** part of the movie. 그는 영화 후반부에 등장한다.
Of the two designs, she preferred the **latter** to the former.
두 가지 디자인 중에서 그녀는 전자보다 후자를 선호했다.

0039 □□□
perceive
[pərsíːv]

동 1. 인지하다, 알아차리다 2. 여기다

Everyone **perceived** that he was angry.
그가 화났다는 것을 모두가 알아챘다.

➕ perception 명 지각, 인지   perceptive 형 지각력이 있는

MEMORY KEY per(완전히) + ceive(취하다) → 철저하게 파악하다

0040 □□□
combine
[kəmbáin]

동 1. 결합하다[되다] 2. 겸비하다

Combine sugar, flour, and eggs in a large bowl and mix well.
설탕과 밀가루, 계란을 큰 그릇에 넣고 잘 섞어라.

➕ combination 명 결합

0041 □□□
proceed
[prəsíːd]

동 1. 계속하다[되다], 진행하다[되다] 2. 나아가다

How about seeking advice before deciding how to **proceed**?
어떻게 진행할지 결정하기 전에 조언을 받아보는 게 어때?

➕ procedure 명 절차, 진행 방식   process 명 진행, 과정 동 처리하다

MEMORY KEY pro(앞으로) + ceed(가다) → 앞으로 가다

18

0042 ☐☐☐

obvious
[ábviəs]

형 명백한, 분명한

It is **obvious** that the goals can't be reached.
그 목표가 달성되지 않을 것이 분명하다.

➕ obviously 부 명백하게, 분명히

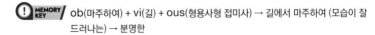 ob(마주하여) + vi(길) + ous(형용사형 접미사) → 길에서 마주하여 (모습이 잘 드러나는) → 분명한

0043 ☐☐☐

apply
[əplái]

동 1. 신청하다, 지원하다 2. 적용되다 3. 바르다

I'll **apply** for the job in the sales department.
나는 영업부서에 지원할 것이다.

All of the guidelines **apply** to novice learners.
모든 지침은 초보 학습자들에게 적용된다.

Apply this ointment to the scar. 그 상처에 이 연고를 발라라.

➕ application 명 1. 신청, 지원(서) 2. 적용   applicant 명 지원자

MEMORY KEY / apply ┬→ 신청 —→ 신청하다, 지원하다
└→ 적용 ┬→ 적용되다
└→ 바르다

0044 ☐☐☐

concentrate
[kánsəntrèit]

동 1. 집중하다 2. (한 곳에) 모으다

I can't **concentrate** on my studying because of the noise.
나는 소음 때문에 공부에 집중할 수 없다.

➕ concentration 명 1. 집중(력) 2. 농축

MEMORY KEY / con(함께) + centr(중심) + ate(동사형 접미사) → (힘을) 함께 중심부로 모으다

0045 ☐☐☐

crisis
[kráisis]

명 위기, 결정적인 시기

The government is seeking a solution to overcome the economic **crisis**. 정부가 경제 위기를 극복하기 위한 방안을 모색 중이다.

MEMORY KEY / cri(분리하다) + sis(명사형 접미사) → 분리되어 갈라짐 → 위기

DAY 02

inclined
[inkláind]

형 1. ~하는 경향이 있는 2. ~할 마음이 있는

He is **inclined** to judge others on their educational background.
그는 학력으로 다른 사람을 판단하는 경향이 있다.

➕ incline 동 1. 마음이 내키게 하다 2. 기울(이)다   inclination 명 1. 경향 2. 경사

MEMORY KEY in(~을 향해) + clin(굽다) + ed(형용사형 접미사) → ~을 향해 기운

---

emotion
[imóuʃən]

명 감정, 정서 (유 feeling)

People often make irrational decisions because of their
emotions. 사람들은 종종 그들의 감정 때문에 비이성적인 결정을 내린다.

➕ emotional 형 감정적인

---

represent
[rèprizént]

동 1. 대표하다 2. 나타내다 3. 보여주다

The athlete was proud to **represent** her school at the competition.
그 운동선수는 대회에서 그녀의 학교를 대표하게 되어 자랑스러웠다.

National flags are used as symbols to **represent** their countries.
국기는 나라를 나타내는 상징으로서 쓰인다.

➕ representation 명 표현, 표상, 대표

MEMORY KEY re(다시) + present(내밀다) → 나타내다, 보여주다

---

feature
[fí:tʃər]

명 1. 특징 2. 이목구비 3. 특집 (기사[방송]) 동 특징으로 삼다

The most outstanding **feature** of this product is portability.
이 제품의 가장 눈에 띄는 특징은 휴대성이다.

a special **feature** on environment 환경에 관한 특집 기사

This facility **features** the latest security devices.
이 시설은 최신 보안 장치가 특징이다.

---

relevant
[réləvənt]

형 1. 관련된 2. 적절한

This evidence is **relevant** to the case. 이 증거는 그 사건과 관련이 있다.

➕ relevance 명 1. 관련성 2. 타당성

0051 ☐☐☐
factual
[fǽktʃuəl]

형 사실에 입각한 (유 true 반 fictional)

Reporters must confirm that the information they report is **factual**.
기자들은 그들이 보고하는 정보가 사실인지 확인해야 한다.

0052 ☐☐☐
concern
[kənsə́:rn]

명 1. 걱정 2. 관심사 3. 관계 동 1. 걱정하다[시키다] 2. 관심을 갖다

Concern about the environment is rising worldwide.
전 세계적으로 환경에 대한 관심이 높아지고 있다.

➕ concerned 형 1. 걱정하는 2. 관계하는　　concerning 전 ~에 관한

⚠ MEMORY KEY / con(함께) + cern(체로 치다) → 함께 체로 쳐서 (옳고 그름을) 가려내다
　　→ 관심을 갖다

0053 ☐☐☐
classify
[klǽsəfài]

동 분류하다, 구분하다

The librarian **classified** the books by subject.
사서가 그 책들을 주제별로 분류했다.

➕ classified 형 1. 분류된 2. 기밀의　　classification 명 분류

0054 ☐☐☐
circumstance
[sə́:rkəmstæns]

명 ((주로 ~s)) 1. 상황, 주위 사정 2. (경제적) 형편, 처지

I oppose any kind of violence under any **circumstances**.
나는 어떤 상황에서도 모든 폭력에 반대한다.

➕ circumstantial 형 정황적인, 형편에 따른

⚠ MEMORY KEY / circum(주위에) + st(서 있다) + ance(명사형 접미사)→ 주위에 서 있는 것

0055 ☐☐☐
involve
[inválv]

동 1. 포함하다, 수반하다 2. 관련시키다 3. 참여시키다

His job **involves** business trips. 그의 일은 출장을 다녀야 한다.

➕ involved 형 1. 관련된 2. 복잡한　　involvement 명 관련, 개입, 연루

0056 ☐☐☐

occasion
[əkéiʒən]

명 1. (특정한) 때, 경우 2. 특별한 일[행사]

He only drinks wine on special **occasions**.
그는 특별한 경우에만 와인을 마신다.

➕ occasional 형 때때로의　　occasionally 부 가끔, 때때로

 oc(아래로) + cas(떨어지다) + ion(명사형 접미사) → 갑자기 떨어지는[겪는] 것
→ 특별한 경우

0057 ☐☐☐

exterior
[ikstíəriər]

형 바깥쪽의, 외부의　명 외부 (반 interior)

the **exterior** of a building 건물의 외부

0058 ☐☐☐

respect
[rispékt]

동 1. 존경하다, 존중하다 2. (법 등을) 준수하다　명 1. 존경, 존중 2. 측면, 관점

She is highly **respected** by all her colleagues.
그녀는 모든 동료들에게 매우 존경을 받는다.

respect the constitution 헌법을 준수하다

He is a good leader in all **respects**. 그는 모든 면에서 훌륭한 지도자이다.

➕ respectful 형 공손한　　respectable 형 존경할 만한
respective 형 각각의　　respectively 부 각자, 각각

 respect ┬─ 존중 ┬─ 존경(하다), 존중(하다)
　　　　　　　　　　└─ (법 등을) 준수하다
　　　　　　└─ 측면 ─→ 측면, 관점

0059 ☐☐☐

clarify
[klǽrəfài]

동 명백하게 하다, 분명해지다

Clarify what you said for those who didn't understand it.
그것을 이해하지 못한 사람들을 위해 분명하게 말씀해 주세요.

➕ clarification 명 설명

0060 ☐☐☐

artificial
[àːrtəfíʃəl]

형 1. 인공의, 인조의 2. (행동이) 거짓인, 꾸민

The garden is full of colorful **artificial** lights.
그 정원은 형형색색의 인공조명으로 가득하다.

 art(i)(인공) + fic(만들다) + ial(형용사형 접미사) → 인공적으로 만든

22

Daily Test

영어를 우리말로, 우리말을 영어로 바꾸시오.

1	distribute	_____	10 상황, 주위 사정; 형편, 처지	_____
2	emotion	_____	11 대표하다; 나타내다; 보여주다	_____
3	hence	_____	12 바깥쪽의, 외부(의)	_____
4	latter	_____	13 존경(하다), 존중(하다); 측면, 관점	_____
5	perceive	_____	14 명백하게 하다, 분명해지다	_____
6	artificial	_____	15 (특정한) 때, 경우; 특별한 일[행사]	_____
7	assert	_____	16 결합하다[되다]; 겸비하다	_____
8	crisis	_____	17 (죄를) 범하다; 약속하다; 전념하다	_____
9	theorize	_____	18 이전의, 예전의; (둘 중에서) 전자	_____

19-24 문맥상 빈칸에 들어갈 단어를 찾아 적절한 형태로 넣으시오.

> concern   feature   relevant   concentrate   proceed   apply

19 I'll _____ for the job in the sales department.

20 The most outstanding _____ of this product is portability.

21 I can't _____ on my studying because of the noise.

22 How about seeking advice before deciding how to _____?

23 This evidence is _____ to the case.

24 _____ about the environment is rising worldwide.

Answer ¹ 나누어 주다, 분배하다; 유통시키다 ² 감정, 정서 ³ 따라서, 그러므로; 향후 ⁴ 후반의; (둘 중에서) 후자(의) ⁵ 인지하다, 알아차리다; 여기다 ⁶ 인공의, 인조의; 거짓인, 꾸민 ⁷ 주장하다; 단언하다 ⁸ 위기, 결정적인 시기 ⁹ (이론·학설 등을) 세우다 ¹⁰ circumstance ¹¹ represent ¹² exterior ¹³ respect ¹⁴ clarify ¹⁵ occasion ¹⁶ combine ¹⁷ commit ¹⁸ former ¹⁹ apply ²⁰ feature ²¹ concentrate ²² proceed ²³ relevant ²⁴ Concern

최중요 어휘 (3)

클래스카드

0061 ☐☐☐

confirm
[kənfə́ːrm]

图 1. (~이 사실임을) 보여주다 2. (약속 등을) 확인하다, 확정하다

The evidence **confirmed** the rumor is false.
그 증거는 그 소문이 거짓이라는 것을 보여주었다.

➕ confirmation 명 확인, 확정

MEMORY KEY con('강조') + firm(확고한) → 더욱 확고하게 하다

0062 ☐☐☐

state
[steit]

图 1. 상태, 상황 2. 국가, 주(州) 图 (정식으로) 말하다, 진술하다

The country is in a **state** of war. 그 나라는 전시 상태이다.
Laws vary from **state** to **state** in the U.S.A. 미국에서 법은 주마다 다르다.
The witness **stated** that she had seen him entering the store.
그 목격자는 그가 가게로 들어가는 것을 봤다고 진술했다.

➕ statement 명 성명(서), 진술   statesman 명 정치가

MEMORY KEY state ┬ 상태 ── 상태, 상황
                    ├ 영역 ── 국가, 주(州)
                    └ 진술 ── (정식으로) 말하다, 진술하다

0063 ☐☐☐

resist
[rizíst]

图 1. 저항하다 2. 반대하다 (유 oppose)

Some people **resist** change instead of embracing it.
어떤 사람들은 변화를 수용하는 대신에 저항한다.

➕ resistance 명 저항

MEMORY KEY re(뒤로) + sist(서다) → 뒤에 서 있다

0064 ☐☐☐

acknowledge
[əknάlidʒ]

图 1. 인정하다, 승인하다 2. 감사를 표하다

We need to **acknowledge** the importance of cultural diversity.
우리는 문화적 다양성의 중요성을 인정해야 한다.

➕ acknowledg(e)ment 명 1. 승인 2. 감사

MEMORY KEY 폐어인 acknow(인정하다)와 knowledge의 혼성어 → (~에 대해) 알고 있다고 인정하다

0065 ☐☐☐

crucial
[krúːʃəl]

형 결정적인, 중대한 (윤 vital)

She made a **crucial** decision in her life.
그녀는 일생일대의 중대한 결정을 내렸다.

➕ crucially 부 결정적으로

0066 ☐☐☐

gather
[gǽðər]

동 1. 모으다, 모이다 2. (수집된 정보에 따라) 이해하다

A rolling stone **gathers** no moss. 〈속담〉구르는 돌에는 이끼가 끼지 않는다.

➕ gathering 명 모임

0067 ☐☐☐

ignore
[ignɔ́ːr]

동 1. 무시하다 2. 못 본 척하다

Nobody can **ignore** the power of the public.
아무도 여론의 힘을 무시할 수 없다.

➕ ignorant 형 ~을 모르는, 무지한   ignorance 명 무지, 무식

🔑 **MEMORY KEY** / i('부정') + gno(알다) + re(어미) → 모르는 척하다 → 무시하다

0068 ☐☐☐

demand
[dimǽnd]

동 1. 요구하다 2. 필요로 하다   명 1. 요구 2. 수요

They **demanded** that she refund their rent.
그들은 그녀에게 임대료를 환불해 줄 것을 요구했다.

➕ demanding 형 1. 요구가 많은 2. 힘든   on demand 요구가 있는 대로

0069 ☐☐☐

supply
[səplái]

동 공급하다   명 1. 공급(량) 2. ((~ies)) 보급품

This school **supplies** students with computers.
이 학교는 학생들에게 컴퓨터를 제공한다.

0070 ☐☐☐

delicate
[déləkit]

형 1. (연)약한, 깨지기 쉬운 2. 섬세한, 우아한 3. 미묘한

The glass is very **delicate**, so be careful with it.
그 유리잔은 아주 깨지기 쉬우므로 조심해서 다루어라.

➕ delicacy 명 1. 연약함 2. 섬세함   delicately 부 1. 우아하게 2. 미묘하게

0071 ☐☐☐

corporate
[kɔ́ːrpərit]

형 1. 기업의 2. 법인의 3. 공동의

The government announced that it will increase **corporate** investment. 정부는 기업 투자를 늘릴 것이라고 발표했다.

➕ corporation 명 1. 기업, 회사 2. 법인

MEMORY KEY corp(or)(조직체) + ate(형용사형 접미사) → 한 조직체인

0072 ☐☐☐

eventually
[ivéntʃuəli]

부 결국, 최종적으로, 마침내 (유 finally)

He **eventually** found success because he refused to give up. 그는 포기하기를 거부해서 결국 성공했다.

➕ eventual 형 최후의, 궁극적인

0073 ☐☐☐

object
명 [ábdʒikt]
동 [əbdʒékt]

명 1. 물체 2. 목적, 목표 3. (행동ㆍ감정의) 대상 동 반대하다

What's that shiny **object** on the table? 탁자 위에 저 빛나는 물체가 뭐지?
My **object** in life is to help people in need.
내 삶의 목표는 어려운 사람들을 돕는 것이다.
She always **objects** to my suggestions. 그녀는 항상 나의 제안에 반대한다.

➕ objection 명 반대

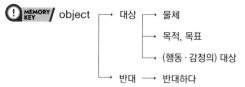

0074 ☐☐☐

recognize
[rékəgnàiz]

동 1. 알아보다, 인지하다 2. 인정하다

I **recognized** her face but not her name.
나는 그녀의 얼굴은 알았는데 이름은 몰랐다.

➕ recognition 명 1. 인식 2. 인정

MEMORY KEY re(다시) + cogn(알다) + ize(동사형 접미사) → 다시 알아보다

0075 ☐☐☐

deny
[dinái]

동 1. 부정하다, 인정하지 않다 2. 거절하다

She **denied** stealing the necklace from the jewelry store.
그녀는 보석 가게에서 목걸이를 훔친 것을 부인했다.

➕ denial 명 1. 부정 2. 거부

0076 ☐☐☐
differ
[dífər]

동 ((~ from)) 다르다 (㈜ vary)

Popular trends often **differ** from country to country.
인기있는 트렌드는 종종 나라마다 다르다.

➕ different 형 다른

(!) MEMORY KEY / dis(떨어져) + fer(운반하다) → 다르다

0077 ☐☐☐
rent
[rent]

동 임대하다, 빌리다   명 세, 집세

The family planned to **rent** a boat for their vacation.
그 가족은 휴가를 위해 배를 빌리기로 계획했다.
The average price of **rent** is increasing in Seoul.
서울의 평균 임대료는 올라가고 있다.

➕ rental 명 임대료 형 임대의

0078 ☐☐☐
charity
[tʃǽrəti]

명 1. 자선 2. 기부 3. 모금

The university is holding an event to raise money for **charity**.
그 대학은 자선모금을 위한 행사를 개최 중이다.

0079 ☐☐☐
encourage
[inkə́:ridʒ]

동 1. 용기를 북돋우다 2. 장려하다 3. 조장하다, 부추기다

Mom has **encouraged** me to be enthusiastic and passionate.
엄마는 내가 열정적이고 정열적이 되도록 용기를 북돋워 주셨다.

➕ encouragement 명 격려(가 되는 것)   encouraging 형 힘을 북돋아 주는

(!) MEMORY KEY / en(만들다) + courage(용기) → 용기를 만들어 주다

0080 ☐☐☐
dense
[dens]

형 1. 밀집한, 빽빽한 (㈜ thick) 2. (앞이 안 보이게) 짙은

The pine forest is very **dense**. 그 소나무 숲은 아주 울창하다.

➕ density 명 밀도, 농도   densely 부 조밀하게, 빽빽하게

0081 □□□

damage
[dǽmidʒ]

명 손해, 손상 동 손해[피해]를 입히다

The proliferation of cars severely **damaged** the environment.
자동차의 급증은 환경을 심각하게 손상시켰다.

MEMORY KEY dam(손실) + age(명사형 접미사) → 손해, 피해

0082 □□□

cooperate
[kouápərèit]

동 협력하다, 협동하다

Children should be taught to **cooperate** rather than to compete.
아이들은 경쟁하는 것보다는 협력하는 법을 배워야 한다.

➕ cooperation 명 협력, 협동   cooperative 형 협력하는

MEMORY KEY co(함께) + operate(일하다) → 함께 일하다, 협동하다

0083 □□□

accurate
[ǽkjurit]

형 정확한, 정밀한 (반 inaccurate)

Scientific breakthroughs will lead to more **accurate** weather forecasts. 과학의 눈부신 발전은 더 정확한 일기예보로 이어질 것이다.

➕ accuracy 명 정확(성)   accurately 부 정확하게, 정밀하게

MEMORY KEY ac(~에) + cur(주의) + ate(형용사형 접미사) → ~에 주의를 기울여 (정확한)

0084 □□□

offense
[əféns]

명 1. 위반, 범죄 2. 공격

They committed the **offense** of shoplifting.
그들은 상점의 물건을 훔치는 범죄를 저질렀다.

➕ offend 동 1. 화나게 하다 2. 위반하다   offensive 형 1. 화나게 하는 2. 공격의

0085 □□□

defense
[diféns]

명 1. 방어(물) 2. 변호

We should strengthen our national **defense**.
우리는 국방을 강화해야 한다.

➕ defend 동 1. 방어하다 2. 변호하다   defensive 형 방어용의, 방어적인
  defendant 명 피고인

0086 ☐☐☐

compose
[kəmpóuz]

동 1. 구성하다 2. 작곡하다, 작문하다

The Philippines is **composed** of more than 7,000 islands.
필리핀은 7,000개가 넘는 섬으로 구성되어 있다.

➕ composition 명 1. 구성 2. 작곡   composite 형 혼성의, 합성의

❗**MEMORY KEY** com(함께) + pos(e)(두다) → 함께 조립하여 두다

0087 ☐☐☐

contain
[kəntéin]

동 들어있다, 포함하다

Many types of plastic **contain** toxic chemicals.
많은 종류의 플라스틱은 독성 화학물질을 포함한다.

➕ container 명 컨테이너, 용기

❗**MEMORY KEY** con(함께) + tain(유지하다) → 포함하다

0088 ☐☐☐

charge
[tʃɑːrdʒ]

동 1. 청구하다 2. 고발하다 3. 책임을 지우다 4. 충전하다   명 1. 요금 2. 책임

They **charged** me an extra $50. 그들은 내게 추가로 50달러를 청구했다.

Police **charged** the man with drunk driving.
경찰은 그 남자를 음주운전으로 기소했다.

He is in **charge** of exports to Europe. 그는 유럽 수출 담당이다.

0089 ☐☐☐

debate
[dibéit]

명 논쟁, 토론   동 논쟁하다, 토론하다

There was a long **debate** on green issues.
환경 문제에 대한 긴 토론이 있었다.

❗**MEMORY KEY** de('강조') + bate(치다) → (상대를) 철저히 치다 → 논쟁하다

0090 ☐☐☐

overlap
[òuvərlǽp]

동 1. 겹치다, 포개지다 2. 중복되다

The contents of his report **overlapped** with those of his
coworker. 그의 보고서 목차는 그의 동료의 것과 겹쳤다.

❗**MEMORY KEY** over(위에) + lap(겹쳐지다) → 위에 겹쳐 놓다

Daily Test

1-18 영어를 우리말로, 우리말을 영어로 바꾸시오.

1 crucial _____

2 charity _____

3 corporate _____

4 eventually _____

5 offense _____

6 rent _____

7 deny _____

8 contain _____

9 accurate _____

10 손해, 손상; _____
손해[피해]를 입히다

11 협력하다, 협동하다 _____

12 저항하다; 반대하다 _____

13 물체; 목적, 목표; 반대하다 _____

14 알아보다, 인지하다; _____
인정하다

15 용기를 북돋우다; 장려하다 _____

16 청구하다; 고발하다; 요금; _____
책임

17 (연)약한, 깨지기 쉬운; _____
섬세한

18 요구(하다); 수요 _____

19-24 문맥상 빈칸에 들어갈 단어를 찾아 적절한 형태로 넣으시오.

| defense | ignore | differ | state | dense | compose |

19 The country is in a(n) _____ of war.

20 Nobody can _____ the power of the public.

21 We should strengthen our national _____.

22 Popular trends often _____ from country to country.

23 The pine forest is very _____.

24 The Philippines is _____ of more than 7,000 islands.

최중요 어휘 (4)

클래스카드

0091 ☐☐☐
yield
[ji:ld]

통 1. 산출하다, 생산하다 2. 굴복하다 3. 양보하다 명 (농작물 등의) 산출량

The tree **yielded** a lot of walnuts this year.
그 나무에는 올해 호두가 많이 열렸다.

He won't easily **yield** to temptation.
그는 유혹에 쉽게 넘어가지 않을 것이다.

He **yielded** his seat to an old woman on the bus.
그는 버스에서 노부인에게 자리를 양보했다.

MEMORY KEY / yield ┌ 수확 ┌ 산출하다, 생산하다
                                    └ 산출량
                   └ 포기 ┌ 굴복하다
                          └ 양보하다

0092 ☐☐☐
devote
[divóut]

통 (노력 · 시간을) 바치다, 기울이다 (㈜ dedicate)

He **devoted** his life to helping the disabled.
그는 장애인을 돕는 데 평생을 바쳤다.

➕ devotion 명 헌신, 전념
   devote oneself to ~에 전념하다, 몰두하다

0093 ☐☐☐
indicate
[índəkèit]

통 1. 나타내다, 암시하다 2. 가리키다

All the evidence **indicates** that he is guilty.
모든 증거가 그가 유죄임을 나타낸다.

➕ indication 명 표시, 암시   indicator 명 지표, 지수

MEMORY KEY / in(~에) + dic(말하다) + ate(동사형 접미사) → (말하여) 가리키다

0094 ☐☐☐
function
[fʌ́ŋkʃən]

명 기능, 역할 통 작용하다, 기능하다

My new cell phone has a variety of **functions**.
내 새 휴대전화에는 다양한 기능이 있다.

➕ functional 형 기능적인, 기능상의

0095 ☐☐☐

interrupt
[ìntərʌ́pt]

동 방해하다, 중단시키다

Don't **interrupt** me when I am talking. 내가 이야기할 때 방해하지 마.

➕ interruption 명 1. 방해(물) 2. 중단

🔘 **MEMORY KEY** / inter(사이에) + rupt(깨다) → 사이로 부수고 들어가다

0096 ☐☐☐

feat
[fiːt]

명 위업, 공적 (유 deed)

The firefighter's **feat** of bravery saved the child's life.
그 소방관의 용감한 위업은 그 아이의 목숨을 구했다.

0097 ☐☐☐

evident
[évidənt]

형 명백한, 분명한 (유 obvious)

Her devotion to her work is **evident**. 그녀의 일에 대한 헌신은 명백하다.

➕ evidently 부 명백하게, 분명하게

0098 ☐☐☐

output
[áutpùt]

명 출력, 생산 (유 production)

The factory needed to increase its **output** to keep up with demand. 그 공장은 수요를 따라잡기 위해서 생산을 늘려야 했다.

🔘 **MEMORY KEY** / out(바깥에) + put(두다) → 출력, 생산

0099 ☐☐☐

violate
[váiəlèit]

동 1. 위반하다, 어기다 2. 침해하다

He was arrested for **violating** immigration laws.
그는 이민법을 어겨서 체포되었다.

➕ violator 명 위반자, 위배자

0100 ☐☐☐

declare
[dikléər]

동 1. 선언하다, 발표하다 2. (세관 등에) 신고하다

She was **declared** the winner of the contest.
그녀가 그 대회의 우승자로 발표되었다.

➕ declaration 명 1. 선언, 발표 2. 신고

0101 ☐☐☐
instant
[ínstənt]

형 1. 즉각적인 (윤 immediate) 2. 즉석요리의 명 즉시, 찰나

This robot provides an **instant** response to your directions.
이 로봇은 당신의 지시에 즉각적인 반응을 제공합니다.

➕ instantly 분 즉각, 즉시

0102 ☐☐☐
struggle
[strʌ́gl]

동 1. 버둥거리다, 허덕이다 2. 분투하다, 열심히 노력하다
명 1. 싸움 (윤 battle) 2. 노력

The bear **struggled** to free its paw from the trap.
그 곰은 덫에서 그의 발을 빼려고 버둥거렸다.

The power **struggle** between the leaders divided the country.
지도자들 간의 권력 싸움은 그 나라를 분열시켰다.

0103 ☐☐☐
induce
[indjúːs]

동 1. 권유하다, 설득하여 ~시키다 2. 일으키다, 유발하다

Nothing could **induce** me to give up my dream.
아무것도 나의 꿈을 포기하게 할 수 없다.

➕ induction 명 1. 유도, 유발 2. 귀납법   inducement 명 권유, 유도(하는 것)

🔑 **MEMORY KEY** / in(안으로) + duc(e)(인도하다) → (행동 · 생각을) ~로 이끌다

0104 ☐☐☐
adapt
[ədǽpt]

동 1. 적응하다[시키다] 2. 개조하다

Humans have some capacity to **adapt** to climate change.
인간은 기후 변화에 적응하는 능력을 가지고 있다.

➕ adaptation 명 1. 적응 2. 각색   adaptive 형 적응할 수 있는

0105 ☐☐☐
adopt
[ədápt]

동 1. 입양하다 2. 채택[채용]하다

My husband and I have decided to **adopt** a baby.
남편과 나는 아기를 입양하기로 결심했다.

➕ adoption 명 1. 입양 2. 채택   adoptive 형 양자 관계의

0106 □□□
dedicate
[dédəkèit]

통 (시간 · 노력을) 바치다, 헌신하다

She **dedicated** much time to helping others.
그녀는 많은 시간을 다른 이들을 돕는 데 바쳤다.

➕ dedication 명 헌신   dedicated 형 헌신적인

0107 □□□
addicted
[ədíktid]

형 중독된, 푹 빠진

She is **addicted** to coffee. 그녀는 커피에 중독됐다.

➕ addiction 명 중독   addict 명 중독자

(!) **MEMORY KEY** / ad(~에) + dict(부르다) + ed(형용사형 접미사) → ~로 불러들여 빠지게 하는

0108 □□□
distance
[dístəns]

명 1. 거리, 간격 2. 먼 거리, 먼 곳

I measured the **distance** between two objects using a ruler.
나는 자를 이용해서 두 물체 사이의 거리를 쟀다.

➕ distant 형 먼

0109 □□□
disturb
[distə́:rb]

통 1. 방해하다 2. 어지럽히다

Don't **disturb** me when I am busy at work.
내가 일하느라 바쁠 때에는 방해하지 마라.

➕ disturbance 명 1. 소란, 소동 2. 방해

(!) **MEMORY KEY** / dis('강조') + turb(무질서) → 무질서 속에 빠뜨리다

0110 □□□
donation
[dounéiʃən]

명 기부(금), 기증(품)

They are collecting **donations** for the poor and homeless.
그들은 가난하고 집 없는 사람들을 위해 기부금을 모으고 있다.

➕ donate 통 기부하다, 기증하다   donor 명 기부자, 기증자

(!) **MEMORY KEY** / don(주다) + ation(명사형 접미사) → 주는 것

0111 ☐☐☐

disappear

[dìsəpíər]

동 사라지다 (㊴ vanish)

All the pictures on my smartphone suddenly **disappeared**.
내 스마트폰의 모든 사진들이 갑자기 사라졌다.

 dis('반대') + appear(나타나다) → 사라지다

0112 ☐☐☐

vivid

[vívid]

형 생생한, 선명한 (㊥ vague)

The scene is still **vivid** in my mind. 그 장면은 지금도 내 마음속에 생생하다.

➕ vividly 부 생생하게, 선명하게

 viv(살다) + id(형용사형 접미사) → 살아있는 듯한 → 생생한

0113 ☐☐☐

regard

[rigá:rd]

동 여기다, 간주하다   명 1. 존경 2. 관심, 고려 3. ((~s)) 안부 인사

Climate change must be **regarded** as a serious problem.
기후 변화는 심각한 문제로 간주되어야 한다.

Everybody held the professor in high **regard**.
모두가 그 교수를 대단히 존경했다.

Give your parents my best **regards**. 네 부모님께 안부 전해 줘.

➕ regarding 전 ~에 관해서는   regardless of ~에 관계없이

 regard ⟶ 관계 ┬→ 여기다, 간주하다
                              ├→ 존경
                              ├→ 관심, 고려
                              └→ 안부 인사

0114 ☐☐☐

disrupt

[disrʌ́pt]

동 방해하다, 지장을 주다

The storm **disrupted** the flight schedule.
폭풍이 비행 일정에 지장을 주었다.

0115 ☐☐☐

retire

[ritáiər]

동 은퇴하다, 퇴직하다, 그만두다

He **retired** from public life last year. 그는 작년에 공직 생활에서 은퇴했다.

➕ retirement 명 은퇴, 퇴직

0116 ☐☐☐

enhance
[inhǽns]

동 높이다, 강화하다

Learning something new is a good way to **enhance** creativity.
새로운 것을 배우는 것은 창의력을 높이는 좋은 방법이다.

0117 ☐☐☐

adequate
[ǽdəkwit]

형 적절한, 충분한 (⊕ sufficient ⊛ inadequate)

Getting **adequate** rest is vital for your health.
충분한 휴식을 취하는 것은 건강에 필수적이다.

➕ adequately 부 충분히, 적절히

❗**MEMORY KEY** / ad(~에) + equ(같은) + ate(형용사형 접미사) → (수요 · 필요에) 맞는

0118 ☐☐☐

estimate
동 [éstəmèit]
명 [éstəmit]

동 (가치 등을) 추정하다, 평가하다   명 1. 추정 2. 견적서

It is too early to **estimate** how much this model will cost.
이 기종의 가격이 얼마가 될지 추정하는 것은 너무 이르다.

➕ estimation 명 판단, 평가

❗**MEMORY KEY** / estim(가치) + ate(동사형 접미사) → 가치를 평가하다

0119 ☐☐☐

arrange
[əréindʒ]

동 1. 정하다, 준비하다 2. 정리[배열]하다 3. 편곡하다

I am **arranging** for a trip to Australia.
나는 호주로의 여행을 준비하고 있다.

I **arranged** my books by topic. 나는 내 책들을 주제별로 정리했다.
He **arranged** the dance music for the piano.
그는 그 댄스 음악을 피아노곡으로 편곡했다.

➕ arrangement 명 1. ((~s)) 준비 2. 정리 3. 합의

❗**MEMORY KEY** / arrange ┌ 계획 ── 정하다, 준비하다
                              └ 배열 ┌ 정리[배열]하다
                                     └ 편곡하다

0120 ☐☐☐

restrain
[ristréin]

동 1. 제지하다 2. (감정 · 행동 등을) 억누르다, 억제하다

She tried to **restrain** herself from wasting money.
그녀는 돈을 낭비하는 것을 자제하려고 애썼다.

➕ restraint 명 규제, 제한, 제지

❗**MEMORY KEY** / re(뒤로) + strain(팽팽하게 잡아당기다) → 뒤로 잡아당겨 두다

36

Daily Test

1-18 영어를 우리말로, 우리말을 영어로 바꾸시오.

1 declare _____

2 evident _____

3 interrupt _____

4 retire _____

5 vivid _____

6 dedicate _____

7 violate _____

8 restrain _____

9 enhance _____

10 정하다; 정리[배열]하다 _____

11 적절한, 충분한 _____

12 여기다, 간주하다; 존경; 관심 _____

13 기부(금), 기증(품) _____

14 중독된, 푹 빠진 _____

15 입양하다; 채택[채용]하다 _____

16 기능(하다), 역할; 작용하다 _____

17 나타내다, 암시하다; 가리키다 _____

18 버둥거리다; 분투하다; 싸움 _____

19-24 문맥상 빈칸에 들어갈 단어를 찾아 적절한 형태로 넣으시오.

feat	distance	adapt	induce	yield	disturb

19 Nothing could _____ me to give up my dream.

20 Don't _____ me when I am busy at work.

21 He won't easily _____ to temptation.

22 I measured the _____ between two objects using a ruler.

23 Humans have some capacity to _____ to climate change.

24 The firefighter's _____ of bravery saved the child's life.

Answer ¹ 선언하다, 발표하다; (세관 등에) 신고하다 ² 명백한, 분명한 ³ 방해하다, 중단시키다 ⁴ 은퇴하다, 퇴직하다, 그만두다 ⁵ 생생한, 선명한 ⁶ (시간·노력을) 바치다, 헌신하다 ⁷ 위반하다, 어기다; 침해하다 ⁸ 제지하다; (감정·행동 등을) 억누르다, 억제하다 ⁹ 높이다, 강화하다 ¹⁰ arrange ¹¹ adequate ¹² regard ¹³ donation ¹⁴ addicted ¹⁵ adopt ¹⁶ function ¹⁷ indicate ¹⁸ struggle ¹⁹ induce ²⁰ disturb ²¹ yield ²² distance ²³ adapt ²⁴ feat

0121 ☐☐☐

amend
[əménd]

동 (법 등을) 수정하다, 개정하다

There is an urgent need to **amend** the law.
그 법은 긴급히 개정할 필요가 있다.

➕ amendment 명 개정, 수정

0122 ☐☐☐

account
[əkáunt]

명 1. 설명, 보고 2. 계좌 동 ((~ for)) 1. 설명하다 2. 차지하다

I want to open a bank **account**. 나는 은행 계좌를 개설하고 싶다.

He **accounted** for the differences between the two theories.
그는 그 두 이론의 차이를 설명했다.

Immigrants **account** for nearly 20% of the current workforce.
이민자가 현재 노동 인구의 거의 20%를 차지한다.

> MEMORY KEY / account
> ├─ 계좌 ──→ 계좌
> ├─ 생각 ──→ 설명(하다), 보고
> └─ 비율 ──→ 차지하다

0123 ☐☐☐

sum
[sʌm]

명 1. 액수 2. ((the ~ of)) 합계, 총합, 전부

The **sum** of 7 and 5 is 12. 7과 5의 합은 12이다.

➕ the sum total 총액, 총합   in sum 요컨대

0124 ☐☐☐

affirm
[əfə́ːrm]

동 단언하다, 확언하다 (㉤ confirm)

He **affirmed** that he wouldn't make such foolish mistakes again.
그는 다시는 그렇게 멍청한 실수를 하지 않겠다고 단언했다.

➕ affirmation 명 확인, 단언   affirmative 형 긍정의 명 긍정적 대답

0125 ☐☐☐

adversity
[ædvə́ːrsəti]

명 역경

She overcame **adversity** and gained success in the field.
그녀는 역경을 극복하고 그 분야에서 성공을 거두었다.

➕ adverse 형 1. 거스르는 2. 불리한   adversely 부 불리하게, 반대로

0126 ☐☐☐

extend
[iksténd]

동 1. 연장하다 2. 뻗다 3. 확장하다

He **extended** his stay for three more days.
그는 체류를 3일 더 연장했다.

➕ extension 명 1. 연장 2. 확장   extensive 형 넓은, 광범위한

(!) MEMORY KEY / ex(밖으로) + tend(뻗다) → (밖으로) 뻗다

0127 ☐☐☐

extent
[ikstént]

명 1. 범위, 정도 2. 넓이, 크기

The **extent** of damage is not known yet.
피해 정도는 아직 알려지지 않았다.

➕ to some[a certain] extent 어느 정도까지는, 다소

0128 ☐☐☐

expose
[ikspóuz]

동 1. 드러내다, 노출시키다 2. 폭로하다

Do not **expose** your bare skin to direct sunlight.
맨살을 직사광선에 노출시키지 마라.

➕ exposure 명 1. 노출 2. 폭로
   exposition 명 1. 해설 2. 전시[박람]회 (㉰ expo)

(!) MEMORY KEY / ex(밖으로) + pos(e)(놓다) → 밖으로 내놓다

0129 ☐☐☐

exhaust
[igzɔ́ːst]

동 1. 기진맥진하게 만들다 2. 다 써버리다   명 배기가스

The long debate completely **exhausted** me.
오랜 논쟁이 나를 완전히 기진맥진하게 했다.

➕ exhausted 형 1. 기진맥진한 2. 소요된   exhaustion 명 1. 기진맥진 2. 고갈

(!) MEMORY KEY / ex('강조') + haust(끌어내다) → 모두 다 끌어내다

0130 ☐☐☐

obey
[oubéi]

동 복종하다, 따르다, 준수하다 (㉧ disobey)

You have to **obey** traffic regulations on the road.
도로에서는 교통법규를 지켜야 한다.

➕ obedient 형 복종하는   obedience 명 복종

(!) MEMORY KEY / ob(~에) + ey(듣다) → (명령 · 충고 등에) 귀를 기울이다

DAY 05

confess
[kənfés]

동 자백하다, 고백하다

If we **confess** our sins, he can forgive us.
우리가 죄를 자백하면, 그는 우리를 용서해 줄 수도 있어.

➕ confession 명 자백, 고백

❗ **MEMORY KEY** con('강조') + fess(말하다) → 모두 말하다 → 자백하다

---

affair
[əfɛ́ər]

명 1. ((~s)) 일, 활동 2. 사건, 스캔들

Don't interfere in other people's **affairs** thoughtlessly.
함부로 남의 일에 간섭하지 마라.

❗ **MEMORY KEY** af(~에) + fair(하다) → 해야 할[하는] 것

---

appreciate
[əprí:ʃièit]

동 1. 이해하다 (ⓨ realize) 2. 감상하다, 진가를 알다 3. 고맙게 생각하다

She did not fully **appreciate** the seriousness of the problem.
그녀는 그 문제의 심각성을 완전히 이해하지 못했다.

People **appreciate** art in different ways.
사람들은 예술을 다른 방식으로 감상한다.

I really **appreciate** your efforts. 당신의 노력에 진심으로 감사드립니다.

➕ appreciation 명 1. 감상 2. 감사 3. 이해

❗ **MEMORY KEY** appreciate ┬ 알다 ┬ 이해하다
                                          └ 감상하다, 진가를 알다
                                     └ 감사 → 고맙게 생각하다

---

potential
[pəténʃəl]

형 잠재적인, 가능성이 있는 (ⓨ possible) 명 가능성, 잠재력

It is important to predict the demand from **potential** customers.
잠재 고객의 수요를 예측하는 것이 중요하다.

➕ potentially 부 잠재적으로, 어쩌면

❗ **MEMORY KEY** pot(할 수 있다) + ent(형용사형 접미사) + ial(명사형 접미사)
                → 할 수 있는 (가능성)

0135 ☐☐☐

rule
[ru:l]

명 1. 규칙, 원칙 2. 지배, 통치 동 지배하다, 통치하다

You should not break the school **rules**. 교칙을 어겨서는 안 된다.
Hong Kong was under British colonial **rule** for 155 years.
홍콩은 155년간 영국의 식민 지배를 받았다.

➕ ruler 명 통치자　　　　　　　　　　as a rule 원칙적으로, 대개

🔔 MEMORY KEY / rule ┌→ 규칙 ──→ 규칙, 원칙
　　　　　　　　　　└→ 지배 ──→ 지배(하다), 통치(하다)

0136 ☐☐☐

solid
[sάlid]

형 1. 단단한, 견고한 2. 순~, 순수한 3. 속이 꽉 찬 명 고체

They constructed a tunnel through **solid** rock.
그들은 견고한 암석을 관통하는 터널을 건설했다.

➕ solidity 명 견고함, 탄탄함

0137 ☐☐☐

alert
[ələ́:rt]

형 방심하지 않는, 조심하는 동 경고하다 명 경계

They walked through the forest, **alert** to every possible
danger. 그들은 가능한 모든 위험에 주의하면서 그 숲을 통과해 걸어갔다.

0138 ☐☐☐

manufacture
[mæ̀njufǽktʃər]

동 제조하다, 생산하다 명 1. 제조, 생산 2. ((~s)) 제품

We have **manufactured** furniture since the 1940s.
우리는 1940년대부터 가구를 제조해오고 있다.

➕ manufacturer 명 제조업자, 제작사

🔔 MEMORY KEY / manu(손으로) + fac(t)(만들다) + ure(명사형 접미사) → 손으로 만들기
→ 제조(하다)

0139 ☐☐☐

profit
[prάfit]

명 이익, 이윤 (반 loss) 동 이익을 얻다[주다]

They made a big **profit** from selling these shoes worldwide.
그들은 전 세계에 이 신발을 팔아서 큰 이윤을 냈다.

➕ profitable 형 이익이 되는, 유익한

🔔 MEMORY KEY / pro(앞으로) + fi(t)(만들다) → 만들어 내다 → (수익을) 얻다

genuine
[dʒénjuin]

휑 1. 진실된 (㊁ honest) 2. 진짜의 (㊁ authentic)

The family expressed **genuine** appreciation for the help they received. 그 가족은 그들이 받은 도움에 대해 진실된 감사를 표했다.

---

gender
[dʒéndər]

몡 성별, 성

The survey categorized participants by their age and **gender**. 조사는 참여자들을 그들의 나이와 성별로 분류했다.

---

fade
[feid]

동 1. 사라지다, 희미해지다 2. (색깔이) 바래다

If you take this pill, the pain will **fade** quickly. 이 약을 복용하면, 통증이 빠르게 사라질 것이다.

➕ fade away 사라지다

---

transit
[trǽnzit]

몡 1. 운반, 운송 2. 통과, 환승

The parcel must have been damaged in **transit**. 그 소포는 운송 중에 손상되었음에 틀림없다.

➕ transition 몡 이행, 변천, 과도기

❗ MEMORY KEY / trans(이쪽에서 저쪽으로) + it(가다) → 이쪽에서 저쪽으로 가다

---

afford
[əfɔ́ːrd]

동 ((can/could ~)) ~할 여유가 있다

We can't **afford** our mortgage. 우리는 주택 융자금을 갚을 여유가 없다.

➕ affordable 휑 감당할 수 있는

---

finance
[fáinæns]

몡 1. 재정, 금융 2. ((~s)) 자금, 재정 상태 동 자금을 공급[조달]하다

Our company's **finances** aren't good. 우리 회사의 재정 상태가 좋지 않다.

➕ financial 휑 재정상의, 금융상의 financially 븟 재정적으로

0146 ☐☐☐
precise
[prisáis]

형 정확한, 정밀한 (유 exact)

precise sales figures 정확한 판매 수치

➕ precisely 부 정확히　　　　precision 명 정확(성)

0147 ☐☐☐
crew
[kru:]

명 1. 승무원　2. 선원　3. 팀, 무리

The **crew** was able to escape the ship before it sank.
선원들은 배가 가라앉기 전에 탈출할 수 있었다.

The **crew** of city workers spent the day cleaning the park.
도시 근로자들의 무리는 공원을 청소하는 데 하루를 보냈다.

0148 ☐☐☐
universal
[jùːnəvɔ́ːrsəl]

형 1. 보편적인, 일반적인　2. 전 세계의

a **universal** phenomenon 일반적인 현상

➕ universe 명 우주, 은하계　　　universally 부 보편적으로

 uni(하나의) + vers(되다) + al(형용사형 접미사) → 하나가 되는

0149 ☐☐☐
enable
[inéibl]

동 가능하게 하다

Technology **enables** companies to be more efficient than ever.
기술은 어느 때보다 회사를 더 효율적이게 한다.

 en(~으로 만들다) + able(가능한) → 가능하게 만들다

0150 ☐☐☐
preserve
[prizə́ːrv]

동 1. 지키다, 보호하다　2. 유지하다

We have to find out the way of **preserving** our forests.
우리는 숲을 보호하는 방법을 알아내야 한다.

➕ preservation 명 1. 보호　2. 유지

 pre(미리) + serv(e)(지키다) → 미리 지키다

Daily Test

1-18 영어를 우리말로, 우리말을 영어로 바꾸시오.

1	crew	_____	10	이해하다; 감상하다; 고맙게 생각하다	_____
2	sum	_____	11	보편적인; 전 세계의	_____
3	afford	_____	12	제조(하다), 생산(하다)	_____
4	potential	_____	13	진실된; 진짜의	_____
5	gender	_____	14	운반, 운송; 통과, 환승	_____
6	expose	_____	15	규칙, 원칙; 지배(하다)	_____
7	precise	_____	16	단단한, 견고한; 순수한; 고체	_____
8	obey	_____	17	사라지다, 희미해지다; 바래다	_____
9	confess	_____	18	범위, 정도; 넓이, 크기	_____

19-24 문맥상 빈칸에 들어갈 단어를 찾아 적절한 형태로 넣으시오.

extend   preserve   account   profit   enable   adversity

19 He _____ his stay for three more days.

20 They made a big _____ from selling these shoes worldwide.

21 He _____ for the differences between the two theories.

22 She overcame _____ and gained success in the field.

23 We have to find out the way of _____ our forests.

24 Technology _____ companies to be more efficient than ever.

Answer ¹ 승무원; 선원; 팀, 무리 ² 액수; 합계, 총합, 전부 ³ ~할 여유가 있다 ⁴ 잠재적인, 가능성이 있는; 가능성, 잠재력 ⁵ 성별, 성 ⁶ 드러내다, 노출시키다; 폭로하다 ⁷ 정확한, 정밀한 ⁸ 복종하다, 따르다, 준수하다 ⁹ 자백하다, 고백하다 ¹⁰ appreciate ¹¹ universal ¹² manufacture ¹³ genuine ¹⁴ transit ¹⁵ rule ¹⁶ solid ¹⁷ fade ¹⁸ extent ¹⁹ extended ²⁰ profit ²¹ accounted ²² adversity ²³ preserving ²⁴ enables

최중요 어휘 (6)

클래스카드

0151 ☐☐☐

operate
[ápərèit]

图 1. 작동하다, 조작하다 2. 운영하다 3. 수술하다

The new photocopier is easier to **operate** than the old one.
새 복사기는 예전 것보다 조작하기 더 쉽다.

She **operates** an international five-star hotel chain.
그녀는 세계적인 5성급 호텔 체인을 운영한다.

The surgeon **operated** on the man's heart.
그 외과 의사는 그 남자의 심장을 수술했다.

➕ operation 图 1. 수술 2. 사업 3. (기계) 작동

MEMORY KEY / operate ┬ 조종 ┬ 작동하다, 조작하다
                      │   └ 운영하다
                      └ 수술 ── 수술하다

0152 ☐☐☐

draft
[dræft]

图 초고, 초안

a first **draft** of a paper 논문 초안

0153 ☐☐☐

entire
[intáiər]

톙 1. 전체의 (⑨ whole) 2. 흠이 없는, 그대로의   图 전부, 전체

She lived in the same house for her **entire** life.
그녀는 평생을 같은 집에서 살았다.

0154 ☐☐☐

blame
[bleim]

图 비난하다, ~을 탓하다   图 비난, 책망

She always **blames** others even when she has done
something wrong. 그녀는 자신이 잘못했을 때조차도 항상 남 탓을 한다.

➕ be to blame (for) (~에) 책임이 있다

0155 ☐☐☐

average
[ǽvəridʒ]

图 1. 평균 2. 표준, 보통 수준   톙 평균의, 보통의

His math skills are above **average**. 그의 수학 실력은 평균 이상이다.

➕ on average 평균적으로

found
[fáund]

동 1. 설립하다 2. ~에 기초를 두다

Harvard University was **founded** in 1636.
하버드 대학은 1636년에 설립되었다.

➕ foundation 명 1. 기초 2. 창설 3. 재단

---

enrich
[inríʧ]

동 부유하게 하다, 풍부하게 하다

Friends can **enrich** the experience you have in
university. 대학에서 친구는 너의 경험을 풍부하게 해줄 수 있다.

➕ enrichment 명 부유, 풍부

---

seek
[siːk]

동 1. 추구하다 (유 pursue) 2. 찾다 (유 search)

Businesses continue to **seek** help from the government
because of the poor economy.
기업들은 침체된 경제 때문에 정부로부터 계속해서 도움을 구한다.

---

sector
[séktər]

명 부문, 분야, 영역 (유 area)

The new policy will promote competition between businesses
in the private **sector**.
새로운 정책은 민간 부문에서 기업 간의 경쟁을 촉진할 것이다.

---

isolate
[áisəlèit]

동 격리시키다, 고립시키다

The village was **isolated** by the heavy snow.
그 마을은 폭설로 고립되었다.

➕ isolation 명 1. 고립 2. 고독

MEMORY KEY isol(섬) + ate(동사형 접미사) → 섬처럼 고립시키다

---

behavior
[bihéivjər]

명 행동, 행위, 태도

His parents scolded him for his bad **behavior**.
그의 부모님은 그의 나쁜 행동을 꾸짖었다.

➕ behave 동 행동하다, 처신하다

0162 □□□

confuse

[kənfjúːz]

동 1. 혼란시키다 2. 혼동하다

Too much information **confuses** me.
너무 많은 정보가 나를 혼란스럽게 한다.

➕ confusing 형 혼란시키는   confused 형 혼란스러운
confusion 명 혼란

MEMORY KEY con(함께) + fus(e)(붓다) → 함께 붓다 → (마구 뒤섞어) 혼란시키다

0163 □□□

current

[kə́ːrənt]

형 현재의 명 1. 흐름 2. 경향, 풍조

He has the **current** world record in the 100-meter race.
그는 100미터 경주에서 현재 세계 기록을 보유하고 있다.

The river's **current** is too strong to swim in.
그 강의 물살은 너무 세서 수영할 수 없다.

We should go with the **current** of the times.
우리는 시대의 경향을 따라야 한다.

➕ currency 명 1. 화폐 2. 유통   currently 부 현재(는)

MEMORY KEY current ┌→ 현재 ──→ 현재의
                         └→ 흐름 ┌→ 흐름
                                 └→ 경향, 풍조

0164 □□□

general

[dʒénərəl]

형 1. 일반적인, 보편적인 2. 대체적인, 개괄적인 명 장군, 대장

a **general** opinion 일반적인 견해

➕ generally 부 일반적으로, 대개   generalize 동 일반화하다

MEMORY KEY gener(종족) + al(형용사형 접미사) → 종족 전체와 관계있는

0165 □□□

aggressive

[əgrésiv]

형 1. 공격적인 2. 적극적인

As I approached, the dog began to bark in an **aggressive**
manner. 내가 다가가자 그 개는 공격적인 태도로 짖기 시작했다.

➕ aggression 명 공격, 침략

MEMORY KEY ag(~을 향해) + gress(발을 딛다) + ive(형용사형 접미사)
→ (남의 영역으로) 발을 내디던 → 공격적인

0166 ☐☐☐
immense
[iméns]

[형] 엄청난, 어마어마한 (㊌ enormous)

The discovery of fire had an **immense** effect on the history of mankind. 불의 발견은 인류의 역사에 엄청난 영향을 끼쳤다.

➕ immensely [부] 엄청나게, 대단히

0167 ☐☐☐
gradual
[grǽdʒuəl]

[형] 점진적인, 차츰 ~하는 (㊥ sudden)

Although the task was difficult, we began to make **gradual** progress. 그 일은 어려웠지만, 우리는 차츰 진전해 나가기 시작했다.

➕ gradually [부] 차츰, 서서히

(!) **MEMORY KEY** / grad(걸어가다) + (u)al(형용사형 접미사) → (천천히) 걸어 나가는

0168 ☐☐☐
exhibit
[igzíbit]

[동] 전시하다 [명] 전시(품)

Currently the gallery is **exhibiting** the works of Picasso.
현재 그 미술관에서는 피카소의 작품들을 전시하고 있다.

➕ exhibition [명] 전시, 전시회

(!) **MEMORY KEY** / ex(밖에) + hib(it)(지니다) → 밖에 지니다 → 전시하다

0169 ☐☐☐
identical
[aidéntikəl]

[형] 동일한, 일치하는

My sister and I are **identical** twins.
언니와 나는 일란성 쌍둥이이다.

➕ identity [명] 1. 신원 2. 정체성 3. 동일함
   identify [동] 1. 확인하다 2. 동일시하다

(!) **MEMORY KEY** / ident(같은) + (i)cal(형용사형 접미사) → 동일한

0170 ☐☐☐
independent
[ìndipéndənt]

[형] 1. 독립한 2. 자립심이 강한 (㊥ dependent)

Hong Kong became **independent** from Britain on July 1st, 1997.
홍콩은 1997년 7월 1일에 영국으로부터 독립했다.

➕ independence [명] 1. 독립 2. 자립심

(!) **MEMORY KEY** / in('부정') + depend(의존하다) + ent(형용사형 접미사) → 의존하지 않는

0171 ☐☐☐

boast
[boust]

동 자랑하다, 뽐내다

She is modest and never **boasts** of her success.
그녀는 겸손해서 자신의 성공을 결코 자랑하지 않는다.

➕ boastful 형 자랑하는, 자화자찬의

0172 ☐☐☐

invest
[invést]

동 투자하다

He **invested** a large sum of money in stocks.
그는 주식에 거금을 투자했다.

➕ investment 명 1. 투자 2. 투자금

0173 ☐☐☐

heritage
[héritidʒ]

명 유산

Over 55,000 people work in the cultural **heritage** sector
across the UK.
영국에서 5만 5천명이 넘는 사람들이 문화유산 분야에 종사한다.

0174 ☐☐☐

revenue
[révənjùː]

명 매출, 수입 (유 income)

Many local companies suffered losses in **revenue** because of
the pandemic.
많은 지역의 회사들은 전 세계적인 유행병 때문에 수입에서 손해를 보았다.

0175 ☐☐☐

brilliant
[bríljənt]

형 1. 훌륭한, 멋진 2. 명석한 3. 빛나는, 아주 밝은

He suggested some **brilliant** ideas in the meeting.
그는 회의에서 몇 가지 훌륭한 아이디어를 냈다.

➕ brilliance 명 1. 탁월 2. 광명

0176 ☐☐☐

reject
[ridʒékt]

동 거절하다, 거부하다 (반 accept)

I don't know why she **rejected** the job offer.
나는 그녀가 왜 고용 제의를 거절했는지 모른다.

➕ rejection 명 거절, 배제

(!) **MEMORY KEY** / re(뒤로) + ject(던지다) → (받아들이지 않고) 도로 던지다 → 거절하다

0177 ☐☐☐

despite
[dispáit]

전 ~에도 불구하고 (유 in spite of)

Despite the cold weather, many people came to the event.
추운 날씨에도 불구하고 많은 사람들이 행사에 왔다.

0178 ☐☐☐

receipt
[risíːt]

명 영수증

Remember to always keep your **receipt** when you buy something expensive.
비싼 것을 살 때는 항상 영수증 챙기는 것을 잊지 마라.

0179 ☐☐☐

injured
[índʒərd]

형 1. 다친 2. (감정이) 상처를 받은

Seven people were **injured** in the bus accident.
그 버스 사고로 7명이 다쳤다.

➕ injure 동 다치게 하다, 해치다   injury 명 부상

(!) **MEMORY KEY** / in('부정') + jur(올바른) + ed(형용사형 접미사) → 올바르지 않게 만든 → 다친

0180 ☐☐☐

convince
[kənvíns]

동 1. 확신시키다, 납득시키다 2. 설득하다

He attempted to **convince** his boss of his opinion.
그는 그의 상사에게 자신의 의견을 납득시키려고 했다.

50

Daily Test

1-18 영어를 우리말로, 우리말을 영어로 바꾸시오.

1	enrich	_____	10	거절하다, 거부하다	_____

1 enrich _____

2 sector _____

3 behavior _____

4 confuse _____

5 immense _____

6 aggressive _____

7 average _____

8 despite _____

9 convince _____

10 거절하다, 거부하다 _____

11 동일한, 일치하는 _____

12 비난하다, ~을 탓하다;
비난, 책망 _____

13 다친; (감정이) 상처를 받은 _____

14 영수증 _____

15 투자하다 _____

16 전시하다; 전시(품) _____

17 일반적인; 대체적인; 장군 _____

18 격리[고립]시키다 _____

19-24 문맥상 빈칸에 들어갈 단어를 찾아 적절한 형태로 넣으시오.

independent	found	current	entire	boast	operate

19 Harvard University was _____ in 1636.

20 The new photocopier is easier to _____ than the old one.

21 Hong Kong became _____ from Britain on July 1st, 1997.

22 She lived in the same house for her _____ life.

23 She is modest and never _____ of her success.

24 The river's _____ is too strong to swim in.

0181 ☐☐☐
article
[ɑ́ːrtikl]

명 1. 기사 2. 물품 (유 item) 3. 조항

I read an **article** on economic issues.
나는 경제 문제에 관한 기사를 읽었다.

I bought a few household **articles** at the discount store.
나는 할인매장에서 가정용품 몇 개를 샀다.

They added some new **articles** to their club's bylaws.
그들은 동아리 회칙에 몇 가지 새 조항을 추가했다.

0182 ☐☐☐
ethnic
[éθnik]

형 민족의, 혈통의, 인종의 (유 racial) 명 종족

It's important to preserve the cultures of **ethnic** minority groups. 소수민족들의 문화를 보존하는 것은 중요하다.

0183 ☐☐☐
tone
[toun]

명 1. 소리, 음질 2. 어조, 말씨 3. 색조

She spoke in a loud **tone** so that the audience could hear her clearly. 그녀는 관중이 명확하게 들을 수 있도록 큰 소리로 말했다.

The painter chose to paint the wall in a light green **tone**.
그 화가는 옅은 초록색으로 벽을 칠하기로 했다.

0184 ☐☐☐
furthermore
[fə́ːrðərmɔ̀ːr]

부 더욱이, 게다가 (유 moreover)

This food is delicious; **furthermore**, it's easy to cook.
이 음식은 맛있다. 게다가 요리하기도 쉽다.

0185 ☐☐☐
abandon
[əbǽndən]

동 1. 버리다, 떠나다 2. 포기하다, 단념하다

A lot of dogs are **abandoned** every year. 매년 많은 개들이 유기된다.

MEMORY KEY / a(~에게) + bandon(힘, 통제) → ~에게 힘[통제권]을 (내어)주다

0186 ☐☐☐
preview
[príːvjùː]

명 사전 조사, 시사회 동 사전 검토[조사]하다

After watching a **preview** of the movie, we were really excited to see it. 영화 예고편을 본 후에, 우리는 그 영화를 보게 되어 정말 들떴다.

The manager wanted to **preview** the information before it was presented to the client.
그 매니저는 고객들에게 제공되기 전에 그 정보를 미리 보길 원했다.

MEMORY KEY pre(미리[먼저]) + view(보다) → 미리 보다

0187 ☐☐☐
renew
[rinjúː]

동 갱신하다, 재개하다

The teacher decided to **renew** his contract with the school.
그 선생님은 학교와의 계약을 갱신하기로 결정했다.

➕ renewal 명 갱신, 재개

MEMORY KEY re(다시) + new(새로운) → 다시 새롭게 하다

0188 ☐☐☐
emerge
[imə́ːrdʒ]

동 나오다, 나타나다

A new problem **emerged** abruptly. 새로운 문제가 갑작스럽게 나타났다.

➕ emergence 명 출현, 발생   emerging 형 새로 생겨난

0189 ☐☐☐
merge
[məːrdʒ]

동 합병[병합]하다, 합치다

The two companies are said to **merge** soon.
그 두 회사는 곧 합병한다고 한다.

0190 ☐☐☐
designate
[dézignèit]

동 1. 지정하다, 지명하다 2. (기호를 써서) 표시하다

This city was **designated** as a UNESCO World Heritage Site.
이 도시는 유네스코의 세계문화유산으로 지정되었다.

0191 ☐☐☐

analyze
[ǽnəlàiz]

⑧ 분석하다, 검토하다

The doctor **analyzed** the blood sample taken from the patient.
그 의사는 환자에게서 채취한 혈액 샘플을 분석했다.

➕ analysis ⑲ 분석, 해석   analytical ⑲ 분석적인, 분석의

 ana(완전히) + ly(ze)(느슨하게 하다) → 완전히 풀어놓다 → 분석하다

0192 ☐☐☐

principle
[prínsəpl]

⑲ 1. 원리, 원칙 2. 주의, 신념

The basic **principle** of democracy is equal rights for every
citizen. 민주주의의 기본 원리는 모든 시민이 동등한 권리를 갖는 것이다.

0193 ☐☐☐

reasonable
[ríːzənəbl]

⑲ 1. 합리적인 (⑨ rational ⑩ unreasonable) 2. 정당한

The child was upset because he didn't think his punishment
was **reasonable**. 그 아이는 처벌이 정당하지 않다고 생각해서 속상했다.

➕ reasonably ⑲ 합리적으로, 상당히

0194 ☐☐☐

elect
[ilékt]

⑧ 선출하다, 선임하다

He was **elected** as a member of the City Council.
그가 시의회의 일원으로 선출되었다.

➕ election ⑲ 1. 선거 2. 당선

 e(밖으로) + lect(선택하다) → (선택하여) 밖으로 뽑아내다

0195 ☐☐☐

neglect
[niglékt]

⑧ 1. 방치하다, 소홀히 하다 2. 무시하다   ⑲ 태만, 소홀

I hope you do not **neglect** your duties.
네가 맡은 일을 소홀히 하지 않길 바란다.

➕ neglectful ⑲ 태만한, 소홀한

 neg('부정') + lect(선택하다) → 선택하지 않다 → 무시하다

0196 ☐☐☐

flawless
[flɔ́:lis]

[형] 흠이 없는 (㉮ perfect)

His performance was **flawless**.
그의 공연은 흠이 없었다.

➕ flaw [명] 흠, 결점, 결함   flawlessly [부] 흠 없이, 완벽하게

MEMORY KEY flaw(결함) + less('~이 없는' 형용사형 접미사) → 결함이 없는

0197 ☐☐☐

companion
[kəmpǽnjən]

[명] 1. 동료, 친구 2. 안내서, 지침서

Dogs are great **companions** to us.
개는 우리에게 훌륭한 친구이다.

➕ companionship [명] 교우, 친구 사이

0198 ☐☐☐

ban
[bæn]

[동] 금지하다 (㉮ prohibit) [명] 금지

On a Car-Free Day, cars are **banned** from many parts of the
city. 차 없는 날에는 시내의 많은 지역에서 자동차 통행이 금지된다.

0199 ☐☐☐

obligation
[àbləɡéiʃən]

[명] 의무, 책임

All rights imply **obligations**.
모든 권리는 의무를 수반한다.

➕ obligatory [형] 의무적인   oblige [동] (~하도록) 의무를 지우다

MEMORY KEY ob(~에) + lig(묶다) + (a)tion(명사형 접미사) → ~을 하도록 묶어 두는 것
→ 의무

0200 ☐☐☐

local
[lóukəl]

[형] 지역의, 현지의 [명] 주민, 현지인

Eating the **local** food is an essential part of travel.
현지 음식을 먹는 것은 여행에서 필수적인 부분이다.

➕ locality [명] 장소, 인근

MEMORY KEY loc(장소) + al(형용사형 접미사) → 장소의

0201 ☐☐☐

apology
[əpάlədʒi]

명 사과, 사죄

He offered me an **apology** for being so rude.
그는 나에게 매우 무례하게 굴었던 것에 대한 사과를 했다.

➕ apologize 통 사과하다, 사죄하다

⚠️ **MEMORY KEY** apo(떨어져) + log(말) + y(명사형 접미사) → (비난을) 피하기 위한 말

0202 ☐☐☐

document
[dάkjumənt]

명 문서, 서류, 기록

I'm preparing a **document** about the accident.
나는 그 사고에 대한 서류를 준비하고 있다.

➕ documentary 형 문서의, 서류의 명 다큐멘터리, 기록물

0203 ☐☐☐

phase
[feiz]

명 국면, 단계 통 단계적으로 실행하다

The first **phase** of construction should be finished by the end of the year. 공사의 첫 번째 단계는 올해 말까지 마쳐야 한다.

0204 ☐☐☐

cue
[kju:]

명 신호, 단서 통 신호를 주다, 지시를 보내다

The director gave a **cue** to the actors to begin.
감독은 배우들에게 시작하라는 신호를 보냈다.

0205 ☐☐☐

magnify
[mǽgnəfài]

통 1. 확대하다 2. 과장하다

This microscope **magnifies** objects 500 times.
이 현미경은 물체를 500배 확대하여 보여준다.

➕ magnificence 명 장엄, 웅장   magnificent 형 장대한, 멋진

⚠️ **MEMORY KEY** magni(거대한) + fy(동사형 접미사) → 크게 하다

0206 ☐☐☐

cognitive
[kάgnitiv]

형 인식의, 인지의

Her **cognitive** development is slower than that of her peers.
그녀의 인지발달은 또래보다 더디다.

➕ cognition 명 인식, 인지

0207 ☐☐☐

temper
[témpər]

명 1. 기질, 기분, 성격 2. 화   동 1. 완화시키다 2. 억제하다

She had a bad **temper** and often yelled at her peers.
그녀는 성격이 안 좋았으며 종종 그녀의 동료들에게 소리를 질렀다.

If you don't **temper** your expectations, you will be
disappointed. 만약 너의 기대를 낮추지 않으면, 너는 실망할 것이다.

0208 ☐☐☐

blend
[blend]

동 1. 섞다, 혼합하다 2. 조화되다, 어울리다   명 혼합물

In a saucepan, **blend** flour with cold water and slowly stir it.
소스 냄비에 밀가루를 차가운 물과 섞어서 천천히 저어라.

➕ blender 명 (부엌용) 믹서기

0209 ☐☐☐

dominant
[dámənənt]

형 지배적인, 우위를 차지하는

Opinions in favor of the bill were **dominant**.
그 법안에 찬성하는 의견이 지배적이었다.

➕ dominate 동 지배하다, 우위를 차지하다
   dominance 명 지배, 우월

0210 ☐☐☐

agency
[éidʒənsi]

명 1. 대리점, 대행사 2. 기관

I reserved a package tour to Hawaii through a travel **agency**.
나는 여행사를 통해 하와이 패키지 여행을 예약했다.

➕ agent 명 대리인, 대행자, 중개상

Daily Test

1-18 영어를 우리말로, 우리말을 영어로 바꾸시오.

1	reasonable	_____	10 인식의, 인지의	_____
2	abandon	_____	11 사과, 사죄	_____
3	renew	_____	12 지역의, 현지의; 주민	_____
4	analyze	_____	13 동료, 친구; 안내서, 지침서	_____
5	designate	_____	14 기사; 물품; 조항	_____
6	principle	_____	15 민족의, 혈통의; 종족	_____
7	obligation	_____	16 지배적인, 우위를 차지하는	_____
8	magnify	_____	17 국면, 단계(적으로 실행하다)	_____
9	flawless	_____	18 대리점, 대행사; 기관	_____

19-24 문맥상 빈칸에 들어갈 단어를 찾아 적절한 형태로 넣으시오.

cue	elect	article	temper	merge	neglect

19 The director gave a(n) _____ to the actors to begin.

20 I hope you do not _____ your duties.

21 The two companies are said to _____ soon.

22 She had a bad _____ and often yelled at her peers.

23 I read a(n) _____ on economic issues.

24 He was _____ as a member of the City Council.

Answer ¹ 합리적인; 정당한 ² 버리다, 떠나다; 포기하다, 단념하다 ³ 갱신하다, 재개하다 ⁴ 분석하다, 검토하다 ⁵ 지정하다, 지명하다; (기호를 써서) 표시하다 ⁶ 원리, 원칙; 주의, 신념 ⁷ 의무, 책임 ⁸ 확대하다; 과장하다 ⁹ 흠이 없는 ¹⁰ cognitive ¹¹ apology ¹² local ¹³ companion ¹⁴ article ¹⁵ ethnic ¹⁶ dominant ¹⁷ phase ¹⁸ agency ¹⁹ cue ²⁰ neglect ²¹ merge ²² temper ²³ article ²⁴ elected

---

0211 ☐☐☐

maintain
[meintéin]

图 1. 유지하다, 지속하다 2. 주장하다 (⑨ claim)

The government will do whatever is needed to **maintain** law and order. 정부는 법과 질서를 유지하기 위해 필요한 일은 무엇이든지 할 것이다.

➕ maintenance 圐 유지, 지속

(!) **MEMORY KEY** main(손) + tain(쥐다) → 손에 꼭 쥐고 있다 → 유지하다

0212 ☐☐☐

prudent
[prú:dənt]

圐 신중한, 조심성 있는

He is very **prudent** whenever he spends money.
그는 돈을 쓸 때마다 매우 신중하다.

➕ prudently 團 신중하게   prudence 圐 신중, 조심

0213 ☐☐☐

revise
[riváiz]

图 수정하다, 개정하다

The book is now completely **revised** and updated.
그 책은 현재 완전히 개정되고 업데이트되었다.

➕ revision 圐 개정, 수정

0214 ☐☐☐

character
[kǽriktər]

圐 1. 성격 2. 특성 3. (등장)인물 4. 문자

He is a man of strong **character**. 그는 강한 성격의 사람이다.

The main **character** of this play will be chosen tomorrow.
이 연극의 주인공은 내일 선정될 것이다.

Her computer doesn't display Korean **characters**.
그녀의 컴퓨터는 한글 표시가 안 된다.

➕ characteristic 圐 독특한 圐 특성   characterize 图 특성을 나타내다

(!) **MEMORY KEY**

comment
[kάment]

명 논평, 의견 동 비평하다, 논평하다

He made some **comments** about the news article.
그는 그 뉴스 기사와 관련해 몇 가지 의견을 남겼다.

➕ commentary 명 실황 방송, 해설

(!)**MEMORY KEY** com('강조') + ment(기억하다) → (작품 등에 대해) 생각해 의견을 내다

---

economic
[ìːkənάmik]

형 경제(상)의, 경제학의

The global **economic** situation is improving.
세계 경제 상황이 개선되고 있다.

➕ economy 명 경제   economist 명 경제학자

---

discourse
명 [dískɔːrs]
동 [diskɔ́ːrs]

명 담화, 담론 (유 dialogue) 동 이야기를 하다, 논하다

The speakers' **discourse** on ethics in medicine was
fascinating. 그 연설자들의 의학 윤리에 관한 담론은 훌륭했다.

---

gear
[giər]

명 1. 기어, 톱니바퀴 2. 장치, 장비 (유 equipment)
동 1. 기어를 넣다 2. 적응시키다

They loaded the truck with camping **gear** for their vacation.
그들은 휴가를 위해 트럭에 캠핑 장비를 실었다.

Make sure that your classroom activities are **geared** toward
student participation. 너의 수업 활동이 학습자의 참여에 맞춰지도록 해라.

---

verbal
[vә́ːrbəl]

형 말의, 언어의

A **verbal** contract is not as safe as a written one.
구두 계약은 서면 계약만큼 안전하지 않다.

➕ verbalize 동 ~을 말로 표현하다   verbally 부 언어로, 구두로

0220 ☐☐☐

immediate
[imíːdiət]

형 1. 즉각적인 2. 시급한, 당면한 3. 직접적인

This is an urgent matter that requires an **immediate** reply.
이것은 즉각적인 대답을 요하는 긴급한 문제이다.

➕ immediately 문 곧, 즉시

! MEMORY KEY im('부정') + medi(중간) + ate(형용사형 접미사) → 중간에 아무것도 없는

0221 ☐☐☐

remind
[rimáind]

동 상기시키다, 일깨우다

Please **remind** me of her name — I've forgotten again.
그녀의 이름을 다시 알려줘. 또 잊어버렸어.

➕ reminder 명 생각나게 하는 것

! MEMORY KEY re(다시) + mind(마음) → 다시 마음에 가져오다

0222 ☐☐☐

board
[bɔːrd]

명 1. 판자 2. (게시)판 3. 위원회 동 탑승하다

I read the notice on the bulletin **board.** 나는 게시판의 그 공지를 읽었다.
He is the chairman of the **board** of directors.
그는 이사회의 의장이다.

You should **board** the plane at the designated time.
정해진 시간에 비행기에 탑승해야 한다.

➕ on board 탑승한

0223 ☐☐☐

measure
[méʒər]

동 1. 측정하다 2. 평가하다 명 1. 대책 2. 척도

The students **measured** distances between cities on a map.
그 학생들은 지도에서 도시들 사이의 거리를 쟀다.

➕ measurement 명 1. 측정 2. 치수
　 measurable 형 측정할 수 있는

! MEMORY KEY meas(재다) + ure(동사형 접미사) → 재다

DAY 08

0224 ☐☐☐
realize
[ríːəlàiz]

동 1. 깨닫다 2. 실현하다

I **realized** that I had made a big mistake.
나는 내가 큰 실수를 했다는 것을 깨달았다.

➕ realization 명 1. 깨달음 2. 실현

0225 ☐☐☐
manage
[mǽnidʒ]

동 1. 경영하다, 관리하다 2. ((~ to-v)) 간신히 ~하다

She **manages** an online shopping mall.
그녀는 온라인 쇼핑몰을 운영한다.

I **managed** to submit my report on time.
나는 간신히 보고서를 제시간에 제출했다.

➕ manageable 형 관리할 수 있는
management 명 관리, 경영

0226 ☐☐☐
administer
[ədmínistər]

동 1. 관리하다, 운영하다 2. 집행하다

The fund was **administered** by commercial banks.
그 자금은 시중 은행에 의해 관리되었다.

➕ administration 명 1. 관리, 경영 2. 행정(부)
administrative 형 관리[행정]상의

MEMORY KEY / ad(~에게) + minister(하인) → (상사 · 국민 등에게) 기여[봉사]하다

0227 ☐☐☐
provide
[prəváid]

동 1. 제공하다, 주다 2. 규정하다

Our website **provides** various optional services for free.
저희 웹사이트에서는 다양한 부가서비스를 무료로 제공합니다.

➕ provide A with B (= provide B for A) A에게 B를 제공하다
provision 명 1. 공급, 제공 2. ((~s)) 식량 3. [법] 조항

MEMORY KEY / pro(미리) + vid(e)(보다) → 미리 내다보고 제공하다

0228 ☐☐☐
rush
[rʌʃ]

동 급하게 가다, 서두르다 (⑨ hurry) 명 1. 돌진 2. 분주함

I **rushed** to get to the meeting on time.
나는 제시간에 그 회의에 도착하려고 서둘러 갔다.

➕ rush hour 러시아워, 혼잡한 시간

0229 ☐☐☐

diminish
[dimíniʃ]

동 줄어들다, 축소하다 (⊕ reduce)

The supply of fossil fuels is **diminishing**.
화석 연료의 공급이 줄어들고 있다.

 MEMORY KEY / di(~로부터) + min(작은) + ish(동사형 접미사) → 현재로부터 작게 하다[되다]

0230 ☐☐☐

permit
동 [pərmít]
명 [pə́ːrmit]

동 허락하다 명 허가(증)

Visitors are not **permitted** to take photos in this museum.
관광객들은 이 박물관에서 사진을 찍을 수 없다.

➕ permission 명 허락, 허가   permissible 형 허용되는

MEMORY KEY / per(통해) + mit(보내다) → (허락하여) 통과시키다

0231 ☐☐☐

harsh
[haːrʃ]

형 가혹한, 무자비한

The government faced **harsh** criticism over its slow reaction to
the disaster. 정부는 재해에 대한 늦장 대처로 가혹한 비판에 직면했다.

0232 ☐☐☐

count
[kaunt]

동 1. 세다, 계산하다 2. 간주하다 3. 중요하다

Don't **count** your chickens before they hatch.
〈속담〉 떡 줄 사람은 생각도 않는데 김칫국부터 마신다.

We **count** her as our heroine. 우리는 그녀를 우리의 영웅으로 여긴다.

What really **counts** is to believe yourself.
정말 중요한 것은 너 자신을 믿는 거야.

➕ countable 형 셀 수 있는   countless 형 무수한, 셀 수 없이 많은

MEMORY KEY / count ┬→ 셈 → 세다, 계산하다
                        └→ 생각 ┬→ 간주하다
                                └→ 중요하다

0233 ☐☐☐

fulfil(l)
[fulfíl]

동 1. (의무 등을) 다하다, 이행하다 2. 실현[성취]하다

Being ill, it was difficult to **fulfill** my duties.
아파서 내 임무를 완수하기 힘들었다.

➕ fulfil(l)ment 명 1. 이행, 완수 2. 성취

scrub
[skrʌb]

동 문지르다, 닦아내다

I **scrubbed** the floor to get rid of the dirt.
나는 먼지를 없애기 위해 바닥을 닦았다.

---

sentence
[séntəns]

명 1. 문장 2. 판결, 선고 동 선고하다, 판결을 내리다

This **sentence** is hard to understand. 이 문장은 이해하기 어렵다.
He was **sentenced** to death. 그는 사형 선고를 받았다.

➕ sentential 형 문장의

(!) **MEMORY KEY** / sentence ⟶ 문(文) ┬ 문장
└ 선고(하다), 판결(을 내리다)

---

aptitude
[ǽptitʃùːd]

명 소질, 적성

He showed an **aptitude** for soccer early. 그는 일찍이 축구에 소질을 보였다.

---

attitude
[ǽtitʃùːd]

명 태도, 자세

Bill suddenly changed his **attitude** towards me.
Bill은 갑자기 나에 대한 태도를 바꿨다.

---

altitude
[ǽltitʃùːd]

명 높이, 고도

Mexico City is located at an **altitude** of 2,240 meters above
sea level. 멕시코시티는 해발고도 2,240미터에 위치한다.

---

embed
[imbéd]

동 1. 깊숙이 박다 2. (마음·기억 등에) 깊이 새겨두다

A thorn was **embedded** in my hand.
가시가 내 손에 깊숙이 박혔다.

---

generate
[dʒénərèit]

동 1. 생산[창출]하다, 일으키다 (⊜ create) 2. (전기, 열 등을) 발생시키다

Many experts predict this industry will **generate** new jobs.
많은 전문가들은 이 산업이 새로운 일자리를 창출할 것이라고 예측한다.

➕ generation 명 1. 세대 2. 발생

(!) **MEMORY KEY** / gener(탄생) + ate(동사형 접미사) → 낳다, 발생시키다

Daily Test

1-18 영어를 우리말로, 우리말을 영어로 바꾸시오.

1	immediate	_____	10	생산[창출]하다; 발생시키다 _____
2	verbal	_____	11	깨닫다; 실현하다 _____
3	administer	_____	12	허락하다; 허가(증) _____
4	altitude	_____	13	경영하다; 간신히 ~하다 _____
5	measure	_____	14	태도, 자세 _____
6	remind	_____	15	가혹한, 무자비한 _____
7	comment	_____	16	제공하다, 주다; 규정하다 _____
8	sentence	_____	17	줄어들다, 축소하다 _____
9	rush	_____	18	유지하다; 주장하다 _____

19-24 문맥상 빈칸에 들어갈 단어를 찾아 적절한 형태로 넣으시오.

revise	count	economic	prudent	character	board

19 You should _____ the plane at the designated time.

20 He is very _____ whenever he spends money.

21 The global _____ situation is improving.

22 The main _____ of this play will be chosen tomorrow.

23 The book is now completely _____ and updated.

24 Don't _____ your chickens before they hatch.

Answer   ¹ 즉각적인; 시급한, 당면한; 직접적인 ² 말의, 언어의 ³ 관리하다, 운영하다; 집행하다 ⁴ 높이, 고도 ⁵ 측정하다; 평가하다; 대책; 척도 ⁶ 상기시키다, 일깨우다 ⁷ 논평, 의견; 비평하다, 논평하다 ⁸ 문장; 판결, 선고; 선고하다 ⁹ 급하게 가다, 서두르다; 돌진; 분주함 ¹⁰ generate ¹¹ realize ¹² permit ¹³ manage ¹⁴ attitude ¹⁵ harsh ¹⁶ provide ¹⁷ diminish ¹⁸ maintain ¹⁹ board ²⁰ prudent ²¹ economic ²² character ²³ revised ²⁴ count

최중요 어휘 (9)

클래스카드

0241 ☐☐☐
imaginary
[imǽdʒənèri]

형 상상의, 가상의

Unicorns and dragons are **imaginary** animals.
유니콘과 용은 상상의 동물이다.

➕ imagine 통 1. 상상하다 2. 생각하다　imagination 명 상상력, 상상

0242 ☐☐☐
secure
[sikjúər]

형 안전한, 안정된　통 1. 안전하게 하다　2. 확보하다

Children need to feel **secure** in order to learn effectively.
아이들은 효율적으로 배우기 위해서 안전함을 느껴야 한다.

The country took steps to **secure** its borders from attack.
그 나라는 공격으로부터 국경을 확보하기 위해서 조치를 취했다.

➕ securely 부 1. 확실하게 2. 안정적으로

MEMORY KEY se(~이 없는) + cure(걱정) → 걱정이 없는, 안정된

0243 ☐☐☐
discard
[diskáːrd]

통 버리다, 포기하다 (㈜ abandon)

It's better to donate used clothes than to **discard** them.
헌 옷을 버리는 것보다 기부하는 것이 낫다.

0244 ☐☐☐
tear
명 [tiər]
명통 [tɛər]

명 1. 눈물 2. 구멍, 찢어진 틈　통 (tore - torn) 찢다

A **tear** ran down her cheek. 눈물이 그녀의 뺨에 흘러내렸다.
The shirt has a **tear** in one sleeve. 그 셔츠는 한쪽 소매에 구멍이 났다.
He **tore** the paper in anger. 그는 화가 나서 그 종이를 찢었다.

➕ tearful 형 눈물 어린

MEMORY KEY tear ┬ 물방울 → 눈물
                      └ 구멍 ┬ 구멍, 찢어진 틈
                             └ 찢다

0245 ☐☐☐
worthwhile
[wə̀ːrθwáil]

형 가치 있는, ~할 가치가 있는

It's **worthwhile** to help others in need.
도움이 필요한 사람들을 돕는 것은 가치 있는 일이다.

0246 ☐☐☐

sacrifice

[sǽkrəfàis]

통 1. 희생하다 2. 제물로 바치다 명 희생

Don't forget those who **sacrificed** themselves for their country. 조국을 위해 자신을 희생한 분들을 잊지 말아라.

 sacr(i)(신성한) + fic(e)(만들다) → (바치기 위해) 신성하게 만들다

0247 ☐☐☐

coordinate

동 [kouɔ́:rdənèit]
형 [kouɔ́:rdənit]

동 1. 조직화하다, 편성하다 2. 조정하다 형 동등한

The team leader tried to **coordinate** the project schedules.
그 팀장은 프로젝트 일정을 조직화하려고 애썼다.

➕ coordination 명 일치, 조화

 co(함께) + ordin(순서) + ate(동사형 접미사) → 함께 순서를 맞추다

0248 ☐☐☐

engage

[ingéidʒ]

동 1. 참여하다, 관여하다 2. 고용하다 3. (관심을) 끌다 4. 관계를 맺다

Only 15% of students in our school **engage** in regular exercise. 우리 학교의 학생들 중 15%만이 규칙적인 운동에 참여한다.
The boss **engaged** her as a secretary. 그 사장이 그녀를 비서로 고용했다.
Your writing didn't **engage** his interest. 너의 글은 그의 관심을 끌지 못했다.
Jim and Julie will get **engaged** next month.
Jim과 Julie는 다음 달에 약혼할 것이다.

➕ engaged 형 약혼한   engagement 명 1. 약혼 2. 약속 3. 고용

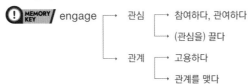

0249 ☐☐☐

utilize

[júːtəlàiz]

동 이용하다, 활용하다

You should **utilize** all of the tools given to you.
너는 너에게 주어진 모든 도구를 이용해야 한다.

➕ utility 명 1. 유용(성) 2. (수도 · 전기 등) 공익사업

 ut(이용하다) + il(형용사형 접미사) + ize(동사형 접미사) → 유용하게 하다

0250 ☐☐☐

commence
[kəméns]

동 시작되다, 시작하다

The next term is scheduled to **commence** in January.
다음 학기는 1월에 시작되는 것으로 일정이 잡혀있다.

0251 ☐☐☐

apparent
[əpǽrənt]

형 1. 명백한, 분명한 2. 겉보기의

The reasons why he didn't attend the meeting became
apparent. 그가 회의에 참석하지 않은 이유가 분명해졌다.

➕ apparently 부 1. 명백히 2. 외관상으로, 보아하니

① MEMORY KEY ap(~에) + par(보이다) + ent(형용사형 접미사) → 보이는

0252 ☐☐☐

rehearse
[rihə́:rs]

동 예행연습[리허설]을 하다

The actors in the musical were busy **rehearsing** for a
performance. 뮤지컬 배우들은 공연의 예행연습을 하느라 바빴다.

➕ rehearsal 명 리허설, 예행연습

0253 ☐☐☐

ordinary
[ɔ́:rdənèri]

형 보통의, 일상적인, 평범한

Drinking coffee as soon as she wakes up is her **ordinary**
routine. 일어나자마자 커피를 마시는 것은 그녀의 일상이다.

➕ ordinarily 부 보통, 대개

① MEMORY KEY ordin(순서) + ary(형용사형 접미사) → (평소) 순서대로의

0254 ☐☐☐

gaze
[geiz]

동 빤히 보다, 응시하다 (유 stare) 명 응시

She **gazed** at her father with a painful feeling in her heart.
그녀는 고통스러운 마음으로 아버지를 바라보았다.

0255 ☐☐☐

perspective
[pərspéktiv]

명 1. 견해, 관점 2. 원근법

He offered his **perspective** on the economic recovery.
그는 경기 회복에 대한 그의 견해를 내놓았다.

① MEMORY KEY per(두루) + spect(보다) + ive(명사형 접미사) → 전체를 두루 봄

68

0256 ☐☐☐
compel
[kəmpél]

동 강요하다, 억지로 행동하게 하다

The soldiers were **compelled** to follow his orders.
군인들은 그의 명령을 따르도록 강요받았다.

➕ compulsory 형 강제적인, 의무적인, 필수의
    compulsion 명 1. 충동 2. 강제

⚠ MEMORY KEY com(함께) + pel(몰다) → (강제로) 한데 몰다 → 강요하다

0257 ☐☐☐
release
[rilíːs]

동 1. 놓아주다, 석방하다 2. 발표[개봉]하다 3. (감정을) 표출하다
명 1. 석방 2. 발표, 개봉 3. 표출

He **released** the fish that he caught. 그는 잡은 물고기를 놓아주었다.

When is this movie being **released**? 이 영화는 언제 개봉합니까?

You should find out your own way of **releasing** stress.
너는 스트레스를 풀 너만의 방식을 찾아야 한다.

⚠ MEMORY KEY release ┌→ 해방 ──→ 놓아주다, 석방(하다)
    └→ 공개 ┌→ 발표(하다), 개봉(하다)
            └→ 표출(하다)

0258 ☐☐☐
spill
[spil]

동 (spilled/spilt – spilled/spilt) 엎지르다, 흘리다 명 유출

The baby **spilt** the milk on the bed. 아기가 침대 위에 우유를 쏟았다.

The oil **spill** is worse than we expected.
기름 유출이 우리가 예상했던 것보다 심각하다.

0259 ☐☐☐
disclose
[disklóuz]

동 드러내다, 폭로하다 (유 reveal 반 conceal)

Companies must not **disclose** the private information of their
employees. 회사들은 직원들의 사적인 정보를 드러내면 안 된다.

➕ disclosure 명 폭로

⚠ MEMORY KEY dis('반대') + close(닫다) → 닫지 않다 → 드러내다

0260 ☐☐☐

swear
[swɛər]

동 (swore – sworn) 1. 맹세하다, 선언하다 2. 욕을 하다

He raised his right hand and **swore** to tell the truth in the courtroom. 법정에서 그는 오른손을 들고 진실을 말할 것을 맹세했다.

0261 ☐☐☐

passion
[pǽʃən]

명 열정, 정열

She always has a **passion** for helping those in need.
그녀는 항상 도움이 필요한 사람들을 돕는 데 열정적이다.

➕ passionate 형 열렬한, 정열적인

🔑 MEMORY KEY / pass(견디다) + ion(명사형 접미사) → (~을 향한) 고난을 견디는 열정

0262 ☐☐☐

negotiate
[nigóuʃièit]

동 협상하다, 교섭하다

The player asked the owner of his team to **negotiate** his annual salary. 그 선수는 구단주에게 연봉 협상을 요청했다.

➕ negotiation 명 협상

0263 ☐☐☐

rotate
[róuteit]

동 1. 회전하다[시키다] (⊜ revolve) 2. 교대[순환] 근무를 하다

The earth **rotates** on its axis once each day.
지구는 축을 중심으로 하루에 한 번 자전한다.

➕ rotation 명 1. 회전, (지구의) 자전 2. 순환   rotary 형 회전하는

0264 ☐☐☐

subject
명 형 [sʌ́bdʒikt]
동 [səbdʒékt]

명 1. 주제 2. 과목 형 영향을 받는 동 복종시키다

The death penalty is a controversial **subject**.
사형 제도는 논란이 되는 주제이다.

History is a required **subject** in schools. 역사는 학교에서 필수 과목이다.

This contract is **subject** to the laws of Korea.
이 계약은 한국 법의 적용을 받는다.

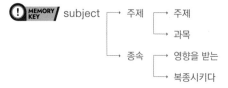

🔑 MEMORY KEY / subject ┬ 주제 ┬ 주제
                        │   └ 과목
                        └ 종속 ┬ 영향을 받는
                               └ 복종시키다

70

0265 ☐☐☐

comprehen-sible

[kàmprihénsəbl]

형 이해할 수 있는

His lecture was not **comprehensible** to me.
그의 강의는 내가 이해할 수 없었다.

➕ comprehend 동 이해하다　　comprehension 명 이해력
comprehensibly 부 이해할 수 있게, 뜻이 명료하게

0266 ☐☐☐

comprehen-sive

[kàmprihénsiv]

형 포괄적인, 종합적인

By taking this course, you will gain **comprehensive** knowledge. 이 과정을 공부함으로써 너는 광범위한 지식을 얻게 될 것이다.

0267 ☐☐☐

common

[kámən]

형 1. 일반의, 흔한 (반 rare) 2. 공통의

Cancer is one of the most **common** causes of death.
암은 가장 흔한 사망 원인 중 하나이다.

➕ commonly 부 대개, 보통　　in common 공동으로, 공통으로

MEMORY KEY com(함께) + mon(의무) → 함께 봉사하려는 → 함께 분담[공유]하려는

0268 ☐☐☐

quote

[kwout]

동 인용하다, 일부를 발췌해서 쓰다　명 인용구[문]

This story has direct **quotes** from the newspaper articles.
이 이야기는 신문 기사에서 직접 발췌한 내용을 담고 있다.

➕ quotation 명 1. 인용구[문] 2. 인용(하기)

0269 ☐☐☐

burden

[bə́:rdn]

명 부담, 짐　동 부담[짐]을 지우다

a financial **burden** of private education costs
사교육 비용의 재정적인 부담

0270 ☐☐☐

thrive

[θraiv]

동 번성하다, 번영하다

Some traditional villages continue to **thrive**.
몇몇 전통 마을들은 계속해서 번성한다.

Daily Test

1-18 영어를 우리말로, 우리말을 영어로 바꾸시오.

1 ordinary _____

2 apparent _____

3 negotiate _____

4 coordinate _____

5 rehearse _____

6 common _____

7 spill _____

8 compel _____

9 comprehensible _____

10 포괄적인, 종합적인 _____

11 맹세하다; 욕을 하다 _____

12 빤히 보다, 응시(하다) _____

13 주제; 과목; 영향을 받는; 복종시키다 _____

14 이용하다, 활용하다 _____

15 부담(을 지우다), 짐 _____

16 열정, 정열 _____

17 눈물; 구멍; 찢다 _____

18 놓아주다; 발표(하다); 석방 _____

19-24 문맥상 빈칸에 들어갈 단어를 찾아 적절한 형태로 넣으시오.

discard	rotate	quote	secure	perspective	engage

19 The boss _____ her as a secretary.

20 This story has direct _____ from the newspaper articles.

21 He offered his _____ on the economic recovery.

22 It's better to donate used clothes than to _____ them.

23 Children need to feel _____ in order to learn effectively.

24 The earth _____ on its axis once each day.

Answer ¹보통의, 일상적인, 평범한 ²명백한, 분명한; 겉보기의 ³협상하다, 교섭하다 ⁴조직화하다, 편성하다; 조정하다; 동등한 ⁵예행연습[리허설]을 하다 ⁶일반의, 흔한; 공통의 ⁷엎지르다, 흘리다; 유출 ⁸강요하다, 억지로 행동하게 하다 ⁹이해할 수 있는 ¹⁰comprehensive ¹¹swear ¹²gaze ¹³subject ¹⁴utilize ¹⁵burden ¹⁶passion ¹⁷tear ¹⁸release ¹⁹engaged ²⁰quotes ²¹perspective ²²discard ²³secure ²⁴rotates

---

0271 ☐☐☐

investigate
[invéstəgèit]

통 조사하다, 연구하다

The police are **investigating** the cause of the accident.
경찰이 그 사고의 원인을 조사 중이다.

➕ investigation 명 조사, 연구

0272 ☐☐☐

exploit
[iksplɔ́it]

통 1. (부당하게) 이용하다, 착취하다 2. (자원 등을) 개발하다

Many children in poor countries were **exploited** as factory laborers. 가난한 나라의 많은 아이들이 공장 노동자로 착취당했다.

➕ exploitation 명 1. 착취 2. (자원) 개발

! MEMORY KEY ex(밖으로) + ploit(접다) → 접혀있어야 하는 것을 밖으로 펼치다 → 이용하다

0273 ☐☐☐

figure
[fígjər]

명 1. 수치 2. (중요) 인물 3. 모습, 사람 4. 몸매 5. 도형

These **figures** show last year's sales.
이 수치는 작년 매출액을 보여준다.

He is a well-known historical **figure**.
그는 역사적으로 잘 알려진 인물이다.

Her **figure** disappeared into the fog.
그녀의 모습이 안개 속으로 사라졌다.

➕ figure out 알아내다, 이해하다

! MEMORY KEY figure ┬ 숫자 ── 수치
                         ├ 인물 ── (중요) 인물
                         └ 모양 ┬ 모습, 사람 / 몸매
                                └ 도형

0274 ☐☐☐

spread
[spred]

통 (spread – spread) 1. 퍼뜨리다, 확산되다 2. 펼치다 3. 펴 바르다
명 확산

The fire **spread** quickly through the forest.
불은 순식간에 숲 전체로 번졌다.

0275 □□□
split
[split]

동 (split – split) 1. 분열되다[시키다] 2. 나뉘다[나누다] 3. 쪼개지다

The student council **split** over the issue.
학생회는 그 문제를 놓고 의견이 갈렸다.

0276 □□□
explode
[iksplóud]

동 폭발하다[시키다]

The bomb **exploded** with thunderous roar.
폭탄이 천둥소리와 같은 굉음을 내며 폭발했다.

➕ explosion 명 폭발   explosive 형 폭발성의 명 폭발물

 ex(밖으로) + plod(e)(박수를 치다) → 밖으로 터져나갈 정도로 박수를 치다
→ 폭발하다

0277 □□□
valuable
[vǽljuəbl]

형 1. 값비싼 (반 worthless) 2. 귀중한

A **valuable** picture in the museum was stolen last night.
어젯밤 박물관의 귀중한 그림 하나를 도둑맞았다.

➕ value 명 가치 동 높이 평가하다, 중요시하다

 valu(e)(가치) + able('할 수 있는' 형용사형 접미사) → 가치를 매길 수 있는

0278 □□□
invaluable
[invǽljuəbl]

형 매우 유용한, 귀중한

It was a challenging but **invaluable** experience.
그것은 도전적이었지만 매우 유용한 경험이었다.

 in('부정') + valu(e)(가치) + able('할 수 있는' 형용사형 접미사) → 가치를
매길 수 없을 정도로 귀중한

0279 □□□
disprove
[disprú:v]

동 오류를 입증하다, 반증하다 (반 prove)

The scientists accepted his theory because they couldn't
disprove it.
과학자들은 그들이 그의 이론을 반증할 수 없었기 때문에 그것을 받아들였다.

0280 ☐☐☐

accomplish

[əkámpliʃ]

图 성취하다, 완수하다

He did his best to **accomplish** the task.
그는 그 일을 완수하기 위해 최선을 다했다.

➕ accomplishment 圆 1. 성취, 완성 2. 업적

MEMORY KEY ac(~에) + com('강조') + pl(채우다) + ish(동사형 접미사) → ~을 완전히 채워 완성하다

0281 ☐☐☐

purify

[pjúərəfài]

图 1. 정화하다 2. 순화하다

I bought some living plants to **purify** the air indoors.
나는 실내 공기를 정화하기 위해 살아있는 식물을 샀다.

➕ purifier 圆 정화 장치

0282 ☐☐☐

primary

[práimeri]

圈 1. 주요한 (畏 main) 2. 최초의

The **primary** cause of her failure was her laziness.
그녀가 실패한 주요 원인은 게으름이었다.

➕ primarily 凰 주로

MEMORY KEY prim(최초의) + ary(형용사형 접미사) → 처음의

0283 ☐☐☐

approve

[əprú:v]

图 1. 찬성하다 2. 승인하다

My parents **approved** of my plan to study abroad.
부모님께서 유학하고자 하는 내 계획에 찬성하셨다.

➕ approved 圈 승인된, 공인된   approval 圆 승인, 찬성

MEMORY KEY ap(~에) + prov(e)(시험하다) → 시험해 본 후 좋다고 인정하다

0284 ☐☐☐

facilitate

[fəsílitèit]

图 촉진하다, 용이하게 하다

This system can help **facilitate** communication between departments. 이 제도는 부서 간의 의사소통을 용이하게 하는 데 도움을 줄 수 있다.

➕ facilitator 圆 조력[협력]자

0285 □□□

opposite
[ɑ́pəzit]

혱 1. 정반대의 2. 반대쪽의 쩐 ~의 맞은편에 몡 반대(되는 것)

His opinion is **opposite** to yours. 그의 의견은 네 의견과 반대이다.

➕ oppose 됭 1. 반대하다 2. 겨루다 opposition 몡 1. 반대 2. 대립

 MEMORY KEY op(반대) + pos(놓다) + ite(형용사형 접미사) → 반대쪽에 두는

0286 □□□

bump
[bʌmp]

됭 충돌하다, 부딪치다 몡 1. (부딪치는 소리) 쿵, 탁 2. 타박상, 혹

I accidentally **bumped** into someone at the airport.
나는 공항에서 누군가와 실수로 부딪쳤다.

0287 □□□

purpose
[pə́:rpəs]

몡 목적, 의도

What's the **purpose** of your life? 당신의 인생의 목적은 무엇입니까?

➕ purposeful 혱 목적이 있는   on purpose 고의로

MEMORY KEY pur(앞에) + pos(e)(놓다) → 앞에 놓인 목적

0288 □□□

plain
[plein]

혱 1. 명백한 2. 솔직한 3. 무늬가 없는 몡 평지, 평원

It is a **plain** fact that drinking is harmful to your health.
음주가 건강에 해로운 것은 명백한 사실이다.

plain speaking 솔직하게 말하기

She's wearing a **plain** coat. 그녀는 무늬가 없는 코트를 입고 있다.

0289 □□□

nominate
[nɑ́mənèit]

됭 지명하다, 임명하다

She was **nominated** as the best actress of the year.
그녀는 그해의 최우수 여배우로 지명되었다.

➕ nomination 몡 지명, 임명

0290 ☐☐☐

shift
[ʃift]

동 1. 이동하다 2. 바꾸다 명 1. 변화 2. 교대

There has been a population **shift** from rural to urban areas.
농촌에서 도시로 인구 이동이 있었다.

0291 ☐☐☐

trigger
[tríɡər]

동 1. 촉발시키다 2. 작동시키다 명 1. 방아쇠 2. 계기

His speech **triggered** a huge debate.
그의 발언이 큰 논쟁을 불러일으켰다.

DAY 10

0292 ☐☐☐

acquire
[əkwáiər]

동 1. 얻다, 습득하다 2. 획득하다

He **acquired** wealth and fame through his business.
그는 사업을 통해 부와 명예를 얻었다.

➕ acquisition 명 1. 취득(물) 2. 습득

MEMORY KEY ac(~에) + quir(e)(구하다) → (~에 더해) 구하다

0293 ☐☐☐

embrace
[imbréis]

동 1. 포옹하다 (⊕ hug) 2. 받아들이다 명 1. 포옹 2. 수락, 용인

The mother **embraced** her son tightly when he came home from college. 그 어머니는 아들이 대학교에서 집으로 왔을 때 그를 꽉 껴안았다.
The students were encouraged to **embrace** the challenges before them. 학생들은 그들 앞에 있는 도전들을 받아들이라고 격려받았다.

0294 ☐☐☐

humanity
[hjuːmǽnəti]

명 인간성, 인류

Scientists have presented many different theories about what could cause the extinction of **humanity**.
과학자들은 무엇이 인류의 멸종을 초래할지에 관한 많은 다른 이론들을 제시해왔다.

0295 ☐☐☐

virtue
[vɜ́ːrtʃuː]

명 1. 미덕, 덕목 2. 장점

Sometimes silence is considered to be a **virtue**.
때때로 침묵은 미덕으로 여겨진다.

최중요 어휘 • **77**

0296 ☐☐☐

compete
[kəmpíːt]

동 1. 경쟁하다 2. 겨루다, (시합 등에) 참가하다

The two companies are **competing** for the contract.
그 두 회사가 그 계약을 두고 경쟁하고 있다.

➕ competition 명 1. 경쟁 2. 대회   competitive 형 경쟁의, 경쟁력 있는

❗MEMORY KEY com(함께) + pet(e)(추구하다) → 함께 같은 것을 구하려고 경쟁하다

0297 ☐☐☐

applaud
[əplɔ́ːd]

동 1. 박수갈채하다 (유 clap) 2. 칭찬하다

Everybody stood up to **applaud** their great performance.
그들의 훌륭한 공연에 모든 사람이 기립 박수했다.

➕ applause 명 박수(갈채)

❗MEMORY KEY ap(~에게) + plaud(박수를 치다) → ~에게 박수를 보내다

0298 ☐☐☐

stir
[stəːr]

동 1. 휘젓다, 뒤섞다 2. 움직이다 3. 마음을 흔들다

I helped my mother peel onions and **stir** the soup.
나는 어머니를 도와 양파 껍질을 까고 수프를 저었다.

➕ stirring 형 마음을 뒤흔드는, 감동시키는

0299 ☐☐☐

vibrate
[váibreit]

동 흔들리다, 진동하다

I had set my cell phone to **vibrate**, so I didn't hear it ring.
나는 휴대전화를 진동 모드로 설정해두어서 전화가 오는 것을 듣지 못했다.

➕ vibration 명 떨림, 진동

0300 ☐☐☐

soak
[souk]

동 1. 흠뻑 적시다 2. 담그다[담기다]

His clothes were **soaked** in sweat. 그의 옷이 땀으로 흠뻑 젖었다.

Daily Test

1-18 영어를 우리말로, 우리말을 영어로 바꾸시오.

1 invaluable _____

2 bump _____

3 accomplish _____

4 purpose _____

5 investigate _____

6 shift _____

7 facilitate _____

8 trigger _____

9 nominate _____

10 이용하다, 착취하다; 개발하다 _____

11 정화하다; 순화하다 _____

12 경쟁하다; 겨루다, 참가하다 _____

13 폭발하다[시키다] _____

14 박수갈채하다; 칭찬하다 _____

15 미덕, 덕목; 장점 _____

16 찬성하다; 승인하다 _____

17 흠뻑 적시다; 담그다[담기다] _____

18 얻다, 습득하다; 획득하다 _____

19-24 문맥상 빈칸에 들어갈 단어를 찾아 적절한 형태로 넣으시오.

vibrate	disprove	figure	spread	opposite	primary

19 He is a well-known historical _____.

20 His opinion is _____ to yours.

21 The fire _____ quickly through the forest.

22 The _____ cause of her failure was her laziness.

23 The scientists accepted his theory because they couldn't _____ it.

24 I had set my cell phone to _____, so I didn't hear it ring.

Answer ¹ 매우 유용한, 귀중한 ² 충돌하다, 부딪치다; (부딪치는 소리) 쿵, 탁; 타박상, 혹 ³ 성취하다, 완수하다 ⁴ 목적, 의도 ⁵ 조사하다, 연구하다 ⁶ 이동하다; 바꾸다; 변화; 교대 ⁷ 촉진하다, 용이하게 하다 ⁸ 촉발시키다; 작동시키다; 방아쇠; 계기 ⁹ 지명하다, 임명하다 ¹⁰ exploit ¹¹ purify ¹² compete ¹³ explode ¹⁴ applaud ¹⁵ virtue ¹⁶ approve ¹⁷ soak ¹⁸ acquire ¹⁹ figure ²⁰ opposite ²¹ spread ²² primary ²³ disprove ²⁴ vibrate

최중요 어휘 (11)

클래스카드

0301 ☐☐☐
annual
[ǽnjuəl]

[형] 매년의, 연례의 (⑨ yearly)

The family gathering is an important **annual** event for me.
가족 모임은 내게 있어서 중요한 연례행사이다.

0302 ☐☐☐
dare
[dɛər]

[동] 감히 ~하다, (위험을) 무릅쓰다

They didn't **dare** complain to their strict parents.
그들은 엄격한 부모님에게 감히 불평하지 못했다.

0303 ☐☐☐
confident
[kάnfidənt]

[형] 1. 자신 있는 2. 확신하는

He felt more **confident** about his appearance.
그는 그의 외모에 더 자신감을 가졌다.

➕ confidence [명] 1. 신뢰 2. 자신(감)

0304 ☐☐☐
confidential
[kὰnfidénʃəl]

[형] 비밀의, 기밀의

All **confidential** papers should be stored in a locked cabinet.
모든 기밀 서류는 잠긴 캐비닛에 보관되어야 한다.

➕ confidentially [부] 은밀하게   confidentiality [명] 비밀, 기밀(성)

0305 ☐☐☐
innovate
[ínəvèit]

[동] 혁신하다, 쇄신하다

It is not easy to **innovate** an established business.
기존 사업을 혁신하는 것은 쉽지 않다.

➕ innovative [형] 혁신적인   innovation [명] 혁신, 쇄신

🔊 **MEMORY KEY** / in(내부) + nov(새로운) + ate(동사형 접미사) → 내부를 새롭게 하다

0306 ☐☐☐
scatter
[skǽtər]

[동] 1. (흩)뿌리다 2. 흩어지다[흩어지게 하다]

The leaves fell and **scattered** on the ground.
나뭇잎들은 떨어져서 땅에 흩어졌다.

0307 ☐☐☐

obscure

[əbskjúər]

형 1. 모호한 2. 잘 알려지지 않은   동 모호하게 하다

She gave an **obscure** answer to my proposal.
그녀는 내 청혼에 애매한 대답을 했다.

➕ obscurely 분 애매하게   obscurity 명 1. 모호함 2. 무명

0308 ☐☐☐

lie

[lai]

동 (lay – lain) 1. 눕다 2. (~의 상태로) 있다   (lied – lied) 3. 거짓말하다
명 거짓말

He **lay** down on the beach to sunbathe.
그는 일광욕을 하려고 해변에 누웠다.

The box was **lying** open on the bed.
침대 위에 상자가 열려 있었다.

Don't **lie** to me under any circumstances.
어떠한 상황에서도 나에게 거짓말하지 마.

➕ liar 명 거짓말쟁이

MEMORY KEY / lie ┬→ 위치 ┬→ 눕다
                 │   └→ (~의 상태로) 있다
                 └→ 거짓말 → 거짓말(하다)

0309 ☐☐☐

lay

[lei]

동 (laid – laid) 1. 놓다, 두다 2. (알을) 낳다

I **laid** my wool scarf on the table.
나는 테이블 위에 내 모직 목도리를 놓았다.

The cuckoo **lays** eggs in the nests of other birds.
뻐꾸기는 다른 새의 둥지에 알을 낳는다.

0310 ☐☐☐

recover

[rikʌ́vər]

동 1. 회복하다 2. 되찾다

He **recovered** quickly from shoulder surgery.
그는 어깨 수술로부터 빠르게 회복했다.

➕ recovery 명 1. 회복 2. 되찾기

MEMORY KEY / re(다시) + cover(취하다) → 다시 취하다 → 되찾다

range
[reinʤ]

명 1. 범위 2. 다양성   동 포함하다, (범위가 ~에서 …에) 이르다

She has a wide **range** of knowledge and experience in this area. 그녀는 이 분야에 광범위한 지식과 경험이 있다.

0312 □□□

compensate
[kámpənsèit]

동 보상하다, 변상하다

Nothing can **compensate** for the loss of hope in a man.
사람이 희망을 잃는 것은 어떤 것으로도 보상할 수 없다.

➕ compensation 명 보상, 배상(금)

❗ MEMORY KEY / com(함께) + pens(무게를 달다) + ate(동사형 접미사) → 서로 무게를 달아 (모자라는 쪽을) 보충하다

0313 □□□

merit
[mérit]

명 1. 장점 2. (칭찬할 만한) 가치, 우수성

The **merit** of the plan is that it will not be hard to fund.
그 계획의 장점은 자금을 조달하기가 어렵지 않을 것이라는 점이다.

0314 □□□

produce
동 [prədjúːs]
명 [prádjuːs]

동 1. 생산하다, 제조하다 2. 야기하다   명 농산물

Japanese green tea is **produced** in many localities in Japan.
일본의 녹차는 일본의 많은 지역에서 생산된다.

➕ productive 형 생산적인   product 명 생산품
   production 명 생산, 제작   productivity 명 생산성

❗ MEMORY KEY / pro(앞으로) + duc(e)(인도하다) → 앞으로 인도하다 → 생산하다

0315 □□□

license
[láisəns]

명 면허, 인가   동 면허를 주다, 허가하다

I got my driver's **license** last month.
나는 지난달에 운전면허를 땄다.

➕ licensed 형 공적으로 인가된, 면허증을 소지한

0316 ☐☐☐

regulate
[régjulèit]

통 1. 규제하다 2. 조정하다

Most economists objected to **regulating** foreign investment.
대부분의 경제 전문가들은 외국인 투자를 규제하는 것에 반대했다.

➕ regulation 명 1. 규정 2. 규제

!MEMORY KEY / reg(ul)(통치) + ate(동사형 접미사) → 통치하다 → 규제하다

0317 ☐☐☐

display
[displéi]

통 1. 전시[진열]하다 2. 드러내다 명 1. 전시 2. 표현, 과시

The masterpieces by great artists will be **displayed** in the art
museum. 위대한 예술가들의 명작들이 미술관에 전시될 것이다.

!MEMORY KEY / dis(떨어져) + play(접다) → 접힌 것을 여기저기 펼쳐 놓다

0318 ☐☐☐

considerable
[kənsídərəbl]

형 상당한, 적지 않은

Brownies contain a **considerable** quantity of sugar.
브라우니에는 상당한 양의 설탕이 들어있다.

➕ considerably 부 상당히, 꽤

0319 ☐☐☐

considerate
[kənsídərit]

형 사려 깊은, 이해심[동정심]이 많은 (반 inconsiderate)

He is always **considerate** towards his colleagues.
그는 항상 그의 동료들에게 사려 깊게 대한다.

➕ consideration 명 고려, 숙고

0320 ☐☐☐

orphan
[ɔ́:rfən]

명 고아

Many children became **orphans** due to the war.
전쟁으로 인해 많은 아이들이 고아가 되었다.

➕ orphanage 명 고아원

0321 ☐☐☐

electronic

[ilektránik]

형 전자의, 전자공학의

This **electronic** device is small and convenient to use.
이 전자기기는 작고 사용하기 편리하다.

➕ electron 명 전자

0322 ☐☐☐

survive

[sərváiv]

동 1. 살아남다, 생존하다 2. (위기 등을) 견뎌 내다

The boy was the only person who **survived** the accident.
그 소년은 그 사고에서 살아남은 유일한 사람이었다.

➕ survival 명 생존

🚨 MEMORY KEY / sur(~을 넘어) + viv(e)(살다) → ~보다 오래 살다

0323 ☐☐☐

string

[striŋ]

명 끈, 줄 동 (strung – strung) 묶다, 끈을 달다

She started to untie the **string** of the box carefully.
그녀는 조심스럽게 상자의 끈을 풀기 시작했다.

0324 ☐☐☐

expertise

[èkspəːrtíːz]

명 전문 지식[기술]

It requires **expertise** to produce a piece of furniture.
가구 한 점을 만드는 데는 전문 기술이 필요하다.

0325 ☐☐☐

dread

[dred]

동 몹시 무서워하다, 두려워하다 명 두려움

I **dread** to think what will happen if an earthquake occurs.
나는 지진이 발생하면 무슨 일이 생길지 생각하는 것조차 두렵다.

0326 ☐☐☐

escape

[iskéip]

동 달아나다, 탈출하다, 벗어나다 명 탈출, 도피

They broke down the window and **escaped** from the burning
building. 그들은 창문을 깨고 불타는 건물에서 탈출했다.

0327 ☐☐☐

uncover
[ʌnkʌ́vər]

통 1. 덮개를 열다 2. 폭로하다 (㈜ expose ㉠ cover)

The journalist worked hard to **uncover** details about the story.
그 기자는 그 이야기에 관한 세부 사항들을 폭로하기 위해 열심히 일했다.

0328 ☐☐☐

tackle
[tǽkl]

명 기구, 도구 (㈜ gear) 통 1. 다루다 2. 착수하다

The sailors loaded the fishing **tackle** onto their boat.
선원들은 낚시도구를 그들의 배에 실었다.

He decided to **tackle** the problem alone.
그는 그 문제를 혼자 다루기로 결정했다.

0329 ☐☐☐

urge
[ə:rdʒ]

통 1. 재촉하다 (㈜ prompt) 2. 강제하다 3. 설득하다
명 1. 충동 2. 열망 (㈜ desire)

The boy's friends **urged** him to sign up for the contest.
그 남자아이의 친구들은 그에게 대회에 등록하라고 재촉했다.

➕ urge A to B A에게 B하도록 설득하다

0330 ☐☐☐

liquid
[líkwid]

형 액체의, 맑은 명 액체 (㈜ fluid ㉠ solid)

I prefer to use **liquid** laundry detergent.
나는 액체 세탁 세제를 사용하는 것을 선호한다.

The scientist poured the **liquid** into a container.
그 과학자는 용기에 액체를 부었다.

Daily Test

1-18 영어를 우리말로, 우리말을 영어로 바꾸시오.

1	license	_____	10	모호한; 잘 알려지지 않은; 모호하게 하다 _____
2	scatter	_____	11	혁신하다, 쇄신하다 _____
3	survive	_____	12	생산하다; 야기하다; 농산물 _____
4	escape	_____	13	보상하다, 변상하다 _____
5	display	_____	14	덮개를 열다; 폭로하다 _____
6	tackle	_____	15	비밀의, 기밀의 _____
7	liquid	_____	16	놓다, 두다; (알을) 낳다 _____
8	merit	_____	17	고아 _____
9	recover	_____	18	규제하다; 조정하다 _____

19-24 문맥상 빈칸에 들어갈 단어를 찾아 적절한 형태로 넣으시오.

range	dare	urge	considerable	expertise	confident

19 He felt more _____ about his appearance.

20 They didn't _____ complain to their strict parents.

21 Brownies contain a(n) _____ quantity of sugar.

22 The boy's friends _____ him to sign up for the contest.

23 She has a wide _____ of knowledge and experience in this area.

24 It requires _____ to produce a piece of furniture.

Answer ¹면허, 인가; 면허를 주다, 허가하다 ²(흩)뿌리다; 흩어지다[흩어지게 하다] ³살아남다, 생존하다; (위기 등을) 견뎌 내다 ⁴달아나다, 탈출하다, 벗어나다; 탈출, 도피 ⁵전시[진열]하다; 드러내다; 전시; 표현, 과시 ⁶기구, 도구; 다루다; 착수하다 ⁷액체의, 맑은; 액체 ⁸장점; (칭찬할 만한) 가치, 우수성 ⁹회복하다; 되찾다 ¹⁰obscure ¹¹innovate ¹²produce ¹³compensate ¹⁴uncover ¹⁵confidential ¹⁶lay ¹⁷orphan ¹⁸regulate ¹⁹confident ²⁰dare ²¹considerable ²²urged ²³range ²⁴expertise

---

0331 ☐☐☐
occupy
[ákjupài]

图 1. 차지하다 2. (마음·주의 등을) 끌다 3. 점령하다

She hoped that she would soon **occupy** a position of authority in the company. 그녀는 곧 그녀가 회사에서 권위 있는 자리를 차지하기를 바랐다.
While she waited, she **occupied** herself by reading a magazine. 그녀는 기다리는 동안 잡지를 읽는 데 몰두했다.

0332 ☐☐☐
pursue
[pərsúː]

图 1. 추구하다 2. 뒤쫓다

The company **pursues** a goal of providing the best service.
그 회사는 최상의 서비스를 제공한다는 목표를 추구한다.

➕ pursuit 图 1. 추구 2. 추격

🔔 MEMORY KEY pur(앞으로) + su(e)(따라가다) → ~을 따라잡으려고 쫓아가다

0333 ☐☐☐
restoration
[rèstəréiʃən]

图 1. 복구, 복원 2. 회복

The **restoration** of the old castle is now underway.
오래된 성의 재건이 현재 진행 중이다.

➕ restore 图 1. 복구하다 2. 되찾게 하다, 회복시키다

0334 ☐☐☐
worship
[wə́ːrʃip]

图 1. 숭배하다 2. 예배를 보다 图 숭배, 예배

Hindus **worship** the cow as a sacred animal.
힌두교도들은 소를 신성한 동물로 숭배한다.

➕ worshipper 图 숭배자, 예배자   worshipful 图 숭배하는

0335 ☐☐☐
assign
[əsáin]

图 할당하다, 배정하다

I was **assigned** the task of managing financial matters.
나는 재무 관리 업무를 배정받았다.

➕ assignment 图 1. 할당 2. 숙제

🔔 MEMORY KEY as(~에) + sign(표시) → ~의 몫으로 표시하다

degree
[digríː]

图 1. 정도 2. (각도·온도계의) 도 3. 학위

This work requires a high **degree** of specialist knowledge.
이 작업은 높은 수준의 전문 지식을 필요로 한다.

The annual average temperature in Hawaii is about 78
degrees Fahrenheit. 하와이의 연평균 기온은 약 화씨 78도이다.

Mary got a master's **degree** in international business.
Mary는 국제경영학 석사 학위를 받았다.

---

associate
[əsóuʃièit]

图 1. 연상하다, 연관 짓다 2. 교제하다

Obesity is closely **associated** with several chronic diseases.
비만은 몇 가지 만성 질환과 밀접한 연관이 있다.

➕ association 图 1. 협회, 단체 2. 유대, 연계

MEMORY KEY as(~에) + soci(친구) + ate(동사형 접미사) → ~의 동료가 되다
→ ~와 관계 짓다

---

prospect
[práspekt]

图 1. 가망, 가능성 2. ((~s)) 전망

There seems to be no **prospect** of winning this game.
이 경기에서 이길 가능성이 없어 보인다.

The experts said that the **prospects** for the economy are good.
전문가들은 경제 전망이 밝다고 말했다.

➕ prospective 图 1. 가망 있는 2. 예상된

MEMORY KEY pro(앞으로) + spect(보다) → (앞을) 내다봄

---

likewise
[láikwàiz]

图 마찬가지로

If you leave them alone, they'll do **likewise**.
네가 그들을 내버려 두면, 그들도 마찬가지로 행동할 것이다.

0340 ☐☐☐
industrial
[indʌ́striəl]

형 1. 산업[공업]의 2. 공업용의

Industrial waste contaminated the river.
산업 폐기물이 강을 오염시켰다.

➕ industry 명 산업, 제조업　　industrialize 동 산업[공업]화하다
industrialization 명 산업[공업]화

0341 ☐☐☐
aspect
[ǽspekt]

명 1. 측면 2. 방향

I had a hard time understanding the technical **aspect** of this project. 나는 이 프로젝트의 기술적인 측면을 이해하는 데 어려움을 겪었다.

➕ in every aspect, in all aspects 모든 면에서

 a(~에) + spect(보다) → ~에서 보다 → 바라본 모양

0342 ☐☐☐
endeavor
[indévər]

동 노력하다, 시도하다　명 노력, 시도

He **endeavored** to conceal his feelings from others.
그는 다른 사람들에게 자신의 감정을 숨기려고 노력했다.

0343 ☐☐☐
bond
[bɑnd]

명 1. 유대 2. ((~s)) 속박 3. 채권　동 유대를 맺다

The **bond** between mother and child is incredibly strong.
어머니와 아이 사이의 유대는 믿을 수 없을 정도로 강하다.

0344 ☐☐☐
shrink
[ʃriŋk]

동 (shrank - shrunk) 줄어들다[줄어들게 하다]

The king penguin populations are **shrinking** due to global warming. 지구온난화로 킹펭귄의 개체 수가 점점 줄어들고 있다.

0345 ☐☐☐
insist
[insíst]

동 1. 주장하다 2. 고집하다, 우기다

Despite the evidence, he **insisted** on his innocence.
증거가 있음에도 불구하고 그는 자신의 결백을 주장했다.

➕ insistent 형 1. 고집하는 2. 계속되는　　insistence 명 주장, 강요

 in(위에) + sist(서다) → (자기 주장) 위에 확고히 서다

sacred
[séikrid]

형 신성한, 성스러운 (㈜ holy)

The museum was full of **sacred** artifacts from ancient religions. 그 박물관은 고대 종교의 신성한 유물들로 가득했다.

---

ridiculous
[ridíkjuləs]

형 우스운, 터무니없는

I don't believe such a **ridiculous** rumor.
나는 그렇게 터무니없는 소문은 믿지 않는다.

➕ ridiculously 부 우스꽝스럽게, 터무니없이
　 ridicule 명 비웃음 동 비웃다

---

establish
[istǽbliʃ]

동 수립하다, 설립하다 (㈜ found)

The company was **established** in 1870. 그 회사는 1870년에 설립되었다.

➕ establishment 명 1. 기관 2. 설립
　 established 형 확실히 자리를 잡은

(!) MEMORY KEY e('모음 첨가') + stabl(e)(견고한) + ish(동사형 접미사) → 견고하게 하다

---

pale
[peil]

형 1. 핏기 없는, 창백한 2. (색깔이) 옅은 (㈜ light)

On hearing about his death, she turned **pale** with shock.
그의 사망 소식을 듣고, 그녀는 충격으로 얼굴이 창백해졌다.

---

restrict
[ristríkt]

동 제한하다, 한정하다

The government had **restricted** rice imports from abroad.
정부는 해외로부터의 쌀 수입을 제한했다.

➕ restriction 명 제한, 한정　　　restrictive 형 제한하는

(!) MEMORY KEY re(뒤로) + strict(팽팽히 당기다) → (규정 등을) 팽팽히 당겨 제한하다

0351 ☐☐☐

overcome
[òuvərkʌ́m]

동 (overcame – overcome) 극복하다, 이겨내다

How did you **overcome** the biggest obstacle to your success?
성공의 가장 큰 장애물을 어떻게 극복했나요?

 over(넘어) + come(오다) → (장애를) 넘어오다

0352 ☐☐☐

activate
[ǽktəvèit]

동 작동시키다, 활성화하다 (반 deactivate)

The smoke detector was **activated** by his cigarette.
그 화재경보기는 그의 담배에 의해 작동되었다.

➕ activation 명 활동화, 활성화

 activ(e)(활동적인) + ate(동사형 접미사) → 활성화하다

0353 ☐☐☐

popularity
[pàpjulǽrəti]

명 1. 인기 2. 대중성

Smart devices have gained **popularity** in recent years.
최근 몇 년간 스마트 기기가 인기를 얻고 있다.

➕ popular 형 1. 인기 있는 2. 대중적인   popularize 동 대중화하다

0354 ☐☐☐

population
[pàpjuléiʃən]

명 인구, (모든) 주민

More than half of the world's **population** lives in cities.
세계 인구의 반 이상이 도시에 산다.

➕ populate 동 살다, 거주하다

0355 ☐☐☐

precious
[préʃəs]

형 1. 귀중한, 값비싼 2. 소중한

The school field trip will make **precious** memories for students. 수학여행은 학생들에게 소중한 추억을 만들어 줄 것이다.

 preci(값) + ous(형용사형 접미사) → 값진

0356 ☐☐☐

construct

동[kənstrʌ́kt]
명[kánstrʌkt]

동 1. 건설하다, 조립하다 2. 구성하다   명 구조물

The Tower Bridge was **constructed** in the Gothic style.
타워 브리지는 고딕 양식으로 지어졌다.

➕ construction 명 건설, 공사   constructive 형 건설적인

(!) MEMORY KEY con(함께) + struct(세우다) → 함께 세우다

0357 ☐☐☐

instruct

[instrʌ́kt]

동 1. 지시하다 2. 가르치다

I did exactly as my boss had **instructed**.
나는 상사가 지시한 대로 정확히 했다.

➕ instruction 명 1. 지시 2. ((~s)) 설명서 3. 가르침

(!) MEMORY KEY in(위에) + struct(세우다) → (지식 등을) 세우게 해 주다 → 가르치다

0358 ☐☐☐

compulsory

[kəmpʌ́lsəri]

형 강제적인, 의무적인, 필수의

English is one of the **compulsory** subjects in Korea.
한국에서 영어는 필수과목 중 하나이다.

0359 ☐☐☐

unique

[ju:ní:k]

형 1. 독특한 2. 유일(무이)한

Everyone possesses **unique** abilities and talents.
모든 사람은 독특한 능력과 재능을 가지고 있다.

(!) MEMORY KEY uni(하나의) + que(형용사형 접미사) → 하나만 있는

0360 ☐☐☐

illustrate

[íləstrèit]

동 1. (예를 들어) 설명하다 2. 삽화를 넣다

She showed some examples to **illustrate** the concept.
그녀는 그 개념을 설명하기 위해 몇 가지 예시를 제시했다.

➕ illustration 명 1. 삽화 2. 실례

Daily Test

1-18 영어를 우리말로, 우리말을 영어로 바꾸시오.

1	unique	_____	10	수립하다, 설립하다	_____
2	associate	_____	11	극복하다, 이겨내다	_____
3	activate	_____	12	제한하다, 한정하다	_____
4	construct	_____	13	우스운, 터무니없는	_____
5	industrial	_____	14	할당하다, 배정하다	_____
6	prospect	_____	15	핏기 없는, 창백한; (색깔이) 옅은	_____
7	endeavor	_____	16	인기; 대중성	_____
8	aspect	_____	17	강제적인, 의무적인, 필수의	_____
9	sacred	_____	18	추구하다; 뒤쫓다	_____

19-24 문맥상 빈칸에 들어갈 단어를 찾아 적절한 형태로 넣으시오.

> bond   illustrate   population   insist   restoration   degree

19 Despite the evidence, he _____ on his innocence.

20 The _____ between mother and child is incredibly strong.

21 She showed some examples to _____ the concept.

22 The _____ of the old castle is now underway.

23 This work requires a high _____ of specialist knowledge.

24 More than half of the world's _____ lives in cities.

Answer ¹ 독특한; 유일(무이)한 ² 연상하다, 연관 짓다; 교제하다 ³ 작동시키다, 활성화하다 ⁴ 건설하다, 조립하다; 구성하다; 구조물 ⁵ 산업[공업]의; 공업용의 ⁶ 가망, 가능성; 전망 ⁷ 노력(하다), 시도(하다) ⁸ 측면; 방향 ⁹ 신성한, 성스러운 ¹⁰ establish ¹¹ overcome ¹² restrict ¹³ ridiculous ¹⁴ assign ¹⁵ pale ¹⁶ popularity ¹⁷ compulsory ¹⁸ pursue ¹⁹ insisted ²⁰ bond ²¹ illustrate ²² restoration ²³ degree ²⁴ population

---

0361 ☐☐☐

distinguish

[distíŋgwiʃ]

동 구별하다, 식별하다 (유 differentiate)

An infant can **distinguish** its mother's voice from other voices.
유아는 어머니의 목소리를 다른 목소리와 구별할 수 있다.

➕ **distinct** 형 1. 뚜렷한 2. 별개의   **distinguished** 형 유명한, 저명한

MEMORY KEY / di(떨어져) + sting(u)(찌르다) + ish(동사형 접미사) → (다른 것과) 떨어지도록 찌르다 → 구분 짓다

0362 ☐☐☐

crop

[krɑp]

명 농작물, 수확물 (유 harvest)   동 1. 자르다 2. 재배하다, 수확하다

The farmers were busy gathering their **crops**.
그 농부들은 농작물을 수확하느라 바빴다.

The photographer **cropped** the picture to make it fit in the frame. 그 사진가는 사진을 액자에 맞추기 위해서 잘랐다.

0363 ☐☐☐

otherwise

[ʌ́ðərwàiz]

부 만약 그렇지 않다면

Hurry up; **otherwise**, you'll be late.
서둘러라, 그렇지 않으면 늦을 것이다.

0364 ☐☐☐

certificate

명 [sərtífəkit]
동 [sərtífəkèit]

명 증명서, 수료증 (유 document)   동 증명하다

The students were excited to receive their graduation **certificate**. 학생들은 졸업장을 받게 되어 신이 났다.

0365 ☐☐☐

trait

[treit]

명 특성, 특징

Every culture has its own particular **traits**.
모든 문화는 그것만의 독특한 특징을 가지고 있다.

0366 ☐☐☐
punish
[pʌ́niʃ]

[동] 처벌하다, 벌주다

He was **punished** for breaking the rules. 그는 규칙을 어겨서 벌을 받았다.
➕ punishment [명] 처벌, 형벌

0367 ☐☐☐
appropriate
[əpróupriət]

[형] 적절한, 알맞은 (⊕ inappropriate)

an **appropriate** way of expressing your anger
분노를 표현하는 적절한 방법

MEMORY KEY ap(~에) + propri(자기 자신의) + ate(형용사형 접미사) → (자신에게) 알맞은

0368 ☐☐☐
raise
[reiz]

[동] 1. 올리다 2. 모금하다 3. 기르다 4. 제기하다

He **raised** his hand to ask a question. 그는 질문하기 위해 손을 들었다.
We **raised** money for flood victims. 우리는 수재민들을 위해 모금을 했다.
raise a question 의문을 제기하다

MEMORY KEY raise → 올림 ┬ 올리다
├ 모금하다
├ 기르다
└ 제기하다

0369 ☐☐☐
specific
[spisífik]

[형] 1. 구체적인, 명확한 2. 특정한

Establish a **specific** goal to reach. 도달해야 할 구체적인 목표를 세워라.
➕ specifically [부] 1. 명확히 2. 특히

0370 ☐☐☐
translate
[trænsléit]

[동] 번역하다, 해석하다

He has **translated** this Korean novel into English.
그는 이 한국 소설을 영어로 번역했다.
➕ translation [명] 번역, 해석   translator [명] 번역가, 통역사

0371 ☐☐☐
horizon
[həráizn]

[명] 1. ((the ~)) 지평선, 수평선 2. ((~s)) 시야

The sun just rose above the **horizon**. 태양이 막 지평선 위로 떠올랐다.
➕ horizontal [형] 수평의, 가로의

0372 □□□

inhibit
[inhíbit]

图 억제하다, 못하게 하다

Stress may **inhibit** the release of growth hormone.
스트레스는 성장 호르몬의 분비를 억제할 수도 있다.

➕ inhibition 图 억제, 방해

0373 □□□

divine
[diváin]

图 신의, 신성한

The paintings of the angels in the cathedral were truly **divine**.
그 성당에 있는 천사 그림들은 정말 신성했다.

➕ divinely 图 신처럼, 훌륭하게

0374 □□□

unify
[jú:nəfài]

图 통일하다, 통합하다 (유 unite)

The Silla Dynasty **unified** the Korean Peninsula for the first
time in history. 신라는 역사상 처음으로 한반도를 통일했다.

➕ unification 图 통일, 통합

> **MEMORY KEY** / uni(하나의) + fy(만들다) → 하나로 만들다

0375 □□□

prohibit
[prouhíbit]

图 1. 금지하다 2. ~하지 못하게 하다

All flights are **prohibited** from landing due to the heavy storm.
심한 폭풍우 때문에 모든 항공편은 착륙이 금지된다.

➕ prohibition 图 금지(령)

> **MEMORY KEY** / pro(앞에) + hib(it)(가지다) → ~의 앞에 가지고 있다 → 가로막다

0376 □□□

retreat
[ritrí:t]

图 후퇴, 철수   图 물러서다, 후퇴하다

The soldiers cheered at the **retreat** of their enemies.
군인들은 적들의 후퇴에 환호했다.

A loud noise caused the bear to **retreat** into the forest.
큰 소음은 그 곰이 숲속으로 물러서게 했다.

0377 □□□

equipment
[ikwípmənt]

图 1. 장비, 용품 2. 설치, 설비

Check all the **equipment** before use. 사용 전에 모든 장비를 점검해라.

➕ equip 图 1. 장비를 갖추다 2. (~에게 필요한 것을) 갖추게 하다

0378 ☐☐☐

intuition

[ìntʃuːíʃən]

명 1. 직관력 2. 직감, 직관

Her **intuition** told her that something had gone wrong.
그녀는 무언가 잘못되었다는 직감이 들었다.

➕ intuitive 형 직관에 의한, 직감하는
   by intuition 직감적으로

0379 ☐☐☐

whereas

[hwɛərǽz]

접 그런데, ~에 반해서

The old system was complicated **whereas** the new system is
simple. 이전 제도가 복잡했던 반면 새로운 제도는 단순하다.

0380 ☐☐☐

ruin

[rúːin]

동 망치다 명 1. 파괴, 붕괴 2. 잔해, 폐허

I don't want to **ruin** my career because of that mistake.
나는 그 실수 때문에 내 경력을 망치고 싶지 않다.

➕ ruinous 형 1. 파괴적인 2. 황폐한
   be[lie] in ruins 폐허가 되다

0381 ☐☐☐

successful

[səksésfəl]

형 성공한, 성공적인

His lung cancer surgery was completely **successful**.
그의 폐암 수술은 완전히 성공적이었다.

➕ success 명 성공, 출세
   succeed 동 1. 성공하다 2. 뒤따르다, 계승하다

0382 ☐☐☐

successive

[səksésiv]

형 연속적인, 연이은

Emma won the singing contest for the third **successive** year.
Emma는 가요제에서 3년 연속 우승을 했다.

➕ succession 명 1. 연속 2. 계승   successor 명 계승자

0383 ☐☐☐

splendid

[spléndid]

형 화려한, 아주 인상적인

The house was decorated with **splendid** ornaments.
그 집은 화려한 장식품들로 장식되어 있었다.

0384 ☐☐☐
routine
[ru:tí:n]

명 틀에 박힌 일, 일과   형 1. 일상적인 2. 지루한

To jog in the morning is a part of my daily **routine**.
아침에 조깅하는 것은 내 일과의 한 부분이다.

0385 ☐☐☐
comparative
[kəmpǽrətiv]

형 1. 비교의 2. 상대적인

He completed a **comparative** study of small-business
employment. 그는 소규모 회사 고용에 대한 비교 연구를 마쳤다.
➕ compare 동 비교하다, 비유하다   comparison 명 비교, 비유

0386 ☐☐☐
comparable
[kámpərəbl]

형 1. 비슷한 2. ~에 필적하는

The taste of his food is **comparable** to that of a professional
cook. 그의 음식 맛은 전문 요리사의 것에 견줄 만하다.

0387 ☐☐☐
randomly
[rǽndəmly]

부 임의로

The test samples were extracted **randomly**.
그 테스트 샘플들은 임의로 추출되었다.
➕ random 형 무작위의, 닥치는 대로 하는

0388 ☐☐☐
implication
[ìmpləkéiʃən]

명 1. 함축, 암시 2. 영향, 결과

The event holds great **implications** for us.
그 사건은 우리에게 시사하는 바가 크다.

0389 ☐☐☐
pretend
[priténd]

동 ~인 척하다, 가장하다

She **pretended** not to see him. 그녀는 그를 못 본 척했다.

0390 ☐☐☐
separate
동 [sépərèit]
형 [sépərit]

동 분리하다[되다], 갈라지다[놓다]   형 1. 분리된 2. 별개의

We should **separate** plastic bottles and glass bottles for
recycling. 우리는 재활용을 위해 플라스틱 병과 유리병을 분리해야 한다.
➕ separation 명 분리, 구분   separately 부 따로따로, 별도로

MEMORY KEY se(떨어져) + par(준비하다) + ate(동사형 접미사) → 따로 마련해 놓다

Daily Test

1-18 영어를 우리말로, 우리말을 영어로 바꾸시오.

1 translate _____

2 inhibit _____

3 randomly _____

4 successive _____

5 comparative _____

6 divine _____

7 comparable _____

8 unify _____

9 trait _____

10 장비, 용품; 설치, 설비 _____

11 망치다; 파괴, 붕괴; 잔해, 폐허 _____

12 처벌하다, 벌주다 _____

13 ~인 척하다, 가장하다 _____

14 직관력; 직감, 직관 _____

15 증명서, 수료증; 증명하다 _____

16 화려한, 아주 인상적인 _____

17 구별하다, 식별하다 _____

18 금지하다; ~하지 못하게 하다 _____

19-24 문맥상 빈칸에 들어갈 단어를 찾아 적절한 형태로 넣으시오.

| otherwise | whereas | routine | successful | horizon | specific |

19 His lung cancer surgery was completely _____.

20 Hurry up; _____, you'll be late.

21 The sun just rose above the _____.

22 Establish a(n) _____ goal to reach.

23 The old system was complicated _____ the new system is simple.

24 To jog in the morning is a part of my daily _____.

Answer ¹번역하다, 해석하다 ²억제하다, 못하게 하다 ³임의로 ⁴연속적인, 연이은 ⁵비교의; 상대적인 ⁶신의, 신성한 ⁷비슷한; ~에 필적하는 ⁸통일하다, 통합하다 ⁹특성, 특징 ¹⁰equipment ¹¹ruin ¹²punish ¹³pretend ¹⁴intuition ¹⁵certificate ¹⁶splendid ¹⁷distinguish ¹⁸prohibit ¹⁹successful ²⁰otherwise ²¹horizon ²²specific ²³whereas ²⁴routine

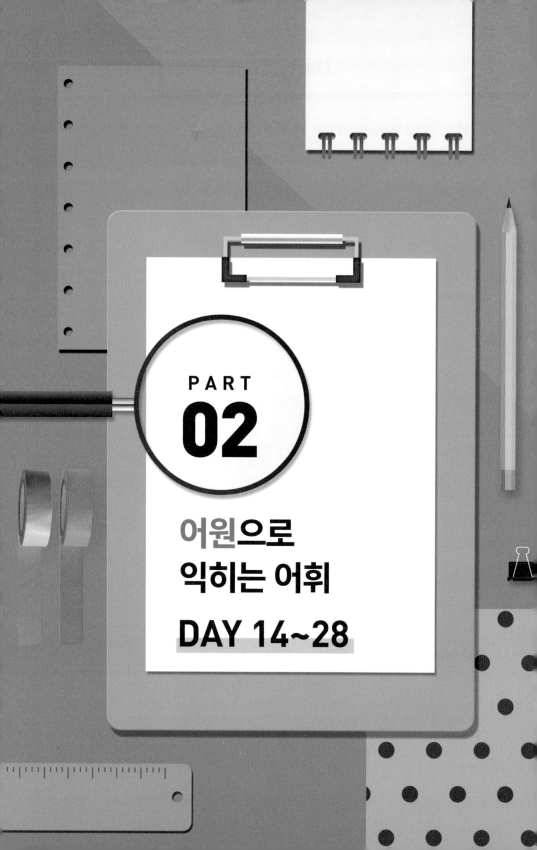

PART
02

어원으로
익히는 어휘

DAY 14~28

어원으로 익히는 어휘 ⁽¹⁾

클래스카드

DAY 14

re-   1. 다시   2. 뒤에

0391 □□□
recharge
[ri:tʃáːrdʒ]

동 충전하다

I need to **recharge** my cell phone battery.
내 휴대전화 배터리를 충전해야 한다.

➕ rechargeable 형 충전할 수 있는

MEMORY KEY re(다시) + charge(충전하다) → 다시 충전하다

0392 □□□
remain
[riméin]

동 1. 여전히 ~인 채로 있다 2. 남다 3. 머무르다 명 ((~s)) 남은 것, 유적

He **remained** at home to take care of his sick son.
그는 아픈 아들을 돌보기 위해 집에 남아 있었다.

➕ remainder 명 나머지, 잔여

MEMORY KEY re(뒤에) + main(남다) → 뒤에 남다

0393 □□□
reproduce
[rìːprədjúːs]

동 1. 번식하다 2. 재생하다, 재현하다 3. 복사하다, 복제하다

Medieval clothing is **reproduced** well in the movie.
중세 시대의 의상이 그 영화에 잘 재현되어 있다.

➕ reproduction 명 1. 번식 2. 복제(품)   reproductive 형 번식하는

MEMORY KEY re(다시) + produce(생산하다) → 다시 (똑같이) 만들다

0394 □□□
reform
[rifɔ́ːrm]

동 개혁하다[되다], 개선하다[되다] 명 개혁, 개선

The government **reformed** the law relating to the electoral
system. 정부는 선거 제도와 관련된 법을 개정했다.

➕ reformation 명 개선, 개혁   reformer 명 개혁가

MEMORY KEY re(다시) + form(구성하다) → 다시 구성하다

0395 ☐☐☐

revolution
[rèvəlúːʃən]

명 혁명

Certain writers supported the French **Revolution**.
어떤 작가들은 프랑스 혁명을 지지했다.

➕ revolutionary 형 혁명의, 혁명적인

(!) MEMORY KEY / re(다시) + volu(돌다) + tion(명사형 접미사) → 다시 도는 것

---

ab-　　　떨어져

0396 ☐☐☐

abuse
동 [əbjúːz]
명 [əbjúːs]

동 1. 남용하다　2. 학대하다　명 1. 남용　2. 학대

By **abusing** his power, the manager angered the employees.
관리자가 직권을 남용하여 직원들을 화나게 했다.

(!) MEMORY KEY / ab(떨어져) + use(사용하다) → (본래의 용도에서) 떨어져 사용하다

0397 ☐☐☐

abnormal
[æbnɔ́ːrməl]

형 이상한, 비정상적인 (반 normal)

The entire world is experiencing **abnormal** climate change due to global warming.
지구 온난화 때문에 전 세계가 이상 기후 변화를 겪고 있다.

➕ abnormality 명 기형, 이상

(!) MEMORY KEY / ab(떨어져) + normal(정상적인) → 정상적인 것과 거리가 먼

---

ad-　　　~에　　　　　　　　　　　　　　　　(변화형: ac-)

0398 ☐☐☐

accompany
[əkÁmpəni]

동 1. 동행하다, 동반하다　2. 수반하여 일어나다

Children under six must be **accompanied** by an adult.
6세 미만의 어린이는 성인을 동반해야 한다.

(!) MEMORY KEY / ac(~에) + company(동행, 일행) → ~로 가는 길의 일행이 되다

0399 ☐☐☐

accumulate
[əkjú:mjulèit]

图 모으다[모이다], 축적하다[되다]

She **accumulated** wealth through hard work.

그녀는 열심히 일해서 부를 축적했다.

➕ accumulation 圐 축적   accumulative 圐 축적하는

❗**MEMORY KEY** ac(~에) + cumulate(쌓다) → ~에 쌓아 올리다

DAY 14

0400 ☐☐☐

accustomed
[əkʌ́stəmd]

圐 익숙해진, 길들여진

He is getting **accustomed** to his new job.

그는 새 직업에 익숙해지고 있다.

➕ be[get] accustomed to ~에 익숙해지다

❗**MEMORY KEY** ac(~에) + custom(습관) + ed(형용사형 접미사) → ~에 습관이 밴

0401 ☐☐☐

advocate
图 [ǽdvəkèit]
圐 [ǽdvəkət]

图 옹호하다, 지지하다   圐 1. 옹호자, 지지자   2. 변호사

He **advocates** human rights for the powerless.

그는 힘없는 사람들의 인권을 옹호한다.

➕ advocacy 圐 옹호, 지지

❗**MEMORY KEY** ad(~에) + voc(부르다) + ate(동사형 접미사) → (도움을 주려고) 부름을 받다

---

pro-
앞에, 앞으로

0402 ☐☐☐

prolong
[prəlɔ́:ŋ]

图 연장하다, 연기하다

The project was **prolonged** because of the financial problem.

재정적 문제 때문에 그 프로젝트는 연기되었다.

❗**MEMORY KEY** pro(앞으로) + long(긴) → ~의 앞으로 (시간을) 길게 두다

0403 □□□
prophecy
[práfisi]

몡 예언(력)

Her **prophecy** that he would be king soon came true.
그가 곧 왕이 될 거라는 그녀의 예언이 적중했다.

➕ prophet 몡 예언자　　　　prophetic 톙 예언적인, 예언의

 MEMORY KEY pro(앞으로) + phe(c)(말하다) + y(명사형 접미사) → 앞을 (내다보고) 말하기

0404 □□□
progress
몡 [prá:gres]
툉 [prəgrés]

몡 1. 진행, 진전 2. 진보, 발달　툉 1. 진행되다 2. 진보하다 3. 나아가다

The students showed **progress** in their language studies.
그 학생들은 언어 학습에서 진전을 보였다.

MEMORY KEY pro(앞에) + gress(가다) → 앞으로 나아가다

---

com-　　1. 함께 2. '강조'　　　　(변화형: con-, co-)

0405 □□□
combat
몡 [kámbæt]
툉 [kəmbǽt]

몡 전투　툉 싸우다, 투쟁하다

A lot of soldiers were killed in the **combat**.
많은 군인들이 그 전투에서 죽었다.

➕ combatant 몡 전투원, 전투부대　combative 톙 전투적인

MEMORY KEY com(함께) + bat(치다) → 서로 치다 → 싸우다

0406 □□□
compile
[kəmpáil]

툉 1. 편집하다, 편찬하다 2. (자료를) 수집하다

It takes a lot of time to **compile** a book.
책 한 권을 편찬하는 데에는 많은 시간이 걸린다.

➕ compilation 몡 편집(물)

MEMORY KEY com(함께) + pile(모으다) → 함께 모아 두다

0407 □□□
compromise
[kámprəmàiz]

몡 타협, 절충　툉 타협하다, 화해하다

In the end, both parties reached the **compromise**.
마침내, 두 정당은 타협에 이르렀다.

MEMORY KEY com(함께) + promise(약속하다) → (협의하기로) 함께 약속하다

104

0408 ☐☐☐

condense
[kəndéns]

⑤ 1. 응결[농축]시키다, 응결되다 2. 요약하다

Would you please **condense** the main points using a few words?
요지를 몇 단어로 요약해 주시겠어요?

➕ condensation ⑲ 1. 응결 2. 압축

(!) MEMORY KEY con('강조') + dense(진한) → 아주 진하게 하다

0409 ☐☐☐

conform
[kənfɔ́:rm]

⑤ (관습 등에) 따르다, 순응하다

You should **conform** to standard etiquette in public places.
공공장소에서는 기본 예절을 지켜야 한다.

➕ conformity ⑲ 순응

(!) MEMORY KEY con(함께) + form(형식, 관례) → 함께 같은 형식을 따르다

0410 ☐☐☐

confront
[kənfrʌ́nt]

⑤ 1. 직면하다 2. 맞서다

The politician's plan was **confronted** by strong opposition.
그 정치가의 계획은 강력한 반대에 부딪혔다.

➕ confrontation ⑲ 1. 대치 2. 대립

(!) MEMORY KEY con(함께) + front(정면) → 서로 정면을 마주하다

0411 ☐☐☐

contagious
[kəntéidʒəs]

⑱ 전염성의, 옮기 쉬운

The flu is very **contagious**. 그 독감은 전염성이 매우 강하다.

➕ contagion ⑲ 1. 전염, 감염 2. 전염병

(!) MEMORY KEY con(함께) + tag(접촉하다) + (i)ous(형용사형 접미사) → 서로 접촉하여
발생하는

0412 ☐☐☐

coincidence
[kouínsidəns]

⑲ (우연의) 일치

Hey, I just bought the same book. What a **coincidence**!
얘, 나 방금 똑같은 책을 샀어. 정말 우연의 일치구나!

➕ coincide ⑤ 동시에 일어나다   coincidental ⑱ 우연의 일치인

(!) MEMORY KEY co(함께) + incidence(발생) → (우연히) 함께 발생함

geo-　　　땅의

0413 ☐☐☐
geography
[dʒiágrəfi]

명 1. 지리학 2. 지형, 지리

He wants to be a **geography** teacher. 그는 지리 교사가 되고 싶어 한다.

➕ geographic(al) 형 지리적인, 지리학상의

❗**MEMORY KEY** / geo(땅의) + graph(쓰다) + y(명사형 접미사) → 땅에 대해 쓴 것

0414 ☐☐☐
geology
[dʒiá:lədʒi]

명 1. 지질학 2. (어떤 지역의) 지질학적 특징

She's taking a **geology** course this semester.
그녀는 이번 학기에 지질학 수업을 듣는다.

➕ geological 형 지질학의　　　geologically 부 지질학적으로

❗**MEMORY KEY** / geo(땅의) + logy('학문' 명사형 접미사) → 땅에 관한 학문

0415 ☐☐☐
geometry
[dʒiámitri]

명 기하학

I majored in **geometry** in college.
나는 대학에서 기하학을 전공했다.

➕ geometric(al) 형 1. 기하학의 2. 기하학적 무늬의

❗**MEMORY KEY** / geo(땅의) + metr(측정하다) + y(명사형 접미사) → 땅을 측정하는 것

---

contra-　　　반대[대항]하여　　　(변화형: counter-, contro-)

0416 ☐☐☐
controversial
[kàntrəvə́:rʃəl]

형 논쟁의, 논쟁의 여지가 있는

Human cloning is still a **controversial** issue.
인간 복제는 여전히 논쟁의 여지가 있는 문제이다.

➕ controversy 명 논쟁, 언쟁

❗**MEMORY KEY** / contro(반대하여) + vers(돌리다) + ial(형용사형 접미사) → (의견을) 반대로 돌리려고 하는

0417 ☐☐☐

contrast

명 [kɑ́ntræst]
동 [kəntrǽst]

명 1. 대조 2. 대조가 되는 것 동 1. 대조하다 2. 대조를 이루다

In **contrast** with his appearance, he is a good student.
그는 외모와는 다르게 모범생이다.

➕ contrast A with B A를 B와 대조하다
  by[in] contrast (to/with) (~와) 대조적으로

(!) **MEMORY KEY** contra(반대하여) + st(서다) → 반대의 위치에 서 있는 것

0418 ☐☐☐

contrary

[kɑ́ntreri]

형 반대의, 정반대인 명 ((the ~)) 반대(되는 것)

Contrary to my expectations, the traffic wasn't heavy.
내 예상과는 반대로 교통체증이 심하지 않았다.

➕ on the contrary 그와는 반대로

(!) **MEMORY KEY** contra(반대하여) + ry(형용사형 접미사) → 반대의

0419 ☐☐☐

counteract

[kàuntərǽkt]

동 (악영향에) 대응하다, (효력을) 중화하다

This medication will **counteract** the poison.
이 약이 독을 중화해 줄 것이다.

(!) **MEMORY KEY** counter(대항하여) + act(작용하다) → 대항하여 작용하다

0420 ☐☐☐

counterfeit

[kɑ́untərfit]

동 위조하다 형 위조의, 가짜의 (⊛ fake)

They were accused of **counterfeiting** ten-thousand-won bills.
그들은 만 원짜리 지폐를 위조한 혐의로 기소되었다.

➕ counterfeiter 명 위조범

(!) **MEMORY KEY** counter(대항하여) + feit(만들다) → (진품에) 대항하여 만들다

Daily Test

1-20 영어를 우리말로, 우리말을 영어로 바꾸시오.

1 geology _____

2 coincidence _____

3 revolution _____

4 prophecy _____

5 abnormal _____

6 accumulate _____

7 prolong _____

8 combat _____

9 confront _____

10 geography _____

11 남용(하다); 학대(하다) _____

12 동행하다; 수반하여
   일어나다 _____

13 번식하다; 재생하다;
   복사하다 _____

14 타협, 절충; 타협하다,
   화해하다 _____

15 개혁(하다), 개선(하다) _____

16 (관습 등에) 따르다,
   순응하다 _____

17 전염성의, 옮기 쉬운 _____

18 대조(하다); 대조가 되는 것 _____

19 위조하다; 위조의, 가짜의 _____

20 논쟁의, 논쟁의 여지가 있는 _____

21-25 문맥상 빈칸에 들어갈 단어를 찾아 적절한 형태로 넣으시오.

| contrary | remain | recharge | condense | accustomed |

21 He is getting _____ to his new job.

22 I need to _____ my cell phone battery.

23 He _____ at home to take care of his sick son.

24 Would you please _____ the main points using a few words?

25 _____ to my expectations, the traffic wasn't heavy.

어원으로 익히는 어휘 (2)

클래스카드

de-   1. 아래로   2. 떨어져   3. '반대'

0421 ☐☐☐
decode
[di:kóud]

동 (암호를) 해독하다

The scientist **decoded** the structure of DNA.
그 과학자는 DNA의 구조를 해독했다.

MEMORY KEY / de('반대') + code(암호를 지정하다) → 암호를 풀다

0422 ☐☐☐
degrade
[digréid]

동 1. 비하하다, 지위를 떨어뜨리다   2. 분해하다[되다]

Don't **degrade** yourself by telling a lie.
거짓말을 해서 자신을 격하시키지 마라.

➕ degradation 명 1. 비하   2. 저하
    degraded 형 품위가 떨어진

MEMORY KEY / de(아래로) + grade(등급을 매기다) → 아래로 등급을 매기다

0423 ☐☐☐
depart
[dipá:rt]

동 출발하다, 떠나다

Check-in counters close 30 minutes before the flight **departs**.
탑승 수속 카운터는 비행기가 출발하기 30분 전에 마감된다.

➕ departure 명 출발, 떠남

MEMORY KEY / de(떨어져) + part(갈라지다) → ~에서 갈라져 멀어지다

0424 ☐☐☐
despise
[dispáiz]

동 경멸하다, 깔보다

She **despises** the people who oppose her opinion.
그녀는 자신의 의견에 반대하는 사람들을 경멸한다.

MEMORY KEY / de(아래로) + spis(e)(보다) → 아래로 보다 → 업신여기다

dia-   1. 사이에 2. 가로질러

0425 ☐☐☐
dia**meter**
[daiǽmitər]

명 지름, 직경

The earth is about 8,000 miles in **diameter**.
지구의 지름은 약 8,000마일이다.

(!) **MEMORY KEY** / dia(가로질러) + meter(측정하다) → 가로질러 측정한 것

0426 ☐☐☐
dia**lect**
[dáiəlèkt]

명 방언, 사투리

He spoke in a heavy **dialect**, so I hardly understood what he said. 그는 심한 사투리를 써서 나는 그가 무슨 말을 하는지 거의 이해할 수 없었다.

(!) **MEMORY KEY** / dia(사이에) + lect(말하다) → (특정 지방) 사람들 간에 쓰는 말

---

ir- / il- / im-   '부정'

0427 ☐☐☐
ir**regular**
[irégjulər]

형 고르지 않은, 불규칙한 (반 regular)

He used to have an **irregular** set of teeth.
그는 한때 고르지 않은 이를 가졌었다.

⊕ irregularity 명 고르지 않음, 불규칙

(!) **MEMORY KEY** / ir('부정') + regular(규칙적인) → 규칙적이지 않은

0428 ☐☐☐
il**literate**
[ilítərit]

형 글을 모르는, 문맹의 (반 literate) 명 문맹자

Half of the population in the country is **illiterate**.
그 나라 인구의 절반은 문맹이다.

⊕ illiteracy 명 문맹

(!) **MEMORY KEY** / il('부정') + literate(읽고 쓸 줄 아는) → 읽고 쓸 수 없는

0429 ☐☐☐
im**personal**
[impə́:rsənəl]

형 1. 개인적인 감정을 섞지 않은 2. 비인격적인

He is **impersonal** when he evaluates his employees' performance. 그는 직원들의 업무 성과를 평가할 때 공정하다.

(!) **MEMORY KEY** / im('부정') + personal(개인적인) → 개인적이지 않은

0430 □□□

immoral

[imɔ́ːrəl]

혱 비도덕적인, 부도덕한

The citizens were shocked by the **immoral** acts of the president. 시민들은 대통령의 부도덕한 행동에 충격을 받았다.

 MEMORY KEY / im('부정') + moral(도덕적인) → 비도덕적인

anti-   대항[반대]하여   (변화형: ant-)

DAY 15

0431 □□□

antibiotic

[æ̀ntibaiɑ́tik]

몡 항생제, 항생 물질

A new superbug is resistant to all **antibiotics**.
새로운 슈퍼버그는 모든 항생제에 내성이 있다.

 MEMORY KEY / anti(대항하여) + biotic(생물의) → 생물의 번식에 대항하는 것

0432 □□□

antonym

[ǽntənìm]

몡 반의어 (⊕ synonym)

'Truth' is the **antonym** of 'falsehood.'
'truth(진실)'는 'falsehood(거짓)'의 반의어이다.

MEMORY KEY / ant(o)(반대하여) + nym(말) → 반대되는 말

0433 □□□

antipathy

[æntípəθi]

몡 반감 (㊀ hostility)

Some people felt **antipathy** towards the idea.
몇몇 사람들은 그 생각에 반감을 느꼈다.

MEMORY KEY / anti(반대하여) + path(감정을 느끼다) + y(명사형 접미사) → 반대하는 감정

0434 □□□

antarctic

[æntɑ́ːrktik]

몡 ((the A~)) 남극 지방, 남극   혱 남극의

The **Antarctic** has a number of fascinating views.
남극 지방에서는 멋진 경치를 많이 볼 수 있다.

 MEMORY KEY / ant(반대하여) + arctic(북극, 북극의) → 북극의 반대쪽

extra-　　1. 밖의 2. ~을 넘어서

0435 □□□
extraordinary
[ikstrɔ́:rdənèri]

웹 1. 비범한, 대단한 2. 이상한

She has an **extraordinary** power to solve riddles.
그녀는 수수께끼를 푸는 데 대단한 능력이 있다.

(!) **MEMORY KEY** / extra(~을 넘어서) + ordinary(보통의) → 보통을 넘어선

---

en-　　1. ~이 되게 하다 2. ~안에

0436 □□□
enforce
[infɔ́:rs]

동 1. 시행하다, 집행하다 2. 강요하다

We can't **enforce** a law which society doesn't accept.
사회가 받아들이지 않는 법을 시행할 수는 없다.

➕ enforcement 명 1. 시행 2. 강제

(!) **MEMORY KEY** / en(~이 되게 하다) + force(힘) → 힘이 발생하게 하다

0437 □□□
entitle
[intáitl]

동 1. 자격[권리]을 주다 2. (~라고) 표제를 붙이다

All residents are **entitled** to vote in this local election.
이번 지방선거에서는 모든 주민에게 투표할 수 있는 자격이 주어진다.

➕ entitlement 명 권리, 자격

(!) **MEMORY KEY** / en(~이 되게 하다) + title(자격; 제목) → 자격이 되게 하다; 제목을 주다

0438 □□□
endanger
[indéindʒər]

동 위험에 빠뜨리다

The habitat of the birds is **endangered** by global warming.
지구 온난화 때문에 새들의 서식지가 위험에 처해 있다.

(!) **MEMORY KEY** / en(~이 되게 하다) + danger(위험) → 위험하게 하다

0439 □□□

encounter

[inkáuntər]

图 1. (위험에) 부닥치다 2. 마주치다 図 (예상 밖의) 만남

He'll **encounter** many problems before reaching his goal.
그는 목표를 달성하기 전에 많은 문제에 부닥칠 것이다.

➕ have an encounter with ~와 우연히 만나다

 en(~안에) + counter(반대되는 것) → (안에 있는 것과) 반대되는 것을 만나게 되다

0440 □□□

endure

[indʒúər]

图 참다, 견디다

I couldn't **endure** his insulting remarks.
나는 그의 모욕적인 말을 참을 수 없었다.

➕ endurance 図 인내(력)

 en(~이 되게 하다) + dur(e)(견고한) → (오랫동안) 견고하게 하다

0441 □□□

enclose

[inklóuz]

图 1. 둘러싸다 2. 동봉하다

His house is fully **enclosed** by tall trees.
그의 집은 키가 큰 나무들로 완전히 둘러싸여 있다.

➕ enclosed 園 동봉된   enclosure 図 1. 둘러쌈 2. 동봉

 en(~안에) + close(닫다) → 안에 (두고) 닫다

0442 □□□

enlighten

[inláitən]

图 계몽하다, (설명하여) 이해시키다

The philosopher **enlightened** the people with his teachings.
그 철학자는 가르침으로 사람들을 계몽했다.

➕ enlightenment 図 깨우침, 이해   enlightened 園 계몽된, 훤히 통달한

(!) MEMORY KEY / en(~이 되게 하다) + light((계몽의) 빛) + en(동사형 접미사) → (계몽의) 빛이 되게 하다

0443 □□□

enrol(l)

[inróul]

图 등록하다, 입학[입회]하다

He decided to **enroll** in an online English language course.
그는 온라인 영어 수업에 등록하기로 결정했다.

➕ enrollment 図 등록, 입학

(!) MEMORY KEY / en(~안에) + rol(l)(두루마리) → 두루마리로 된 명부에 기입하다

ex-   1. 밖으로 2. '강조' 3. ~을 넘어서

0444 ☐☐☐
external
[ikstə́:rnəl]

[형] 외부의, 밖의 (빤 internal)

We tend to judge people by their **external** appearance.
우리는 겉모습을 보고 사람을 판단하는 경향이 있다.

➕ externalize [동] (생각 · 감정을) 표면화하다

⚠ **MEMORY KEY** ex(밖으로) + tern(향하다) + al(형용사형 접미사) → 밖으로 향하는

0445 ☐☐☐
extinct
[ikstíŋkt]

[형] 1. 멸종된, 사라진 2. (화산 등이) 활동을 멈춘

Dinosaurs were **extinct** millions of years ago.
공룡은 수백만 년 전에 멸종되었다.

➕ extinction [명] 멸종, 소멸

⚠ **MEMORY KEY** ex('강조') + (s)tinct(끄다) → 완전히 끈 → 모두 사라진

0446 ☐☐☐
exaggerate
[igzǽdʒərèit]

[동] 과장하다

Reporters must not **exaggerate** or distort facts.
기자는 사실을 과장하거나 왜곡해서는 안 된다.

➕ exaggeration [명] 과장

⚠ **MEMORY KEY** ex('강조') + agger(쌓다) + ate(동사형 접미사) → 크게 쌓아 올리다
→ 과장하다

0447 ☐☐☐
exceed
[iksí:d]

[동] 넘다, 초과하다

Drivers who **exceed** the speed limit consume more gasoline.
제한 속도를 초과하는 운전자는 더 많은 휘발유를 소비한다.

➕ excess [명] 초과 [형] 초과한
　 excessive [형] 지나친, 과도한

⚠ **MEMORY KEY** ex(~을 넘어서) + ceed(가다) → (적정선을) 넘어서다

fore-   전에

0448 ☐☐☐

foresee
[fɔːrsíː]

동 (foresaw – foreseen) 예견하다

Nobody could **foresee** the results of the election.
아무도 선거의 결과를 예견할 수 없었다.

MEMORY KEY fore(전에) + see(보다) → 전에 보다 → 예견하다

0449 ☐☐☐

foretell
[fɔːrtél]

동 (foretold – foretold) 예언하다, 예고하다

No one can **foretell** what will happen next.
다음에 무슨 일이 일어날지 아무도 예언할 수 없다.

MEMORY KEY fore(전에) + tell(말하다) → ~ 전에 말하다, 예언하다

0450 ☐☐☐

forecast
[fɔ́ːrkæst]

동 (forecast(ed) – forecast(ed)) 예보하다, 예측하다 명 예보, 예측

What's the weather **forecast** for tomorrow?
내일의 일기 예보는 어떻습니까?

MEMORY KEY fore(전에) + cast(던지다) → (주사위를) 먼저 던져서 예측하다

Daily Test

1-20 영어를 우리말로, 우리말을 영어로 바꾸시오.

1	decode	_____	11	비범한, 대단한; 이상한	_____
2	endure	_____	12	예보(하다), 예측(하다)	_____
3	despise	_____	13	과장하다	_____
4	illiterate	_____	14	비하하다; 분해하다[되다]	_____
5	antonym	_____	15	개인적인 감정을 섞지 않은; 비인격적인	_____
6	antipathy	_____	16	항생제, 항생 물질	_____
7	endanger	_____	17	남극 지방; 남극의	_____
8	depart	_____	18	비도덕적인, 부도덕한	_____
9	external	_____	19	지름, 직경	_____
10	exceed	_____	20	방언, 사투리	_____

21-25 문맥상 빈칸에 들어갈 단어를 찾아 적절한 형태로 넣으시오.

irregular	extinct	entitle	enclose	enroll

21 He used to have a(n) _____ set of teeth.

22 All residents are _____ to vote in this local election.

23 His house is fully _____ by tall trees.

24 Dinosaurs were _____ millions of years ago.

25 He decided to _____ in an online English language course.

Answer ¹ (암호를) 해독하다 ² 참다, 견디다 ³ 경멸하다, 깔보다 ⁴ 글을 모르는, 문맹의; 문맹자 ⁵ 반의어 ⁶ 반감 ⁷ 위험에 빠뜨리다 ⁸ 출발하다, 떠나다 ⁹ 외부의, 밖의 ¹⁰ 넘다, 초과하다 ¹¹ extraordinary ¹² forecast ¹³ exaggerate ¹⁴ degrade ¹⁵ impersonal ¹⁶ antibiotic ¹⁷ antarctic ¹⁸ immoral ¹⁹ diameter ²⁰ dialect ²¹ irregular ²² entitled ²³ enclosed ²⁴ extinct ²⁵ enroll

어원으로 익히는 어휘 (3)

클래스카드

dis-   1. '부정' 2. 떨어져

0451 ☐☐☐

dissolve
[dizálv]

통 1. 녹다[녹이다] 2. 해산하다

This detergent **dissolves** easily in water.
이 세제는 물에 잘 녹는다.

MEMORY KEY dis(떨어져) + solv(e)(느슨하게 하다) → 느슨하게 하여 따로 떨어뜨리다

0452 ☐☐☐

discourage
[diskə́:ridʒ]

통 1. 용기를 잃게 하다, 낙담시키다 2. 단념시키다

Never **discourage** anyone who continually makes progress.
끊임없이 진보하는 사람을 낙담시키지 말라.

➕ discouraged 형 낙심한, 낙담한

MEMORY KEY dis(떨어져) + courage(용기) → 용기와 분리시키다

0453 ☐☐☐

dismiss
[dismís]

통 1. 해고하다 2. 묵살하다 3. 해산시키다

Many employees were **dismissed** during the economic crisis.
경제위기 시기에 많은 직원들이 해고되었다.

➕ dismissal 명 1. 해고 2. 묵살

MEMORY KEY dis(떨어져) + miss(보내다) → 떠나보내다

0454 ☐☐☐

disorder
[disó:rdər]

명 1. 혼란, 무질서 2. (심신의) 이상, 장애

The house was in a state of complete **disorder**.
그 집은 완전히 엉망인 상태였다.

➕ disorderly 형 무질서한

MEMORY KEY dis('부정') + order(순서, 질서) → 무질서

---

disposal
[dispóuzəl]

명 1. 처리 2. 처분

He developed an eco-friendly garbage **disposal** system.
그는 환경친화적인 쓰레기 처리 시스템을 개발했다.

➕ dispose 동 1. 배치하다 2. 처리하다　　disposable 형 일회용품의

(!) MEMORY KEY dis(떨어져) + pos(두다) + al(명사형 접미사) → (다른 곳에) 떨어뜨려 둠

in- (1)　　　'부정'

0456 ☐☐☐

inevitable
[inévitəbl]

형 피할 수 없는, 불가피한

Changes in the education system are an **inevitable** trend.
교육제도의 변화는 불가피한 추세이다.

➕ inevitably 부 필연적으로, 반드시

(!) MEMORY KEY in('부정') + evitable(피할 수 있는) → 피할 수 없는

0457 ☐☐☐

intolerable
[intálərəbl]

형 참을 수 없는, 견딜 수 없는

The patient complained of having **intolerable** pains.
그 환자는 참을 수 없는 통증을 호소했다.

(!) MEMORY KEY in('부정') + tolerable(참을 수 있는) → 참을 수 없는

0458 ☐☐☐

intact
[intǽkt]

형 온전한, 손상되지 않은

Despite the explosion, most of the windows remained **intact**.
폭발에도 불구하고 대부분의 창문은 손상되지 않았다.

(!) MEMORY KEY in('부정') + tact(접촉하다) → 접촉하지 않은 → 온전한

in- (2)　　　1. 안에 2. 위에

0459 ☐☐☐

invade
[invéid]

동 1. 침략하다, 침입하다 2. 침해하다

Iraq **invaded** Kuwait in 1990. 1990년에 이라크는 쿠웨이트를 침공했다.

➕ invasion 명 1. 침입 2. 침해　　invasive 형 1. 침습성의 2. 외과적인

(!) MEMORY KEY in(안에) + vad(e)(가다) → 안에 들어가다 → 침략하다

118

0460 ☐☐☐

infect
[infékt]

동 1. 감염시키다 2. 오염시키다

People who have the flu virus can **infect** others.
감기 바이러스를 가진 사람은 다른 사람을 감염시킬 수 있다.

➕ infection 명 1. 감염 2. 전염병　　infectious 형 전염성의, 전염병의

(!) **MEMORY KEY** / in(안에) + fect(두다, 넣다) → 안에 (병균이) 들어가다

0461 ☐☐☐

insight
[ínsàit]

명 통찰력

He has a keen **insight** into his customers' habits.
그는 고객들의 습관에 대한 날카로운 통찰력을 가지고 있다.

➕ insightful 형 통찰력이 있는

(!) **MEMORY KEY** / in(안에) + sight(시야) → 안을 들여다보는 깊은 시야

0462 ☐☐☐

insult
동 [insʌ́lt]
명 [ínsʌlt]

동 모욕하다, 창피를 주다　명 모욕

He **insulted** me by not answering my question.
그는 내 질문에 대답하지 않음으로써 나를 모욕했다.

➕ insulting 형 모욕적인, 무례한

(!) **MEMORY KEY** / in(위에) + sult(뛰어오르다) → ~ 위로 뛰어 덤비다 → (말 · 행동의) 공격

0463 ☐☐☐

instinct
[ínstiŋkt]

명 본능, 본성

Birds have an **instinct** to build nests.
새에게는 둥지를 지으려는 본능이 있다.

➕ instinctive 형 본능적인

(!) **MEMORY KEY** / in(위에) + stinct(찌르다) → 찔러 자극하여 부추김 → 본능

0464 ☐☐☐

innate
[inéit]

형 타고난, 선천적인

He has an **innate** sense of humor.
그는 타고난 유머 감각을 가지고 있다.

➕ innately 부 선천적으로

(!) **MEMORY KEY** / in(안에) + nat(e)(태어난) → 태어날 때부터 안에 있는

intake
[ínteik]

명 섭취(량)

Excessive sugar **intake** increases the risk of diabetes.
과도한 당 섭취는 당뇨병 발생 위험을 증가시킨다.

MEMORY KEY in(안에) + take(취하다) → 안으로 가져옴 → 섭취

---

inter-   1. 사이에 2. 상호 간

intermission
[ìntərmíʃən]

명 (연극 · 영화 등의) 휴식 시간

During the **intermission**, the actors changed their clothes.
휴식 시간에 그 배우들은 의상을 갈아입었다.

MEMORY KEY inter(사이에) + mission(임무) → 임무 사이의 (시간) → 휴식 시간

---

interpret
[intə́:rprit]

동 1. 통역하다 2. 이해하다, 파악하다 3. 설명하다

She can easily **interpret** English into Chinese or vice versa.
그녀는 영어를 중국어로, 또는 반대로 쉽게 통역할 수 있다.

➕ interpreter 명 통역사   interpretation 명 해석, 이해, 설명

MEMORY KEY inter(사이에) + pret(값을 매기다) → 사이에서 흥정해 주다 → 뜻을 풀어 주다

---

interfere
[ìntərfíər]

동 1. 간섭하다 2. 방해하다

I hate it when somebody **interferes** in my business.
나는 누군가가 내 일에 간섭하는 것을 싫어한다.

➕ interference 명 간섭, 방해

MEMORY KEY inter(상호 간) + fer(e)(치다) → 서로 치다 → 간섭하다

---

interval
[íntərvəl]

명 1. 간격, 사이 2. 중간 휴식 시간

During rush hour, they shorten the **interval** between subway
trains. 혼잡한 시간대에는 전동차 운행 간격을 줄인다.

MEMORY KEY inter(사이에) + val(벽) → 벽 사이에 → 간격, 사이

0470 ☐☐☐

interaction

[ìntərǽkʃən]

몡 상호 작용, 상호 영향

The **interaction** between the two babies was charming.
두 아기 사이의 상호 작용이 재미있었다.

➕ interact 통 상호 작용하다, 소통하다
　 interactive 혱 상호 작용하는

 inter(상호 간) + action(행동) → 상호 간의 행동

0471 ☐☐☐

interchange

통 [ìntərtʃéindʒ]
몡 [ìntərtʃèindʒ]

통 교환하다　몡 1. 교환　2. (고속도로의) 교차점, 분기점

The **interchange** of information takes place online.
온라인에서 정보의 교환이 일어난다.

 inter(상호 간) + change(바꾸다) → 서로 바꾸다

---

sub-　　아래에　　　　　　　　　　　　　　(변화형: sup-)

0472 ☐☐☐

subconscious

[sʌ̀bkɑ́nʃəs]

몡 잠재의식　혱 잠재의식의

He has a **subconscious** fear of flying.
그는 비행에 대한 잠재적인 공포를 가지고 있다.

➕ subconsciously 閉 잠재 의식적으로

 sub(아래에) + conscious(의식하는) → 의식 아래에 있는

0473 ☐☐☐

subordinate

혱몡 [səbɔ́ːrdənət]
통 [səbɔ́ːrdənèit]

혱 1. 하위의　2. 부차적인　몡 하급자　통 하위에 두다

He always listens to the suggestions of his **subordinates**.
그는 항상 하급자들의 제안에 귀 기울인다.

➕ subordination 몡 하위에 두기, 복종

MEMORY KEY / sub(아래에) + ordin(순서) + ate(형용사형 접미사) → 순서상 아래에 두는

suppress
[səprés]

동 1. 진압하다 2. 억제하다, 참다

The police were called in to **suppress** a riot on campus.
경찰이 캠퍼스의 폭동을 진압하기 위해 소집되었다.

➕ suppression 명 1. 진압 2. 억제

(!) MEMORY KEY / sup(아래에) + press(누르다) → 아래로 누르다 → 진압하다

0475 ☐☐☐
subscribe
[səbskráib]

동 1. (신문 등을) 구독하다 2. 서명하다

Fill out this form to **subscribe** to our newspaper.
저희 신문을 구독하시려면 이 양식을 작성해 주세요.

➕ subscriber 명 구독자, 가입자
　 subscription 명 (정기 간행물의) 구독(료)

(!) MEMORY KEY / sub(아래에) + scrib(e)(쓰다) → 신청서 아래쪽에 쓰다 → 구독(신청)하다

---

super- (1)　위에　　　　　　　　　　　(변화형: supr-)

0476 ☐☐☐
supreme
[səprí:m]

형 최고의, 최상의

The **supreme** ruler made all of the nation's decisions.
최고 통치자가 그 국가의 모든 결정을 내렸다.

➕ supremacy 명 최고, 우위

(!) MEMORY KEY / supr(위에) + eme(어미) → (가장) 위에 있는

0477 ☐☐☐
superb
[su:pə́:rb]

형 매우 뛰어난, 멋진

He was a **superb** leader because of his warm personality.
그는 온화한 성품 때문에 뛰어난 지도자였다.

(!) MEMORY KEY / super(위에) + b(있다) → (다른 것보다) 위에 있는 → 뛰어난

magni 거대한 (변화형: **master, majes**)

0478 ☐☐☐
magnitude
[mǽgnətʃùːd]

명 1. 거대함 2. 중요함, 중대성

People realized the **magnitude** of her accomplishments after she died. 사람들은 그녀가 죽고 나서 그녀가 남긴 업적의 중요성을 깨달았다.

(!) MEMORY KEY magni(거대한) + tude(명사형 접미사) → 거대함

0479 ☐☐☐
majestic
[mədʒéstik]

형 위엄 있는, 장엄한

We stayed at a lodge with a **majestic** view.
우리는 장엄한 전망이 보이는 숙소에 머물렀다.

➕ majesty 명 위엄, 장엄

(!) MEMORY KEY majes(t)(더 거대한) + ic(형용사형 접미사) → 보다 위대한

0480 ☐☐☐
masterpiece
[mǽstərpìːs]

명 걸작, 대표작

Many **masterpieces** are on exhibit at this gallery.
이 미술관에는 많은 걸작들이 전시 중이다.

(!) MEMORY KEY master(거대한) + piece(작품) → 훌륭한 작품

DAY 16

Daily Test

1-20 영어를 우리말로, 우리말을 영어로 바꾸시오.

1	discourage _____	11	상호 작용, 상호 영향 _____
2	dismiss _____	12	통역하다; 이해하다; 설명하다 _____
3	subconscious _____	13	섭취(량) _____
4	inevitable _____	14	타고난, 선천적인 _____
5	intact _____	15	(신문 등을) 구독하다; 서명하다 _____
6	superb _____	16	침략하다, 침입하다; 침해하다 _____
7	infect _____	17	참을 수 없는, 견딜 수 없는 _____
8	insight _____	18	하위의; 부차적인; 하급자; 하위에 두다 _____
9	magnitude _____	19	처리; 처분 _____
10	masterpiece _____	20	혼란, 무질서; (심신의) 이상, 장애 _____

21-25 문맥상 빈칸에 들어갈 단어를 찾아 적절한 형태로 넣으시오.

> intermission   interfere   instinct   interval   dissolve

21 This detergent _____ easily in water.

22 I hate it when somebody _____ in my business.

23 Birds have a(n) _____ to build nests.

24 During the _____, the actors changed their clothes.

25 During rush hour, they shorten the _____ between subway trains.

Answer ¹용기를 잃게 하다, 낙담시키다; 단념시키다 ²해고하다; 묵살하다; 해산시키다 ³잠재의식(의) ⁴피할 수 없는, 불가피한 ⁵온전한, 손상되지 않은 ⁶매우 뛰어난, 멋진 ⁷감염시키다; 오염시키다 ⁸통찰력 ⁹거대함; 중요함, 중대성 ¹⁰걸작, 대표작 ¹¹interaction ¹²interpret ¹³intake ¹⁴innate ¹⁵subscribe ¹⁶invade ¹⁷intolerable ¹⁸subordinate ¹⁹disposal ²⁰disorder ²¹dissolves ²²interferes ²³instinct ²⁴intermission ²⁵interval

어원으로 익히는 어휘 (4)

클래스카드

| **out-** | 1. 밖으로 2. ~을 능가하는 | (변화형: **ut-**) |

0481 ☐☐☐
outcome
[áutkʌ̀m]

몡 결과, 성과

Depending on the **outcome** of the study, the mission will launch by 2030. 연구 결과에 따라 그 임무는 2030년까지 착수할 것이다.

MEMORY KEY / out(밖으로) + come(오다) → 밖으로 나온 것 → 결과

0482 ☐☐☐
outgoing
[áutgòuiŋ]

혱 외향적인, 사교적인

Jenny has an **outgoing** personality.
Jenny는 외향적인 성격을 지녔다.

MEMORY KEY / out(밖으로) + going(가는) → 밖으로 가는 → 외향적인

0483 ☐☐☐
outlet
[áutlet]

몡 1. 배출구, 표현 수단 2. 직판점, 아울렛 3.【전기】 콘센트

Music gave him an **outlet** to express his feelings.
음악은 그에게 감정을 표출할 수 있는 표현 수단을 제공해 주었다.

MEMORY KEY / '밖으로 내보내다'의 의미인 let out에서 유래 → 배출구

0484 ☐☐☐
outline
[áutlàin]

몡 1. 개요 2. 윤곽, 외형 동 1. 개요를 서술하다 2. 윤곽을 나타내다

He told us the basic **outline** of his plan.
그는 우리에게 자신의 계획의 기본 개요를 말해 주었다.

➕ in outline 개략적인, 개요를 나타낸

MEMORY KEY / out(밖으로) + line(선) → 바깥 선 → 개요, 윤곽

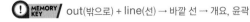

0485 ☐☐☐

outlook
[áutlùk]

명 1. 전망 2. 경치 3. 견해, 사고방식

The **outlook** for jobs is good. 일자리에 대한 전망이 밝다.

➕ on the outlook 경계하여, 조심하여

(!) **MEMORY KEY** / out(밖으로) + look(보다) → 밖을 보다 → 전망; 경치

0486 ☐☐☐

outstanding
[àutstǽndiŋ]

형 뛰어난, 두드러진

The performance of the new equipment is **outstanding**.
새로운 장비의 성능이 뛰어나다.

(!) **MEMORY KEY** / out(밖으로) + standing(서 있는) → 밖으로 튀어나온 → 두드러진

0487 ☐☐☐

outward
[áutwərd]

형 1. 표면상의, 외형의 (반 inward) 2. 밖으로 향하는

You should not be deceived by **outward** appearances.
겉모습에 속아서는 안 된다.

➕ outwardly 부 외견상, 겉으로는

(!) **MEMORY KEY** / out(밖으로) + ward(~를 향하여 돌리는) → (방향을) 밖으로 돌리는

0488 ☐☐☐

outdo
[àutdú:]

동 (outdid – outdone) ~보다 뛰어나다, 능가하다

Our soccer team **outdid** our opponents.
우리 축구팀은 상대를 능가했다.

➕ outdo oneself 의외로[전에 없이] 잘하다

(!) **MEMORY KEY** / out(~을 능가하는) + do(하다) → ~보다 더 잘하다

0489 ☐☐☐

utmost
[ʌ́tmòust]

형 최대의, 극도의   명 최대한도

The company made the **utmost** effort to satisfy its customers.
그 회사는 고객을 만족시키기 위해 최선의 노력을 했다.

➕ at (the) utmost 기껏해야   do[try] one's utmost 최선을 다하다

(!) **MEMORY KEY** / ut(~을 능가하는) + most(가장 많은) → 가장 많은 것 이상의 → 극도의

0490 ☐☐☐

utter
[ʌ́tər]

동 (입 밖에) 내다, 말하다   형 완전한, 전적인

I've never heard him **utter** a complaint.
나는 그가 불평하는 것을 들어본 적이 없다.

➕ utterance 명 발언, 말하는 행동   utterly 부 완전히

(!) MEMORY KEY ut(t)(밖으로) + er(동사형 접미사) → (입) 밖으로 내다

over-   1. 넘어 2. 위에

0491 ☐☐☐

overlook
[òuvərlúk]

동 1. 간과하다 2. 못 본 체하다 3. 내려다보다

He seldom **overlooks** mistakes others have made.
그는 좀처럼 다른 사람이 한 실수를 눈감아 주지 않는다.

(!) MEMORY KEY over(넘어; 위에) + look(보다) → (대충) 넘기다; 위에서 보다
→ 간과하다; 내려다보다

0492 ☐☐☐

overflow
동 [òuvərflóu]
명 [óuvərflòu]

동 1. 넘쳐 흐르다 2. 가득 차다   명 넘침, 초과됨

The river **overflowed** its banks last night.
어젯밤에 강이 제방을 넘쳐 흘렀다.

(!) MEMORY KEY over(넘어) + flow(흐르다) → 넘쳐 흐르다

0493 ☐☐☐

overtake
[òuvərtéik]

동 (overtook - overtaken) 1. 따라잡다, 추월하다 2. 덮치다

It is dangerous to **overtake** another car around a curve.
커브 길에서 다른 차를 추월하는 것은 위험하다.

(!) MEMORY KEY over(위에) + take(잡다) → 따라잡다

0494 ☐☐☐

overwhelm
[òuvərhwélm]

동 1. 압도하다 2. 당황하게 하다 3. 너무 많아 감당하기 힘들게 하다

We were **overwhelmed** by the scale of the disaster.
우리는 그 재해의 규모에 압도당했다.

➕ overwhelming 형 압도적인

(!) MEMORY KEY over(위에) + whelm(짓누르다) → 위에서 짓누르다 → 압도하다

어원으로 익히는 어휘 • 127

overthrow
동 [òuvərθróu]
명 [óuvərθròu]

동 (overthrew – overthrown) 1. (지도자 · 정부를) 전복시키다 2. 폐지하다
명 타도, 전복

The government was **overthrown** by a group of military officers. 정부가 군 장교 집단에 의해 전복되었다.

MEMORY KEY / over(위에) + throw(던지다) → 위에서 던져 넘어뜨리다 → 전복시키다

---

per- 완전히

perish
[périʃ]

동 1. 죽다 2. 소멸하다

Every year a lot of people **perish** from disease.
매년 많은 사람들이 질병으로 죽는다.

MEMORY KEY / per(완전히) + ish(가다) → 완전히 가버리다

---

persist
[pərsíst]

동 1. 계속 ~하다, 고집하다 2. 지속하다

She **persisted** in her opinion until we gave up.
그녀는 우리가 포기할 때까지 자신의 의견을 고집했다.

➕ persistence 명 1. 고집 2. 지속성
persistent 형 1. 끈질긴 2. 지속적인

MEMORY KEY / per(완전히) + sist(서다) → 끝까지 서 있다

---

persuade
[pərswéid]

동 1. 설득하다 2. 납득시키다 (⊕ convince)

I **persuaded** him not to carry out his plan.
나는 그의 계획을 실행하지 말라고 그를 설득했다.

➕ persuasive 형 설득력 있는
persuasion 명 1. 설득 2. 확신, 신념

MEMORY KEY / per(완전히) + suade(촉구하다) → 완전히 (~하도록) 촉구하다 → 설득하다

post- 후에

0499 ☐☐☐
posterity
[pɑstérəti]

몡 자손, 후세

It is our duty to preserve the earth for our **posterity**.
후세를 위해 지구를 보존하는 것은 우리의 의무이다.

➕ posterior 톙 뒤(쪽)의

(!) MEMORY KEY / post(후에) + er(행위자) + ity(명사형 접미사) → 후에 오는 사람 → 후세

0500 ☐☐☐
postpone
[poustpóun]

동 연기하다, 늦추다 (유 put back)

Don't **postpone** until tomorrow what can be done today.
오늘 할 수 있는 일을 내일로 미루지 마라.

(!) MEMORY KEY / post(후에) + pon(e)(놓다) → ~이후로 놓다 → 연기하다

pre- 미리, 먼저

0501 ☐☐☐
prevail
[privéil]

동 1. 만연하다, 유행하다 2. 승리하다, 우세하다

Justice always **prevails** in the end.
결국 정의가 항상 승리한다.

➕ prevalence 몡 널리 퍼짐, 유행
  prevalent 톙 널리 퍼진, 유행하는

(!) MEMORY KEY / pre(먼저) + vail(강한) → (강함에서) ~보다 앞서다

0502 ☐☐☐
preoccupied
[priːɑ́kjupàid]

톙 사로잡힌, 정신이 팔린

He was **preoccupied** with thoughts of escape.
그는 탈출 생각에 정신이 팔려 있었다.

➕ preoccupy 동 몰두케 하다
  preoccupation 몡 사로잡힘, 몰두

(!) MEMORY KEY / pre(미리) + occupied(점령된) → 이미 점령된

premature
[prìːmətʃúər]

형 1. 너무 이른, 시기상조의 2. 조산의

It's better to be cautious than to make a **premature** decision.
성급한 결정을 내리는 것보다 신중한 것이 더 낫다.

(!) **MEMORY KEY** / pre(먼저) + mature(성숙한) → 성숙하기 전의 → 너무 이른

---

super- (2)   위에, 초월해서   (변화형: sover-, sur-)

sovereign
[sávərin]

형 1. 주권이 있는 2. 최고 권력의   명 통치자

Sovereign authority should lie with the people.
주권은 국민에게 있어야 한다.

⊕ sovereignty 명 주권, 통치권

(!) **MEMORY KEY** / sover(초월해서) + eign(형용사형 접미사) → 초월해 있는, 최고의

---

surpass
[sərpǽs]

동 능가하다, 뛰어넘다

Sales of the product **surpassed** all our expectations.
그 제품의 판매량은 우리의 모든 예상을 뛰어넘었다.

⊕ surpassing 형 뛰어난, 빼어난

(!) **MEMORY KEY** / sur(위에, 초월해서) + pass(통과하다) → ~보다 위로 통과하다

---

superficial
[sjùːpərfíʃəl]

형 1. 표면상의, 외면의 2. 피상적인

He fell down on the stairs but only had light **superficial**
wounds. 그는 계단에서 넘어졌지만 가벼운 외상만 입었다.

(!) **MEMORY KEY** / super(위에) + fic(표면) + ial(형용사형 접미사) → 표면상의

trans- 1. 이쪽에서 저쪽으로 2. ~을 통해

`0507` ☐☐☐
trans**form**
[trænsfɔ́ːrm]

동 변형시키다, 변화시키다

Electrical energy can be **transformed** into thermal energy.
전기에너지는 열에너지로 전환될 수 있다.

➕ transformation 명 변형, 변화

 trans(이쪽에서 저쪽으로) + form(형성하다) → 형태를 이쪽에서 저쪽으로
바꾸다

`0508` ☐☐☐
trans**mit**
[trænsmít]

동 1. 보내다, 전송하다 2. 전염시키다 3. (열 · 전기 등을) 전도하다

Radio waves are **transmitted** through the air.
라디오 전파는 공기를 통해 전송된다.

➕ transmission 명 1. 전송 2. 전염, 전파

 trans(이쪽에서 저쪽으로) + mit(보내다) → 이쪽에서 저쪽으로 보내다

`0509` ☐☐☐
trans**plant**
동 [trænsplǽnt]
명 [trǽnsplænt]

동 1. 옮겨 심다 2. 이식하다   명 이식

The tree in the pot was **transplanted** to a garden.
화분에 있던 나무는 정원으로 옮겨 심어졌다.

 trans(이쪽에서 저쪽으로) + plant(심다; 식물) → 이쪽에서 저쪽으로 (옮겨)
심다

`0510` ☐☐☐
trans**action**
[trænsǽkʃən]

명 거래, 매매

He came here to make a business **transaction** with us.
그는 우리와 상거래를 성사시키기 위해 이곳에 왔다.

➕ transact 동 거래하다

 trans(~을 통해) + action(활동) → ~을 통해 하는 활동

Daily Test

1-20 영어를 우리말로, 우리말을 영어로 바꾸시오.

1	outcome	_____	11	표면상의, 외면의; 피상적인 _____
2	outgoing	_____	12	간과하다; 못 본 체하다; 내려다보다 _____
3	utmost	_____	13	너무 이른, 시기상조의; 조산의 _____
4	outlook	_____	14	능가하다, 뛰어넘다 _____
5	perish	_____	15	주권이 있는; 최고 권력의; 통치자 _____
6	persist	_____	16	뛰어난, 두드러진 _____
7	posterity	_____	17	만연하다, 유행하다; 승리하다 _____
8	preoccupied	_____	18	전송하다; 전염시키다; 전도하다 _____
9	outward	_____	19	설득하다; 납득시키다 _____
10	utter	_____	20	개요; 윤곽, 외형; 개요를 서술하다 _____

21-25 문맥상 빈칸에 들어갈 단어를 찾아 적절한 형태로 넣으시오.

transaction	overflow	transplant	outlet	overwhelm

21 He came here to make a business _____ with us.

22 We were _____ by the scale of the disaster.

23 Music gave him a(n) _____ to express his feelings.

24 The tree in the pot was _____ to a garden.

25 The river _____ its banks last night.

Answer ¹ 결과, 성과 ² 외향적인, 사교적인 ³ 최대의, 극도의; 최대한도 ⁴ 전망; 경치; 견해, 사고방식 ⁵ 죽다; 소멸하다 ⁶ 계속 ~하다, 고집하다; 지속하다 ⁷ 자손, 후세 ⁸ 사로잡힌, 정신이 팔린 ⁹ 표면상의, 외형의; 밖으로 향하는 ¹⁰ (입 밖에) 내다, 말하다; 완전한, 전적인 ¹¹ superficial ¹² overlook ¹³ premature ¹⁴ surpass ¹⁵ sovereign ¹⁶ outstanding ¹⁷ prevail ¹⁸ transmit ¹⁹ persuade ²⁰ outline ²¹ transaction ²² overwhelmed ²³ outlet ²⁴ transplanted ²⁵ overflowed

DAY 18 어원으로 익히는 어휘 ⁽⁵⁾

클래스카드

| **sym-** | 함께 | (변화형: **syn-**) |

0511 ☐☐☐
synonym
[sínənim]

명 동의어, 유의어

'Diversity' is a **synonym** of 'variety.'
'diversity(다양성)'는 'variety(다양성)'의 동의어이다.

MEMORY KEY syn(o)(함께) + nym(말) → (뜻을) 함께 쓰는 말

0512 ☐☐☐
sympathetic
[sìmpəθétik]

형 1. 동정적인 2. 호의적인, 공감하는

We felt **sympathetic** towards the starving children.
우리는 굶주린 아이들에게 동정심을 느꼈다.

➕ sympathy 명 1. 동정 2. 동조
sympathize 동 1. 동정하다 2. 지지하다

MEMORY KEY sym(함께) + path(e)(느끼다) + tic(형용사형 접미사) → 함께 느끼는

0513 ☐☐☐
synchronize
[síŋkrənàiz]

동 동시에 발생하다, 동시에 움직이다

We decided to **synchronize** our schedules to improve efficiency. 우리는 효율성을 높이기 위해 일정을 동시에 진행하기로 했다.

MEMORY KEY syn(함께) + chron(시간) + ize(동사형 접미사) → 같은 시간에 발생하다

0514 ☐☐☐
synthetic
[sinθétik]

형 1. 합성의, 인조의 2. 종합적인

These tires are made of **synthetic** rubber.
이 타이어들은 합성 고무로 만들어졌다.

➕ synthesize 동 1. 합성하다 2. 종합하다
synthesis 명 1. 종합 2. 합성

MEMORY KEY syn(함께) + thet(두다) + ic(형용사형 접미사) → 함께 두는

under- 아래에

0515 ☐☐☐

underestimate
[ʌ̀ndəréstəmeit]

동 1. 과소평가하다 2. (값을) 너무 적게 잡다

He tends to **underestimate** others' abilities.
그는 다른 사람의 능력을 과소평가하는 경향이 있다.

➕ underestimation 명 과소평가

!) MEMORY KEY / under(아래에) + estim(평가하다) + ate(동사형 접미사) → 낮게 평가하다

0516 ☐☐☐

underlying
[ʌ̀ndərlàiiŋ]

형 1. 근본적인 2. 밑에 있는

It is difficult to know the **underlying** meaning of this passage.
이 구절의 속뜻을 알기는 어렵다.

➕ underlie 동 기저가 되다

!) MEMORY KEY / under(아래에) + ly(있다) + ing(형용사형 접미사) → 아래에 있는

0517 ☐☐☐

undergraduate
[ʌ̀ndərgrǽdʒuət]

명 대학생, 학부생 형 대학생의, 학부생의

He is an **undergraduate** majoring in English literature.
그는 영문학을 전공하는 대학생이다.

➕ graduate 명 졸업생, 대학원(생) 동 졸업하다

!) MEMORY KEY / under(아래에) + graduate(졸업생) → 졸업생보다 아랫사람

0518 ☐☐☐

undergo
[ʌ̀ndərgóu]

동 (underwent-undergone) (변화 등을) 겪다, 경험하다

The country has **undergone** dramatic changes over the last decade. 그 나라는 지난 10년간 급격한 변화를 겪었다.

!) MEMORY KEY / under(아래에) + go(가다) → (변화·안 좋은 일이) 아래로 가다 → 겪다

0519 ☐☐☐

undertake
[ʌ̀ndərtéik]

동 (undertook-undertaken) 1. 착수하다, 맡다 2. 약속하다

He **undertook** the important assignment.
그는 중요한 임무에 착수했다.

!) MEMORY KEY / under(아래에) + take(받다) → 아래에서 (자신의 등 위로 짐을) 받다

up- 위로

0520 □□□
upcoming
[ʌ́pkʌ̀miŋ]

형 다가오는, 앞으로 올

Everyone was excited by the **upcoming** summer vacation.
모두가 다가오는 여름 방학 때문에 신났다.

MEMORY KEY up(위로) + com(e)(오다) + ing(형용사형 접미사) → 앞으로 다가오는

0521 □□□
up**hold**
[ʌphóuld]

동 (upheld – upheld) 1. 지지하다 2. 떠받치다

We **uphold** the freedom of speech.
우리는 언론의 자유를 지지한다.

MEMORY KEY up(위로) + hold(붙잡고 있다) → 떠받치다

0522 □□□
up**right**
[ʌ́pràit]

형 1. 똑바른 2. 올바른 부 똑바로, 수직으로 명 수직 기둥

Stand **upright** with your feet shoulder-width apart.
발을 어깨너비로 벌리고 똑바로 서라.

MEMORY KEY up(위로) + right(똑바른) → 똑바로 (선)

0523 □□□
up**grade**
동 [ʌ́pgréid]
명 [ʌ́pgrèid]

동 향상시키다 명 향상

The problems started after I **upgraded** the application.
애플리케이션을 업그레이드한 후에 그 문제가 발생했다.

MEMORY KEY up(위로) + grade(등급) → 등급을 올리다

---

ag 1. 행하다 2. 작용하다 3. 몰다 (변화형: act, ig)

0524 □□□
ag**ent**
[éidʒənt]

명 1. 대리인[점], 중개인[물] 2. 첩보원

The man was being followed by government **agents**.
그 남자는 정부 첩보원들에 의해 쫓기고 있었다.

MEMORY KEY ag(행하다) + ent(행위자) → 행하는 사람 → 대리인

0525 □□□

react
[riǽkt]

图 1. 반응하다 2. (거부) 반응을 나타내다, 반작용하다

He didn't **react** at all when he heard the news.
그는 그 소식을 들었을 때 전혀 반응하지 않았다.

➕ reaction 图 1. 반응 2. 거부 반응, 반작용

!MEMORY KEY re(되받아) + act(작용하다) → 되받아 작용하다

0526 □□□

agony
[ǽgəni]

图 1. 극심한 고통 2. 극도의 슬픔

He screamed and flopped to the ground in **agony**.
그는 고통으로 소리를 지르며 땅에 털썩 쓰러졌다.

➕ agonize 图 고민하다, 고뇌하다

!MEMORY KEY ag(몰다) + on(어미) + y(명사형 접미사) → (~을 향해 가는 중에 따르는) 고통

0527 □□□

navigate
[nǽvəgèit]

图 1. 길을 찾다 2. 항해[비행]하다 3. (어려운 상황을) 다루다

We will **navigate** using a map.
우리는 지도를 이용해서 길을 찾을 것이다.

➕ navigation 图 항해, 항공(술)
　 navigator 图 조종사, 항해사

!MEMORY KEY nav(배) + ig(몰다) + ate(동사형 접미사) → (배를) 조종하다

---

strict　　1. 팽팽히 당기다 2. 묶어 두다　　(변화형: stress, stig, strai(n))

0528 □□□

distress
[distrés]

图 괴롭히다, 근심하게 하다 图 1. 고통, 고뇌 2. 곤궁, 빈곤

Don't **distress** yourself about the problem.
그 문제로 걱정하지 말아라.

➕ distressing 图 괴롭히는
　 distressed 图 괴로워하는, 고민하는

!MEMORY KEY di(떨어져) + stress(팽팽히 당기다) → 떨어져나와 (마음을 불편하게) 당기다

0529 ☐☐☐

prestige
[prestíːʒ]

명 명성, 신망   형 명성이 있는, 명품의, 명문의

You can win **prestige** by putting extra effort into your work.
너는 네 일에 더 많은 노력을 들여서 명성을 얻을 수 있다.

➕ prestigious 형 명성이 있는

(!) MEMORY KEY / pre(앞에) + stig(e)(묶어 두다) → 앞에 (높게) 묶여 있음 → 명성

0530 ☐☐☐

strict
[strikt]

형 1. 엄격한, 엄한 2. 엄밀한

They are very **strict** with their children.
그들은 아이들에게 매우 엄격하다.

➕ strictly 부 1. 엄격히 2. 엄밀히

(!) MEMORY KEY / strict(팽팽히 당기다) → 긴장을 주는 → 엄격한

0531 ☐☐☐

strain
[strein]

명 1. 부담, 긴장(감) 2. 잡아당기기   동 1. 힘껏 노력하다 2. 혹사시키다

Laughing reduces **strain** and tension.
웃음은 부담감과 긴장을 줄여준다.

(!) MEMORY KEY / 라틴어 stringere(팽팽히 당기다)에서 유래

---

vert   돌리다   (변화형: vers)

0532 ☐☐☐

vertical
[vɔ́ːrtikəl]

형 수직의, 세로의 (반 horizontal)   명 ((the ~)) 수직(선)

She drew a **vertical** line from the top of the page to the bottom.
그녀는 페이지의 위에서 아래로 수직선을 그렸다.

➕ vertically 부 수직으로

(!) MEMORY KEY / 라틴어 vertex(비틀어 돌려 꺾인 점: 꼭짓점)에서 유래 → 꼭짓점에서 아래로 선을 그으면 수직임

0533 ☐☐☐

converse
형명 [ká:nvərs]
동 [kənvɔ́ːrs]

형 거꾸로 된, 반대의   명 ((the ~)) 정반대   동 대화하다

She always holds a **converse** opinion to mine.
그녀는 항상 나와 반대 의견을 가진다.

➕ conversely 부 반대로   conversation 명 대화

(!) MEMORY KEY / con('강조') + vers(e)(돌리다) → 완전히 돌리다 → 정반대의

0534 □□□

convert
[kənvə́:rt]

图 1. 전환하다, 개조하다 2. 개종하다

The sofa was **converted** into a bed.

그 소파는 침대로 바뀌었다.

➕ conversion 圐 1. 전환, 개조 2. 개종
  convertible 圐 전환할 수 있는

(!) **MEMORY KEY** / con('강조') + vert(돌리다) → (방향을) 돌려 바꾸다

0535 □□□

diverse
[daivə́:rs]

圐 다양한, 가지각색의

People presented **diverse** opinions on the issue.

사람들이 그 문제에 대해 다양한 의견을 내놓았다.

➕ diversity 圐 다양성

(!) **MEMORY KEY** / di(옆으로) + vers(e)(돌리다) → 다른 방향으로 전환한 → 다양한

0536 □□□

reverse
[rivə́:rs]

图 1. 뒤집다 2. 후진하다   圐 반대의   圐 1. 반대 2. 뒤 3. 후진

She **reversed** her decision twice.

그녀는 자신의 결정을 두 번 뒤집었다.

(!) **MEMORY KEY** / re(뒤로) + vers(e)(돌리다) → 뒤로 돌리다 → 뒤집다

---

van   빈   (변화형: vac, vain)

0537 □□□

vacant
[véikənt]

圐 1. 비어 있는 2. 빈자리의, 결원의

Are there any **vacant** seats on the next flight?

다음 항공편에 비어 있는 좌석이 있나요?

➕ vacancy 圐 1. 빈자리, 결원 2. 빈방

(!) **MEMORY KEY** / vac(빈) + ant(형용사형 접미사) → 빈

0538 ☐☐☐
vacuum
[vǽkjuəm]

뗑 1. 진공 2. (자리 · 마음 등의) 공백, 공허

There is no sound in an absolute **vacuum**.
절대 진공 상태에서는 소리가 없다.

 라틴어 vacuus(빈)에서 유래 → 공백

0539 ☐☐☐
vain
[vein]

뗑 1. 헛된, 무익한 2. 허영심이 강한

I tried in **vain** to change his mind.
나는 그의 마음을 바꾸려고 하였으나 헛수고였다.

➕ vanity 뗑 허영심   in vain 헛되이

 라틴어 vanus(빈)에서 유래 → 헛된

0540 ☐☐☐
vanish
[vǽniʃ]

똥 사라지다, 소멸하다

The dinosaurs **vanished** from the earth 65 million years ago.
공룡은 지구에서 6천 5백만 년 전에 사라졌다.

 van(빈) + ish(동사형 접미사) → (아무것도 없이) 비게 되다 → 사라지다

Daily Test

1-20 영어를 우리말로, 우리말을 영어로 바꾸시오.

1	synonym	_____	11 거꾸로 된, 반대의; 정반대; 대화하다 _____
2	synchronize	_____	12 수직의, 세로의; 수직(선) _____
3	undergraduate	_____	13 다가오는, 앞으로 올 _____
4	vacant	_____	14 착수하다, 맡다; 약속하다 _____
5	diverse	_____	15 근본적인; 밑에 있는 _____
6	vanish	_____	16 괴롭히다, 근심하게 하다; 고통; 곤궁 _____
7	underestimate	_____	17 엄격한, 엄한; 엄밀한 _____
8	undergo	_____	18 명성, 신망; 명성이 있는 _____
9	uphold	_____	19 합성의, 인조의; 종합적인 _____
10	agony	_____	20 동정적인; 호의적인, 공감하는 _____

21-25 문맥상 빈칸에 들어갈 단어를 찾아 적절한 형태로 넣으시오.

navigate	convert	vacuum	react	vain

21 I tried in _____ to change his mind.

22 He didn't _____ at all when he heard the news.

23 We will _____ using a map.

24 There is no sound in an absolute _____.

25 The sofa was _____ into a bed.

Answer ¹동의어, 유의어 ²동시에 발생하다, 동시에 움직이다 ³대학생(의), 학부생(의) ⁴비어 있는; 빈자리의, 결원의 ⁵다양한, 가지각색의 ⁶사라지다, 소멸하다 ⁷과소평가하다; (값을) 너무 적게 잡다 ⁸겪다, 경험하다 ⁹지지하다; 떠받치다 ¹⁰극심한 고통; 극도의 슬픔 ¹¹converse ¹²vertical ¹³upcoming ¹⁴undertake ¹⁵underlying ¹⁶distress ¹⁷strict ¹⁸prestige ¹⁹synthetic ²⁰sympathetic ²¹vain ²²react ²³navigate ²⁴vacuum ²⁵converted

어원으로 익히는 어휘 (6)

클래스카드

| -en | ~가 되게 하다 |

0541 □□□
worsen
[wɔ́ːrsn]

동 악화되다, 악화시키다

His condition has **worsened** since he left the hospital.
퇴원한 이후로 그의 건강 상태는 악화되었다.

! MEMORY KEY / worse(더 나쁜) + en(~가 되게 하다) → 더 나쁘게 하다

0542 □□□
broaden
[brɔ́ːdn]

동 넓어지다, 넓히다

You can **broaden** your knowledge by reading.
독서로 지식을 넓힐 수 있다.

! MEMORY KEY / broad(폭이 넓은) + en(~가 되게 하다) → 폭을 넓게 하다

0543 □□□
straighten
[stréitn]

동 1. 똑바르게 하다[되다] 2. 정리[정돈]하다

Don't forget to **straighten** your tie before meeting him.
그를 만나기 전에 넥타이를 똑바로 매는 것을 잊지 마.

➕ straight 형 1. 곧은 2. 정돈된 부 똑바로

! MEMORY KEY / straight(곧은) + en(~가 되게 하다) → 똑바르게 하다

0544 □□□
fasten
[fǽsn]

동 1. 매다, 채우다 2. 잠그다 3. 고정시키다

Fasten your seatbelt while seated.
앉아 있는 동안에는 안전벨트를 착용하세요.

! MEMORY KEY / fast(단단히 고정된) + en(~가 되게 하다) → 고정되게 하다

hasten
[héisn]

동 1. 서둘러 하다 2. 재촉하다, 앞당기다

He **hastened** down the hall to receive his guests.
그는 손님을 맞기 위해서 현관으로 서둘러 내려갔다.

➕ haste 명 급함, 서두름

(!) MEMORY KEY / haste(서두름) + en(~가 되게 하다) → 서두르게 하다

-able / -ible ~할 수 있는

credible
[krédəbl]

형 믿을 수 있는 (반 incredible)

It is hardly a **credible** story. 그것은 좀처럼 믿을 수 없는 이야기이다.

➕ credibility 명 믿을 수 있음, 신뢰성
　 credibly 부 확실히

(!) MEMORY KEY / cred(믿다) + ible(~할 수 있는) → 믿을 수 있는

---

dispensable
[dispénsəbl]

형 없어도 되는, 불필요한 (반 indispensable)

No one in the world is **dispensable**.
세상에 없어도 되는 사람은 없다.

➕ dispense 동 1. 분배하다 2. 베풀다

(!) MEMORY KEY / dispens(e)(나누어 주다) + able(~할 수 있는) → 나눠줄 수 있을 정도로 중요하지 않은

---

divisible
[divízəbl]

형 나눌 수 있는, 나누어지는

Nine is **divisible** by three, but not by four.
9는 3으로 나누어지지만 4로는 나누어지지 않는다.

➕ divide 동 1. 나누다, 나눠다 2. 분리하다

(!) MEMORY KEY / divi(s)(나누다) + ible(~할 수 있는) → 나눌 수 있는

0549 ☐☐☐

audible
[ɔ́:dəbl]

혱 들리는, 들을 수 있는

The fire alarm was clearly **audible** to staff members.
그 화재경보음은 직원들에게 또렷하게 들렸다.

🔔 **MEMORY KEY** / aud(듣다) + ible(~할 수 있는) → 들을 수 있는

0550 ☐☐☐

edible
[édəbl]

혱 먹을 수 있는, 식용의 (맨 inedible)

There are some flowers that are **edible**. 몇 가지 먹을 수 있는 꽃이 있다.

🔔 **MEMORY KEY** / ed(먹다) + ible(~할 수 있는) → 먹을 수 있는

0551 ☐☐☐

eligible
[élidʒəbl]

혱 1. ~을 가질[할] 수 있는 2. 신랑[신부]감으로 좋은

Students who achieve academic excellence are **eligible** for scholarships. 학업이 우수한 학생들은 장학금을 받을 수 있다.

🔔 **MEMORY KEY** / elig(선택하다) + ible(~할 수 있는) → (적격인 것을) 선택할 수 있는

0552 ☐☐☐

tangible
[tǽndʒəbl]

혱 1. 만질 수 있는, 실체가 있는 2. 명백한

They achieved **tangible** results from the negotiations.
그들은 그 협상에서 가시적인 성과를 거두었다.

➕ tangibly 閉 명백히

🔔 **MEMORY KEY** / tang(만지다) + ible(~할 수 있는) → 만질 수 있는

---

bi- / du- / twi- 둘

0553 ☐☐☐

bilingual
[bailíŋgwəl]

혱 2개 국어를 구사할 수 있는 명 2개 국어 구사자

We are looking for a secretary who is **bilingual** in Korean and English. 우리는 한국어와 영어 2개 국어를 구사하는 비서를 구하고 있다.

🔔 **MEMORY KEY** / bi(둘) + ling(혀) + ual(형용사형 접미사) → 두 개의 혀[언어]를 가진

0554 □□□
duplicate
[형][명] [djú:plikət]
[동] [djú:pləkèit]

[형] 똑같은 [명] 사본 [동] 1. 복사하다 2. 되풀이하다

Would you make me a **duplicate** of this report?

이 보고서를 좀 복사해 주시겠어요?

➕ duplication [명] 1. 복사 2. 중복

(!) MEMORY KEY / du(둘) + plic(접다) + ate(동사형 접미사) → 접어서 (똑같은) 두 개로 만들다

0555 □□□
twilight
[twáilàit]

[명] 1. 황혼, 땅거미 2. (전성기 뒤의) 황혼기, 쇠퇴기

He hadn't come back home by **twilight**.

그는 땅거미가 질 무렵까지 집에 돌아오지 않았다.

(!) MEMORY KEY / twi(둘) + light(빛) → (낮과 밤) 둘 사이의 빛 → 황혼

tri-   셋

0556 □□□
trivial
[tríviəl]

[형] 사소한, 하찮은

People often quarrel over **trivial** matters.

사람들은 종종 사소한 문제로 다툰다.

➕ trivialize [동] 하찮아 보이게 하다

(!) MEMORY KEY / tri(셋) + vi(a)(길) + al(형용사형 접미사) → 세 길이 만나는 곳의 → 누구나 모이는 곳의 → 사소한

0557 □□□
tribe
[traib]

[명] 부족, 종족

The book covers the history of a **tribe** in Africa.

그 책은 아프리카에 사는 한 부족의 역사를 다루고 있다.

(!) MEMORY KEY / 라틴어 tribus(세 갈래로 갈라진 로마 민족)에서 유래

duc   인도하다

0558 □□□
deduce
[didjú:s]

[동] 추론[추정]하다, 연역하다

The class struggled to **deduce** the answer to the problem.

학급 학생들은 그 문제에 대한 답을 추론하려고 애썼다.

➕ deducible [형] 추론할 수 있는   deductive [형] 연역적인

(!) MEMORY KEY / de(아래로) + duc(e)(인도하다) → (논리를) 아래로 이끌어내다

0559 ☐☐☐
educate
[édʒukèit]

동 교육하다, 가르치다

We need to **educate** people about road safety.
우리는 사람들에게 도로 안전에 대해 가르칠 필요가 있다.

➕ education 몡 교육

 e(밖으로) + duc(인도하다) + ate(동사형 접미사) → 밖으로 (능력을) 이끌어내다

0560 ☐☐☐
conduct
동 [kəndʌ́kt]
몡 [kándʌkt]

동 1. 수행하다 2. 이끌다 3. 처신하다 4. 지휘하다
몡 1. 행위 2. 수행

They **conducted** a survey on the dietary habits of adults.
그들은 성인의 식습관에 대한 설문조사를 했다.

➕ conductor 몡 1. 안내자 2. 지휘자
  conduct oneself 처신하다

 con(함께) + duc(t)(인도하다) → 함께하도록 이끌다 → 수행하다

0561 ☐☐☐
deduct
[didʌ́kt]

동 빼다, 공제하다

Taxes will be automatically **deducted** from your salary every month. 세금은 매달 너의 월급에서 자동으로 공제될 것이다.

➕ deduction 몡 1. 공제(액) 2. 추론

 de(아래로) + duc(t)(인도하다) → 아래로 끌어내다 → 빼버리다

sper   희망   (변화형: spair)

0562 ☐☐☐
despair
[dispɛ́ər]

몡 절망, 낙담 동 절망하다

She has lived in **despair** since her business failed.
그녀는 사업에 실패한 이후로 절망에 빠져 지낸다.

➕ desperate 혱 1. 자포자기의 2. 필사적인   in despair 절망하여

 de(멀어져) + spair(희망) → 희망에서 멀어짐 → 절망

0563 ☐☐☐

pro**sper**
[práspər]

동 번영하다, 성공하다

His business **prospered** despite the economic crisis.
경제 위기에도 불구하고 그의 사업은 번창했다.

➕ prosperity 명 번영, 호황

 pro(앞으로) + sper(희망) → 희망을 가지고 앞으로 나아가다 → 번영하다

---

tain 　　　가지다, 잡다 　　　　　　　　　　　　　　　(변화형: **tin**)

0564 ☐☐☐

cont**in**ent
[kántənənt]

명 대륙, 육지

Asia is larger than any other **continent** in the world.
아시아는 세계의 다른 어떤 대륙보다 더 크다.

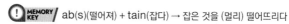 con(함께) + tin(잡다) + ent(명사형 접미사) → (땅이 떨어지지 않고) 함께
묶여 있음

0565 ☐☐☐

abs**tain**
[əbstéin]

동 1. 기권하다　2. 삼가다, 절제하다

A lot of voters **abstained** because of political indifference.
많은 유권자들이 정치적 무관심 때문에 기권했다.

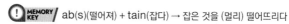 ab(s)(떨어져) + tain(잡다) → 잡은 것을 (멀리) 떨어뜨리다

0566 ☐☐☐

sus**tain**
[səstéin]

동 1. 유지하다　2. 떠받치다, 지지하다　3. (손해 · 상처 등을) 입다

His life was **sustained** with a respirator.
그는 인공호흡기로 생명을 유지했다.

➕ sustainable 형 지속할 수 있는

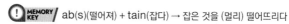 sus(아래에서 위로) + tain(잡다) → 아래에서 (위로 받쳐) 잡아주다

0567 ☐☐☐

re**tain**
[ritéin]

동 1. 보유하다, 유지하다　2. (정보 등을) 기억하다

He **retains** the world record in the 100-meter dash.
그는 100미터 경주에서 세계기록을 보유하고 있다.

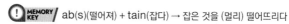 re(뒤로) + tain(잡다) → 뒤에서 잡고 있다

tact   건드리다, 접촉하다   (변화형: tain, teg)

0568 ☐☐☐
attain
[ətéin]

동 1. 달성하다, 이루다 2. 이르다, 달하다

Her ultimate goal was **attained** earlier than she expected.
그녀의 궁극적인 목표는 그녀가 예상했던 것보다 빨리 달성되었다.

➕ attainable 형 달성할 수 있는

(!) **MEMORY KEY** / at(~에) + tain(접촉하다) → (목표물에) 접촉하다

0569 ☐☐☐
integrate
[íntəgrèit]

동 1. 통합하다, 통합되다 2. 인종 차별을 철폐하다

It takes a lot of time for immigrants to **integrate** into society.
이민자들이 사회에 통합되는 데에는 많은 시간이 걸린다.

➕ integration 명 통합

(!) **MEMORY KEY** / in('부정') + teg(건드리다) + r(형용사형 접미사) + ate(동사형 접미사)
→ (통합된 상태를) 건드리지 않고 두다

---

tail   자르다

0570 ☐☐☐
retail
[rí:teil]

명 소매 동 소매하다 부 소매로

The **retail** price of this cap is 10,000 won.
이 모자의 소매 가격은 만 원이다.

➕ retailer 명 소매상, 소매점

(!) **MEMORY KEY** / re(다시) + tail(자르다) → 자르고 자르다 → 작은 조각을 내어 소매로 팔다

Daily Test

1-20 영어를 우리말로, 우리말을 영어로 바꾸시오.

1	worsen	_____	11	교육하다, 가르치다	_____
2	broaden	_____	12	달성하다; 이르다, 달하다	_____
3	hasten	_____	13	부족, 종족	_____
4	credible	_____	14	통합하다; 인종 차별을 철폐하다	_____
5	edible	_____	15	만질 수 있는; 명백한	_____
6	bilingual	_____	16	들리는, 들을 수 있는	_____
7	twilight	_____	17	추론[추정]하다, 연역하다	_____
8	trivial	_____	18	대륙, 육지	_____
9	despair	_____	19	없어도 되는, 불필요한	_____
10	deduct	_____	20	나눌 수 있는, 나누어지는	_____

21-25 문맥상 빈칸에 들어갈 단어를 찾아 적절한 형태로 넣으시오.

fasten	eligible	duplicate	sustain	retail

21 Students who achieve academic excellence are _____ for scholarships.

22 _____ your seatbelt while seated.

23 Would you make me a(n) _____ of this report?

24 The _____ price of this cap is 10,000 won.

25 His life was _____ with a respirator.

Answer ¹ 악화되다, 악화시키다 ² 넓어지다, 넓히다 ³ 서둘러 하다; 재촉하다, 앞당기다 ⁴ 믿을 수 있는 ⁵ 먹을 수 있는, 식용의 ⁶ 2개 국어를 구사할 수 있는; 2개 국어 구사자 ⁷ 황혼, 땅거미; 황혼기, 쇠퇴기 ⁸ 사소한, 하찮은 ⁹ 절망, 낙담; 절망하다 ¹⁰ 빼다, 공제하다 ¹¹ educate ¹² attain ¹³ tribe ¹⁴ integrate ¹⁵ tangible ¹⁶ audible ¹⁷ deduce ¹⁸ continent ¹⁹ dispensable ²⁰ divisible ²¹ eligible ²² Fasten ²³ duplicate ²⁴ retail ²⁵ sustained

DAY 20
어원으로 익히는 어휘 ⁽⁷⁾

클래스카드

DAY 20

---

with-   1. 뒤쪽으로 2. ~에 대항하여

0571

withstand
[wiðstǽnd]

동 (withstood – withstood) 1. 견디다 2. 저항하다

The buildings in this area were built to **withstand** earthquakes.
이 지역의 건물들은 지진에 견딜 수 있도록 지어졌다.

MEMORY KEY / with(~에 대항하여) + stand(서다, 견디다) → 대항하여 서다[견디다]

0572

withdraw
[wiðdrɔ́ː]

동 (withdrew – withdrawn) 1. 물러나다 2. 취소하다 3. 그만두다
4. 인출하다

They **withdrew** their troops from Iraq.
그들은 이라크에서 군대를 철수했다.

MEMORY KEY / with(뒤쪽으로) + draw(당기다) → 뒤쪽으로 당기다

0573

withhold
[wiðhóuld]

동 (withheld – withheld) 주지 않다, 보류하다

He will **withhold** payment until the work is completed.
그는 그 일이 완료될 때까지 지불을 보류할 것이다.

MEMORY KEY / with(뒤쪽으로) + hold(쥐다) → (주지 않고) 뒤에서 쥐고 있다

---

alt   자라다   (변화형: ol)

0574

abolish
[əbáliʃ]

동 폐지하다, 없애다

Some people insist that the death penalty should be **abolished**.
어떤 사람들은 사형제도가 폐지되어야 한다고 주장한다.

MEMORY KEY / ab(멀리 떨어져) + ol(자라다) + ish(동사형 접미사) → 더 자라지 못하게 하다

어원으로 익히는 어휘 • 149

adolescent
[金dəlésnt]

명 청소년 형 청소년의

His lectures help **adolescents** realize the importance of exercise. 그의 강의는 청소년들이 운동의 중요성을 깨닫게 하는 데 도움이 된다.

➕ adolescence 명 사춘기, 청소년기

(!) **MEMORY KEY** / ad(~로) + ol(자라다) + escent(형용사형 접미사) → ~로 성장하고 있는

---

cern
1. 분리하다 2. 체로 쳐서 가려내다 (변화형: cri, crimin)

criticize
[krítisàiz]

동 1. 비판하다, 비난하다 2. 비평하다

You shouldn't **criticize** someone who you don't know well.
네가 잘 알지도 못하는 사람을 비난해서는 안 된다.

➕ criticism 명 1. 비판 2. 비평   critic 명 비평가, 평론가

(!) **MEMORY KEY** / cri(t)(분리하다) + ic(명사형 접미사) + ize(동사형 접미사) → (좋고 나쁨을) 구분 짓다 → 비판하다

---

discriminate
[diskrímənèit]

동 1. 차별하다 2. 구별하다

It is unfair to **discriminate** on the grounds of race or gender.
인종이나 성별을 이유로 차별하는 것은 부당하다.

➕ discrimination 명 1. 차별 2. 식별[판별]력

(!) **MEMORY KEY** / dis(따로 떨어져) + crimin(체로 쳐서 가려내다) + ate(동사형 접미사) → 체로 쳐서 따로 구별하다

---

discern
[disə́ːrn]

동 1. 알아보다 (⊕ notice) 2. 식별[분간]하다

He couldn't **discern** any movements in the dark room.
그는 어두운 방 안에서 어떤 움직임도 알아볼 수 없었다.

(!) **MEMORY KEY** / dis(따로 떨어져) + cern(체로 쳐서 가려내다) → 따로 체로 쳐서 가려내다 → 식별하다

bio　　생명

0579 ☐☐☐
biography
[baiágrəfi]

명 전기, 일대기

Children can learn a lot by reading the **biographies** of famous people. 아이들은 유명한 사람들의 전기를 읽음으로써 많은 것을 배울 수 있다.

MEMORY KEY bio(생명) + graph(쓰다) + y(명사형 접미사) → 일생에 대해 쓴 것

0580 ☐☐☐
biology
[baiá/lədʒi]

명 생물학

To study **biology** is to learn about ourselves.
생물학을 공부하는 것은 우리 자신에 대해 배우는 것이다.

➕ biologist 명 생물학자　　　biological 형 생물학적인

MEMORY KEY bio(생명) + logy('학문' 명사형 접미사) → 생명체를 연구하는 학문

---

sign　　표시

0581 ☐☐☐
resign
[rizáin]

동 사임하다, 사직하다

My father **resigned** from his position last month.
우리 아버지께서는 지난달에 그의 직위에서 물러나셨다.

➕ resignation 명 1. 사임, 사직(서) 2. 체념
　　resign oneself to 포기하고 ~을 받아들이다

MEMORY KEY re(뒤로) + sign(표시) → 뒤로 (물러나겠다고) 표시하다 → 사임하다

0582 ☐☐☐
signify
[sígnəfài]

동 1. 의미하다, 나타내다 2. 중요하다, 중대하다

Shaking your head **signifies** disagreement.
머리를 흔드는 것은 동의하지 않음을 의미한다.

➕ significance 명 1. 중요성 2. 의미
　　significant 형 1. 중요한 2. 상당한

MEMORY KEY sign(표시) + (i)fy('~화하다' 동사형 접미사) → 표시하여 나타내다

cap   취하다   (변화형: ceive)

0583 ☐☐☐
capable
[kéipəbl]

[형] 1. ~할 수 있는 2. 유능한

We never thought he was **capable** of finishing this task.
우리는 결코 그가 이 업무를 끝낼 수 있을 거라고 생각하지 않았다.

➕ capability [명] 능력   capacity [명] 1. (최대) 수용량 2. 능력

 cap(취하다) + able(~할 수 있는) → 취할 수 있는 → 유능한

0584 ☐☐☐
conceive
[kənsíːv]

[동] 1. 생각해 내다 2. 상상하다 3. 임신하다

He alone **conceived** the new business plan.
그는 혼자 새로운 사업 계획을 생각해 냈다.

 con(함께) + ceive(취하다) → (마음·자궁 속에) 품다

0585 ☐☐☐
captive
[kǽptiv]

[형] 1. 포로가 된 2. 사로잡힌   [명] 포로

The **captive** soldiers tried to escape from the enemy.
포로가 된 군인들이 적군으로부터 탈출을 시도했다.

➕ captivity [명] 감금

 cap(취하다) + tive(형용사형 접미사) → 사로잡힌

0586 ☐☐☐
deceive
[disíːv]

[동] 속이다, 기만하다

She was **deceived** by forged letters.
그녀는 위조된 편지에 속았다.

➕ deception [명] 속임(수), 사기   deceit [명] 속임수, 기만

(!) **MEMORY KEY** de(떨어져) + ceive(취하다) → (사실에서) 떨어진 것을 취하다 → 속이다

---

alter   다른   (변화형: al)

0587 ☐☐☐
alter
[ɔ́ːltər]

[동] 바꾸다, 변하다

They **altered** the flight schedule because of bad weather.
그들은 악천후로 인해 비행 일정을 변경했다.

(!) **MEMORY KEY** alter(다른) → 다르게 하다

0588 □□□

alien
[éiljən]

형 1. 외국(인)의 2. 이질적인 3. 외계의 명 1. 외국인 체류자 2. 외계인

He believes that **alien** life exists.
그는 외계 생명체가 존재한다고 믿는다.

 al(i)(다른) + en(형용사형 접미사) → 다른 것의

cede 가다 (변화형: ceas, cess)

0589 □□□

cease
[siːs]

동 그만두다, 그치다, 끝나다

The newspaper has **ceased** publication because of a lack of money. 그 신문은 자금 부족으로 발행을 중단했다.

➕ ceaseless 형 끊임없는

 ceas(e)(가다) → 물러가다 → 그만두다

0590 □□□

recede
[risíːd]

동 1. 물러가다, 멀어지다 2. 희미해지다

The sound of the footsteps **receded** into the distance.
발소리가 차츰 멀어져 갔다.

➕ recession 명 불경기   recessive 형 [생물] 열성의

 re(뒤로) + cede(가다) → 물러가다

0591 □□□

precede
[prisíːd]

동 ~에 앞서다[선행하다]

Her words always **precede** her actions.
그녀의 말은 항상 행동보다 앞선다.

➕ precedent 명 전례, 선례

 pre(전에) + cede(가다) → ~에 앞서가다

0592 □□□

predecessor
[prédəsèsər]

명 전임자, 선배 (뜻 successor)

My **predecessor** had been the firm's leader for 15 years.
내 전임자는 15년 동안 그 회사의 대표였었다.

 pre(전에) + de(떨어져) + cess(가다) + or(명사형 접미사) → 앞서간 사람

cid   떨어지다   (변화형: cas, cay)

0593 ☐☐☐
casual
[kǽʒｊｕəl]

형 1. 느긋한, 무관심한 2. 평상시의 3. 우연한   명 평상복

His **casual** attitude toward work annoyed me.
일에 대한 그의 태평스러운 태도가 나를 짜증 나게 했다.

! **MEMORY KEY** cas(떨어지다) + (u)al(형용사형 접미사) → (나와) 동떨어진

0594 ☐☐☐
decay
[dikéi]

동 1. 썩다, 부패하다 2. 쇠퇴하다   명 1. 부패 2. 쇠퇴

Some of my teeth have **decayed**, so I need to have them
treated. 내 치아가 몇 개 썩어서 치료받아야 한다.

! **MEMORY KEY** de(아래로) + cay(떨어지다) → (썩어서) 내려앉다

0595 ☐☐☐
inci**d**ent
[ínsədənt]

명 사건, 일어난 일

The victim reported the **incident** to the police.
피해자는 그 사건을 경찰에 신고했다.

⊕ incidence 명 (범죄·질병 등의) 발생(률)   incidental 형 부차적인

! **MEMORY KEY** in(~ 위에) + cid(떨어지다) + ent(명사형 접미사) → ~ 위에 떨어져 겪게 되는
것 → 사건

---

sol   혼자의

0596 ☐☐☐
sole
[soul]

형 유일한, 단독의

He was the **sole** survivor of the accident.
그가 그 사고의 유일한 생존자였다.

⊕ solely 부 1. 혼자서 2. 단지

! **MEMORY KEY** 라틴어 solus(혼자의)에서 유래 → 유일한

0597 ☐☐☐
solitary
[sάlətèri]

형 1. 혼자의, 혼자 하는 (⑨ single) 2. 고립된, 외딴

She lives alone in a **solitary** house.
그녀는 외딴 집에서 혼자 살고 있다.

! **MEMORY KEY** sol(it)(혼자의) + ary(형용사형 접미사) → 혼자의

solv 느슨하게 하다

DAY 20

0598 ☐☐☐
resolve
[rizálv]

통 1. 해결하다 2. 결심하다

The dispute hasn't been **resolved** yet.
그 분쟁은 아직 해결되지 않았다.

➕ resolution 명 1. 해결 2. 결의(안)
　 resolute 형 굳게 결심한, 단호한

 MEMORY KEY re('강조') + solv(e)(느슨하게 하다) → 완전히 느슨하게 하다 → 풀다,
해결하다

soph 현명한

0599 ☐☐☐
sophisticated
[səfístəkèitid]

형 1. 세련된, 교양 있는 2. 정교한

She has a very **sophisticated** eye for fashion.
그녀는 패션에 대하여 아주 높은 안목을 가지고 있다.

➕ sophistication 명 1. 세련됨, 교양 2. 정교화

 MEMORY KEY sophist(경험과 지성을 갖춘 궤변론자) + icated('~화된' 형용사형 접미사)
→ 현명한 사람인 → 교양 있는

0600 ☐☐☐
sophomore
[sáfəmɔ̀ːr]

명 (대학·고교의) 2학년생

She is currently a **sophomore** in college.
그녀는 현재 대학교 2학년이다.

 MEMORY KEY soph(o)(현명한) + more(어리석은) → 현명함과 어리석음의 중간에 있는
사람

Daily Test

1-20 영어를 우리말로, 우리말을 영어로 바꾸시오.

1	withstand	_____	11	썩다; 쇠퇴하다; 부패 _____
2	abolish	_____	12	차별하다; 구별하다 _____
3	adolescent	_____	13	비판하다, 비난하다; 비평하다 _____
4	alter	_____	14	전임자, 선배 _____
5	conceive	_____	15	알아보다; 식별[분간]하다 _____
6	capable	_____	16	포로가 된; 사로잡힌; 포로 _____
7	sophomore	_____	17	생물학 _____
8	withdraw	_____	18	전기, 일대기 _____
9	cease	_____	19	의미하다, 나타내다; 중요하다 _____
10	precede	_____	20	해결하다; 결심하다 _____

21-25 문맥상 빈칸에 들어갈 단어를 찾아 적절한 형태로 넣으시오.

incident	alien	deceive	solitary	resign

21 She was _____ by forged letters.

22 He believes that _____ life exists.

23 She lives alone in a(n) _____ house.

24 My father _____ from his position last month.

25 The victim reported the _____ to the police.

Answer ¹ 견디다; 저항하다 ² 폐지하다, 없애다 ³ 청소년(의) ⁴ 바꾸다, 변하다 ⁵ 생각해 내다; 상상하다; 임신하다 ⁶ ~할 수 있는; 유능한 ⁷ 2학년생 ⁸ 물러나다; 취소하다; 그만두다; 인출하다 ⁹ 그만두다, 그치다, 끝나다 ¹⁰ ~에 앞서다[선행하다] ¹¹ decay ¹² discriminate ¹³ criticize ¹⁴ predecessor ¹⁵ discern ¹⁶ captive ¹⁷ biology ¹⁸ biography ¹⁹ signify ²⁰ resolve ²¹ deceived ²² alien ²³ solitary ²⁴ resigned ²⁵ incident

어원으로 익히는 어휘 (8)

클래스카드

circul 1. 원 2. 둘레에 (변화형: circu)

0601 ☐☐☐
circuit
[sə́:rkit]

圀 1. 순회 2. 주위, 둘레 3. 【전기】 회로

The runners made two **circuits** of the track.
주자들은 트랙을 두 바퀴 뛰었다.

MEMORY KEY circu(둘레에) + it(가다) → 둘레를 돌다

0602 ☐☐☐
circulate
[sə́:rkjulèit]

圐 1. 순환하다[시키다] 2. (소문 등이) 퍼지다 3. 배포하다

Blood **circulates** around the body.
혈액은 온몸을 순환한다.

➕ circulation 圀 1. 순환 2. 유포, 유통

MEMORY KEY circul(원) + ate(동사형 접미사) → 돌게 하다

0603 ☐☐☐
circular
[sə́:rkjulər]

圀 1. 원형의, 둥근 2. 순회하는, 순환하는

There are a lot of **circular** buildings in the region.
그 지역에는 원형 건축물이 많다.

MEMORY KEY circul(원) + ar(형용사형 접미사) → 원형의

cit 부르다

0604 ☐☐☐
cite
[sait]

圐 1. 인용하다 2. 언급하다 3. (법정으로) 소환하다

She **cited** the Constitution's liberty clause.
그녀는 헌법의 자유 조항을 인용했다.

➕ citation 圀 1. 인용구[문] 2. 소환(장)

MEMORY KEY cit(e)(부르다) → 불러내다 → 언급하다, 소환하다

recite
[risáit]

图 암송하다, 낭독[낭송]하다

She flawlessly **recited** the poem.
그녀는 그 시를 완벽하게 암송했다.

➕ recital 명 독주회, 독창회

❗**MEMORY KEY** / re(다시) + cit(e)(부르다) → 다시 (소리 내어) 부르다 → 낭송하다

---

civi · 시민

civil
[sívəl]

图 1. 시민의 2. 민간인의 3. 【법률】 민사의

We should protect **civil** liberty and equality.
우리는 시민의 자유와 평등을 보호해야 한다.

❗**MEMORY KEY** / civi(시민) + (i)l(형용사형 접미사) → 시민의

---

civilize
[sívəlàiz]

图 문명화하다

They **civilized** the primitive tribe.
그들은 원시 부족을 문명화시켰다.

➕ civilization 명 문명 (사회)   civilized 형 1. 문명화된 2. 예의 바른

❗**MEMORY KEY** / civi(l)(시민) + ize(동사형 접미사) → 시민답게 하다

---

claim · 부르다, 외치다   (변화형: cil)

council
[káunsəl]

명 1. 지방 의회 2. 평의회, 협의회

The **council** deferred the discussion until the next meeting.
지방 의회는 다음 회의까지 그 논의를 연기했다.

❗**MEMORY KEY** / coun(함께) + cil(부르다) → 불러서 함께 모이는 것

---

proclaim
[proukléim]

图 선언하다, 공표하다

The governor **proclaimed** a state of emergency.
그 통치자는 비상사태를 선언했다.

❗**MEMORY KEY** / pro(앞으로) + claim(외치다) → 앞을 향해 외치다

cogn 알다 (변화형: quaint, gno)

0610 ☐☐☐

acquaintance
[əkwéintəns]

명 1. 아는 사람, 지인 2. 면식 3. 지식

I don't know her well. She's just an **acquaintance**.
나는 그녀를 잘 몰라. 그녀는 그냥 아는 사람이야.

➕ acquaint 동 (정보를) 주다, 알게 하다
  acquainted 형 1. ~와 아는 사이인 2. 알고 있는

(!) MEMORY KEY / ac(~에) + quaint(알다) + ance(명사형 접미사)
  → 알고 있는 것[사람]

0611 ☐☐☐

diagnose
[dáiəgnòuz]

동 진단하다, (병 등의) 원인을 규명하다

The patient was **diagnosed** with high blood pressure.
그 환자는 고혈압 진단을 받았다.

➕ diagnosis 명 진단, 원인 규명
  be diagnosed with[as] ~으로 진단받다

(!) MEMORY KEY / dia(떨어져) + gno(알다) + se(동사형 접미사) → 따로따로 구분해 알아내다

cord 마음 (변화형: cor)

0612 ☐☐☐

accord
[əkɔ́:rd]

동 1. 일치하다[시키다], 조화하다[시키다] 명 1. 일치, 합의 2. 협정

Your opinion is out of **accord** with mine.
네 의견은 나의 의견과 일치하지 않는다.

➕ accordance 명 일치, 부합   accordingly 부 따라서
  according to ~에 따르면

(!) MEMORY KEY / ac(~에) + cord(마음) → 마음을 터놓아 일치하는 상태(가 되다)

0613 ☐☐☐

core
[kɔːr]

명 1. 핵심, 가장 중요한 부분 2. 중심부 형 핵심의, 가장 중요한

He has the ability to identify the **core** of every issue.
그는 모든 문제의 핵심을 간파하는 능력을 가지고 있다.

(!) MEMORY KEY / cor(e)(마음) → 중심부

0614 ☐☐☐

discord
[dískɔːrd]

몡 1. 불화, 불일치 2. 불협화음

A small matter can cause friction and **discord** within a group.
사소한 문제가 집단 내 마찰과 불화를 일으킬 수 있다.

 dis(떨어져) + cord(마음) → 마음이 따로따로 떨어져 있음 → 불일치

---

crea
1. 만들다 2. 자라다
(변화형: **cre, cruit**)

0615 ☐☐☐

concrete
[kánkriːt]

혱 1. 구체적인 2. 콘크리트로 만든 몡 콘크리트

The plan needs more **concrete** details.
그 계획은 더 구체적인 세부 사항이 필요하다.

 con(함께) + cre(te)(자라다) → 함께 결합되어 자라 (안이) 꽉 찬

0616 ☐☐☐

recreate
[rìːkriéit]

동 되살리다, 재현하다

The Japanese restaurant tried to **recreate** the atmosphere of
Japan. 그 일식당은 일본의 분위기를 재현해 내려고 노력했다.

➕ recreation 몡 기분 전환 활동, 여가 활동

 re(다시) + crea(만들다) + te(어미) → (상황을) 다시 만들다

0617 ☐☐☐

recruit
[rikrúːt]

동 (신입 사원·신병 등을) 모집하다 몡 1. 신병 2. 새로운 구성원

We are **recruiting** graduates to join our team.
우리는 팀에 들어올 졸업생을 모집 중이다.

➕ recruitment 몡 신규 모집[채용]

 re(다시) + cruit(자라다) → (인원을) 다시 늘리다 → 모집하다

---

fa
말하다
(변화형: **fess**)

0618 ☐☐☐

fatal
[féitəl]

혱 치명적인, 죽음에 이르게 하는

We all hope that his cancer won't be **fatal**.
우리 모두는 그의 암이 치명적이지 않기를 바라고 있다.

➕ fate 몡 운명, 숙명

 fa(t)(말하다) + al(형용사형 접미사) → (신(神)이) 한 말인 → 치명적인

0619 ☐☐☐

infancy
[ínfənsi]

📖 1. 유아기 2. 초기 (단계)

Aerospace technology is still in its **infancy** in Korea.
한국에서 항공 우주 기술은 아직 초기 단계이다.

➕ infant 📖 1. 유아 2. 초기 📘 1. 유아의 2. 초기의

❗ MEMORY KEY / in('부정') + fa(n)(말하다) + cy(명사형 접미사) → 말하지 못하는 시기 → 유아기

0620 ☐☐☐

profess
[prəfés]

📖 공언하다, 단언하다

In the end, she **professed** herself to be bankrupt.
결국, 그녀는 자신이 파산했다고 공언했다.

❗ MEMORY KEY / pro(앞에서) + fess(말하다) → (사람들) 앞에서 말하다 → 공언하다

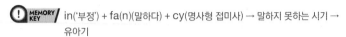

der	주다	(변화형: di)

0621 ☐☐☐

edition
[edíʃən]

📖 (출판물의) 판(版)

Can I get the revised **edition** of this book?
이 책의 개정판을 구할 수 있을까요?

➕ edit 📖 편집하다   editor 📖 편집자
editorial 📖 (신문 · 잡지의) 사설 📘 1. 편집의 2. 사설의

❗ MEMORY KEY / e(밖으로) + di(주다) + tion(명사형 접미사) → 밖으로 내보냄[출판]

0622 ☐☐☐

render
[réndər]

📖 1. ~한 상태로 만들다 2. (도움 등을) 주다, 제공하다

His alcoholism **rendered** him powerless.
알코올 중독은 그를 무력한 상태로 만들었다.

❗ MEMORY KEY / re(뒤로) + n('삽입') + der(주다) → 돌려주다

0623 ☐☐☐

surrender
[səréndər]

📖 1. 항복하다 2. 양도하다 📖 1. 항복 2. 양도

After a long battle, they **surrendered** to the enemy.
오랜 전투 후, 그들은 적군에게 항복했다.

❗ MEMORY KEY / sur(넘어) + render(돌려주다) → (모든 것을) 넘겨줘 버리다

sure   근심이 없는

0624 ☐☐☐

assure
[əʃúər]

동 1. 보증하다, 장담하다 2. 확실하게 하다

I **assure** you that she is innocent.
그녀가 결백하다는 것은 제가 보증합니다.

➕ assurance 명 1. 보증, 보장 2. 확신

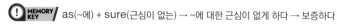 as(~에) + sure(근심이 없는) → ~에 대한 근심이 없게 하다 → 보증하다

0625 ☐☐☐

ensure
[inʃúər]

동 반드시 ~하게 하다, 보장하다

The country should **ensure** the safety of its citizens.
국가는 국민의 안전을 보장해야 한다.

MEMORY KEY en(~이 되게 하다) + sure(근심이 없는) → 근심이 없게 하다 → 보장하다

0626 ☐☐☐

insure
[inʃúər]

동 보험에 가입하다

She decided to **insure** her house against fire.
그녀는 집을 화재 보험에 들기로 결정했다.

➕ insurance 명 보험(료)

MEMORY KEY in(~이 되게 하다) + sure(근심이 없는) → (대비하여) 근심이 없게 하다
→ 보험에 가입하다

---

dict   말하다

0627 ☐☐☐

contradict
[kɑ̀ntrədíkt]

동 1. 모순되다 2. 반박하다, 부정하다

The statements of the two witnesses **contradicted** each other.
두 목격자의 진술은 서로 모순되었다.

➕ contradiction 명 1. 모순 2. 반박
    contradictory 형 모순된

MEMORY KEY contra(~에 반대하여) + dict(말하다) → 반대되게 말하다

0628 ☐☐☐

dictate
[díkteit]

图 1. 받아쓰게 하다 2. 명령하다, 지시하다

The old man **dictated** a letter to his granddaughter.

그 노인은 손녀에게 편지를 받아쓰게 했다.

➕ dictator 명 독재자　　　　dictation 명 1. 받아쓰기 2. 명령

MEMORY KEY dict(말하다) + ate(동사형 접미사) → (받아쓸 내용을) 말하다

---

sum　　　　취하다

0629 ☐☐☐

presume
[prizú:m]

图 가정하다, 추정하다 (㊌ assume)

They **presumed** the damage resulted from the storm.

그들은 폭풍으로 인한 피해를 추정했다.

➕ presumption 명 추정, 가정

MEMORY KEY pre(전에) + sum(e)(취하다) → (근거를 갖기 전에) 취하다

0630 ☐☐☐

resume
동 [rizú:m]
명 [rézumèi]

图 1. 다시 시작하다 2. 되찾다　명 이력서

I want to **resume** work after I go abroad to study.

나는 유학을 다녀온 후에 일을 재개하고 싶다.

MEMORY KEY re(다시) + sum(e)(취하다) → (중단했던 것을) 다시 취하다

Daily Test

1-20 영어를 우리말로, 우리말을 영어로 바꾸시오.

1	circulate	_____	11	받아쓰게 하다; 명령[지시]하다 _____
2	recite	_____	12	항복(하다); 양도(하다) _____
3	cite	_____	13	(출판물의) 판(版) _____
4	civilize	_____	14	유아기; 초기 (단계) _____
5	proclaim	_____	15	모집하다; 신병; 새로운 구성원 _____
6	insure	_____	16	다시 시작하다; 되찾다; 이력서 _____
7	recreate	_____	17	구체적인; 콘크리트(로 만든) _____
8	assure	_____	18	불화, 불일치; 불협화음 _____
9	render	_____	19	순회; 주위, 둘레; [전기] 회로 _____
10	contradict	_____	20	진단하다, (병 등의) 원인을 규명하다 _____

21-25 문맥상 빈칸에 들어갈 단어를 찾아 적절한 형태로 넣으시오.

acquaintance	council	accord	fatal	civil

21 The _____ deferred the discussion until the next meeting.

22 We should protect _____ liberty and equality.

23 Your opinion is out of _____ with mine.

24 I don't know her well. She's just a(n) _____.

25 We all hope that his cancer won't be _____.

Answer ¹ 순환하다[시키다]; 퍼지다; 배포하다 ² 암송하다, 낭독[낭송]하다 ³ 인용하다; 언급하다; 소환하다 ⁴ 문명화하다 ⁵ 선언하다, 공표하다 ⁶ 보험에 가입하다 ⁷ 되살리다, 재현하다 ⁸ 보증하다, 장담하다; 확실하게 하다 ⁹ ~한 상태로 만들다; 주다, 제공하다 ¹⁰ 모순되다; 반박하다, 부정하다 ¹¹ dictate ¹² surrender ¹³ edition ¹⁴ infancy ¹⁵ recruit ¹⁶ resume ¹⁷ concrete ¹⁸ discord ¹⁹ circuit ²⁰ diagnose ²¹ council ²² civil ²³ accord ²⁴ acquaintance ²⁵ fatal

어원으로 익히는 어휘 (9)

클래스카드

tract	끌다, 끌리다	(변화형: trai, trac, treat)

0631 ☐☐☐
attract
[ətrǽkt]

동 끌다, 유인하다, 매혹하다

He **attracted** my attention by waving at me.
그가 내게 손을 흔들며 내 주의를 끌었다.

➕ attraction 명 유인, 매력　　　attractive 형 매력적인

 MEMORY KEY / at(향하여) + tract(끌다) → ~을 향하여 끌어당기다

0632 ☐☐☐
trail
[treil]

동 1. (질질) 끌다[끌리다] 2. 추적하다　명 1. 오솔길 2. 자국, 흔적

Your long skirt is **trailing** on the floor. 네 긴 치마가 바닥에 끌린다.

MEMORY KEY / 중세 영어 trailen(끌다)에서 유래

0633 ☐☐☐
distract
[distrǽkt]

동 (마음·주의 등을) 흐트러뜨리다, 산만하게 하다

Don't **distract** me while I am studying.
내가 공부하는 동안에는 산만하게 하지 마라.

MEMORY KEY / dis(떨어져) + tract(끌다) → 다른 방향으로 (주의를) 끌다

0634 ☐☐☐
abstract
형동 [æbstrǽkt]
명 [ǽbstrækt]

형 1. 추상적인 2. 이론적인　동 1. 추출하다 2. 요약하다　명 1. 추상 2. 요약

Beauty is an **abstract** concept. 미(美)는 추상적인 개념이다.

MEMORY KEY / ab(s)(~로부터) + tract(끌다) → ~로부터 끌어내다 → 추출하다

0635 ☐☐☐
extract
동 [ikstrǽkt]
명 [ékstrækt]

동 1. 뽑다, 추출하다 2. 발췌하다　명 1. 발췌 2. 추출(물)

The dentist **extracted** my wisdom tooth.
치과의사가 내 사랑니를 뽑았다.

MEMORY KEY / ex(밖으로) + tract(끌다) → (밖으로) 끌어내다

portrait
[pɔ́ːrtrit]

명 1. 초상(화), 인물 사진 2. 묘사

The artist painted a **portrait** of the king. 그 화가는 왕의 초상화를 그렸다.

➕ portray 동 묘사하다, 그리다

(!) **MEMORY KEY** por(앞으로) + trai(끌다) + t(어미) → 앞으로 끌어내 표현한 것

---

trace
[treis]

명 자취, 흔적   동 1. 추적하다 2. (원인 · 유래 등을) 밝혀내다

One day, he suddenly disappeared without a **trace**.
어느 날 갑자기 그가 흔적도 없이 사라졌다.

(!) **MEMORY KEY** 라틴어 tractus(끌려진 것, 자국)에서 유래

---

treaty
[tríːti]

명 조약, 협정

Japan signed a security **treaty** with the United States.
일본은 미국과의 안보 조약에 서명했다.

(!) **MEMORY KEY** treat(끌다) + y(명사형 접미사) → (국가 간의 약속을) 끌어냄

---

fac

1. 만들다 2. 행하다   (변화형: fic, fec, fy)

fiction
[fíkʃən]

명 1. 소설 2. 꾸며낸 이야기, 허구

I enjoy watching science **fiction** movies.
나는 공상 과학 영화를 즐겨본다.

(!) **MEMORY KEY** fic(만들다) + tion(명사형 접미사) → 만들어낸 것 → 지어낸 이야기

---

defect
[díːfekt]

명 결점, 결함

The cars with **defects** were all recalled for repairs.
결함이 있는 차들은 수리를 위해 모두 회수되었다.

➕ defective 형 결함이 있는

(!) **MEMORY KEY** de(떨어져) + fec(t)(행하다) → (바른) 행위 · 작용에서 벗어난 것 → 결함

0641 ☐☐☐
proficient
[prəfíʃənt]

형 능숙한, 숙달된

He is **proficient** at computer programming.
그는 컴퓨터 프로그래밍에 능숙하다.

➕ proficiency 명 숙달, 능숙

 pro(앞으로) + fic(i)(만들다) + ent(형용사형 접미사) → (~에서 실력이) 앞선

0642 ☐☐☐
qualify
[kwáləfài]

동 자격[권한]을 주다[얻다], 적임이다

She is well **qualified** for this position because of her experience.
그녀의 경력으로 보아 그녀는 이 직위에 대한 자격을 충분히 갖췄다.

➕ qualification 명 1. 자격 2. 자격 증명서
qualify oneself for ~에 대한 자격을 갖추다

 quali(ty)(품질) + (i)fy(만들다) → (적격인) 품질로 만들다 → 적격이 되게 하다

0643 ☐☐☐
sufficient
[səfíʃənt]

형 충분한 (윤 adequate 반 insufficient)

Many communities still don't have a **sufficient** amount of clean water for everyone in them.
많은 지역 사회에는 그곳에 사는 모두를 위한 충분한 양의 깨끗한 물이 여전히 없다.

➕ sufficiently 부 충분히

 suf(아래로) + fic(i)(만들다) + ent(형용사형 접미사) → (위에서) 아래까지 만든 → 충분한

---

cult	경작하다	(변화형: colon)

0644 ☐☐☐
colony
[káləni]

명 1. 식민지 2. 집단

Singapore was formerly a British **colony**.
싱가포르는 예전에 영국의 식민지였다.

➕ colonial 형 식민(지)의 명 식민지 주민
colonize 동 식민지화하다

MEMORY KEY / 라틴어 colonia((외부인에 의해) 정착되어 경작된 땅)에서 유래

0645 ☐☐☐

cultivate
[kʌ́ltəvèit]

통 1. 경작하다, 재배하다 2. (능력 등을) 양성하다, 계발하다

The desert is not suitable for **cultivating** crops and trees.
사막은 작물과 나무를 재배하기에 적합하지 않다.

➕ cultivation 명 1. 경작 2. 양성

(!) MEMORY KEY cult(경작하다) + iv(e)(형용사형 접미사) + ate(동사형 접미사) → 경작하다

0646 ☐☐☐

agriculture
[ǽgrəkʌ̀ltʃər]

명 농업, 농경 (유 farming)

The country's economy relies on **agriculture**.
그 나라의 경제는 농업에 의존한다.

(!) MEMORY KEY agri(밭) + cult(경작하다) + ure(명사형 접미사) → 밭을 경작함 → 농업

---

flict 치다

0647 ☐☐☐

conflict
명 [kɑ́nflikt]
통 [kənflíkt]

명 1. 대립, 충돌 2. 싸움   통 대립하다, 충돌하다

The **conflict** between the two parties is getting worse.
두 정당 간의 대립이 점점 심해지고 있다.

(!) MEMORY KEY con(함께) + flict(치다) → (서로) 함께 치다 → 대립하다

0648 ☐☐☐

inflict
[inflíkt]

통 (고통·타격 등을) 가하다, (벌 등을) 주다

His parents didn't **inflict** any punishment on him.
그의 부모님은 그에게 어떤 벌도 주지 않았다.

➕ infliction 명 (고통·벌을) 가함[줌]

(!) MEMORY KEY in(대항하여) + flict(치다) → ~을 상대로 치다

168

fort 강한

0649 ☐☐☐
fort
[fɔ:rt]

명 요새, 보루

The soldiers retreated into the **fort** for shelter.
군인들은 은신처로 정한 요새로 후퇴했다.

➕ fortress 명 (fort보다 대규모의) 요새   fortify 동 요새화하다, 강화하다

❗ **MEMORY KEY** / 라틴어 fortis(강한)에서 유래 → 튼튼하게 강화된 곳 → 요새

0650 ☐☐☐
force
[fɔ:rs]

동 억지로 ~하게 하다, 강요하다   명 1. 힘 2. 폭력 3. ((the ~s)) 군대

They **forced** me to issue an apology for what I said.
그들은 내가 한 말에 대해 사과를 하라고 강요했다.

❗ **MEMORY KEY** / 고대 프랑스어 forcer(강한)에서 유래 → 힘

0651 ☐☐☐
reinforce
[rì:infɔ́:rs]

동 강화하다, 증강하다, 보강하다

Our country **reinforced** security checks at its borders.
우리나라는 국경 지대의 보안 검사를 강화했다.

➕ reinforcement 명 강화, 증강, 보강

❗ **MEMORY KEY** / re(다시) + in(~하게 하다) + for(ce)(강한) → 다시 강하게 만들다

---

fare 가다

0652 ☐☐☐
warfare
[wɔ́:rfɛ̀ər]

명 전쟁, 전투, 싸움

The young men of the city were trained in the art of **warfare**.
그 도시의 청년들은 전술 훈련을 받았다.

❗ **MEMORY KEY** / war(전쟁) + fare(가다) → 전쟁하러 감

0653 ☐☐☐
welfare
[wélfɛ̀ər]

명 복지, 복리, 행복

Denmark has a good social **welfare** system.
덴마크는 사회 복지 제도가 잘 되어 있다.

❗ **MEMORY KEY** / wel(잘) + fare(가다) → 잘 되어 가는 것, 잘 지냄

DAY 22

fer 1. 나르다, 가져가다 2. 산출하다

confer
[kənfə́:r]

동 1. 협의하다, 의논하다 2. (상·명예 등을) 수여하다, 주다

A law degree was **conferred** on the students.
그 학생들에게 법학 학위가 주어졌다.

➕ conference 명 1. 회담 2. 회의, 협의회

MEMORY KEY / con(함께) + fer(나르다, 가져가다) → (사람들을) 한 곳에 데려다 놓다
→ 협의하다

---

infer
[infə́:r]

동 추론하다, 추측하다

From the evidence, the police **inferred** that the killer knew the
victim. 경찰은 그 증거로부터 살인범이 피해자를 알고 있었다는 것을 추론해냈다.

➕ inference 명 추론, 추정

MEMORY KEY / in(안에) + fer(나르다) → (사실·증거를) 끌어 나르다 → 추론하다

---

fertile
[fə́:rtəl]

형 1. 기름진, 비옥한 2. 다산의, 번식력이 있는

The soil here is **fertile** enough to provide half of the nation's
crops. 이곳의 토양은 나라의 수확량 절반을 공급할 정도로 비옥하다.

➕ fertility 명 비옥, 다산　　　　fertilizer 명 비료

MEMORY KEY / fer(t)(산출하다) + il(e)(형용사형 접미사) → (작물을) 산출하는

---

fin 1. 끝내다 2. 경계 3. 한정하다

confine
[kənfáin]

동 1. 한정하다, 제한하다 2. 가두다, 감금하다

I don't like to be **confined** to the house all day.
나는 종일 집에 갇혀 있는 것을 좋아하지 않는다.

➕ confinement 명 1. 제한 2. 감금

MEMORY KEY / con(함께) + fin(e)(경계) → 같은 경계를 가짐 → 제한하다

0658 ☐☐☐

define
[difáin]

동 1. 정의하다 2. (범위·경계 등을) 규정하다

Democracy is often **defined** as the "rule of the majority."
민주주의는 흔히 '다수결의 원칙'이라고 정의된다.

➕ definition 명 정의 definite 형 확실한, 명확한
   definitely 부 틀림없이

 de(~로부터) + fin(e)(한정하다) → ~로부터 (뜻의) 범위를 한정하다 →
규정하다

0659 ☐☐☐

infinite
[ínfənit]

형 무한한

Human beings' greed is **infinite**.
인간의 욕심은 무한하다.

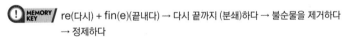 in('부정') + fin(한정하다) + ite(형용사형 접미사) → 유한하지 않은 → 무한한

0660 ☐☐☐

refine
[rifáin]

동 1. 정제하다 2. 개선하다, 다듬다

Oil needs to be **refined** before it can be used.
석유는 사용하기 전에 정제되어야 한다.

➕ refinement 명 1. 정제 2. 개선 3. 세련
   refined 형 1. 정제된 2. 개선된 3. 세련된

 re(다시) + fin(e)(끝내다) → 다시 끝까지 (분쇄)하다 → 불순물을 제거하다
→ 정제하다

Daily Test

1-20 영어를 우리말로, 우리말을 영어로 바꾸시오.

1	attract	_____	11	강화하다, 증강하다	_____
2	defect	_____	12	가하다; (벌 등을) 주다	_____
3	fiction	_____	13	전쟁, 전투, 싸움	_____
4	qualify	_____	14	정의하다; 규정하다	_____
5	treaty	_____	15	한정하다; 가두다	_____
6	agriculture	_____	16	뽑다; 발췌(하다); 추출(물)	_____
7	welfare	_____	17	기름진, 비옥한; 다산의	_____
8	infer	_____	18	식민지; 집단	_____
9	sufficient	_____	19	능숙한, 숙달된	_____
10	fort	_____	20	초상(화), 인물 사진; 묘사	_____

21-25 문맥상 빈칸에 들어갈 단어를 찾아 적절한 형태로 넣으시오.

trace	conflict	cultivate	abstract	distract

21 One day, he suddenly disappeared without a(n) _____.

22 Don't _____ me while I am studying.

23 The desert is not suitable for _____ crops and trees.

24 Beauty is a(n) _____ concept.

25 The _____ between the two parties is getting worse.

Answer ¹ 끌다, 유인하다, 매혹하다 ² 결점, 결함 ³ 소설; 꾸며낸 이야기, 허구 ⁴ 자격[권한]을 주다[얻다], 적임이다 ⁵ 조약, 협정 ⁶ 농업, 농경 ⁷ 복지, 복리, 행복 ⁸ 추론하다, 추측하다 ⁹ 충분한 ¹⁰ 요새, 보루 ¹¹ reinforce ¹² inflict ¹³ warfare ¹⁴ define ¹⁵ confine ¹⁶ extract ¹⁷ fertile ¹⁸ colony ¹⁹ proficient ²⁰ portrait ²¹ trace ²² distract ²³ cultivating ²⁴ abstract ²⁵ conflict

---

frag	부수다	(변화형: **frac**)

0661 ☐☐☐
fraction
[frǽkʃən]

명 1. 일부, 소량 2. 【수학】 분수

The used car was sold at only a **fraction** of its true value.
그 중고차는 실제 값의 일부만 받고 팔렸다.

➕ fractional 형 1. 아주 적은 2. 분수의

MEMORY KEY / frac(부수다) + tion(명사형 접미사) → 부서진 것 → 부분, 분수

0662 ☐☐☐
fragile
[frǽdʒəl]

형 1. 깨지기 쉬운, 부서지기 쉬운 2. (체질이) 허약한

Handle the **fragile** glasses carefully.
그 깨지기 쉬운 유리잔을 조심히 다루어라.

➕ fragility 명 부서지기 쉬움, 허약

MEMORY KEY / frag(부수다) + ile('~하기 쉬운' 형용사형 접미사) → 부서지기 쉬운

0663 ☐☐☐
fragment
[frǽgmənt]

명 파편, 조각 동 산산이 부수다[부서지다]

Fragments of glass fell everywhere. 유리 파편이 사방에 떨어졌다.

➕ fragmentary 형 단편적인

MEMORY KEY / frag(부수다) + ment(명사형 접미사) → 부서진 부분

---

fund	바닥	(변화형: **found**)

0664 ☐☐☐
fundamental
[fʌndəméntəl]

형 1. 근본적인, 기본적인 2. 중요한, 필수의

Continuous innovation has become **fundamental** for companies to survive.
지속적인 혁신은 기업이 살아남는 데 필수가 되었다.

MEMORY KEY / fund(a)(바닥) + ment('상태' 명사형 접미사) + al(형용사형 접미사) → 기본이 되는

0665 □□□

profound
[prəfáund]

[형] 1. (영향 · 효과 등이) 강한 2. (사상 · 의미 등이) 심오한 3. 깊은

His book is too **profound** for me to understand.

그의 책은 너무 심오해서 내가 이해할 수 없다.

⚠ MEMORY KEY pro(앞으로) + found(바닥) → 바닥을 향하여 나아간 → 깊은

---

fus

1. 붓다 2. 녹이다

(변화형: **fut**)

0666 □□□

fus**ion**
[fjúːʒən]

[명] 융합, 결합

This restaurant specializes in **fusion** cuisine, blending Eastern and Western food.

이 식당은 동양식과 서양식을 혼합한 퓨전 요리를 전문으로 한다.

➕ fuse [동] 1. 녹다[녹이다] 2. 융합시키다[되다] [명] [전기] 퓨즈

⚠ MEMORY KEY fus(녹이다) + ion(명사형 접미사) → (함께) 녹인 것 → 융합

0667 □□□

fut**ile**
[fjúːtəl]

[형] 쓸모없는, 무익한 (⊕ worthwhile)

She accepted that it was **futile** to try to compete with him.

그녀는 그와 경쟁하려 한 것이 무익했다는 것을 인정했다.

➕ futility [명] 무가치, 무익

⚠ MEMORY KEY fut(붓다) + ile('~하기 쉬운' 형용사형 접미사) → 쏟아지기 쉬운 → 무익한

---

gard

보호하다

(변화형: **gar**)

0668 □□□

gar**ment**
[gáːrmənt]

[명] 의류 (한 점)

Gently launder this **garment** by hand with a neutral detergent.

이 옷은 중성 세제로 부드럽게 손세탁해라.

⚠ MEMORY KEY gar(보호하다) + ment(명사형 접미사) → (몸을) 보호해 주는 것

grat
1. 기쁘게 하는 2. 감사하는
(변화형: grac)

0669 ☐☐☐
grace
[greis]

몡 1. 우아함 2. 품위 3. (신의) 은혜, 은총

Julie accepted her loss with **grace**, congratulating the winner.
Julie는 승자를 축하하며 선뜻 그녀의 패배를 받아들였다.

➕ graceful 휑 우아한, 품위 있는

⚠ MEMORY KEY / grac(e)(기쁘게 하는) → 기쁘게 해 주는 것 → 우아함; 품위

0670 ☐☐☐
gratitude
[grǽtətùːd]

몡 감사(의 마음)

They accepted his offer with **gratitude**.
그들은 그의 제안을 감사히 받아들였다.

➕ ingratitude 몡 은혜를 모름, 배은망덕

⚠ MEMORY KEY / grat(i)(감사하는) + tude(명사형 접미사) → 감사하기

---

hab
살다

0671 ☐☐☐
habitat
[hǽbitæt]

몡 서식지, 거주지

The **habitat** for wild animals is getting smaller and smaller.
야생동물의 서식지가 점점 줄어들고 있다.

➕ habitation 몡 거주, 거주지

⚠ MEMORY KEY / hab(it)(살다) + at(명사형 접미사) → 사는 곳

0672 ☐☐☐
inhabit
[inhǽbit]

동 ~에 살다, 서식하다

Many species of rare animals and plants **inhabit** the jungle.
많은 종의 희귀 동식물이 정글에 서식한다.

➕ inhabitant 몡 1. 주민 2. 서식 동물

⚠ MEMORY KEY / in(안에) + hab(it)(살다) → ~ 안에 살다

ject 던지다

0673 □□□
inject
[indʒékt]

동 주입하다, 주사하다

The nurse **injected** some medicine into my arm.
간호사가 내 팔에 약물을 주사했다.

➕ injection 명 주입, 주사

(!) MEMORY KEY in(안으로) + ject(던지다) → 안으로 던지다 → 주입하다

0674 □□□
project
명 [prɑ́dʒekt]
동 [prədʒékt]

명 프로젝트, 계획 동 1. 예상[추정]하다 2. 투영하다 3. 계획하다 4. 돌출되다

He finished the **project** successfully.
그는 그 프로젝트를 성공적으로 마쳤다.

➕ projection 명 1. 예상[추정] 2. 투영 3. 돌출(부)

(!) MEMORY KEY pro(앞으로) + ject(던지다) → 앞으로 던지다 → 실행하려고 앞에 내놓다
→ 계획(하다); 투영(하다)

---

jus 1. 법 2. 올바른 (변화형: ju)

0675 □□□
justify
[dʒʌ́stəfài]

동 정당화하다

No words can **justify** my actions. 어떠한 말로도 내 행동을 정당화할 수 없다.

➕ justification 명 (정당화를 위한) 명분, 이유

(!) MEMORY KEY just(올바른) + ify('~화하다' 동사형 접미사) → 정당화하다

0676 □□□
prejudice
[prédʒudis]

명 편견, 선입관 동 편견을 갖게 하다

Some people have a **prejudice** against people of other cultures.
어떤 사람들은 다른 문화의 사람들에 대한 편견을 가지고 있다.

(!) MEMORY KEY pre(전에) + ju(법) + dic(e)(말하다) → 미리 판결[판단]을 내림 → 편견,
선입관

sta	서다, 세우다	(변화형: stitu, sti(n), sist, st(e))

DAY 23

0677 ☐☐☐

arrest
[ərést]

명 체포 동 체포하다

They **arrested** him for theft and gun possession.
그들은 그를 절도 및 총기 소지 혐의로 체포했다.

⚠ MEMORY KEY ar(~로) + re(뒤로) + st(서다) → 뒤로 물러서게 하다 → (범죄를) 멈추게 하다

0678 ☐☐☐

constant
[kánstənt]

형 1. 끊임없는 2. 불변의 명 1. 불변(의 것) 2. 【수학】 상수

Her success was the result of her **constant** efforts.
그녀의 성공은 끊임없는 노력의 결실이었다.

➕ constantly 문 끊임없이

⚠ MEMORY KEY con(함께) + sta(nt)(서다) → (늘) 함께 서 있는

0679 ☐☐☐

institute
[ínstitʃùːt]

명 학회, 협회 동 (제도 · 절차 등을) 제정하다, 도입하다

The school **instituted** the rule to reduce cheating.
그 학교는 부정행위를 줄이기 위한 규정을 도입했다.

➕ institution 명 1. 기관[시설] 2. (사회) 제도 3. 제정

⚠ MEMORY KEY in(안에, 위에) + stitu(te)(세우다) → ~에 세우다 → 제정하다

0680 ☐☐☐

estate
[istéit]

명 1. 재산 2. 토지, 사유지

The real **estate** market is in a downward trend.
부동산 시장이 하락세이다.

⚠ MEMORY KEY e('모음 첨가') + sta(te)(서 있는) → (자신의 땅에) 서 있는 → 재산; 사유지

0681 ☐☐☐

destined
[déstind]

형 1. ~할 운명의, ~하기로 되어 있는 2. ((~ for)) ~행의

She was **destined** never to come back to her hometown.
그녀는 고향에 다시는 돌아오지 못할 운명이었다.

➕ destiny 명 운명   destination 명 목적지, 행선지

⚠ MEMORY KEY de('강조') + stin(서다) + ed(형용사형 접미사) → (태어날 때부터) 정해진 자리에 서 있는 → 운명의

어원으로 익히는 어휘 • 177

0682 ☐☐☐

assist
[əsíst]

동 돕다, 거들다　명【스포츠】어시스트

They are raising funds to **assist** the flood victims.
그들은 수재민을 돕기 위해 기금을 조성하고 있다.

➕ assistance 명 도움, 원조　　assistant 명 조수, 보조자　형 보조의

(!) MEMORY KEY / as(곁에) + sist(서다) → 곁에 서 있다 → 돕다

0683 ☐☐☐

constitute
[kánstitʃùːt]

동 1. 구성하다　2. ~로 간주되다　3. 설립하다

Wisconsin is one of the 50 states that **constitute** the USA.
위스콘신은 미국을 구성하는 50개의 주 중 하나이다.

➕ constitution 명 1. 헌법　2. 체질　3. 구성, 구조

(!) MEMORY KEY / con(함께) + stitu(te)(서다) → 함께 서게 만들다 → 구성하다

0684 ☐☐☐

substitute
[sʌ́bstitʃùːt]

명 대용품, 대리인　동 1. 대체하다　2. (일을) 대신하다

Ethanol can be used as a **substitute** for gasoline in vehicles.
에탄올은 자동차의 휘발유 대용품으로 사용할 수 있다.

➕ substitution 명 대리, 대체

(!) MEMORY KEY / sub(~ 대신에) + stitu(te)(서다) → 대신하여 서게 하다

0685 ☐☐☐

obstacle
[ábstəkl]

명 장애(물), 방해(물)

An **obstacle** kept them from progressing any further.
장애물은 그들이 더는 진전하지 못하게 했다.

(!) MEMORY KEY / ob(대항하여) + sta(서다) + cle(명사형 접미사) → 대항하여 서 있는 것
→ 장애(물), 방해(물)

0686 ☐☐☐

stable
[stéibl]

형 1. 안정된　2. 침착한　명 마구간

Our company's financial condition is very **stable**.
우리 회사의 재정 상태는 매우 안정적이다.

➕ stabilize 동 안정시키다[되다]　　stability 명 안정(성)

(!) MEMORY KEY / sta(서다) + ble(형용사형 접미사) → (움직이지 않고) 서 있는 → 안정된

0687 ☐☐☐
statistics
[stətístiks]

명 1. 통계(치) 2. 통계학

These **statistics** show the number of people involved in education. 이 통계는 교육업계에 종사하는 사람의 수를 보여준다.

➕ statistical 형 통계의, 통계(학)상의

 stat(e)(서 있음; 국가) + ist('행위자' 명사형 접미사) + ics('학문' 명사형 접미사) → 국정을 다루는 사람들이 이용하는 학문

0688 ☐☐☐
steady
[stédi]

형 1. 꾸준한 2. 안정된

There is a **steady** increase in the number of tourists.
관광객 수가 꾸준히 늘고 있다.

➕ steadily 부 꾸준히

 ste(ad)(두다, 서다) + y(형용사형 접미사) → (어떤 장소에) 확고히 서 있는

0689 ☐☐☐
substance
[sʌ́bstəns]

명 1. 물질 2. 본질, 실체 3. 요지

Alcohol is a dangerous **substance** for children.
알코올은 아이들에게 위험한 물질이다.

➕ substantial 형 1. 상당한, 많은 2. 본질적인, 중요한

 sub(아래에) + sta(n)(서다) + ce(명사형 접미사) → (외관의) 아래에 있는 것 → 본질

0690 ☐☐☐
superstition
[sùːpərstíʃən]

명 미신

Many players believe in **superstitions** about uniform numbers.
많은 선수들이 등 번호에 대한 미신을 믿는다.

➕ superstitious 형 미신의, 미신적인

 super(초월해서) + sti(서다) + tion(명사형 접미사) → (상식 등을) 초월하여 서 있는 것

Daily Test

1-20 영어를 우리말로, 우리말을 영어로 바꾸시오.

1	statistics	_____	11	주입하다, 주사하다	_____

1 statistics _____

2 inhabit _____

3 obstacle _____

4 grace _____

5 constitute _____

6 garment _____

7 arrest _____

8 justify _____

9 prejudice _____

10 fragment _____

11 주입하다, 주사하다 _____

12 감사(의 마음) _____

13 근본적인, 기본적인; 중요한, 필수의 _____

14 안정된; 침착한; 마구간 _____

15 미신 _____

16 끊임없는; 불변(의 것); 상수 _____

17 융합, 결합 _____

18 ~할 운명의; ~행의 _____

19 쓸모없는, 무익한 _____

20 물질; 본질, 실체; 요지 _____

21-25 문맥상 빈칸에 들어갈 단어를 찾아 적절한 형태로 넣으시오.

estate	profound	assist	fragile	steady

21 There is a(n) _____ increase in the number of tourists.

22 The real _____ market is in a downward trend.

23 Handle the _____ glasses carefully.

24 They are raising funds to _____ the flood victims.

25 His book is too _____ for me to understand.

Answer ¹ 통계(치); 통계학 ² ~에 살다, 서식하다 ³ 장애(물), 방해(물) ⁴ 우아함; 품위; (신의) 은혜, 은총 ⁵ 구성하다; ~로 간주되다; 설립하다 ⁶ 의류 (한 점) ⁷ 체포(하다) ⁸ 정당화하다 ⁹ 편견, 선입관; 편견을 갖게 하다 ¹⁰ 파편, 조각; 산산이 부수다[부서지다] ¹¹ inject ¹² gratitude ¹³ fundamental ¹⁴ stable ¹⁵ superstition ¹⁶ constant ¹⁷ fusion ¹⁸ destined ¹⁹ futile ²⁰ substance ²¹ steady ²² estate ²³ fragile ²⁴ assist ²⁵ profound

DAY 24 어원으로 익히는 어휘 (11)

클래스카드

labor · 일하다

0691 ☐☐☐
elaborate
형 [ilǽbərit]
동 [ilǽbərèit]

형 정교한, 정성 들인　동 1. 상세히 말하다　2. 갈고 다듬다

Her blouse has an **elaborate** pattern of birds on it.
그녀의 블라우스에는 정교한 새 무늬가 있다.

MEMORY KEY / e('강조') + labor(일하다) + ate(형용사형 접미사) → 공들여 만든

0692 ☐☐☐
collaborate
[kəlǽbərèit]

동 공동으로 일하다, 협력하다

My company is **collaborating** with an Indian company on this
project. 우리 회사는 이 프로젝트에서 인도 회사와 공동으로 일하고 있다.

➕ collaboration 명 협력, 협동

MEMORY KEY / col(함께) + labor(일하다) + ate(동사형 접미사) → 함께 일하다

0693 ☐☐☐
laboratory
[lǽbrətɔ̀:ri]

명 실험실, 연구실 (= lab)

Several experiments are being conducted in the **laboratory**.
몇몇 실험이 실험실에서 시행되고 있다.

MEMORY KEY / labor(a)(일하다) + tory('장소' 명사형 접미사) → 일을 하는 곳

spect · 보다

0694 ☐☐☐
inspect
[inspékt]

동 1. 점검하다, 검사하다　2. 시찰하다, 감사하다

I had my baggage **inspected** before boarding the plane.
나는 비행기에 탑승하기 전에 수하물 검사를 받았다.

➕ inspection 명 1. 조사　2. 시찰
inspector 명 조사자, 검열관

MEMORY KEY / in(안에) + spect(보다) → ~안을 들여다보다

어원으로 익히는 어휘 • 181

spectacle
[spéktəkl]

명 1. 구경거리, 장관 2. ((~s)) 안경

The opening ceremony was quite a **spectacle**.
개회식은 꽤 장관이었다.

➕ spectacular 형 구경거리의 명 화려한 쇼
　　spectator 명 구경꾼, 관중

(!) **MEMORY KEY** / spect(a)(보다) + cle(명사형 접미사) → 볼만한 것

---

suspect
동 [səspékt]
명 [sáspekt]

동 의심하다, ~라고 생각하다 명 용의자

He is **suspected** of committing the crime.
그는 그 범죄를 저지른 혐의를 받고 있다.

➕ suspicion 명 의심, 혐의　　　　suspicious 형 의심스러운, 수상한

(!) **MEMORY KEY** / su(아래에서 위로) + spect(보다) → 아래에서 위로 훑어보다 → 의심하다

---

tend　　　　뻗다　　　　　　　　　　　　　(변화형: tens)

tense
[tens]

형 1. 긴장한 2. 팽팽한 명 【문법】 시제

I take a deep breath when I feel **tense**. 나는 긴장될 때 심호흡을 한다.
➕ tension 명 1. 긴장, 불안 2. 팽팽함

(!) **MEMORY KEY** / tens(e)(뻗은) → 팽팽하게 당겨진 → 긴장한

---

tender
[téndər]

형 1. (음식이) 연한 2. 다정한 동 1. 제출하다, 제공하다 2. 입찰하다

The steak is **tender** and juicy. 그 스테이크는 부드럽고 육즙이 많다.

(!) **MEMORY KEY** / 고대 프랑스어 tendre(부드러운)와 라틴어 tendere(뻗다)에서 유래

---

intend
[inténd]

동 1. 의도하다 2. ~할 작정이다

I don't know what he **intended** in his article.
그가 그의 글에서 의도한 바를 모르겠다.

(!) **MEMORY KEY** / in(~을 향해) + tend(뻗다) → ~쪽으로 (마음을) 뻗다

0700 ☐☐☐

intense
[inténs]

형 1. 강렬한 2. 치열한 3. 열심인

Competition for the job was **intense**.

그 일자리에 대한 경쟁이 치열했다.

➕ intensive 형 집중적인, 철저한

🔑 MEMORY KEY / in(~을 향해) + tens(e)(뻗은) → (관심 · 신경이) ~을 향해 한껏 뻗은

DAY 24

0701 ☐☐☐

tend
[tend]

동 1. ~하는 경향이 있다, ~하기 쉽다 2. 돌보다, 보살피다

She **tends** to eat too much if she eats meat.

그녀는 고기를 먹으면 과식하는 경향이 있다.

➕ tendency 명 1. 성향 2. 경향, 추세

🔑 MEMORY KEY / tend(뻗다) → (어떤 방향으로) 뻗다

---

val | 가치 있는

0702 ☐☐☐

evaluate
[ivǽljuèit]

동 평가하다, 견적을 내다

The company **evaluates** its employees' performance once a year. 그 회사는 일 년에 한 번 직원들의 성과를 평가한다.

➕ evaluation 명 평가, 견적

🔑 MEMORY KEY / e(밖으로) + val(u)(가치 있는) + ate(동사형 접미사) → 가치를 밖으로 내보이다 → 가치를 평가하다

0703 ☐☐☐

valid
[vǽlid]

형 1. 타당한 2. 유효한

I have **valid** reasons why I disagreed with him.

내가 그에게 동의하지 않았던 타당한 이유가 있다.

➕ validate 동 1. 입증하다 2. 승인[허가]하다
   validity 명 1. 타당성 2. 유효함

🔑 MEMORY KEY / val(가치 있는) + id(형용사형 접미사) → (여전히) 가치 있는 → 타당한; 유효한

0704 ☐☐☐

equivalent
[ikwívələnt]

[형] 1. 동등한, 대등한 2. ~에 상당하는 [명] 동등한 것

He received a bonus **equivalent** to three months' pay.
그는 3개월치 급여에 상당하는 보너스를 받았다.

➕ equivalence [명] 같음

⚠️ **MEMORY KEY** equ(i)(같은) + val(가치 있는) + ent(형용사형 접미사 · 명사형 접미사)
→ 같은 가치의 (것)

---

leg   1. 법률 2. 위임하다   (변화형: leag)

0705 ☐☐☐

colleague
[káli:g]

[명] (직장) 동료

She establishes good relationships with her **colleagues**.
그녀는 동료들과 원만한 관계를 유지한다.

⚠️ **MEMORY KEY** col(함께) + leag(ue)(위임하다) → (직장의 일을) 함께 위임받은 사람

0706 ☐☐☐

privilege
[prívəlidʒ]

[명] 특권, 특전 [동] 특권을 주다

If you have a membership card, you can enjoy a lot of special
privileges. 멤버십 카드가 있다면, 당신은 많은 특권을 누릴 수 있다.

⚠️ **MEMORY KEY** priv(i)(개인) + leg(e)(법률) → 특정 개인에게만 적용되는 법 → 특권

---

liber   자유롭게 하다

0707 ☐☐☐

liberal
[líbərəl]

[형] 1. 개방적인, 편견 없는 2. 자유주의의 3. 후한, 인색하지 않은

She has a **liberal** attitude toward immigration.
그녀는 이민에 대해 개방적인 태도를 지니고 있다.

➕ liberate [동] 해방하다, 자유롭게 하다   liberty [명] 자유, 해방

⚠️ **MEMORY KEY** liber(자유롭게 하다) + al(형용사형 접미사) → 자유롭게 하는; 자유로이 주는

184

limin 문턱, 경계

0708 ☐☐☐

preliminary

[prilímənèri]

휑 예비의, 준비의　명 1. 예비 단계　2. 예선

Several candidates passed the **preliminary** round of
interviews. 몇몇 응시자들이 인터뷰 예선을 통과했다.

> **MEMORY KEY** pre(앞에) + limin(문턱) + ary(형용사형 접미사) → 문턱 앞에 놓인 → 준비된

log 말

0709 ☐☐☐

ecology

[ikálədʒi]

명 생태학, 생태(계)

Dams are threatening the **ecology** of rivers.
댐이 강의 생태계를 위협하고 있다.

➕ ecological 휑 생태학의, 생태상의

> **MEMORY KEY** eco(주거지) + logy('학문' 명사형 접미사) → (모든 생물의) 주거 환경에 관한
> 학문 → 생태학

0710 ☐☐☐

logic

[ládʒik]

명 1. 논리학　2. 논리

I disagree with him because his **logic** is flawed.
그의 논리에 결함이 있기 때문에 나는 그에게 동의하지 않는다.

➕ logical 휑 논리적인, 논리학의

> **MEMORY KEY** log(말) + ic('학문' 명사형 접미사) → 이야기하는 법[학문] → 논리(학)

0711 ☐☐☐

psychology

[saikálədʒi]

명 1. 심리학　2. 심리 (상태)

He is a professor of social **psychology**. 그는 사회 심리학 교수이다.

➕ psychological 휑 심리적인

> **MEMORY KEY** psycho(숨, 정신) + logy('학문' 명사형 접미사) → 정신에 관한 학문

manu   손 (변화형: mani)

0712 ☐☐☐
mani**pulate**
[mənípjulèit]

통 1. (교묘하게) 조종하다, 조작하다 2. 잘 다루다

He was accused of **manipulating** the price of gold.
그는 금값 조작 혐의로 고발당했다.

➕ manipulation 명 교묘한 조작, 잘 다룸

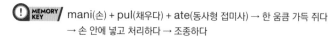 mani(손) + pul(채우다) + ate(동사형 접미사) → 한 움큼 가득 쥐다
→ 손 안에 넣고 처리하다 → 조종하다

0713 ☐☐☐
manu**al**
[mǽnjuəl]

형 1. 육체노동의 2. 수동의 명 소책자, 설명서

I prefer **manual** cameras to digital cameras.
나는 디지털카메라보다 수동 카메라를 선호한다.

❗MEMORY KEY manu(손) + al(형용사형 접미사) → 손의

0714 ☐☐☐
manu**script**
[mǽnjuskrìpt]

명 1. 원고 2. 손으로 쓴 것, 사본

The **manuscript** was written before the second edition was
issued. 그 원고는 두 번째 판이 발행되기 전에 쓰였다.

❗MEMORY KEY manu(손) + script(쓰다) → 손으로 쓰여진 것

---

medi   중간

0715 ☐☐☐
inter**mediate**
[ìntərmíːdiət]

형 1. 중급의 2. 중간의, 중간에 있는 명 중급자

He is taking an **intermediate**-level course in English listening
skills. 그는 영어 듣기 능력 중급 과정을 수강하고 있다.

❗MEMORY KEY inter(사이) + medi(중간) + ate(형용사형 접미사) → 둘의 중간에 놓인

0716 ☐☐☐
medi**ate**
[míːdièit]

동 조정하다, 중재하다

We **mediated** their dispute. 우리는 그들의 분쟁을 중재했다.

➕ mediator 명 조정자, 중재인

❗MEMORY KEY medi(중간) + ate(동사형 접미사) → 중간 위치에 서다 → 중재하다

186

0717 ☐☐☐

medi(a)eval
[mìːdíːvəl]

형 중세의, 중세적인

You can learn a lot about society by studying **medieval** history. 중세의 역사를 공부함으로써 사회에 대해 많이 배울 수 있다.

MEMORY KEY / medi(중간) + ev(시대) + al(형용사형 접미사) → 중세의

0718 ☐☐☐

Mediterranean
[mèditəréiniən]

명 ((the ~)) 지중해   형 지중해의, 지중해 연안의

The Nile River flows into the **Mediterranean** Sea.
나일강은 지중해로 흘러 들어간다.

MEMORY KEY / medi(중간) + terr(육지) + anean(형용사형 접미사) → 육지와 육지의 중간에 있는 (바다) → 지중해(의)

---

min   작은

0719 ☐☐☐

minister
[mínistər]

명 1. 장관 2. 성직자, 목사

She was appointed the **Minister** of Education.
그녀는 교육부 장관으로 임명되었다.

➕ ministry 명 1. (내각의) 부(部) 2. 성직(자)

MEMORY KEY / min(i)(작은) + ster('사람' 명사형 접미사) → 작은 사람 → (신(神)이나 국가를 위해) 기여[봉사]하는 사람

0720 ☐☐☐

minor
[máinər]

형 작은, 덜 중요한   명 1. 미성년자 2. 부전공

It was a **minor** accident, so no one was hurt.
그것은 작은 사고여서 아무도 다치지 않았다.

➕ minority 명 소수(집단)

MEMORY KEY / min(작은) + or(비교급 어미) → 더 작은 → 미성년자; 부전공

Daily Test

1-20 영어를 우리말로, 우리말을 영어로 바꾸시오.

1	inspect	_____	11	동등한 (것), 대등한; ~에 상당하는	_____	
2	tend	_____	12	지중해(의), 지중해 연안의	_____	
3	privilege	_____	13	심리학; 심리 (상태)	_____	
4	liberal	_____	14	중세의, 중세적인	_____	
5	elaborate	_____	15	타당한; 유효한	_____	
6	colleague	_____	16	예비의, 준비의; 예비 단계	_____	
7	minister	_____	17	실험실, 연구실	_____	
8	intend	_____	18	생태학, 생태(계)	_____	
9	intense	_____	19	(음식이) 연한; 제출하다; 입찰하다	_____	
10	evaluate	_____	20	중급의; 중간의; 중급자	_____	

21-25 문맥상 빈칸에 들어갈 단어를 찾아 적절한 형태로 넣으시오.

minor	manipulate	suspect	tense	logic

21 He is _____ of committing the crime.

22 I take a deep breath when I feel _____.

23 He was accused of _____ the price of gold.

24 It was a(n) _____ accident, so no one was hurt.

25 I disagree with him because his _____ is flawed.

어원으로 익히는 어휘 ⁽¹²⁾

DAY 25

---

mit　보내다　(변화형: miss)

0721 ☐☐☐
admit
[ədmít]

图 1. 인정[시인]하다　2. 입장[입학]을 허가하다

He was **admitted** to Oxford University.
그는 옥스포드 대학에 합격했다.

➕ admission 圏 1. 입장[입학]　2. 시인, 인정　3. 입장료

🔊 **MEMORY KEY** / ad(~으로) + mit(보내다) → (사실 · 비난 · 사람 등을) (안으로) 들여보내다

0722 ☐☐☐
commission
[kəmíʃən]

圏 1. 위원회　2. 수수료　3. 위임(장)　图 1. 의뢰하다　2. 위임하다

The artist was **commissioned** to paint a portrait of the queen.
그 화가는 여왕의 초상화를 그려 달라는 의뢰를 받았다.

🔊 **MEMORY KEY** / com(함께) + miss(보내다) + ion(명사형 접미사) → (~의 권한을) 함께 (같은 곳으로) 보냄 → 위임

0723 ☐☐☐
commitment
[kəmítmənt]

圏 1. 약속, 공약　2. 전념, 헌신　3. 의무, 책임

We got a **commitment** from investors to provide the funding.
우리는 투자자들로부터 자금을 제공하겠다는 약속을 받았다.

➕ commit 图 1. (죄 등을) 범하다　2. 약속하다, 서약하다

🔊 **MEMORY KEY** / com(함께) + mit(보내다) + ment(명사형 접미사) → (말 · 임무를) 함께 보내는 것

---

meter　재다　(변화형: mens)

0724 ☐☐☐
dimension
[diménʃən]

圏 1. 치수　2. 측면 (㊌ aspect)　3. 【수학 · 물리】 차원

Measure the **dimensions** of the shoe. 신발의 치수를 재라.

➕ dimensional 圏 1. 치수의　2. [수학] ~차원의

🔊 **MEMORY KEY** / di(떨어져) + mens(재다) + ion(명사형 접미사) → 재어서 나눔 → 치수

0725 ☐☐☐

thermometer 몡 온도계, 체온계

[θərmámitər]

The **thermometer** registered 32 degrees.

온도계가 32도를 가리켰다.

(!) MEMORY KEY / thermo(열) + meter(재다) → 열을 재는 기구

---

mort 죽음 (변화형: murd)

0726 ☐☐☐

mortal 혱 1. 죽을 운명의 2. 치명적인 몡 인간

[mɔ́:rtəl]

Human beings are **mortal**. 인간은 죽게 마련이다.

➕ mortality 몡 1. 사망률 2. 죽을 운명   mortally 뷔 죽을 정도로, 치명적으로

(!) MEMORY KEY / mort(죽음) + al(형용사형 접미사) → 죽음의

0727 ☐☐☐

mortgage 몡 1. 저당 2. 융자 동 저당 잡히다

[mɔ́:rgidʒ]

The young couple took out a **mortgage** on a house.

그 젊은 부부는 집을 저당 잡혔다.

(!) MEMORY KEY / mort(죽음) + gage(서약) → (돈을 갚겠다는) '죽음의 서약'에서 유래

0728 ☐☐☐

murder 몡 살인(죄), 살해 동 죽이다

[mɔ́:rdər]

She was arrested on suspicion of **murder**. 그녀는 살인 혐의로 체포되었다.

➕ murderer 몡 살인자

(!) MEMORY KEY / 고대 영어 morthor(죽이다)에서 유래

---

mov 움직이다 (변화형: mot, mob)

0729 ☐☐☐

motivate 동 동기를 부여하다, 자극하다

[móutəvèit]

She was highly **motivated** to learn foreign languages.

그녀는 외국어를 배우고자 하는 의욕으로 가득 차 있었다.

➕ motivation 몡 동기 부여, 자극

(!) MEMORY KEY / mot(움직이다) + ive(형용사형 접미사) + ate(동사형 접미사)
→ (마음을) 움직이게 하다

0730

remote
[rimóut]

형 1. 멀리 떨어진 2. (가능성이) 희박한 3. 원격 조작의

My parents live in a **remote** rural area.
나의 부모님은 멀리 떨어진 시골 지역에 사신다.

MEMORY KEY re(떨어져) + mot(e)(움직이다) → 멀리 떨어져 옮겨간

0731

mobility
[moʊbíləti]

명 이동성, 기동성

An electric wheelchair can give patients the **mobility** they need.
전동 휠체어는 환자들에게 그들이 필요로 하는 기동성을 제공할 수 있다.

➕ mobile 형 움직이기 쉬운, 기동성의

MEMORY KEY mobile(이동 가능한) + ity(명사형 접미사) → 이동성

0732

mob
[mɑb]

명 떼, 무리, 폭도

Some of the **mob** rushed into the stadium.
무리 중의 몇몇이 경기장으로 돌진했다.

MEMORY KEY movable crowd(마음이 변하기 쉬운 군중)를 뜻하는 라틴어 mobile에서 mob만 따온 것

---

mod   척도

0733

commodity
[kəmádəti]

명 상품, 판매상품

Commodity prices are increasing sharply worldwide.
전 세계적으로 물가가 급격히 오르고 있다.

MEMORY KEY com(함께) + mod(척도) + ity(명사형 접미사) → 척도에 맞게 (함께) 만든 것 → 상품

0734

modify
[mádəfài]

동 1. 변경하다, 수정하다 2. 【문법】 수식하다

The plan has been **modified** to be more efficient.
그 계획은 더 효율적으로 수정되었다.

➕ modification 명 변경, 수정

MEMORY KEY mod(i)(척도) + fy(동사형 접미사) → 척도에 맞추다, 수정하다

mut 바꾸다

0735 ☐☐☐
commute
[kəmjúːt]

⑧ 통근하다   ⑨ 통근 (거리), 통학 (거리)

I **commute** to work by bicycle every day.
나는 매일 자전거를 타고 통근한다.

➕ commuter ⑨ 통근자

 com('강조') + mut(e)(바꾸다) → 집에서 직장으로 (위치를) 바꾸다

0736 ☐☐☐
mutual
[mjúːtʃuəl]

⑩ 상호 간의, 공통의

Mutual respect is important in the workplacè.
직장에서 상호 존중은 중요하다.

➕ mutually ⑨ 서로, 공통으로

 mut(바꾸다) + (u)al(형용사형 접미사) → 교환되는 → 서로의

---

not 알다

0737 ☐☐☐
notion
[nóuʃən]

⑨ 개념, 관념, 생각

She only has a basic **notion** of English grammar.
그녀는 영문법의 기본적인 개념만 안다.

 not(알다) + ion(명사형 접미사) → 알려짐, 인식

0738 ☐☐☐
notify
[nóutəfài]

⑧ 통보하다, 알리다 (⑨ inform)

Notify me immediately if you are in trouble.
너에게 문제가 생기면 내게 바로 알려줘.

➕ notification ⑨ 통지, 공고

 not(i)(알다) + fy(동사형 접미사) → 알리다

0739 ☐☐☐

notable

[nóutəbl]

형 주목할 만한, 유명한, 뛰어난

Nobel prizes are awarded to people for their **notable** achievements. 노벨상은 뛰어난 성과에 대해 사람들에게 수여된다.

(!) MEMORY KEY / not(알다) + able('~할 수 있는' 형용사형 접미사) → 알 만한

nounce   1. 발표하다 2. 보고하다

0740 ☐☐☐

announce

[ənáuns]

동 알리다, 발표하다

They have not **announced** the results of the election yet.
그들은 아직 선거 결과를 발표하지 않았다.

➕ announcement 명 1. 발표 2. (신문의) 공고

(!) MEMORY KEY / an(~에게) + nounce(보고하다) → ~에게 보고하다 → 알리다

0741 ☐☐☐

pronounce

[prənáuns]

동 1. 발음하다 2. 선언하다, 선고하다

How do you properly **pronounce** this word?
이 단어를 정확히 어떻게 발음합니까?

➕ pronunciation 명 발음

(!) MEMORY KEY / pro(앞에서) + nounce(발표하다) → (사람들) 앞에서 말하다

mono   하나의, 혼자의

0742 ☐☐☐

monotonous

[mənátənəs]

형 단조로운, 지루한

People usually try to avoid doing **monotonous** jobs.
사람들은 보통 단조로운 일을 하기를 피하려 한다.

➕ monotony 명 단조로움

(!) MEMORY KEY / mono(하나의) + ton(e)(곡조) + ous(형용사형 접미사) → 하나의 곡조의 → 단조로운

DAY 25

어원으로 익히는 어휘 • 193

0743 ☐☐☐

monolog(ue)
[mánəlɔ̀:g]

몡 1. (혼자서 하는) 긴 이야기 2. 독백

The play ends with a **monologue** by the hero.
그 연극은 주인공의 독백으로 끝난다.

(!) MEMORY KEY / mono(혼자의) + log(ue)(말) → 혼자서 하는 말

0744 ☐☐☐

monopoly
[mənápəli]

몡 1. 독점(권) 2. 독점 회사

The company has a **monopoly** on cement production.
그 회사는 시멘트 생산의 독점권을 가지고 있다.

➕ monopolistic 휑 독점적인, 전매의
   monopolize 동 독점하다

(!) MEMORY KEY / mono(혼자의) + poly(팔다) → 혼자만 파는 것

---

spir   숨을 쉬다

0745 ☐☐☐

aspire
[əspáiər]

동 열망하다, 바라다

She **aspires** to be a journalist.
그녀는 기자가 되기를 열망한다.

➕ aspiration 몡 열망, 포부

(!) MEMORY KEY / a(~에) + spir(e)(숨을 쉬다) → ~에 (열망을) 불어넣다

---

tempor   시간, 시대

0746 ☐☐☐

contemporary
[kɑntémpərèri]

휑 1. 현대의 2. 동시대의   몡 동시대 사람

She is taking a class on **contemporary** art.
그녀는 현대 미술에 관한 수업을 듣고 있다.

(!) MEMORY KEY / con(함께) + tempor(시대) + ary(형용사형 접미사) → 같은 시대에 있는

und 물결(치다)

DAY 25

0747 □□□
abound
[əbáund]

통 많이 있다, 풍부하다

Wild animals and insects **abound** in this forest.
이 숲에는 야생 동물과 곤충이 많이 있다.

➕ abundant 형 풍부한, 많은　　abundance 명 풍부, 다량, 다수

 ab(떨어져) + (o)und(물결치다) → 멀리 떨어진 곳까지 물결치다 → 흘러넘치다

vid 분리하다 (변화형: vis)

0748 □□□
devise
[diváiz]

통 고안하다, 궁리하다

I **devised** a new business plan.
나는 새 사업 계획을 고안했다.

➕ device 명 1. 장치 2. 방법 3. 방책

 라틴어 dividere(나누다)의 반복형 divisare(여러 번 나누다)에서 유래 → (생각·계획 등을 여러 번 나누어) 궁리하다

trud 밀다 (변화형: thrust, threat)

0749 □□□
thrust
[θrʌst]

통 (thrust – thrust) 1. (세게) 밀다 2. 찌르다
명 1. (세게) 밀침 2. 요점, 취지

She walked forward by **thrusting** her way through the crowd.
그녀는 군중을 밀어젖히면서 앞으로 걸어갔다.

 중세 영어 thrusten(밀다)에서 유래

0750 □□□
threat
[θret]

명 1. 위협, 협박 2. (나쁜 일의) 징조, 조짐

We're terrified by the **threat** of terrorism.
우리는 테러의 위협으로 공포에 떨고 있다.

➕ threaten 통 위협하다, 협박하다

 고대 영어 threat(고통스러운 압력)에서 유래 → 위협

Daily Test

1-20 영어를 우리말로, 우리말을 영어로 바꾸시오.

1	contemporary	_____	11	열망하다, 바라다	_____
2	threat	_____	12	상품, 판매상품	_____
3	mortgage	_____	13	개념, 관념, 생각	_____
4	mobility	_____	14	많이 있다, 풍부하다	_____
5	dimension	_____	15	알리다, 발표하다	_____
6	modify	_____	16	떼, 무리, 폭도	_____
7	monotonous	_____	17	상호 간의, 공통의	_____
8	devise	_____	18	온도계, 체온계	_____
9	commission	_____	19	죽을 운명의; 치명적인; 인간	_____
10	notify	_____	20	발음하다; 선언하다	_____

21-25 문맥상 빈칸에 들어갈 단어를 찾아 적절한 형태로 넣으시오.

motivate	admit	notable	commute	murder

21 I _____ to work by bicycle every day.

22 He was _____ to Oxford University.

23 She was arrested on suspicion of _____.

24 She was highly _____ to learn foreign languages.

25 Nobel prizes are awarded to people for their _____ achievement.

Answer   ¹현대의; 동시대의 (사람) ²위협, 협박; (나쁜 일의) 징조, 조짐 ³저당; 융자; 저당 잡히다 ⁴이동성, 기동성 ⁵치수; 측면, 차원 ⁶변경하다, 수정하다; 수식하다 ⁷단조로운, 지루한 ⁸고안하다, 궁리하다 ⁹위원회; 수수료; 위임(장); 의뢰하다; 위임하다 ¹⁰통보하다, 알리다 ¹¹aspire ¹²commodity ¹³notion ¹⁴abound ¹⁵announce ¹⁶mob ¹⁷mutual ¹⁸thermometer ¹⁹mortal ²⁰pronounce ²¹commute ²²admitted ²³murder ²⁴motivated ²⁵notable

어원으로 익히는 어휘 ⁽¹³⁾

| **nutri** | 1. 기르다 2. 영양분을 주다 | (변화형: **nour**) |

0751 ☐☐☐
nourish
[nə́ːriʃ]

图 1. 영양분을 주다 2. 기르다, 육성하다

Children should be **nourished** with a balanced diet.
아이들은 균형 잡힌 식사로 영양분을 섭취해야 한다.

➕ nourishment 图 1. 영양(물) 2. 육성   nourishing 图 영양분이 많은

MEMORY KEY nour(기르다) + ish(동사형 접미사) → 기르다

0752 ☐☐☐
nutrition
[njuːtríʃən]

图 영양, 영양 섭취

Good **nutrition** is essential to maintaining health and preventing disease.
충분한 영양 섭취는 건강을 유지하고 질병을 예방하는 데 필수적이다.

➕ nutrient 图 영양소, 영양분   nutritious 图 영양분이 많은

MEMORY KEY nutri(영양분을 주다) + tion(명사형 접미사) → 영양분을 주는 것

| **par** | 1. 동등한 2. 보이는 | (변화형: **peer**) |

0753 ☐☐☐
peer
[piər]

图 (지위·능력 등이) 동등한 사람, 또래 图 자세히 들여다보다

I **peered** into the hole to see what was in the box.
나는 상자 안에 있는 것을 보려고 구멍을 자세히 들여다보았다.

MEMORY KEY 라틴어 par(동등한)에서 유래 → 같은 사람

0754 ☐☐☐
transparent
[trænspέːərənt]

图 1. 투명한 2. 명백한, 이해하기 쉬운

The entrance door of this building is made of **transparent** glass.
이 건물의 출입문은 투명한 유리로 만들어진다.

➕ transparency 图 투명(성), 투명도

MEMORY KEY trans(~을 통하여) + par(보이는) + ent(형용사형 접미사) → ~을 통해 보이는 → 투명한

ori 떠오르다

0755 ☐☐☐

orient
명 [ɔ́:riənt]
동 [ɔ́:riènt]

명 ((the O~)) 동양   동 1. 향하게 하다 2. 적응시키다

Hong Kong is called the Pearl of the **Orient**.
홍콩은 동양의 진주라 불린다.

➕ oriental 혱 동양의
   orientation 명 1. 관심, 지향 2. (신입 대상) 예비 교육

! **MEMORY KEY** / ori(떠오르다) + ent(명사형 접미사) → (태양이) 떠오르는 곳

0756 ☐☐☐

origin
[ɔ́:ridʒin]

명 1. 기원, 유래 2. 출신

The **origin** of the River Mur is located in the Austrian Alps.
무어 강의 발원지는 오스트리아의 알프스 산맥에 위치한다.

➕ original 혱 1. 원래의, 최초의 2. 독창적인 명 원본
   originate 동 (~에서) 일어나다, 비롯되다

! **MEMORY KEY** / ori(g)(떠오르다) + in(어미) → 떠오름, 시작

---

part 부분   (변화형: port)

0757 ☐☐☐

partial
[pá:rʃəl]

혱 1. 부분적인, 불완전한 2. 편애하는, 편파적인

I am in **partial** agreement with his opinion on that matter.
나는 그 문제에 대해 그의 의견에 부분적으로 동의한다.

➕ partially 🔳 부분적으로, 불완전하게

! **MEMORY KEY** / part(부분) + ial(형용사형 접미사) → 부분의

0758 ☐☐☐

proportion
[prəpɔ́:rʃən]

명 1. 비율, 부분 2. 균형, 조화

The **proportion** of boys to girls in this school is two to one.
이 학교의 남녀 학생의 비율은 2:1이다.

➕ in proportion to[as] ~에 비례하여

! **MEMORY KEY** / pro(~에 대한) + port(부분) + ion(명사형 접미사) → 각자의 몫에 대한 것

0759 □□□
portion
[pɔ́ːrʃən]

명 1. 부분 2. 1인분 3. 몫

He only remembers a small **portion** of his dream.
그는 꿈의 작은 부분만을 기억한다.

 MEMORY KEY / port(부분) + ion(명사형 접미사) → 부분

0760 □□□
particle
[pɑ́ːrtikl]

명 1. 작은 조각, 소량, 입자 2. 【물리】 소립자

There are a lot of dust **particles** on the shelf.
선반 위에 먼지가 많다.

MEMORY KEY / part(부분) + (i)cle(명사형 접미사) → 작은 부분

---

patr　　아버지

0761 □□□
patriot
[péitriət]

명 애국자

Although he was killed, he is remembered as a **patriot**.
그는 비록 죽임을 당했지만 애국자로 기억된다.

➕ patriotism 명 애국심　　　　patriotic 형 애국의, 애국적인

 MEMORY KEY / patr(i)(아버지) + ot(어미) → 조국을 (아버지처럼 여기며) 사랑하는 사람

0762 □□□
patron
[péitrən]

명 1. 후원자 2. 고객

Our company was the biggest **patron** of the exhibition.
우리 회사가 그 전시회의 가장 큰 후원사였다.

MEMORY KEY / patr(아버지) + on(어미) → 아버지처럼 보살펴 주는 사람 → 후원자

---

pet　　추구하다

0763 □□□
appetite
[ǽpətàit]

명 1. 식욕 2. 욕구, 욕망

A good **appetite** is a good sauce.
〈속담〉 시장이 반찬이다.

MEMORY KEY / ap(~에) + pet(추구하다) + ite(어미) → ~에 대한 강한 추구 → 식욕; 욕구

DAY 26

0764 ☐☐☐

competent
[kámpitənt]

형 유능한, 역량 있는

The interpreter is not as **competent** as I thought.
그 통역사는 내가 생각했던 만큼 유능하지는 않다.

➕ competence 명 능력, 역량

❗**MEMORY KEY** compete(경쟁하다) + ent(형용사형 접미사) → 경쟁할 수 있는 능력을 지닌

---

ped 　　　발

0765 ☐☐☐

expedition
[èkspidíʃən]

명 원정, 탐험(대)

She successfully led an **expedition** to the North Pole.
그녀는 성공적으로 북극 탐험대를 이끌었다.

❗**MEMORY KEY** ex(밖으로) + ped(i)(발) + tion(명사형 접미사) → 밖으로 (멀리) 걸어다님

0766 ☐☐☐

pedestrian
[pədéstriən]

명 보행자　형 보행자(용)의

A crosswalk was created for the safety of the **pedestrians**.
횡단보도는 보행자의 안전을 위해 만들어졌다.

❗**MEMORY KEY** ped(estri)(발) + an('사람' 명사형 접미사) → 걸어 다니는 사람

---

vag 　　　떠돌아다니다

0767 ☐☐☐

vague
[veig]

형 1. 막연한, 애매한　2. 희미한, 분명치 않은

I was confused by his **vague** answer.
나는 그의 애매한 답변에 혼란스러웠다.

➕ vaguely 부 애매하게, 희미하게

❗**MEMORY KEY** vag(떠돌아다니다) + ue(어미) → 떠돌아다니는 → 왔다 갔다 하는 → 애매한

pel   몰다   (변화형: pul)

0768 ☐☐☐
expel
[ikspél]

동 내쫓다, 추방하다

She was **expelled** from the club because she broke the rules.
그녀는 규칙을 어겨서 그 동아리에서 퇴출당했다.

 ex(밖으로) + pel(몰다) → 밖으로 몰아내다

0769 ☐☐☐
impulse
[ímpʌls]

명 1. 충동, 욕구 2. 추진(력)

She bought a lot of clothes online on **impulse**.
그녀는 온라인에서 충동적으로 많은 옷을 구입했다.

➕ impulsive 형 충동적인   on impulse 충동적으로

MEMORY KEY / im(안에, 위에) + pul(se)(몰다) → (심리적으로) 몰린 상태

0770 ☐☐☐
dispel
[dispél]

동 (느낌·믿음 등을) 떨쳐 버리다, 없애다

His detailed explanation **dispelled** all my doubts.
그의 자세한 설명이 내 모든 의심을 떨쳐 버리게 했다.

MEMORY KEY / dis(떨어져) + pel(몰다) → 뿔뿔이 흩어지게 해서 몰아내다

---

phan   보이다   (변화형: phas, fan, phen)

0771 ☐☐☐
emphasize
[émfəsàiz]

동 강조하다

He **emphasized** the bad effects of smoking.
그는 흡연의 폐해를 강조했다.

➕ emphasis 명 1. 강조 2. 강세

MEMORY KEY / em(안에) + phas(보이다) + ize(동사형 접미사) → ~ 안의 것을 확실히 나타내 보이다 → 강조하다

0772 ☐☐☐
fancy
[fǽnsi]

명 상상, 공상   형 1. 화려한, 장식적인 2. 고급의, 비싼

Dragons, fairies, and giants are creatures of **fancy**.
용과 요정, 거인은 상상의 산물이다.

MEMORY KEY / fantasy(환상, 공상)의 축약형 → (환상적으로) 화려한

0773 ☐☐☐

phenomenon
[finámənàn]

몡 현상, 사건 (복수형 phenomena)

A volcanic eruption is a natural **phenomenon** that can't be prevented by people. 화산 폭발은 인간이 막을 수 없는 자연 현상이다.

➕ phenomenal 혱 경이로운

! **MEMORY KEY** phen(o)(보이다) + menon(명사형 어미) → 나타난 것

---

plic

접어 겹치다

(변화형: plo, ply)

0774 ☐☐☐

diplomatic
[dìpləmǽtik]

혱 1. 외교의 2. 외교에 능한

Korea established **diplomatic** relations with Brunei in 1984.
한국은 1984년에 브루나이와 국교를 맺었다.

➕ diplomat 몡 외교관

! **MEMORY KEY** di(둘) + plo(접어 겹치다) + (ma)tic(형용사형 접미사) → 둘로 접어 합친 것 → (두 나라 간의) 공문서 → 국제 관계에 적용되는

0775 ☐☐☐

imply
[implái]

됭 1. 내포하다, 함축하다 2. 암시하다

Her silence **implied** consent to the proposal.
그녀의 침묵은 제안에 대한 동의를 암시했다.

➕ implication 몡 1. (행동·결정의) 영향 2. 함축, 암시

! **MEMORY KEY** im(안에) + ply(접어 겹치다) → (뜻을) ~ 안으로 접다 → 내포하다

---

termin

1. 끝 2. 한계

0776 ☐☐☐

determine
[ditə́:rmin]

됭 1. 결정하다 2. 결심하다

Demand usually **determines** prices.
대개 수요가 가격을 결정한다.

➕ determined 혱 1. 단호한 2. (~하기로) 결심한
determination 몡 1. 결심 2. 결정

! **MEMORY KEY** de('강조') + termin(e)(한계) → 한계를 짓다 → 정하다

0777 ☐☐☐

terminate

[tə́ːrmənèit]

⑧ 끝나다, 종결시키다

The meeting has just **terminated** after a long debate.
그 회의는 오랜 토론 끝에 방금 끝났다.

➕ terminal ⑱ 1. 최종적인 2. (병이) 말기의 ⑲ (공항·버스 등의) 터미널
   termination ⑲ 종료, 종결

!MEMORY KEY / termin(끝) + ate(동사형 접미사) → 끝내다

---

tort 비틀다 (변화형: **tor**)

0778 ☐☐☐

distort

[distɔ́ːrt]

⑧ 1. 왜곡하다 2. (형체·소리 등을) 비틀다

The mass media should not **distort** facts or the truth.
대중 매체는 사실이나 진실을 왜곡해서는 안 된다.

➕ distortion ⑲ 1. 왜곡(된 사실) 2. 비틀림

!MEMORY KEY / dis(떨어져) + tort(비틀다) → (사실·진실과) 동떨어지게 비틀다 → 왜곡하다

0779 ☐☐☐

torment

⑲ [tɔ́ːrment]
⑧ [tɔːrmént]

⑲ 고통, 고뇌 ⑧ 1. 고통을 주다 2. 괴롭히다

She was **tormented** after she made a fatal mistake.
그녀는 치명적인 실수를 하고 나서 괴로워했다.

!MEMORY KEY / tor(비틀다) + ment(명사형 접미사) → 비트는 것 → 고통(을 주다)

0780 ☐☐☐

torture

[tɔ́ːrtʃər]

⑲ 1. 고문 2. 심한 고통 ⑧ 1. 고문하다 2. 몹시 괴롭히다

They were severely **tortured** by the enemy.
그들은 적에게 심한 고문을 당했다.

!MEMORY KEY / tort(비틀다) + ure(명사형 접미사) → 비틀어 고통을 주는 것 → 고문

Daily Test

1-20 영어를 우리말로, 우리말을 영어로 바꾸시오.

1	patron	_____	11	외교의; 외교에 능한	_____
2	orient	_____	12	강조하다	_____
3	competent	_____	13	식욕; 욕구, 욕망	_____
4	particle	_____	14	끝나다, 종결시키다	_____
5	expel	_____	15	원정, 탐험(대)	_____
6	distort	_____	16	부분적인; 편애하는	_____
7	portion	_____	17	내포하다, 함축하다; 암시하다	_____
8	determine	_____	18	현상, 사건	_____
9	pedestrian	_____	19	기원; 출신	_____
10	nourish	_____	20	애국자	_____

21-25 문맥상 빈칸에 들어갈 단어를 찾아 적절한 형태로 넣으시오.

proportion	nutrition	impulse	torture	fancy

21 She bought a lot of clothes online on _____.

22 Dragons, fairies, and giants are creatures of _____.

23 The _____ of boys to girls in this school is two to one.

24 Good _____ is essential to maintaining health and preventing disease.

25 They were severely _____ by the enemy.

Answer
¹후원자; 고객 ²동양; 향하게 하다; 적응시키다 ³유능한, 역량 있는 ⁴작은 조각, 소량, 입자; [물리] 소립자 ⁵내쫓다, 추방하다 ⁶왜곡하다; 비틀다 ⁷부분; 1인분; 몫 ⁸결정하다; 결심하다 ⁹보행자; 보행자(용)의 ¹⁰영양분을 주다; 기르다, 육성하다 ¹¹diplomatic ¹²emphasize ¹³appetite ¹⁴terminate ¹⁵expedition ¹⁶partial ¹⁷imply ¹⁸phenomenon ¹⁹origin ²⁰patriot ²¹impulse ²²fancy ²³proportion ²⁴nutrition ²⁵tortured

DAY 27 어원으로 익히는 어휘 (14)

클래스카드

DAY 27

pos	놓다	(변화형: pon, pound)

0781 ☐☐☐
component
[kəmpóunənt]

명 구성 요소, 성분, 부품 형 구성하는

I want to replace the defective **component** with a new one.
나는 결함이 있는 부품을 새것으로 교체하고 싶다.

MEMORY KEY com(함께) + pon(놓다) + ent(형용사형 접미사) → 함께 놓여 ~을 구성하는 (것)

0782 ☐☐☐
compound
명형 [kámpaund]
동 [kəmpáund]

명 혼합[합성]물, 합성어 형 합성의 동 1. 혼합[합성]하다 2. 악화시키다

Water is a chemical **compound** of hydrogen and oxygen.
물은 수소와 산소의 화학 혼합물이다.

MEMORY KEY com(함께) + pound(놓다) → 함께 놓다 → 혼합하다

0783 ☐☐☐
impose
[impóuz]

동 1. (세금·벌·의무 등을) 지우다, 부과하다 2. 강요하다

A special excise tax is **imposed** on alcohol and tobacco
products. 술과 담배에 특별소비세가 부과된다.

➕ imposing 형 인상적인

MEMORY KEY im(위에) + pos(e)(놓다) → 위에 놓다 → (책임 따위를) 지우다

0784 ☐☐☐
opponent
[əpóunənt]

명 1. 상대 2. 반대자

Our team was easily beaten by our **opponents**.
우리 팀은 상대편에게 쉽게 패했다.

➕ oppose 동 반대하다

MEMORY KEY op('반대') + pon(놓다) + ent(명사형 접미사) → 반대편에 선 사람

0785 □□□

suppose
[səpóuz]

圄 1. 추측하다, 생각하다 2. 가정하다, 상상하다

Suppose that you win the lottery.
네가 복권에 당첨됐다고 가정해 보아라.

➕ be supposed to-v ~하기로 되어 있다

❗MEMORY KEY sup(아래) + pos(e)(놓다) → 아래에 놓다 → 아래에 놓고 생각해 보다

---

polit   도시   (변화형: polis)

0786 □□□

metropolis
[mətrάpəlis]

閄 주요 도시, 대도시

The small town soon grew into a business **metropolis**.
그 작은 마을이 곧 상업 대도시로 성장했다.

➕ metropolitan 휑 주요 도시의, 대도시의

❗MEMORY KEY metro(어머니) + polis(도시) → 모체가 되는 도시

---

port   운반하다

0787 □□□

portable
[pɔ́ːrtəbl]

휑 휴대용의, 가지고 다닐 수 있는

The machine is small and light enough to be **portable**.
그 기계는 휴대할 수 있을 정도로 작고 가볍다.

❗MEMORY KEY port(운반하다) + able('~할 수 있는' 형용사형 접미사) → 운반할 수 있는

---

press   누르다

0788 □□□

depress
[diprés]

圄 1. 낙담시키다, 우울하게 하다 2. 불경기로 만들다

The result of the election **depressed** him.
선거 결과가 그를 낙담시켰다.

➕ depressed 휑 1. 낙담한, 우울한 2. 불경기의, 불황의
   depression 閄 1. 우울(증) 2. 불황, 불경기

❗MEMORY KEY de(아래로) + press(누르다) → 내리누르다

0789 ☐☐☐

impress

[imprés]

동 1. 감동시키다, 깊은 인상을 주다 2. (도장 등을) 찍다

Her speech **impressed** the audience very much.

그녀의 연설은 청중을 대단히 감동시켰다.

➕ impression 명 감명, 인상   impressive 형 감명 깊은, 인상적인

 im(위에) + press(누르다) → (마음) 위를 눌러서 자국을 내다

0790 ☐☐☐

oppress

[əprés]

동 억압하다, 탄압하다

The natives were **oppressed** by the invaders.

원주민들은 침략자들에 의해 탄압을 받았다.

➕ oppressive 형 가혹한, 억압적인   oppression 명 억압, 탄압

 op(대항하여) + press(누르다) → ~에 대항하여 누르다

---

prob   시험하다   (변화형: prov)

0791 ☐☐☐

probe

[proub]

동 (엄밀히) 조사하다, 검사하다   명 (엄밀한) 조사

Police **probed** deep into her personal life.

경찰은 그녀의 사생활을 면밀히 조사했다.

 라틴어 probare(시험하다)에서 유래 → 엄밀히 조사하다

0792 ☐☐☐

prove

[pru:v]

동 (proved – proved / proven) 1. 증명하다, 입증하다 2. (~으로) 판명되다

Tests have **proven** that the car has mechanical problems.

실험은 그 차가 기계적인 결함이 있다는 것을 입증했다.

➕ proof 명 증거

 라틴어 probare(시험하다)에서 유래 → 시험하여 입증하다

0793 ☐☐☐

probable

[prábəbl]

형 있음 직한, 그럴듯한

It is quite **probable** he won't come to the party.

그가 파티에 오지 않을 가능성이 꽤 높다.

➕ probably 부 아마(도)   probability 명 1. 있음 직함 2. 확률

 prob(시험하다) + able(형용사형 접미사) → 시험을 통해 증명할 수 있는 → 그럴듯한

prim 제1의, 최초의 (변화형: pri)

0794 ☐☐☐
primitive
[prímitiv]

형 원시의, 원시적인

The study of **primitive** societies gives clues to the origins of human society. 원시 사회 연구는 인간 사회의 기원에 대한 실마리를 제공한다.

MEMORY KEY prim(최초의) + itive(형용사형 접미사) → 최초의, 원시의

0795 ☐☐☐
prior
[práiər]

형 1. 이전의, 먼저의 2. (~에) 우선하는

You need **prior** approval to attend the conference.
그 회의에 참석하려면 사전 승인이 필요하다.

➕ prior to ~에 앞서, 먼저   priority 명 우선(권)

MEMORY KEY pri(최초의) + or(비교급 어미) → 더 먼저인

---

priv 떼어놓다

0796 ☐☐☐
deprive
[dipráiv]

동 빼앗다, 박탈하다

The storm **deprived** a lot of people of their home and property. 태풍으로 많은 사람들이 집과 재산을 잃었다.

➕ deprive A of B A에게서 B를 빼앗다
     deprivation 명 박탈, 결핍

MEMORY KEY de('강조') + priv(e)(떼어놓다) → 완전히 떼어놓다 → 빼앗다

0797 ☐☐☐
private
[práivit]

형 1. 사적인, 개인적인, 사유의 2. 비밀의

They reduced **private** education expenses.
그들은 사교육비를 줄였다.

➕ privacy 명 사생활, 프라이버시
     privately 부 1. 은밀하게 2. 개인적으로

MEMORY KEY priv(떼어놓다) + ate(형용사형 접미사) → (타인과) 떼어놓은 → 사적인

put   생각하다

DAY 27

0798 ☐☐☐
dispute
[dispjúːt]

몡 논쟁, 분쟁 통 논쟁하다, 반박하다

The **dispute** between the two sides has not been resolved yet.
양측간의 분쟁은 아직 해결되지 않았다.

MEMORY KEY dis(떨어져) + put(e)(생각하다) → (반대편에 떨어져서) 생각하다 → 논쟁하다

0799 ☐☐☐
reputation
[rèpjutéiʃən]

몡 평판, 명성

The company has a good **reputation** for quality products.
그 회사는 질 좋은 제품으로 좋은 평판을 얻고 있다.

➕ reputable 휑 평판이 좋은

MEMORY KEY re(다시) + put(생각하다) + ation(명사형 접미사) → 반복적으로 생각날 만함 → 명성

---

ple   채우다

0800 ☐☐☐
implement
몡 [ímpləmənt]
통 [ímpləmènt]

몡 도구, 연장 통 (정책 · 계획 등을) 실행[이행]하다

They used the latest farming **implements** for mass production.
그들은 대량 생산을 위해 최신 농기구를 사용했다.

MEMORY KEY im(안에) + ple(채우다) + ment(명사형 접미사) → 안에 채워 넣음, 실행 → (실행하는 데 필요한) 도구

---

terr   1. 두려워하게 하다 2. 땅

0801 ☐☐☐
terrify
[térəfài]

통 겁나게 하다, 무섭게 하다

Cockroaches are the only things that truly **terrify** me.
바퀴벌레는 내가 유일하게 정말 무서워하는 것이다.

➕ terrified 휑 겁먹은, 무서워하는

MEMORY KEY terr(i)(두려워하게 하다) + fy(동사형 접미사) → 두렵게 하다

0802 ☐☐☐

territory
[téritɔ̀:ri]

명 1. 영토, 지역 2. 영역

Everyone knows that Dokdo is Korean **territory**.

누구나 독도가 한국의 영토라는 것을 안다.

➕ territorial 혱 영토의

(!) **MEMORY KEY** terr(i)(땅) + tory(명사형 접미사) → 영토, 지역

---

trem   떨다

0803 ☐☐☐

tremble
[trémbl]

동 1. 떨다, 떨리다 2. 흔들리다, 진동하다

Her entire body was **trembling** with fear.

그녀의 온몸은 공포로 떨고 있었다.

(!) **MEMORY KEY** trem(떨다) + ble(어미) → 떨다

0804 ☐☐☐

tremendous
[triméndəs]

혱 1. 엄청난, 막대한 2. 대단한

He made a **tremendous** amount of money through his online shopping mall. 그는 온라인 쇼핑몰로 엄청난 돈을 벌었다.

(!) **MEMORY KEY** trem(떨다) + endous(어미) → (떨릴 정도로) 엄청난

---

vict   적을 이기다

0805 ☐☐☐

convict
동 [kənvíkt]
명 [kánvikt]

동 유죄를 입증[선고]하다 명 죄수

He was **convicted** of taking a $10,000 bribe.

그는 만 달러의 뇌물을 받아 유죄 선고를 받았다.

➕ conviction 명 1. 유죄 판결 2. 확신

(!) **MEMORY KEY** con('강조') + vict(적을 이기다) → (잘못을 확신시킴에 있어서) 완전히 이기다

210

via　길　(변화형: vey, vi, voy)

0806 ☐☐☐
convey
[kənvéi]

동 1. (생각 · 감정 등을) 전하다, 전달하다　2. 나르다

I will **convey** your message clearly to him.
내가 그에게 네 메시지를 분명하게 전달할게.

(!) **MEMORY KEY** / con(함께) + vey(길) → (물건 · 사람과) 함께 길을 가다 → 수송하다, 옮기다

0807 ☐☐☐
previous
[príːviəs]

형 이전의, 앞의, 사전의

All food and drinks were prepared on the **previous** night.
모든 음식과 음료는 전날 밤에 준비되었다.

➕ previously　부 이전에, 미리

(!) **MEMORY KEY** / pre(전에) + vi(길) + ous(형용사형 접미사) → 길을 앞서가는 → 앞의

0808 ☐☐☐
via
[váiə, víːə]

전 1. ~을 경유해서　2. ~을 통해서, ~을 매개로 하여

I'd like to send this parcel **via** air mail.
저는 이 소포를 항공 우편으로 보내고 싶습니다.

(!) **MEMORY KEY** / 라틴어 via(길)에서 유래 → ~을 거쳐

0809 ☐☐☐
voyage
[vɔ́iidʒ]

명 항해, 여행　동 항해하다, 여행하다

I'll go on a **voyage** around the world someday.
나는 언젠가 세계 일주 여행을 갈 것이다.

➕ voyager　명 항해자, 여행자

(!) **MEMORY KEY** / voy(길) + age(어미) → 길을 떠남 → 항해, 여행

---

vol　의지

0810 ☐☐☐
voluntary
[váləntèri]

형 1. 자발적인　2. 자원봉사의, 무상으로 일하는

Their participation was **voluntary**.　그들의 참여는 자발적이었다.

➕ volunteer　명 1. 자원봉사자　2. 지원자　동 자진[자원]하여 하다

(!) **MEMORY KEY** / 라틴어 voluntas(자유 의지)에서 유래 → 자유 의지에 의한

Daily Test

1-20　영어를 우리말로, 우리말을 영어로 바꾸시오.

1	compound	_____	11	추측하다; 가정하다 _____
2	portable	_____	12	증명하다; 판명되다 _____
3	depress	_____	13	영토, 지역; 영역 _____
4	tremendous	_____	14	자발적인; 자원봉사의 _____
5	impress	_____	15	유죄를 입증[선고]하다; 죄수 _____
6	prior	_____	16	전달하다; 나르다 _____
7	deprive	_____	17	상대; 반대자 _____
8	tremble	_____	18	이전의, 앞의, 사전의 _____
9	via	_____	19	논쟁(하다), 분쟁 _____
10	oppress	_____	20	도구, 연장; 실행[이행]하다 _____

21-25　문맥상 빈칸에 들어갈 단어를 찾아 적절한 형태로 넣으시오.

component	impose	private	metropolis	reputation

21　I want to replace the defective _____ with a new one.

22　The small town soon grew into a business _____.

23　A special excise tax is _____ on alcohol and tobacco products.

24　They reduced _____ education expenses.

25　The company has a good _____ for quality products.

Answer　¹ 혼합[합성]물, 합성어; 합성의; 혼합[합성]하다 ² 휴대용의, 가지고 다닐 수 있는 ³ 낙담시키다; 불경기로 만들다 ⁴ 엄청난; 대단한 ⁵ 감동시키다, 깊은 인상을 주다; (도장 등을) 찍다 ⁶ 이전의; 우선하는 ⁷ 빼앗다, 박탈하다 ⁸ 떨다, 떨리다; 흔들리다 ⁹ ~을 경유해서; ~을 통해서 ¹⁰ 억압하다, 탄압하다 ¹¹ suppose ¹² prove ¹³ territory ¹⁴ voluntary ¹⁵ convict ¹⁶ convey ¹⁷ opponent ¹⁸ previous ¹⁹ dispute ²⁰ implement ²¹ component ²² metropolis ²³ imposed ²⁴ private ²⁵ reputation

DAY 28 어원으로 익히는 어휘 (15)

클래스카드

| quir | 1. 구하다 2. 묻다 | (변화형: quer, quisit) |

0811 ☐☐☐
inquire
[inkwáiər]

통 1. 묻다, 알아보다 2. ((~ into)) 조사하다

I called to **inquire** about train times.
나는 열차 시간을 묻기 위해 전화를 걸었다.

➕ inquiry 명 1. 질문 2. 조사

!MEMORY KEY in('강조') + quir(e)(묻다) → 캐묻다

0812 ☐☐☐
conquer
[káŋkər]

통 1. 정복하다 2. 이기다 3. (어려움 등을) 극복하다

Britain was **conquered** by the Normans in 1066.
영국은 1066년에 노르만족에게 정복당했다.

➕ conquest 명 1. 정복 2. 점령지

!MEMORY KEY con('강조') + quer(구하다) → 힘써 구하다 → 정복하다

0813 ☐☐☐
exquisite
[ikskwízit]

형 정교한, 매우 아름다운

She created an **exquisite** painting in ten minutes.
그녀는 10분 만에 훌륭한 그림을 그려냈다.

➕ exquisitely 부 절묘하게, 정교하게

!MEMORY KEY ex(밖으로) + quisit(e)(구하다) → 밖에서 많이 구할 정도로 훌륭한

0814 ☐☐☐
require
[rikwáiər]

통 1. 필요로 하다 2. (법·규칙·계약 등이) 요구하다

Success **requires** solid plans and constant effort.
성공은 탄탄한 계획과 끊임없는 노력을 필요로 한다.

➕ requirement 명 1. 필요(한 것) 2. 요건

!MEMORY KEY re(다시) + quir(e)(구하다) → (필요해서) 계속해서 구하다 → 필요로 하다

sens 느끼다 (변화형: sent, scent)

0815 ☐☐☐

consent
[kənsént]

⟨명⟩ 동의, 승낙 ⟨동⟩ 동의하다, 승낙하다 (⟨반⟩ refuse)

His family **consented** to donate his organs after he died.

그가 죽은 후에 그의 가족은 그의 장기를 기증하는 데 동의했다.

➕ consensus ⟨명⟩ 의견 일치, 합의

❗**MEMORY KEY** con(함께) + sent(느끼다) → 함께 느끼다 → 같은 생각을 하다 → 동의하다

0816 ☐☐☐

resent
[rizént]

⟨동⟩ 분개하다, 불쾌하게 여기다

I deeply **resent** his arrogant attitude.

나는 그의 거만한 태도가 매우 불쾌하다.

➕ resentful ⟨형⟩ 분개하는   resentment ⟨명⟩ 분개, 분노

❗**MEMORY KEY** re('강조') + sent(느끼다) → (격한 감정을) 느끼다

0817 ☐☐☐

scent
[sent]

⟨명⟩ 냄새, 향기 ⟨동⟩ 냄새를 풍기다

The red roses had a sweet **scent**. 그 붉은 장미는 달콤한 향기가 났다.

➕ scented ⟨형⟩ 향기로운, 좋은 냄새가 나는

❗**MEMORY KEY** scent(느끼다) → (냄새를) 느낌

0818 ☐☐☐

sensation
[senséiʃən]

⟨명⟩ 1. 감각, 지각력 2. 느낌, 기분 3. 엄청난 관심, 대소동

He felt a prickling **sensation** in his throat.

그는 목이 따끔거림을 느꼈다.

➕ sensational ⟨형⟩ 1. 세상을 놀라게 하는 2. 선정적인

❗**MEMORY KEY** sens(느끼다) + ation(명사형 접미사) → 느끼는 것 → 감각; 느낌

0819 ☐☐☐

sense
[sens]

⟨명⟩ 1. 감각 2. 느낌 3. 분별력, 센스 4. 의미

A dog has a very keen **sense** of smell.

개는 아주 예리한 후각을 가지고 있다.

➕ sensory ⟨형⟩ 감각의   sensible ⟨형⟩ 분별 있는, 현명한
sensitive ⟨형⟩ 1. 민감한, 예민한 2. 섬세한

❗**MEMORY KEY** 라틴어 sensus(느낌)에서 유래 → 감각; 느낌

sequ　따라가다, 뒤를 잇다

0820 ☐☐☐
consequence
[kánsəkwèns]

명 1. 결과, 영향 2. 중요성

You should accept the **consequences** of your words.
너는 네가 한 말의 결과를 받아들여야 한다.

➕ consequent 형 결과로 일어나는　consequently 부 그 결과로

❗ **MEMORY KEY** / con(함께) + sequ(따라가다) + ence(명사형 접미사) → (뒤에) 함께 따라오는 것

0821 ☐☐☐
sequence
[sí:kwəns]

명 1. 연속, 잇달아 일어남 2. 순서, 차례

Try to place the pictures in **sequence**.
그 그림들을 순서대로 놓도록 해라.

❗ **MEMORY KEY** / sequ(뒤를 잇다) + ence(명사형 접미사) → (일이 차례로) 뒤따름 → 연속해서 일어남

0822 ☐☐☐
subsequent
[sʌ́bsəkwənt]

형 다음의, 그 이후의

This artwork will be enjoyed by **subsequent** generations.
이 작품은 다음 세대가 즐기게 될 것이다.

➕ subsequently 부 그 후에, 이어서　subsequent to ~ 다음에, 뒤에

❗ **MEMORY KEY** / sub(뒤에) + sequ(따라가다) + ent(형용사형 접미사) → 뒤따르는

---

sid　앉다　(변화형: sess, set)

0823 ☐☐☐
obsess
[əbsés]

동 ((주로 수동태로)) 사로잡다, ~ 생각만 하게 하다

He was **obsessed** by his fear of the operation.
그는 수술에 대한 공포에 사로잡혀 있었다.

➕ obsessive 형 사로잡힌, 강박 관념의　obsession 명 집착, 강박 관념

❗ **MEMORY KEY** / ob(대항하여) + sess(앉다) → 반대편에 (마주 보며) 붙어 앉다
→ (마음을) 사로잡다

DAY 28

0824 ☐☐☐

reside
[rizáid]

동 살다, 거주하다

He has **resided** abroad for ten years.
그는 10년째 해외에서 살고 있다.

➕ residence 명 주택, 거주(지)
　 resident 명 거주자 형 거주하는

MEMORY KEY re(뒤에) + sid(e)(앉다) → 뒤에 남아 앉아 있다 → 살다

0825 ☐☐☐

session
[séʃən]

명 1. 학년, 학기, 수업　2. (회의·의회·법정 등이) 진행 중인 시기

All employees must take part in a training **session** twice a year.
전 직원은 일 년에 두 번 교육에 참여해야 한다.

➕ in session 개회[개정, 회의] 중에

MEMORY KEY sess(앉다) + ion(명사형 접미사) → (~을 하기 위해) 앉아 있는 시간

0826 ☐☐☐

settle
[sétl]

동 1. (분쟁 등을) 해결하다, 끝내다　2. 정착하다　3. 진정시키다

She **settled** in San Francisco after graduation.
그녀는 졸업 후에 샌프란시스코에 정착했다.

➕ settle down 1. 진정되다[시키다] 2. 정착하다
　 settlement 명 1. 합의 2. 정착지

MEMORY KEY 고대 영어 setlan(앉다)에서 유래 → (문제·거처·마음을) 움직이지 않게 놓다[앉히다]

---

simil
1. 비슷한 2. 같은 3. 같이　(변화형: sembl, simul, seem)

0827 ☐☐☐

resemble
[rizémbl]

동 ~와 닮다, 비슷하다

He **resembles** his father in both appearance and character.
그는 아버지의 외모와 성격을 모두 닮았다.

MEMORY KEY re('강조') + sembl(e)(비슷한) → 매우 비슷하다

0828 ☐☐☐
simulation
[sìmjuléiʃən]

명 모의실험, 흉내, 시뮬레이션

They strengthened their teamwork through a **simulation** game.
그들은 모의 시합을 통해 팀워크를 다졌다.

➕ simulate 동 가장하다, 모의실험하다

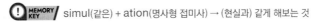 simul(같은) + ation(명사형 접미사) → (현실과) 같게 해보는 것

0829 ☐☐☐
assemble
[əsémbl]

동 1. 모으다, 모이다 2. 조립하다

The father and his young son are **assembling** a model airplane. 아버지와 어린 아들이 모형 비행기를 조립하고 있다.

➕ assembly 명 1. 의회, 입법부 2. 집회 3. 조립

as(~에) + sembl(e)(같이) → ~에 같이 두다 → 모으다; 조립하다

0830 ☐☐☐
seemingly
[síːmiŋli]

부 겉보기에는, 얼핏 보기에

She solved the **seemingly** difficult problem with ease.
그녀는 겉보기에 어려워 보이는 문제를 쉽게 풀었다.

 seem(같은) + ing(형용사 어미) + ly(부사형 접미사) → (보이는 것과) 같이

---

rat　　추론하다

0831 ☐☐☐
rational
[ræʃənəl]

형 1. 이성적인 2. 합리적인, 분별 있는

Humans are **rational** beings with an intellect.
인간은 지성을 지닌 이성적인 존재이다.

rat(추론하다) + ion(명사형 접미사) + al(형용사형 접미사) → 이성적인, 판단 능력이 있는

---

sci　　알다

0832 ☐☐☐
scientific
[sàiəntífik]

형 과학적인, 과학의

Students need to develop **scientific** thinking abilities.
학생들은 과학적인 사고력을 개발해야 한다.

 sci(ent)(아는 것) + (i)fic(형용사형 접미사) → (전문 기술 분야에 관한) 지식의

sert   결합하다

0833 ☐☐☐
desert
명 [dézərt]
동 [dizə́:rt]

명 사막   동 버리다, 떠나다

He **deserted** his friends just when they needed him most.
그는 그의 친구들이 그를 가장 필요로 했던 바로 그때 그들을 버렸다.

!) MEMORY KEY / de(떨어져) + sert(결합하다) → 결합 상태를 떨어뜨리다 → 버리다

0834 ☐☐☐
insert
[insə́:rt]

동 1. 삽입하다, 넣다 2. (문서 등에) 덧붙이다

She **inserted** a coin into a vending machine.
그녀는 자판기에 동전을 넣었다.

➕ insertion 명 삽입, 첨가물

!) MEMORY KEY / in(안에) + sert(결합하다) → 안에 결합해 넣다 → 끼워 넣다

---

vent   오다   (변화형: ven)

0835 ☐☐☐
intervene
[ìntərví:n]

동 1. 개입하다, 중재하다 2. (대화 등에) 끼어들다
     3. (사건 등이) 사이에 일어나다

He always **intervenes** in disputes between neighbors.
그는 항상 이웃 간의 논쟁에 개입한다.

➕ intervention 명 중재, 개입

!) MEMORY KEY / inter(사이에) + ven(e)(오다) → (양자) 사이에 들어오다

0836 ☐☐☐
souvenir
[sù:vəníər]

명 기념품, 기념 선물

I bought some **souvenirs** for my friends in the hotel.
나는 호텔에서 친구들에게 줄 몇 가지 기념품을 샀다.

!) MEMORY KEY / sou(아래에서, 위로) + ven(ir)(오다) → 마음속에 생각나게 하는 것

vis 보다

0837 ☐☐☐
supervise
[súːpərvàiz]

동 감독하다, 관리하다

He directly **supervises** all the staff in this hotel.
그는 이 호텔의 전 직원을 직접 관리한다.

➕ supervisor 명 감독관, 관리자　　supervision 명 감독, 관리

! MEMORY KEY super(위에) + vis(e)(보다) → 위에서 (내려다)보다 → 감시하다, 감독하다

0838 ☐☐☐
vision
[víʒən]

명 1. 시력 2. 시야 3. 통찰력, 선견지명

Eagles have very good **vision**.
독수리는 매우 좋은 시력을 가지고 있다.

➕ visible 형 1. (눈에) 보이는 2. 뚜렷한, 눈에 띄는
　 visual 형 시각의, 눈으로 보는 명 시각 자료

! MEMORY KEY vis(보다) + ion(명사형 접미사) → 보는 것

---

viv 살다, 생명　　　　　　　　　　　　　(변화형: **vit**)

0839 ☐☐☐
revive
[riváiv]

동 1. 소생[회복]시키다 2. 되살아나다

The government is doing its best to **revive** the economy.
정부는 경기를 회복시키려고 최선을 다하고 있다.

➕ revival 명 소생, 회복

! MEMORY KEY re(다시) + viv(e)(살다) → 다시 살아나다

0840 ☐☐☐
vital
[váitəl]

형 1. 매우 중요한, 필수적인 2. 활기찬 3. 생명 유지에 필요한

Parents play a **vital** role in the development of children.
부모는 아이의 발달에 있어서 매우 중요한 역할을 한다.

➕ vitality 명 생명력, 활기

! MEMORY KEY vit(생명) + al(형용사형 접미사) → 생명과 관련된

Daily Test

1-20 영어를 우리말로, 우리말을 영어로 바꾸시오.

1	inquire	_____	11	삽입하다, 넣다; 덧붙이다	_____

1 inquire _____
2 souvenir _____
3 revive _____
4 consequence _____
5 scent _____
6 require _____
7 subsequent _____
8 conquer _____
9 sensation _____
10 exquisite _____

11 삽입하다, 넣다; 덧붙이다 _____
12 겉보기에는, 얼핏 보기에 _____
13 감독하다, 관리하다 _____
14 모으다, 모이다; 조립하다 _____
15 연속, 잇달아 일어남; 순서 _____
16 살다, 거주하다 _____
17 과학적인, 과학의 _____
18 사막; 버리다 _____
19 이성적인; 합리적인 _____
20 해결하다; 정착하다; 진정시키다 _____

21-25 문맥상 빈칸에 들어갈 단어를 찾아 적절한 형태로 넣으시오.

sense	resemble	vital	intervene	session

21 Parents play a(n) _____ role in the development of children.

22 A dog has a very keen _____ of smell.

23 All employees must take part in a training _____ twice a year.

24 He _____ his father in both appearance and character.

25 He always _____ in disputes between neighbors.

PART 03

함께 외우면 좋은 어휘

DAY 29~33

함께 외우면 좋은 어휘 (1)

클래스카드

반의어

0841 ☐☐☐

introvert
[íntrəvə̀:rt]

명 내성적인 사람

I'm an **introvert**, so it's hard for me to socialize with others.
나는 내성적인 사람이라서 다른 사람들과 어울리는 게 힘들다.

➕ introverted 형 내성적인, 내향성의

0842 ☐☐☐

extrovert
[ékstrəvə̀:rt]

명 외향적인 사람

An **extrovert** likes being around other people.
외향적인 사람은 다른 사람들과 어울리는 것을 좋아한다.

➕ extroverted 형 외향적인, 외향성의

0843 ☐☐☐

implicit
[implísit]

형 내포된, 함축적인

Her attitude is seen as an **implicit** criticism of his argument.
그녀의 태도는 그의 주장에 대한 암묵적인 비판으로 보인다.

0844 ☐☐☐

explicit
[iksplísit]

형 뚜렷한, 명백한

My boss gave me **explicit** directions and advice about the
project. 나의 상사는 나에게 그 프로젝트에 대한 뚜렷한 지침과 조언을 주었다.

0845 ☐☐☐

superior
[su:píəriər]

형 (~보다 더) 뛰어난, 나은, 우월한

Our army is **superior** to the enemy's in numbers.
우리 군대가 수적인 면에서 적군보다 낫다.

➕ superiority 명 우수성, 탁월   superior to ~보다 나은

0846 ☐☐☐

inferior
[infíəriər]

형 (~보다) 하위의, 열등한, 못한

He always feels **inferior** to his brother.
그는 항상 그의 형보다 열등하다고 느낀다.

➕ inferiority 명 열등, 하위   inferior to ~보다 못한

0847 ☐☐☐

relative
[rélətiv]

형 1. 상대적인 2. 관련 있는   명 친척

Culture is a **relative** concept. 문화는 상대적인 개념이다.

➕ relatively 부 상대적으로, 비교적

0848 ☐☐☐

absolute
[ǽbsəlùːt]

형 1. 절대적인 2. 완전한

He can only sleep in **absolute** darkness.
그는 완전한 어둠 속에서만 잠을 잘 수 있다.

➕ absolutely 부 완전히, 전적으로

0849 ☐☐☐

conceal
[kənsíːl]

동 숨기다, 감추다

He could barely **conceal** his joy. 그는 좀처럼 기쁨을 감출 수 없었다.

0850 ☐☐☐

reveal
[rivíːl]

동 드러내다, 누설하다

Don't **reveal** the secret that I told you.
내가 너에게 말한 그 비밀을 누설하지 마라.

0851 ☐☐☐

active
[ǽktiv]

형 1. 적극적인 2. 활동적인 (반 inactive)

She is very **active** in volunteer work. 그녀는 봉사 활동에 매우 적극적이다.

➕ activity 명 1. 활동 2. 여가 활동   action 명 1. 행동, 활동 2. 작동 3. 작용

0852 ☐☐☐

passive
[pǽsiv]

형 소극적인, 수동적인

He took a **passive** attitude toward learning.
그는 배움에 있어서 소극적인 태도를 취했다.

0853 ☐☐☐

attach
[ətǽtʃ]

동 붙이다, 첨부하다

That way, you can easily **attach** files to an email message.
그런 방식으로 너는 이메일에 파일을 쉽게 첨부할 수 있다.

➕ attachment 명 1. 애착 2. 부착(물)

0854 ☐☐☐

detach
[ditǽtʃ]

동 분리하다, 떼어내다

Don't **detach** the price tag from your sneakers.
운동화 가격표를 떼지 마라.

➕ detachment 명 1. 분리, 이탈 2. 파견(대)

0855 ☐☐☐

majority
[mədʒɔ́:rəti]

명 대다수, 대부분

The **majority** agreed that his idea was the best.
대다수가 그의 의견이 최고라는 데 동의했다.

0856 ☐☐☐

minority
[mainɔ́:rəti]

명 1. 소수(파) 2. 소수 민족

The opinion of the **minority** is also important. 소수의 의견 또한 중요하다.

0857 ☐☐☐

permanent
[pə́:rmənənt]

형 영속하는, 영구적인

Smoking can cause **permanent** damage to your lungs.
흡연은 당신의 폐에 영구적인 손상을 입힐 수 있다.

➕ permanence 명 영구, 영속성   permanently 부 영구히, (영구)불변으로

0858 ☐☐☐

temporary
[témpərèri]

형 일시적인, 임시의

He's looking for a **temporary** job to work during the vacation.
그는 방학 동안 일할 임시직을 찾고 있다.

➕ temporarily 부 일시적으로, 임시로

0859 ☐☐☐

ancestor
[ǽnsestər]

명 조상, 선조

My **ancestor** settled on Long Island in the 17th century.
나의 조상은 17세기에 롱아일랜드에 정착했다.

0860 ☐☐☐

descendant
[diséndənt]

명 자손, 후예

He is a **descendant** of the Hungarian king. 그는 헝가리 왕의 후손이다.

0861 ☐☐☐

accelerate
[əksélərèit]

동 1. 가속하다, 빨라지다 2. 촉진하다

The car **accelerated** and moved in front of the bus.
그 차는 속도를 내서 버스를 추월했다.

➕ acceleration 명 가속(도)   accelerator 명 가속장치

0862 ☐☐☐

decelerate
[di:sélərèit]

동 감속하다, 속도가 줄어들다

I **decelerated** my car when the traffic light turned yellow.
나는 신호등이 노란 불로 바뀌었을 때 차의 속도를 줄였다.

➕ deceleration 명 감속(도)

0863 ☐☐☐
complexity
[kəmpléksəti]

몡 복잡성, 복잡함

It seems that he can't understand the **complexity** of the situation. 그는 그 상황의 복잡함을 이해하지 못하는 것 같다.

0864 ☐☐☐
simplicity
[simplísəti]

몡 단순함, 간단함

One of the advantages of the new system is its **simplicity**.
그 새로운 제도의 장점 중 하나는 단순하다는 것이다.

0865 ☐☐☐
mental
[méntəl]

혱 정신의, 마음의

The task was very hard and required a lot of **mental** strength.
그 일은 매우 어려워서 많은 정신력을 필요로 했다.

0866 ☐☐☐
physical
[físikəl]

혱 1. 육체의, 신체적인 2. 물질적인

Climbing the mountain is good for your **physical** health.
산에 오르는 것은 너의 신체 건강에 좋다.

0867 ☐☐☐
optimistic
[àptəmístik]

혱 낙관[낙천]적인, 낙천주의의

You must keep a positive and **optimistic** attitude to succeed.
성공하기 위해서는 긍정적이고 낙관적인 태도를 유지해야 한다.

➕ optimism 몡 낙관[낙천]주의   optimist 몡 낙천주의자

0868 ☐☐☐
skeptical
[sképtikəl]

혱 회의적인

He gave a **skeptical** response to my idea.
그는 내 의견에 회의적인 반응을 보였다.

➕ skepticism 몡 1. 의심, 회의 2. 회의론   skeptic 몡 회의론자

0869 ☐☐☐
objective
[əbdʒéktiv]

혱 객관적인 몡 목표, 목적 (윤 goal)

We hope that the referee is **objective** and impartial.
우리는 심판이 객관적이고 공정하기를 바란다.

0870 ☐☐☐
subjective
[səbdʒéktiv]

혱 주관적인, 주관의

The definition of success is **subjective**. 성공의 정의는 주관적이다.

Daily Test

1-20   영어를 우리말로, 우리말을 영어로 바꾸시오.

1   superior   _____

2   active   _____

3   permanent   _____

4   implicit   _____

5   minority   _____

6   skeptical   _____

7   physical   _____

8   objective   _____

9   introvert   _____

10 simplicity   _____

11 소극적인, 수동적인   _____

12 상대적인; 관련 있는; 친척   _____

13 숨기다, 감추다   _____

14 대다수, 대부분   _____

15 붙이다, 첨부하다   _____

16 복잡성, 복잡함   _____

17 주관적인, 주관의   _____

18 감속하다, 속도가 줄어들다   _____

19 정신의, 마음의   _____

20 분리하다, 떼어내다   _____

21-26   문맥상 괄호 안에서 알맞은 단어를 고르시오.

21 Don't (conceal / reveal) the secret that I told you.

22 He can only sleep in (absolute / relative) darkness.

23 You must keep a positive and (skeptical / optimistic) attitude to succeed.

24 The car (accelerated / decelerated) and moved in front of the bus.

25 My (descendant / ancestor) settled on Long Island in the 17th century.

26 An (introvert / extrovert) likes being around other people.

Answer   [1] (~보다 더) 뛰어난, 나은, 우월한 [2] 적극적인; 활동적인 [3] 영속하는, 영구적인 [4] 내포된, 함축적인 [5] 소수(파); 소수 민족 [6] 회의적인 [7] 육체의, 신체적인; 물질적인 [8] 객관적인; 목표, 목적 [9] 내성적인 사람 [10] 단순함, 간단함 [11] passive [12] relative [13] conceal [14] majority [15] attach [16] complexity [17] subjective [18] decelerate [19] mental [20] detach [21] reveal [22] absolute [23] optimistic [24] accelerated [25] ancestor [26] extrovert

철자가 비슷한 어휘 (1)

0871 ☐☐☐
sew
[sou]

동 (sewed – sewn/sewed) 꿰매다, 바느질하다

Mom is **sewing** my torn school uniforms.
엄마는 내 찢어진 교복을 꿰매고 계신다.

0872 ☐☐☐
sow
[sou]

동 (sowed – sown/sowed) (씨를) 뿌리다

Farmers **sow** wheat seeds on approximately the same date every year. 농부들은 매년 거의 같은 날에 밀 씨를 뿌린다.

0873 ☐☐☐
revolve
[riválv]

동 돌다, 회전하다

The earth **revolves** around the sun. 지구는 태양 주위를 돈다.

0874 ☐☐☐
evolve
[iválv]

동 1. 진화하다[시키다] 2. 발달하다[시키다]

Human beings have **evolved** for millions of years.
인간은 수백 년 동안 진화해왔다.

➕ evolution 명 1. 진화 2. 발전   evolutionary 형 1. 진화의 2. 점진적인

0875 ☐☐☐
neutral
[njúːtrəl]

형 중립의, 어느 편도 들지 않는

She always tries to remain **neutral** during the meetings.
그녀는 회의 중에 항상 중립을 유지하려고 노력한다.

0876 ☐☐☐
natural
[nǽtʃərəl]

형 1. 자연의, 천연의 2. 타고난

This soap is made of **natural** ingredients, such as milk and fruit oils. 이 비누는 우유와 과일 오일과 같은 천연 재료들로 만들어졌다.

0877 ☐☐☐
neural
[njúərəl]

형 신경(계)의

I have a problem with my **neural** system.
나는 신경계에 문제가 있다.

flesh

[fleʃ]

명 (인간 · 동물의) 살, 살코기

I burned the **flesh** of my hand on the iron.
나는 다리미에 손을 데었다.

---

flash

[flæʃ]

명 번쩍임 동 번쩍이다, 번쩍거리다

I saw the brief **flash** of light in a dark hallway.
나는 어두운 복도에서 잠깐의 번쩍이는 섬광을 보았다.

---

leak

[liːk]

동 (물 · 공기 등이) 새다 명 새는 구멍

The bathroom sink has been **leaking** for three days.
화장실 세면대의 물이 3일째 새고 있다.

➕ leakage 명 누출, 누설　　　leaky 형 새는, 새기 쉬운

---

lick

[lik]

동 핥다

People normally **lick** ice cream cones more than 50 times before finishing them.
사람들은 보통 아이스크림콘을 다 먹을 때까지 50번 이상 핥는다.

---

assess

[əsés]

동 평가[산정]하다

The company **assesses** employees' suitability for their jobs once a year. 그 회사는 직원들의 직무 적합성을 일 년에 한 번 평가한다.

➕ assessable 형 평가할 수 있는　　assessment 명 평가

---

access

[ǽksès]

명 접근(성), 이용 동 접근하다

Many hotels provide free Internet **access** to their guests.
많은 호텔이 투숙객에게 무료 인터넷 접속을 제공한다.

➕ accessible 형 접근할 수 있는

---

excess

[éksès]

명 초과, 과잉 형 초과한

You should pay a charge for **excess** baggage.
당신은 초과 수화물 요금을 지불해야 합니다.

➕ excessive 형 과도한

0885 ☐☐☐

compliment

명 [kámpləmənt]
동 [kámpləmènt]

명 칭찬 동 칭찬하다

Everybody feels pleased after getting a **compliment**.
모든 사람은 칭찬을 받으면 기분이 좋아진다.

➕ complimentary 형 1. 칭찬하는 2. 무료의

0886 ☐☐☐

complement

명 [kámpləmənt]
동 [kámpləmènt]

명 보충물, 보완하는 것 동 보완[보충]하다

The soccer team members perfectly **complement** each other's skills. 그 축구팀 구성원들은 서로의 기술을 완벽하게 보완한다.

➕ complementary 형 서로 보완하는

0887 ☐☐☐

personal

[pə́rsənl]

형 개인의, 사적인

He's only in it for **personal** gain. 〈속담〉 염불에는 맘이 없고 잿밥에만 맘이 있다.

➕ personality 명 1. 성격 2. 개성 personally 부 개인적으로, 직접

0888 ☐☐☐

personnel

[pə̀:rsənél]

명 (총)인원, (전) 직원 형 인사의, 직원의

We need enough **personnel** to take on another project.
우리는 다른 프로젝트를 맡을 충분한 인원이 필요하다.

0889 ☐☐☐

prey

[prei]

명 1. 먹이 2. 희생(물)

Great white sharks typically attack their **prey** in the morning.
백상아리는 보통 아침에 먹이를 공격한다.

0890 ☐☐☐

pray

[prei]

동 기도하다, 빌다, 간청하다

We'll **pray** for your recovery. 우리가 너의 회복을 빌어줄게.

0891 ☐☐☐

region

[ríːdʒən]

명 1. 지역 2. 부분 3. 범위

In a desert **region**, the annual rainfall is less than 250 mm.
사막 지역에서는 연 강수량이 250mm 미만이다.

➕ regional 형 지역적인, 지방의

0892 ☐☐☐

religion

[rilídʒən]

명 종교, 신앙

The freedom of **religion** is a fundamental human right.
종교의 자유는 인간의 기본적 권리이다.

➕ religious 형 1. 종교(상)의 2. 독실한

DAY 30

mess
[mes]

명 엉망, 어질러 놓은 것

This restroom is always a **mess**. 이 화장실은 항상 엉망이다.

➕ messy 형 어질러진   in a mess 1. 어질러져서 2. 곤경에 빠져

---

mass
[mæs]

명 1. 큰 덩어리 2. 다량, 다수 3. 대중

The manufacturer could reduce costs through **mass** production.
그 제조업체는 대량 생산을 통해 비용을 절감할 수 있었다.

➕ massive 형 크고 무거운, 대량의

---

meditation
[mèdətéiʃən]

명 1. 명상 2. 심사숙고

Scientists say that **meditation** helps reduce stress.
과학자들은 명상이 스트레스를 줄이는 데 도움이 된다고 말한다.

➕ meditate 동 1. 숙고하다 2. 명상하다

---

medication
[mèdəkéiʃən]

명 1. 약물 2. 약물 치료

She is taking **medication** for depression. 그녀는 우울증 약을 복용하고 있다.

➕ medicate 동 약으로 치료하다, 투약하다

---

simulate
[símjulèit]

동 1. 흉내 내다, ~인 체하다 2. ~의 모의실험을 하다

The golf video game **simulates** a real golf course.
그 골프 비디오 게임은 실제 골프장을 흉내 낸 것이다.

➕ simulation 명 시뮬레이션, 모의실험   simulated 형 모조의, 가장된

---

stimulate
[stímjulèit]

동 1. 자극하다 2. 격려하다, 고무시키다

There are a lot of books to **stimulate** the creativity of a child.
아이의 창의력을 자극하는 책들이 많이 있다.

➕ stimulation 명 1. 자극 2. 고무, 격려   stimulus 명 자극(하는 것) (복수형 stimuli)

---

absorb
[əbsɔ́:rb]

동 1. 흡수하다 2. (정보·지식 등을) 받아들이다 3. 열중하게 하다

Plants **absorb** water from their root hairs. 식물은 뿌리털로 물을 흡수한다.

➕ absorption 명 흡수, 몰두

---

absurd
[əbsɔ́:rd]

형 어리석은, 터무니없는

What an **absurd** idea! 정말 터무니없는 생각이야!

➕ absurdity 명 부조리, 모순

1-20　영어를 우리말로, 우리말을 영어로 바꾸시오.

1	sow	_____	11 자연의, 천연의; 타고난	_____
2	absurd	_____	12 신경(계)의	_____
3	personnel	_____	13 먹이; 희생(물)	_____
4	revolve	_____	14 지역; 부분; 범위	_____
5	personal	_____	15 진화하다[시키다]; 발달하다[시키다]	_____
6	religion	_____	16 초과, 과잉; 초과한	_____
7	compliment	_____	17 명상; 심사숙고	_____
8	lick	_____	18 번쩍임; 번쩍이다	_____
9	mess	_____	19 중립의, 어느 편도 들지 않는	_____
10	simulate	_____	20 약물; 약물 치료	_____

21-26　문맥상 괄호 안에서 알맞은 단어를 고르시오.

21　Plants (absorb / absurd) water from their root hairs.

22　Mom is (sewing / sowing) my torn school uniforms.

23　We'll (prey / pray) for your recovery.

24　The bathroom sink has been (leaking / licking) for three days.

25　I burned the (flesh / flash) of my hand on the iron.

26　There are a lot of books to (simulate / stimulate) the creativity of a child.

Answer　¹(씨를) 뿌리다 ²어리석은, 터무니없는 ³(총)인원, (전) 직원; 인사의, 직원의 ⁴돌다, 회전하다 ⁵개인의, 사적인 ⁶종교, 신앙 ⁷칭찬(하다) ⁸핥다 ⁹엉망, 어질러 놓은 것 ¹⁰흉내 내다, ~인 체하다; ~의 모의실험을 하다 ¹¹natural ¹²neural ¹³prey ¹⁴region ¹⁵evolve ¹⁶excess ¹⁷meditation ¹⁸flash ¹⁹neutral ²⁰medication ²¹absorb ²²sewing ²³pray ²⁴leaking ²⁵flesh ²⁶stimulate

철자가 비슷한 어휘 (2)

`0901` ☐☐☐
wander
[wάndər]

동 어슬렁거리다, 헤매다

I saw him **wander** along the street after school.
나는 그가 방과 후에 길에서 어슬렁거리는 것을 보았다.

`0902` ☐☐☐
wonder
[wΛ́ndər]

동 궁금하다　명 놀라움

I **wonder** what aliens look like. 나는 외계인이 어떻게 생겼는지 궁금하다.
➕ wonderful 형 1. 굉장히 멋진, 훌륭한　2. 놀라운

`0903` ☐☐☐
expand
[ikspǽnd]

동 넓히다, 확장[확대]하다

You'd better read a lot of books to **expand** your knowledge.
지식을 넓히기 위해서 많은 책을 읽는 것이 좋을 거야.
➕ expansion 명 확장, 팽창　　expansive 형 팽창력 있는

`0904` ☐☐☐
expend
[ikspénd]

동 (시간 · 노력 · 돈 등을) 들이다, 소비하다

If we eat more calories than we **expend** in activity, we will gain
weight. 우리가 활동에 소비하는 것보다 더 많은 칼로리를 섭취하면, 몸무게는 늘 것이다.
➕ expense 명 지출, 비용　　expensive 형 비싼

`0905` ☐☐☐
imitate
[ímətèit]

동 모방하다, 흉내 내다

The comedian is good at **imitating** famous people.
그 코미디언은 유명한 사람들 흉내를 잘 낸다.
➕ imitation 명 1. 모조품　2. 모방, 흉내　　imitative 형 흉내 내는

`0906` ☐☐☐
initiate
[iníʃièit]

동 시작하다, 창시하다

They will **initiate** a new project after the vacation.
그들은 휴가 후에 새로운 프로젝트를 시작할 것이다.

232

0907 ☐☐☐

vacation
[veikéiʃən]

몡 휴가

She's on **vacation** in Europe. 그녀는 유럽에서 휴가를 보내고 있다.

0908 ☐☐☐

vocation
[voukéiʃən]

몡 1. 천직, 직업 2. 사명감

I found that teaching children is my **vocation**.
나는 아이들을 가르치는 것이 내 천직이라는 것을 알았다.

➕ vocational 혱 직업상의

0909 ☐☐☐

bald
[bɔːld]

혱 벗어진, 대머리의

You can prevent yourself from going **bald** if you follow some tips. 몇 가지 방법만 따르면 대머리가 되는 것을 막을 수 있다.

➕ baldness 몡 1. 대머리임 2. 노골적임   baldly 凰 노골적으로

0910 ☐☐☐

bold
[bould]

혱 대담한, 용감한

She was **bold** enough to admit her mistakes.
그녀는 자신의 잘못을 인정할 정도로 대담했다.

0911 ☐☐☐

through
[θruː]

젼 ~을 통하여, ~을 지나서

The train passed **through** tunnels twice.
그 기차는 터널을 두 번 통과했다.

0912 ☐☐☐

thorough
[θɔ́ːrou]

혱 철저한, 빈틈없는

He was advised to get a **thorough** medical checkup.
그는 정밀 검진을 받으라는 충고를 받았다.

➕ thoroughly 凰 완전히, 철저히

0913 ☐☐☐

marvel
[máːrvəl]

동 놀라다   몡 놀라운 사람[물건]

They **marveled** at her pioneering spirit.
그들은 그녀의 개척 정신에 놀랐다.

➕ marvel(l)ous 혱 놀라운, 훌륭한

0914 ☐☐☐

marble
[máːrbl]

몡 1. 대리석 2. 구슬

The entire Taj Mahal is made of **marble**.
타지마할은 전체가 대리석으로 만들어졌다.

0915 ☐☐☐

assume
[əsú:m]

동 1. 가정하다 2. 떠맡다

I always **assume** the worst in every situation.
나는 항상 모든 상황에서 최악의 경우를 가정한다.

➕ assumption 명 가정, 추정

0916 ☐☐☐

consume
[kənsú:m]

동 소비하다, 다 써버리다

This car **consumes** too much fuel. 이 자동차는 연료를 너무 많이 소모한다.

➕ consumption 명 소비(량)　　consumer 명 소비자

0917 ☐☐☐

award
[əwɔ́:rd]

명 상, 상품　동 수여하다

She received the Best Actress **award**.
그녀는 최우수 여배우상을 수상했다.

0918 ☐☐☐

reward
[riwɔ́:rd]

명 보상　동 보답하다

The **reward** for a good deed is another good deed.
〈속담〉 선행의 보답은 또 다른 선행이다.

0919 ☐☐☐

eliminate
[ilímənèit]

동 제거하다, 삭제하다

Can we ever **eliminate** hunger from the world?
과연 우리는 이 세상에서 배고픔을 없앨 수 있을까?

➕ elimination 명 제거, 삭제

0920 ☐☐☐

illuminate
[ilú:mənèit]

동 조명하다, 밝게 하다

Lucy **illuminated** the room with candles. Lucy는 촛불로 방을 밝혔다.

➕ illuminating 형 이해를 돕는

0921 ☐☐☐

statue
[stǽtʃu:]

명 상, 조각상

The **Statue** of Liberty is one of the most recognizable icons of
the US. 자유의 여신상은 미국에서 가장 쉽게 알아볼 만한 상징 중 하나이다.

0922 ☐☐☐

status
[stéitəs]

명 지위, 신분

Most Roman clothing was designed to reveal the wearer's social
status. 대부분의 로마 의복은 입는 사람의 사회적 지위를 나타내도록 디자인되었다.

0923 ☐☐☐

hospitality
[hàspitǽləti]

몡 환대, 친절히 접대함

Thank you for your **hospitality** during my stay here.
제가 여기에 머무는 동안 환대해 주셔서 감사합니다.

➕ hospitable 혱 환대하는

0924 ☐☐☐

hostility
[hɑstíləti]

몡 적의, 적개심

He showed **hostility** toward the social welfare program.
그는 그 사회복지 프로그램에 대한 적의를 보였다.

➕ hostile 혱 1. 적대적인 2. 적의, 적군의

0925 ☐☐☐

affect
[əfékt]

동 ~에 영향을 미치다

He insisted that the TV program **affects** children negatively.
그는 그 TV 프로그램이 아이들에게 부정적인 영향을 미친다고 주장했다.

0926 ☐☐☐

effect
[ifékt]

몡 효력, 효과, 결과 동 (어떤 결과를) 초래하다

Excessive drinking causes a harmful **effect** on your health.
지나친 음주는 건강에 해로운 영향을 끼친다.

➕ effective 혱 1. 효과적인 2. 유효한   side effect 부작용
cause and effect 원인과 결과

0927 ☐☐☐

conserve
[kənsə́ːrv]

동 보존하다, 보호하다 (윤 preserve)

We should **conserve** wetlands for migratory birds.
철새들을 위해 습지를 보존해야 한다.

➕ conservation 몡 보존, 보호   conservative 혱 보수적인

0928 ☐☐☐

observe
[əbzə́ːrv]

동 1. 관찰하다, 지켜보다 2. (법·관습 등을) 지키다, 준수하다 (윤 obey)

The astronomers **observed** the movement of the comet.
천문학자들이 혜성의 움직임을 관찰했다.

➕ observer 몡 관찰자, 감시자   observant 혱 관찰력 있는

0929 ☐☐☐

expire
[ikspáiər]

동 만기가 되다, 만료되다

My passport **expires** in six months. 내 여권이 6개월 후에 만료된다.

➕ expiration 몡 만료, 만기

0930 ☐☐☐

inspire
[inspáiər]

동 1. 격려하다 2. (감정 등을) 불어넣다, 영감을 주다

My teacher **inspired** me to be independent.
선생님은 내가 자립적이 되도록 격려하셨다.

➕ inspiration 몡 1. 영감 2. 자극

Daily Test

1-20 영어를 우리말로, 우리말을 영어로 바꾸시오.

1	wander	_____	11	만기가 되다, 만료되다	_____
2	marvel	_____	12	환대, 친절히 접대함	_____
3	statue	_____	13	조명하다, 밝게 하다	_____
4	vacation	_____	14	철저한, 빈틈없는	_____
5	bold	_____	15	가정하다; 떠맡다	_____
6	hostility	_____	16	궁금하다; 놀라움	_____
7	status	_____	17	모방하다, 흉내 내다	_____
8	affect	_____	18	대리석; 구슬	_____
9	expand	_____	19	벗어진, 대머리의	_____
10	conserve	_____	20	~을 통하여, ~을 지나서	_____

21-26 문맥상 괄호 안에서 알맞은 단어를 고르시오.

21 I found that teaching children is my (vacation / vocation).

22 She received the Best Actress (award / reward).

23 Can we ever (illuminate / eliminate) hunger from the world?

24 This car (assumes / consumes) too much fuel.

25 My teacher (inspired / expired) me to be independent.

26 They will (imitate / initiate) a new project after the vacation.

Answer [1] 어슬렁거리다, 헤매다 [2] 놀라다; 놀라운 사람[물건] [3] 상, 조각상 [4] 휴가 [5] 대담한, 용감한 [6] 적의, 적개심 [7] 지위, 신분 [8] ~에 영향을 미치다 [9] 넓히다, 확장[확대]하다 [10] 보존하다, 보호하다 [11] expire [12] hospitality [13] illuminate [14] thorough [15] assume [16] wonder [17] imitate [18] marble [19] bald [20] through [21] vocation [22] award [23] eliminate [24] consumes [25] inspired [26] initiate

철자가 비슷한 어휘 (3)

0931 □□□
inherent
[inhíərənt]

형 타고난, 고유의

Free speech is regarded as an **inherent** right of humans.
언론의 자유는 인간의 고유한 권리라고 여겨진다.

➕ inherence 명 고유, 타고남

0932 □□□
inheritance
[inhérətəns]

명 1. 상속 재산, 유산 2. 계승

Charles has recently received a large **inheritance**.
Charles는 최근에 많은 유산을 받았다.

0933 □□□
detect
[ditékt]

동 발견하다, 감지하다, 알아내다

Some dogs can **detect** cancer by smelling a patient's breath.
어떤 개들은 환자의 입 냄새를 맡아 암을 찾아낼 수 있다.

➕ detectable 형 탐지할 수 있는   detective 명 탐정, 형사
detection 명 발견, 탐지   detector 명 탐지기

0934 □□□
protect
[prətékt]

동 지키다, 보호하다

We should **protect** our children from harmful information on the Web. 우리는 웹에서의 유해한 정보로부터 아이들을 보호해야 한다.

➕ protection 명 보호, 방어   protective 형 보호하는

0935 □□□
hesitancy
[hézətənsi]

명 머뭇거림, 망설임

Please contact us without **hesitancy**.
주저하지 말고 저희에게 연락해주세요.

➕ hesitate 동 주저하다, 망설이다   hesitant 형 주저하는, 망설이는

0936 □□□
consistency
[kənsístənsi]

명 1. 일관성 2. 견고함

He always showed **consistency** in his behavior.
그는 항상 자신의 행동에 일관성을 보여줬다.

➕ consistent 형 1. 일관된, 한결같은 2. 일치하는

invention
[invénʃən]

명 1. 발명 2. 발명품

Necessity is the mother of **invention**. 〈속담〉 필요는 발명의 어머니이다.

➕ invent 동 발명하다　　　　inventor 명 발명가

convention
[kənvénʃən]

명 1. 집회, 총회 2. 관습

I am planning to attend the **convention** this weekend.
나는 이번 주말 총회에 참석할 계획이다.

➕ conventional 형 전통적인, 관습적인

compact
형 [kəmpǽkt]
명 [kámpækt]

형 1. 아담한 2. 빽빽한　명 계약, 협정

This bed is **compact** but quite comfortable.
이 침대는 작지만 아주 편안하다.

impact
명 [ímpækt]
동 [impǽkt]

명 1. 충격 2. 영향　동 충격을 주다

His speech had an **impact** on the students.
그의 연설은 학생들에게 영향을 미쳤다.

➕ have an impact on ~에 영향을 주다

continual
[kəntínjuəl]

형 빈번한, 자주 일어나는

I'm angry about his **continual** complaining.
나는 그의 빈번한 불평에 화가 난다.

➕ continue 동 계속되다, 이어지다　continually 부 계속적으로, 빈번히

continuous
[kəntínjuəs]

형 끊임없는, 연속적인

He was successful due to his **continuous** efforts.
그는 끊임없는 노력 덕분에 성공했다.

➕ continuously 부 계속하여, 끊임없이

stationary
[stéiʃənèri]

형 움직이지 않는, 정지한

Julie is standing behind the **stationary** vehicle.
Julie는 정지된 차 뒤에 서 있다.

stationery
[stéiʃənèri]

명 문구, 문방구

We produce and sell **stationery** items.
우리는 문구용품을 만들어 판매한다.

0945 ☐☐☐

capability

[kèipəbíləti]

명 능력, 재능

He has the **capability** to succeed at whatever he does.
그는 그가 하는 것은 무엇이든지 성공시키는 능력을 지니고 있다.

➕ capable 형 1. ~을 할 수 있는 2. 유능한

0946 ☐☐☐

capacity

[kəpǽsəti]

명 1. 수용력 2. 용량 3. 능력

They manage a hotel with a **capacity** of 100 rooms.
그들은 100개의 객실이 있는 호텔을 경영한다.

0947 ☐☐☐

career

[kəríər]

명 1. 직업 2. 경력

I'm planning my future **career**. 나는 앞으로의 내 직업을 계획하는 중이다.

0948 ☐☐☐

carrier

[kǽriər]

명 1. 운반인 2. 운반기 3. 보균자 4. 운수 회사

The mail **carrier** will deliver the mail to your house by noon.
우편 배달원이 정오까지 너의 집으로 우편물을 배달할 것이다.

0949 ☐☐☐

momentary

[móuməntèri]

형 순간의

Eating can provide **momentary** relief from stress.
먹는 것이 순간적으로 스트레스를 경감시킬 수 있다.

➕ momentarily 부 1. 잠시 2. 곧, 즉시

0950 ☐☐☐

momentous

[mouméntəs]

형 중대한, 중요한

He made a **momentous** decision for his future.
그는 미래를 위해 중대한 결정을 내렸다.

0951 ☐☐☐

respectful

[rispéktfəl]

형 공손한, 존경[존중]하는 (반 disrespectful)

Daniel is **respectful** to his teachers and other students.
Daniel은 교사와 다른 학생들에게 공손하다.

0952 ☐☐☐

respective

[rispéktiv]

형 각각의, 개개의

Students were required to sit silently in their **respective** seats.
학생들은 각자의 자리에 조용히 앉아 있을 것을 요구받았다.

0953 ☐☐☐

reserve
[rizə́:rv]

동 1. 따로 떼어두다, 준비해두다 (⊛ set aside) 2. 예약하다   명 비축(물)

The seats are **reserved** for old and disabled people.
그 좌석들은 노인과 장애인들을 위해 따로 마련해둔 것이다.

➕ reservation 명 예약

0954 ☐☐☐

deserve
[dizə́:rv]

동 ~할 가치가 있다, ~을 받을 만하다

He **deserves** to be praised for what he has done.
그가 한 일은 칭찬받을 만하다.

0955 ☐☐☐

jealous
[dʒéləs]

형 1. 질투가 많은 2. 투기하는

Don't be **jealous** of what the other people have.
다른 사람들이 가진 것을 질투하지 마라.

➕ jealousy 명 질투   jealously 부 1. 질투하여 2. 경계하여

0956 ☐☐☐

zealous
[zéləs]

형 열심인, 열광적인

He is very **zealous** about learning different languages.
그는 다른 언어를 배우는 데 아주 열성적이다.

0957 ☐☐☐

competition
[kàmpitíʃən]

명 1. 경쟁 2. 대회, 시합 (⊛ contest)

Singing **competitions** are very popular on television recently.
노래 대회는 최근에 텔레비전에서 매우 인기 있다.

➕ compete 동 경쟁하다

0958 ☐☐☐

competence
[kámpitəns]

명 1. 능력, 역량 (⊛ capability ⊜ incompetence) 2. 권한

His **competence** in math continued to grow.
그의 수학적 능력은 계속해서 발전했다.

➕ competent 형 유능한

0959 ☐☐☐

observance
[əbzə́:rvəns]

명 1. 준수 2. 의식

Teachers have stressed the strict **observance** of school rules.
선생님들은 교칙 엄수를 강조하셨다.

0960 ☐☐☐

observation
[àbzərvéiʃən]

명 관찰, 감시

He is under **observation** as being a possible spy.
그는 스파이로 의심되어 감시하에 있다.

➕ observatory 명 관측소, 천문대   observer 명 관찰자, 감시자

Daily Test

1-20 영어를 우리말로, 우리말을 영어로 바꾸시오.

1	inherent	_____	11	머뭇거림, 망설임	_____
2	protect	_____	12	발명; 발명품	_____
3	consistency	_____	13	움직이지 않는, 정지한	_____
4	continuous	_____	14	상속 재산, 유산; 계승	_____
5	capability	_____	15	발견하다, 감지하다	_____
6	competence	_____	16	열심인, 열광적인	_____
7	momentary	_____	17	집회, 총회; 관습	_____
8	respective	_____	18	경쟁; 대회, 시합	_____
9	reserve	_____	19	관찰, 감시	_____
10	momentous	_____	20	충격(을 주다); 영향	_____

21-26 문맥상 괄호 안에서 알맞은 단어를 고르시오.

21 We produce and sell (stationary / stationery) items.

22 They manage a hotel with a (capability / capacity) of 100 rooms.

23 I'm planning my future (carrier / career).

24 He (reserves / deserves) to be praised for what he has done.

25 Teachers have stressed the strict (observance / observation) of school rules.

26 This bed is (compact / impact) but quite comfortable.

Answer ¹ 타고난, 고유의 ² 지키다, 보호하다 ³ 일관성; 견고함 ⁴ 끊임없는, 연속적인 ⁵ 능력, 재능 ⁶ 능력, 역량; 권한 ⁷ 순간의 ⁸ 각각의, 개개의 ⁹ 따로 떼어두다, 준비해두다; 예약하다; 비축(물) ¹⁰ 중대한, 중요한 ¹¹ hesitancy ¹² invention ¹³ stationary ¹⁴ inheritance ¹⁵ detect ¹⁶ zealous ¹⁷ convention ¹⁸ competition ¹⁹ observation ²⁰ impact ²¹ stationery ²² capacity ²³ career ²⁴ deserves ²⁵ observance ²⁶ compact

철자가 비슷한 어휘 (4)

0961 ☐☐☐
disability
[dìsəbíləti]

몡 1. 장애, 불리한 조건 2. 무력

We're raising funds to support people with physical **disabilities**. 우리는 신체적 장애를 가진 사람들을 후원하기 위해 모금을 하고 있다.

➕ ability 몡 할 수 있음, 능력

0962 ☐☐☐
inability
[ìnəbíləti]

몡 ~할 수 없음, 무능력

John apologized for his **inability** to attend the meeting.
John은 회의에 참석할 수 없는 것에 대해 사과했다.

0963 ☐☐☐
tempt
[tempt]

통 유혹하다, 부추기다

Don't be **tempted** by cheaper options—this is worth the money. 더 싼 것에 유혹되지 마십시오. 이것은 그 금액에 상응하는 가치가 있습니다.

➕ temptation 몡 유혹   tempting 혱 유혹하는, 매력적인

0964 ☐☐☐
contempt
[kəntémpt]

몡 1. 경멸, 모욕 2. 수치

He couldn't endure that kind of **contempt**.
그는 그러한 모욕을 견딜 수 없었다.

➕ contemptible 혱 경멸할 만한   contemptuous 혱 모욕적인, 무시하는

0965 ☐☐☐
carve
[kɑːrv]

통 1. 베다 2. (어떤 모양으로) 새기다

Carve the roasted turkey and serve it with mushrooms.
구운 칠면조를 잘라서 버섯과 함께 내라.

0966 ☐☐☐
curve
[kəːrv]

몡 1. 곡선 2. (도로 등의) 굽이, 커브 통 구부러지다

The car drove slowly through the **curve** in the road.
그 차는 도로의 커브에서 천천히 달렸다.

0967 □□□

memorable
[mémərəbl]

형 기억할 만한

It was the most **memorable** soccer match that I've ever watched. 그 경기는 내가 본 것 중에 가장 기억에 남는 축구 경기였다.

0968 □□□

memorial
[məmɔ́:riəl]

명 기념물 형 기념의

They erected a **memorial** statue to the great man.
그들은 위인의 기념 동상을 세웠다.

0969 □□□

professor
[prəfésər]

명 교수

The **professor** is an expert in the field of child psychology.
그 교수는 아동 심리학 분야의 전문가이다.

0970 □□□

profession
[prəféʃən]

명 직업, 전문직

All **professions** are of equal value. 직업에는 귀천이 없다.
➕ professional 형 1. 직업의 2. 전문적인 명 1. 전문가 2. 프로 (선수)

0971 □□□

physicist
[fízəsist]

명 물리학자

The **physicist** was awarded a prize for his research.
그 물리학자는 자신의 연구로 상을 받았다.
➕ physics 명 물리학

0972 □□□

physician
[fizíʃən]

명 내과 의사, 의사

Consult a **physician** for proper treatment as soon as possible.
적절한 치료를 위해 가능한 한 빨리 의사와 상담해라.

0973 □□□

occupation
[àkjupéiʃən]

명 직업, 업무

She changed her **occupation** from a teacher to a writer.
그녀는 자신의 직업을 교사에서 작가로 바꾸었다.
➕ occupy 동 1. 차지하다 2. 거주하다   occupational 형 직업의

0974 □□□

occupant
[ákjupənt]

명 점유자, 거주자

I haven't seen the **occupant** of the house next door.
나는 옆집에 사는 사람을 본 적이 없다.

conscious
[kánʃəs]

형 1. 의식하는, 자각하는 2. 의식이 있는 3. 의도적인

I was very **conscious** of people watching me at the party.
나는 파티에서 나를 쳐다보는 사람들을 매우 의식했다.

conscience
[kánʃəns]

명 양심, 도덕심

A guilty **conscience** needs no accuser. 〈속담〉 도둑이 제 발 저린다.

➕ conscientious 형 양심적인, 성실한

intelligent
[intélədʒənt]

형 지능이 높은, 총명한

The dolphin is an **intelligent** species. 돌고래는 지능이 높은 종이다.

➕ intelligence 명 1. 지능 2. 정보부, 첩보 기관

intellectual
[intəléktʃuəl]

형 지적인, 지성의

She is full of **intellectual** curiosity about every field.
그녀는 모든 분야에 지적 호기심이 왕성하다.

emit
[imít]

동 방출하다, ~을 내뿜다

The volcano is still **emitting** ashes. 그 화산은 아직도 화산재를 내뿜고 있다.

➕ emission 명 방출

omit
[oumít]

동 ~을 생략하다, 빠뜨리다

Don't **omit** punctuation marks at the end of sentences.
문장의 끝에 구두점을 빠뜨리지 마라.

➕ omission 명 생략(된 것)

attribute
[ətríbju:t]

동 ~의 탓[덕분]으로 하다

She **attributed** her success to her parents.
그녀는 자신의 성공을 부모님의 덕으로 돌렸다.

➕ attribution 명 1. 귀속, 귀인 2. 속성

contribute
[kəntríbju:t]

동 1. 기여하다 2. 기부하다

The tourism industry will **contribute** to economic
development. 관광산업이 경제 발전에 기여할 것이다.

➕ contribution 명 1. 기여 2. 기부(금)

0983 ☐☐☐

eminent

[émənənt]

형 저명한, (신분이) 높은

A lot of **eminent** scholars will attend the conference.
많은 저명한 학자들이 학회에 참석할 것이다.

0984 ☐☐☐

imminent

[ímənənt]

형 임박한, 촉박한

Some species are in **imminent** danger of extinction.
몇몇 종은 멸종 위기에 임박해 있다.

0985 ☐☐☐

prominent

[prámənənt]

형 두드러진, 현저한

His most **prominent** achievement was raising funds for the
homeless. 그의 가장 두드러진 업적은 노숙자들을 위해 모금을 한 것이다.

0986 ☐☐☐

literal

[lítərəl]

형 글자 그대로의

What is the **literal** meaning of this sentence?
이 문장의 글자 그대로의 의미는 무엇인가요?

➕ literally 부 글자 그대로, 그야말로

0987 ☐☐☐

literate

[lítərət]

형 읽고 쓸 수 있는 (반 illiterate)

Less than half of the town's people were **literate**.
그 마을 주민의 절반 미만이 읽고 쓸 수 있었다.

➕ literacy 명 읽고 쓰는 능력

0988 ☐☐☐

literary

[lítərèri]

형 문학의, 문학적인

The **literary** section of the library is over there.
도서관의 문학 섹션은 저쪽에 있다.

➕ literature 명 문학 (작품)

0989 ☐☐☐

numeral

[njú:mərəl]

명 숫자

The use of Arabic **numerals** spread around the world.
아라비아 숫자의 사용이 전 세계로 퍼졌다.

➕ numerical 형 수의, 숫자상의   numerate 형 계산 능력이 있는

0990 ☐☐☐

numerous

[njú:mərəs]

형 다수의, 셀 수 없이 많은

There are **numerous** environmental benefits of organic farming.
유기 농업은 환경적인 이점이 많이 있다.

Daily Test

1-20 영어를 우리말로, 우리말을 영어로 바꾸시오.

1 memorable _____

2 profession _____

3 physicist _____

4 imminent _____

5 carve _____

6 intellectual _____

7 tempt _____

8 numerous _____

9 numeral _____

10 physician _____

11 장애, 불리한 조건; 무력 _____

12 지능이 높은, 총명한 _____

13 문학의, 문학적인 _____

14 경멸, 모욕; 수치 _____

15 교수 _____

16 양심, 도덕심 _____

17 기념물; 기념의 _____

18 점유자, 거주자 _____

19 ~의 탓[덕분]으로 하다 _____

20 읽고 쓸 수 있는 _____

21-26 문맥상 괄호 안에서 알맞은 단어를 고르시오.

21 She changed her (occupation / occupant) from a teacher to a writer.

22 I was very (conscious / conscience) of people watching me at the party.

23 Don't (emit / omit) punctuation marks at the end of sentences.

24 What is the (literal / literate) meaning of this sentence?

25 The tourism industry will (attribute / contribute) to economic development.

26 A lot of (eminent / imminent) scholars will attend the conference.

Answer ¹ 기억할 만한 ² 직업, 전문직 ³ 물리학자 ⁴ 임박한, 촉박한 ⁵ 베다; 새기다 ⁶ 지적인, 지성의 ⁷ 유혹하다, 부추기다 ⁸ 다수의, 셀 수 없이 많은 ⁹ 숫자 ¹⁰ 내과 의사, 의사 ¹¹ disability ¹² intelligent ¹³ literary ¹⁴ contempt ¹⁵ professor ¹⁶ conscience ¹⁷ memorial ¹⁸ occupant ¹⁹ attribute ²⁰ literate ²¹ occupation ²² conscious ²³ omit ²⁴ literal ²⁵ contribute ²⁶ eminent

PART
04

여러 가지 뜻을
가진 어휘

DAY 34~38

클래스카드

0991 ☐☐☐
humble
[hʌ́mbl]

[형] 1. 겸손한 2. (신분이) 낮은, 비천한 3. 변변찮은

I think that man is too **humble**. 나는 저 남자가 너무 겸손하다고 생각한다.

He wanted to conceal his **humble** background.
그는 그의 비천한 배경을 숨기고 싶어 했다.

The couple live in a **humble** cottage.
그 부부는 변변찮은 오두막집에 살고 있다.

MEMORY KEY humble ┬ 겸손 → 겸손한
└ 열등 ┬ 낮은, 비천한
└ 변변찮은

0992 ☐☐☐
major
[méidʒər]

[형] 1. 중요한, 주요한 2. 대다수의, 큰 쪽의 [명] 전공 [동] ((~ in)) 전공하다

Private education is a **major** issue in our society.
사교육은 우리 사회의 주요 쟁점이다.

the **major** part of the income 수입의 대부분

I want to **major** in architecture at university.
나는 대학에서 건축학을 전공하고 싶다.

MEMORY KEY major ┬ 중요 ┬ 중요한, 주요한
│ └ 대다수의, 큰 쪽의
└ 전공 → 전공(하다)

0993 ☐☐☐
submit
[səbmít]

[동] 1. 제출하다 2. 복종[굴복]하다 3. 제안하다, 진술하다

When do I need to **submit** the report? 그 보고서를 언제 제출해야 하나요?

He refused to **submit** to his commander.
그는 지휘관에게 복종하기를 거부했다.

She **submitted** her proposal to the council.
그녀는 의회에 자신의 의견을 제안했다.

➕ submission [명] 1. 제출 2. 복종, 굴복   submissive [형] 복종하는, 순종하는

MEMORY KEY submit ┬ 내놓음 ┬ 제출하다
│ └ 제안하다, 진술하다
└ 복종 → 복종[굴복]하다

0994 ☐☐☐

capital
[kǽpitl]

图 1. 수도 2. 자본 3. 대문자　图 1. 대문자의 2. 자본의 3. 사형의

Ottawa is the **capital** of Canada. 오타와는 캐나다의 수도이다.
The company needs more **capital** to grow.
그 회사는 성장하기 위해 더 많은 자본이 필요하다.
The term 'Internet' begins with a **capital** letter.
'Internet'이라는 단어는 대문자로 시작한다.

0995 ☐☐☐

suspend
[səspénd]

图 1. 일시 중지하다 2. 정학[정직]시키다 3. 매달다 4. 보류하다

The website **suspended** service. 그 웹사이트는 서비스를 일시 중지했다.
The girl will be **suspended** from school.
그 소녀는 학교에서 정학당할 것이다.
They're **suspending** mirror balls from the ceiling.
그들은 천장에 미러볼을 매달고 있다.

➕ suspension 图 1. 일시 중지 2. 정직, 정학

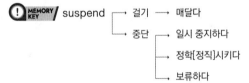

0996 ☐☐☐

comprehend
[kàmprihénd]

图 1. 이해하다, 파악하다 2. 포함하다, 내포하다

He **comprehended** the magnitude of the problem.
그는 그 문제의 중대성을 파악했다.
The price **comprehends** the delivery charge.
그 가격은 배송료를 포함한다.

➕ comprehensible 图 이해할 수 있는
comprehensive 图 포괄적인, 광범위한
comprehension 图 이해(력)

여러 가지 뜻을 가진 어휘 • **249**

moderate

형 [mάdərit]
동 [mάdərèit]

형 1. 보통의, 적당한 2. 중도의, 온건한   동 완화하다, 누그러뜨리다

I am looking for a house with a **moderate** price.
나는 적당한 가격의 집을 찾고 있다.

The politician proposed a **moderate** reform plan.
그 정치인은 온건한 개혁안을 제안했다.

Paul tried to **moderate** his anger.
Paul은 자신의 화를 누그러뜨리려고 애썼다.

➕ moderation 명 절제, 중용
　 moderately 부 알맞게, 적당히

---

modest

[mάdist]

형 1. 겸손한 2. (가격·크기 등이) 적당한, 대단하지 않은 3. 얌전한, 수수한

He was **modest** about his success.
그는 자신의 성공에 대해 겸손했다.

I have saved a **modest** amount of my salary.
나는 내 월급의 적당한 양을 저축해 오고 있다.

You should wear **modest** clothes when visiting mosques.
이슬람 사원을 방문할 때에는 정숙한 옷을 입어야 한다.

➕ modesty 명 1. 겸손 2. 정숙함

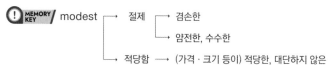

---

issue

[íʃuː]

명 1. 논점, 쟁점 2. 발행(물)   동 1. 발표[공표]하다 2. 발행하다

We need plenty of time to think about this **issue**.
우리는 이 쟁점에 대해 생각할 시간이 많이 필요하다.

issue a statement 성명을 발표하다

1000 ☐☐☐

complex

형 [kəmpléks]
명 [kámpleks]

형 1. 복잡한 2. 복합의 명 1. 건물 단지 2. 복합체 3. 콤플렉스, 강박관념

The issue was more **complex** than I thought.
그 문제는 내가 생각했던 것보다 더 복잡했다.

A leisure **complex** will be built near the park.
공원 근처에 종합 여가 단지가 세워질 것이다.

Boasting is a symptom of an inferiority **complex**.
자랑은 열등감의 징후이다.

➕ complexity 명 복잡성, 복잡함

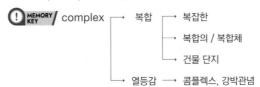

1001 ☐☐☐

deposit

[dipázit]

명 1. 계약금, 보증금 2. 예금 3. 퇴적물, 침전물
동 1. 두다 2. 예금하다 3. 퇴적[침전]시키다

pay a **deposit** on a house 집의 보증금을 치르다
I **deposited** library books on the desk. 나는 도서관 책들을 책상 위에 두었다.
I'll **deposit** some money in the bank. 나는 은행에 돈을 좀 예금할 것이다.

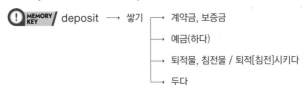

1002 ☐☐☐

suit

[suːt]

동 1. 적합하다, 알맞다 2. 어울리다 명 1. 정장 2. 소송 (㈜ lawsuit)

The red dress **suits** you well. 그 빨간 드레스는 너와 잘 어울린다.
He wore a **suit** for his job interview yesterday.
그는 어제 취업 면접을 위해 정장을 입었다.

She brought a **suit** against her employer.
그녀는 고용주를 상대로 소송을 제기했다.

➕ suitable 형 적합한, 알맞은

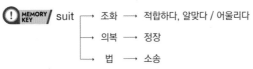

1003 ☐☐☐

property

[prápərti]

몡 1. 재산, 소유물 2. 부동산 3. 특성

He possesses a lot of **property**. 그는 많은 재산을 소유하고 있다.

The **property** market is booming. 부동산 시장이 호황이다.

Many herbs have natural healing **properties**.
많은 허브가 자연 치유 성질을 가지고 있다.

1004 ☐☐☐

attend

[əténd]

동 1. 참석[출석]하다 2. 돌보다 3. ~에 수반하다 4. 다루다, 처리하다

He wasn't able to **attend** his graduation ceremony.
그는 졸업식에 참석할 수 없었다.

She is **attending** to her sick son. 그녀는 아픈 아들을 돌보고 있다.

They have some matters to **attend** to.
그들은 몇 가지 처리해야 할 문제가 있다.

➕ attendant 몡 시중드는 사람, 수행원
  attentive 혱 주의 깊은, 세심한
  attendance 몡 출석(수)
  attention 몡 1. 관심 2. 주목 3. 돌봄

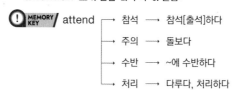

1005 ☐☐☐

tune

[tju:n]

몡 곡, 곡조 동 1. (악기를) 조율하다 2. (기계를) 조정하다 3. (채널을) 맞추다

He played a blues **tune**. 그는 블루스곡을 연주했다.

The violin has to be **tuned**. 그 바이올린은 조율되어야 한다.

We usually **tune** the radio to the news.
우리는 보통 라디오 주파수를 뉴스에 맞춘다.

➕ in[out of] tune 음이 맞는[맞지 않는]

command
[kəmǽnd]

통 1. 명령하다 2. 지휘하다 3. (경치를) 내려다보다   명 1. 명령 2. 지휘

The general **commanded** his troops to attack.
장군은 부대에게 공격하라고 명령했다.

The hotel **commands** a nice ocean view.
그 호텔은 멋진 바다 전망을 갖추고 있다.

➕ commander 명 지휘자, 사령관

---

contract
명 [kántrækt]
통 [kəntrǽkt]

명 계약(서)   통 1. 계약하다 2. 수축하다[시키다], 줄어들다 3. (병에) 걸리다

Read the **contract** carefully before you sign.
서명하기 전에 계약서를 주의 깊게 읽으세요.

Light causes the pupils to expand and **contract**.
빛은 동공을 팽창하고 수축하게 한다.

His son **contracted** the flu.
그의 아들은 독감에 걸렸다.

➕ contraction 명 수축, 축소

---

relieve
[rilíːv]

통 1. (고통 등을) 경감시키다 2. (문제의 심각성을) 완화하다 3. 교대하다

Working out is a great way to **relieve** stress.
운동은 스트레스를 낮추는 좋은 방법이다.

The policy is designed to **relieve** poverty.
그 정책은 빈곤을 줄이기 위해 만들어졌다.

I'm going to **relieve** my colleague after two hours.
나는 두 시간 후에 동료와 교대할 것이다.

➕ relief 명 1. 안도, 안심 2. (고통 등의) 완화 3. 구호물자
relieved 형 안심한, 안도하는

DAY 34

Daily Test

1-12 영어를 우리말로, 우리말을 영어로 바꾸시오.

1	humble	_____	7	논점, 쟁점, 발행(물); 발표[공표]하다	_____
2	property	_____	8	중요한; 대다수의; 전공(하다)	_____
3	modest	_____	9	참석[출석]하다; 돌보다; ~에 수반하다	_____
4	comprehend	_____	10	일시 중지하다; 정학[정직]시키다; 매달다	_____
5	submit	_____	11	곡, 곡조; 조율하다; 조정하다	_____
6	suit	_____	12	명령(하다); 지휘(하다); 내려다보다	_____

13-16 빈칸에 공통으로 들어갈 단어를 찾아 쓰시오.

moderate	capital	contract	relieve

13 • Working out is a great way to _____ stress.
   • The policy is designed to _____ poverty.
   • I'm going to _____ my colleague after two hours.

14 • I am looking for a house with a _____ price.
   • The politician proposed a _____ reform plan.
   • Paul tried to _____ his anger.

15 • Ottawa is the _____ of Canada.
   • The company needs more _____ to grow.
   • The term 'Internet' begins with a _____ letter.

16 • Read the _____ carefully before you sign.
   • Light causes the pupils to expand and _____.
   • His son _____(e)d the flu.

Answer ¹ 겸손한; 낮은, 비천한; 변변찮은 ² 재산, 소유물; 부동산; 특성 ³ 겸손한; 적당한; 얌전한 ⁴ 이해[파악]하다; 포함[내포]하다 ⁵ 제출하다; 복종[굴복]하다; 제안[진술]하다 ⁶ 적합하다; 어울리다; 정장; 소송 ⁷ issue ⁸ major ⁹ attend ¹⁰ suspend ¹¹ tune ¹² command ¹³ relieve ¹⁴ moderate ¹⁵ capital ¹⁶ contract

여러 가지 **뜻을** 가진 어휘 ⁽²⁾

1009 ☐☐☐

content
명 [kántent]
형동 [kəntént]

명 1. ((~s)) 내용(물) 2. 함유량 3. (연설 · 문서 등의) 내용
형 만족한 동 만족시키다

What are the **contents** of the package? 소포 안의 내용물은 뭔가요?
the **content** of the lecture 강연의 내용
I'm **content** with my job. 나는 내 직업에 만족한다.

➕ contentment 명 만족

1010 ☐☐☐

bind
[baind]

동 (bound – bound) 1. 묶다, 감다 2. 결속시키다 3. 의무를 지우다

I **bound** my hair with a yellow ribbon. 나는 노란 리본으로 머리를 묶었다.
The group projects help to **bind** the members together.
그 그룹 프로젝트는 구성원을 결속시키는 데 도움이 된다.
We are **bound** to follow the rule. 우리는 그 규칙을 따라야 할 의무가 있다.

MEMORY KEY bind ⟶ 묶기 ┬ 묶다, 감다
                        ├ 결속시키다
                        └ 의무를 지우다

1011 ☐☐☐

grave
[greiv]

명 무덤 형 1. 심각한 2. 중대한

We went to my grandmother's **grave** yesterday.
우리는 어제 할머니 산소에 갔다.

a **grave** tone 심각한 어조
She made a **grave** error in judgement.
그녀는 중대한 판단 실수를 했다.

➕ gravity 명 1. 중력 2. 심각성 3. 중대함

facility
[fəsíləti]

명 1. ((~s)) 설비, 시설 2. 기능 3. 건물, 장소 4. 재능, 능력 (㉤ talent)

Are there any banking **facilities** near here?
이 근처에 금융 기관이 있나요?

She has a **facility** for language learning.
그녀는 언어를 배우는 데 재능이 있다.

➕ facilitate 통 용이하게 하다

---

reflect
[riflékt]

통 1. (거울 등에) 비치다 2. (빛 등을) 반사하다 3. 반영하다 4. 심사숙고하다

He saw himself **reflected** in her sunglasses.
그는 그녀의 선글라스에 비친 자기 모습을 보았다.

The data **reflected** public opinion.
그 자료는 여론을 반영했다.

He **reflected** on that problem.
그는 그 문제에 대해 곰곰이 생각했다.

➕ reflection 명 1. 반사 2. 반영 3. 심사숙고

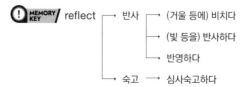

---

identify
[aidéntəfài]

통 1. (신원 등을) 확인하다 2. ((~ with)) (~와) 동일시하다

The man has not been **identified** yet.
그 남자의 신원은 아직 확인되지 않았다.

He **identifies** success with financial wealth.
그는 성공을 금전상의 부(富)와 동일시한다.

➕ identity 명 1. 신원, 정체 2. 정체성 3. 동일함, 일치
identification 명 신분 증명(서)   identical 형 동일한

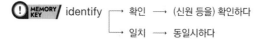

1015 ☐☐☐

decline
[dikláin]

동 1. 줄어들다, 감소하다 2. 거절하다 명 감소, 하락

Stock prices **declined** steeply.
주가가 급격히 떨어졌다.

He decided to **decline** the job offer.
그는 일자리 제안을 거절하기로 결심했다.

1016 ☐☐☐

cast
[kæst]

동 (cast – cast) 1. (시선·미소 등을) 던지다 2. 배역을 정하다 3. 주조하다
명 1. 출연자 2. 깁스

The baby **cast** a smile to me.
그 아기가 나에게 미소를 보냈다.

Who is in the **cast** of *Phantom of the Opera*?
누가 '오페라의 유령'의 배역을 맡았니?

He got a **cast** on his broken wrist.
그는 부러진 손목에 깁스를 했다.

1017 ☐☐☐

correspond
[kɔ̀:rəspánd]

동 1. 일치[부합]하다 2. 해당[상응]하다 3. 편지를 주고받다

The data doesn't **correspond** to reality.
그 자료는 현실에 부합하지 않는다.

No Korean word **corresponds** to that word.
그 단어에 해당하는 한국어는 없다.

I'm still **corresponding** with my old friends.
나는 오랜 친구들과 여전히 편지를 주고받는다.

➕ correspondence 명 1. 서신 왕래 2. 대응, 해당
correspondent 명 통신원, 특파원

1018 ☐☐☐

transfer

동 [trænsfə́r]
명 [trǽnsfər]

동 1. 이동하다, 전근[전학]하다 2. 환승하다 3. 전송하다
명 1. 이동, 이적, 전학 2. 환승

We **transferred** the books to our new shelves.
우리는 그 책들을 새 선반으로 옮겼다.

Transfer to another train at City Hall.
시청에서 다른 열차로 환승해라.

This application helps **transfer** files to other users' devices.
이 애플리케이션은 다른 사용자의 기기에 파일을 전송하는 것을 돕는다.

1019 ☐☐☐

reason

[ríːzn]

명 1. 이유 2. 근거 3. 이성   동 판단하다, 추론하다

What is your **reason** for being late again?
또 늦은 이유가 뭐야?

She lost her **reason** when her son was missing.
아들이 실종되자 그녀는 이성을 잃었다.

He **reasoned** that he would have enough time to finish.
그는 마무리할 시간이 충분히 있다고 판단했다.

➕ reasonable 형 1. 합리적인 2. 합당한

1020 ☐☐☐

abrupt

[əbrʌ́pt]

형 1. 돌연한, 갑작스러운 2. 퉁명스러운

Climatic changes cause **abrupt** ecosystem responses.
기후 변화는 갑작스러운 생태계 반응을 일으킨다.

I was upset with his **abrupt** attitude.
나는 그의 퉁명스러운 태도에 화가 났다.

➕ abruptly 부 1. 갑자기, 불쑥 2. 퉁명스럽게

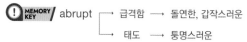

1021 ☐☐☐

occur

[əkə́:r]

동 1. 일어나다, 생기다 2. (생각 등이) 떠오르다 3. 존재하다, 발견되다

The accident **occurred** in the morning. 그 사고는 오전에 일어났다.
A great idea just **occurred** to me. 내게 방금 좋은 생각이 떠올랐다.
More than 100 bird species **occur** on the island.
그 섬에는 100종이 넘는 새가 있다.

➕ occurrence 명 1. 발생 2. 사건, 일어난 일

occur ⟶ 출현 ┬ 일어나다, 생기다
              ├ (생각 등이) 떠오르다
              └ 존재하다, 발견되다

1022 ☐☐☐

condemn

[kəndém]

동 1. 비난하다 2. 선고를 내리다 3. (좋지 않은 상황에) 처하게 하다

We **condemned** him for his mistake. 우리는 그의 실수를 비난했다.
The judge **condemned** the accused to four years in prison.
판사는 그 피고인에게 징역 4년형을 선고했다.

Joe was **condemned** to a life of loneliness.
Joe는 외로운 삶을 살아야만 했다.

➕ condemnation 명 비난   condemnatory 형 비난의

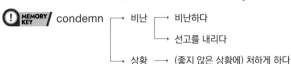
condemn ┬ 비난 ┬ 비난하다
        │   └ 선고를 내리다
        └ 상황 ⟶ (좋지 않은 상황에) 처하게 하다

1023 ☐☐☐

present

형 명 [prézənt]
동 [prizént]

형 1. 참석한 2. 현재의   명 1. 선물 2. ((the ~)) 현재
동 1. 주다, 제출하다 2. 나타내다 3. 생기다

There were 17 people **present** at the meeting.
회의에는 17명이 참석했다.

True happiness always lies in the **present**.
진정한 행복은 항상 현재에 있다.

Who was **presented** the award last year? 작년에 누가 그 상을 받았니?

➕ presence 명 참석, 출석, 있음

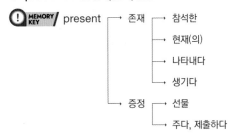
present ┬ 존재 ┬ 참석한
        │   ├ 현재(의)
        │   ├ 나타내다
        │   └ 생기다
        └ 증정 ┬ 선물
               └ 주다, 제출하다

accommodate
[əkámədèit]

⑤ 1. 수용하다, 공간을 제공하다 2. (의견 등을) 수용하다
3. (환경 등에) 적응하다

The hotel can **accommodate** about 300 people.
그 호텔은 약 300명을 수용할 수 있다.

He tried to **accommodate** others' opinions.
그는 다른 사람들의 생각을 수용하려고 노력했다.

He doesn't **accommodate** to new environments easily.
그는 새로운 환경에 쉽게 적응하지 못한다.

➕ accommodation ⑲ 1. 숙박 시설 2. 합의

scale
[skeil]

⑲ 1. 규모 2. (측정용) 등급 3. 저울 4. (지도의) 축척 5. (물고기 등의) 비늘

They grow crops on a large **scale**.
그들은 대규모로 농작물을 재배한다.

Put your package on the **scale**.
소포를 저울에 올려 주세요.

The **scale** of this map is 1:100,000.
이 지도의 축척은 10만분의 1이다.

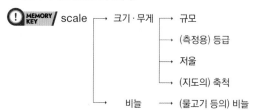

temperate
[témpərit]

⑲ 1. (기후 · 지역이) 온화한 2. (행동이) 절제된

Sydney has a **temperate** climate.
시드니는 기후가 온화하다.

You must be **temperate** in drinking and smoking.
너는 술과 담배를 삼가야 한다.

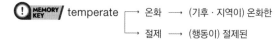

1-12 영어를 우리말로, 우리말을 영어로 바꾸시오.

1 bind _____
2 reason _____
3 abrupt _____
4 accommodate _____
5 decline _____
6 occur _____

7 (기후·지역이) 온화한;
(행동이) 절제된 _____
8 (신원 등을) 확인하다;
동일시하다 _____
9 설비, 시설; 기능; 건물,
장소 _____
10 무덤; 심각한; 중대한 _____
11 비치다; 반사하다;
반영하다 _____
12 일치하다; 해당하다;
편지를 주고받다 _____

13-16 빈칸에 공통으로 들어갈 단어를 찾아 쓰시오.

scale	present	cast	condemn

13 • The baby _____ a smile to me.
 • Who is in the _____ of *Phantom of the Opera*?
 • He got a _____ on his broken wrist.

14 • There were 17 people _____ at the meeting.
 • True happiness always lies in the _____.
 • Who was _____(e)d the award last year?

15 • They grow crops on a large _____.
 • Put your package on the _____.
 • The _____ of this map is 1:100,000.

16 • We _____(e)d him for his mistake.
 • The judge _____(e)d the accused to four years in prison.
 • Joe was _____(e)d to a life of loneliness.

Answer ¹ 묶다, 감다; 결속시키다; 의무를 지우다 ² 이유; 근거; 이성; 판단하다, 추론하다 ³ 돌연한, 갑작스러운; 퉁명스러운 ⁴ 공간을 제공하다; 수용하다; 적응하다 ⁵ 줄어들다, 감소하다; 거절하다; 감소, 하락 ⁶ 일어나다, 생기다; 떠오르다; 존재하다, 발견되다 ⁷ temperate ⁸ identify ⁹ facility ¹⁰ grave ¹¹ reflect ¹² correspond ¹³ cast ¹⁴ present ¹⁵ scale ¹⁶ condemn

1027 □□□

faculty

[fǽkəlti]

몡 1. 교수진, 교직원 2. (대학의) 학부 3. 재능, 능력

The college has an excellent **faculty**.
그 대학은 우수한 교수진을 갖추고 있다.

the **faculty** of law 법학부

He has the **faculty** to persuade others.
그는 다른 사람을 설득하는 능력을 지니고 있다.

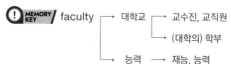

MEMORY KEY / faculty ┬ 대학교 ┬ 교수진, 교직원
                     │   └ (대학의) 학부
                     └ 능력 → 재능, 능력

1028 □□□

refer

[rifə́ːr]

동 1. 언급하다 2. 참고하다, 참조하다 3. 나타내다

The professor **referred** to earlier lectures for a review.
그 교수는 복습을 위해 이전 강의를 언급했다.

You can **refer** to a dictionary.
사전을 참고해도 된다.

The figures **refer** to the sales of last month.
그 수치는 지난달의 매출을 나타낸다.

➕ reference 몡 1. 언급 2. 참고, 참조 3. 추천서 4. 참고 문헌

MEMORY KEY / refer ┬ 인용 ┬ 언급하다
                   │   └ 참고하다, 참조하다
                   └ 보여줌 → 나타내다

1029 □□□

tough

[tʌf]

혱 1. 곤란한, 힘든 2. 튼튼한, 강인한 3. 질긴, 단단한

She had a **tough** time finding a job.
그녀는 직장을 구하느라 힘든 시간을 보냈다.

She is a **tough** businesswoman. 그녀는 강인한 사업가이다.

The meat was too **tough** to chew.
그 고기는 너무 질겨서 씹을 수가 없었다.

MEMORY KEY / tough ┬ 어려움 → 곤란한, 힘든
                   └ 견고함 ┬ 튼튼한, 강인한
                           └ 질긴, 단단한

1030 ☐☐☐
certain
[sə́ːrtən]

형 1. 확신하는 2. 확실한, 틀림없는 3. 특정한 4. 어느 정도의

I'm **certain** that he is aware of the problems.
나는 그가 문제점들을 알고 있다고 확신한다.

Certain symptoms may be early signs of cancer.
특정 증상들은 암의 초기 징후일 수 있다.

to a **certain** degree 어느 정도는

➕ **certainly** 부 틀림없이, 분명히   **certainty** 명 1. 확실성 2. 확신

1031 ☐☐☐
condition
[kəndíʃən]

명 1. 상태 2. ((~s)) (생활·작업 등의) 환경 3. 조건 동 길들이다

The company is in bad **condition**. 그 회사는 사정이 안 좋다.

He attached **conditions** to his approval. 그는 승인에 대해 조건을 달았다.

People are **conditioned** by their social circumstances.
사람들은 자신들의 사회 환경에 적응한다.

➕ **conditional** 형 조건부의

1032 ☐☐☐
craft
[kræft]

명 1. (수)공예 2. 기술 3. 배, 비행기, 우주선 동 공들여 만들다

This city is famous for its traditional **crafts**.
이 도시는 전통 공예로 유명하다.

He learned his **craft** from a carpenter. 그는 목수에게서 기술을 배웠다.

A damaged **craft** sailed into the harbor. 파손된 배가 항구로 들어왔다.

➕ **craftsman** 명 장인, 숙련공   **craftsmanship** 명 1. 손재주 2. 솜씨

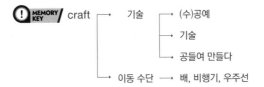

asset
[ǽset]

명 1. 자산, 재산 2. 자산(이 되는 사람 · 물건)

Her **assets** are estimated at about one billion won.
그녀의 재산은 약 10억 원으로 추정된다.

He will be a great **asset** to the company.
그는 그 회사의 대단한 자산이 될 것이다.

---

burst
[bəːrst]

동 (burst – burst) 1. 터지다 2. 불쑥 가다[오다] 3. 가득 차다, 터질 듯하다
명 파열, 폭발

The balloons **burst** from the pressure.
압력 때문에 풍선이 터졌다.

She **burst** onto the stage.
그녀는 불쑥 무대로 올라왔다.

I felt my heart **burst** with happiness.
나는 내 마음이 행복으로 충만한 것을 느꼈다.

---

beat
[biːt]

동 (beat – beaten) 1. 이기다 2. 치다, 때리다 3. 능가하다 4. (심장이) 고동치다
명 1. (연달아) 때림 2. 박자

I **beat** him at badminton.
나는 배드민턴 경기에서 그를 이겼다.

The rain **beat** against the roof.
비가 지붕을 때렸다.

They danced to the **beat** of the song.
그들은 노래의 박자에 맞춰 춤을 추었다.

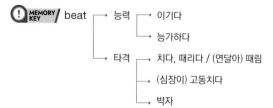

1036 ☐☐☐
edge
[edʒ]

몡 1. 가장자리, 끝 2. (칼 등의) 날   통 조금씩 움직이다

They sat on the **edge** of the cliff. 그들은 벼랑 끝에 앉았다.
The knife has a sharp **edge**. 그 칼은 날이 날카롭다.
The man **edged** towards me a little. 그 남자는 내 쪽으로 조금 다가왔다.

1037 ☐☐☐
deal
[diːl]

통 (dealt – dealt) 1. 다루다, 처리하다 2. 거래하다 3. (카드를) 나누다
몡 1. 거래 2. 대우, 취급

I can't **deal** with it right now. 나는 지금 당장 그 일을 처리할 수 없다.
Deal out one card each. 카드 한 장씩 나눠 주어라.
The **deal** was fair and reasonable.
그 거래는 공정하고 합리적이었다.

➕ dealer 몡 상인   a great deal of 다량의

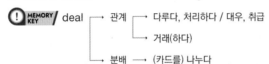

1038 ☐☐☐
direct
[dirékt, dairékt]

통 1. 지도하다 2. (길을) 안내하다 3. 감독하다
형 1. 직접적인 (⊕ indirect) 2. 직행의

They **directed** me to the library.
그들은 나에게 도서관 가는 길을 안내해 주었다.

He wants to **direct** movies.
그는 영화를 감독하고 싶어 한다.

Direct sales from the farmer are cheaper.
농부가 직접 판매하는 것은 더 저렴하다.

➕ direction 몡 1. 방향 2. 지시, 명령   directly 튀 직접적으로

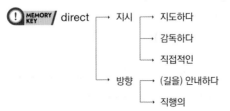

bow

동명 [bau]
명 [bou]

동 1. (허리를 굽혀) 절하다 2. (고개를) 숙이다 3. 휘다, 굽다
명 1. 절, 인사 2. 활

The actors **bowed** to the audience.
그 배우들은 관객에게 허리를 굽혀 인사했다.

The stem **bowed** in the wind. 줄기가 바람에 휘어졌다.

Prepare your **bow** and arrow for hunting.
사냥을 위해 활과 화살을 준비해라.

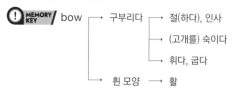

---

bitter

[bítər]

형 1. 맛이 쓴 2. 억울해하는 3. 신랄한 4. (바람 · 추위 따위가) 지독한

Good medicine tastes **bitter**. 〈속담〉 좋은 약은 입에 쓰다.

He remained calm despite **bitter** criticism.
그는 신랄한 비판에도 침착함을 유지했다.

It is **bitter** cold outside. 밖이 지독하게 춥다.

➕ bitterly 부 1. 몹시 2. 비통하게

---

bar

[bɑːr]

동 1. 막다, 금하다 2. 잠그다 명 1. 술집 2. 막대기 (모양의 것)

Drivers are **barred** from using cell phones while driving.
운전자들은 운전 중에 휴대전화를 사용하는 것이 금지되어 있다.

The door is **barred** from the outside. 그 문은 밖에서 잠겼다.

He gave me a **bar** of chocolate. 그는 나에게 초콜릿바 한 개를 줬다.

➕ bar in[out] ~을 가두다[내쫓다]

1042 □□□

bound
[baund]

혱 1. ~할 가능성이 큰 2. (법 · 의무 등에) 얽매인 3. ~행의
동 1. 껑충껑충 뛰어가다 2. 경계를 이루다 몡 뛰어오르기

If you wake up late, you're **bound** to miss the train.
네가 늦게 일어나면 열차를 놓칠 가능성이 크다.

This plane is **bound** for Los Angeles.
이 비행기는 로스앤젤레스행이다.

Korea is **bounded** on three sides by the sea.
한국은 3면이 바다와 인접해 있다.

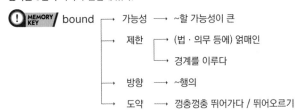

1043 □□□

adhere
[ædhíər]

동 1. 들러붙다 2. (주의 · 신념 · 의견에) 충실하다, 고수하다

The sticker didn't **adhere** to the wall. 그 스티커는 벽에 붙지 않았다.

They **adhere** to a policy of transparency.
그들은 투명성에 대한 정책을 고수한다.

➕ adhesion 몡 부착, 접착(력)   adhesive 몡 접착제 혱 들러붙는
   adherent 몡 지지자   adherence 몡 고수

```
MEMORY
KEY    adhere ─→ 접착 ┬─→ 들러붙다
                      └─→ 충실하다, 고수하다
```

1044 □□□

branch
[brænʧ]

몡 1. 나뭇가지 2. 지사, 분점, 부서 3. 분야   동 갈라지다, 나뉘다

Don't break off the **branch**. 나뭇가지를 꺾지 마라.

She was transferred to an overseas **branch**.
그녀는 외국 지사로 전근을 갔다.

This book introduces the various **branches** of science.
이 책은 과학의 여러 분야를 소개한다.

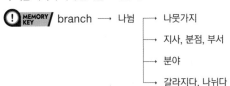

Daily Test

1-12 영어를 우리말로, 우리말을 영어로 바꾸시오.

1	certain _____	7	교수진, 교직원; (대학의) 학부; 재능, 능력 _____
2	craft _____	8	상태; 환경; 조건; 길들이다 _____
3	bow _____	9	자산, 재산; 자산(이 되는 사람 · 물건) _____
4	adhere _____	10	곤란한, 힘든; 튼튼한; 질긴 _____
5	bar _____	11	언급하다; 참고하다; 나타내다 _____
6	branch _____	12	가장자리, 끝; (칼 등의) 날; 조금씩 움직이다 _____

13-16 빈칸에 공통으로 들어갈 단어를 찾아 쓰시오.

direct	bitter	burst	beat

13 • I _____ him at badminton.

   • The rain _____ against the roof.

   • They danced to the _____ of the song.

14 • The balloons _____ from the pressure.

   • She _____ onto the stage.

   • I felt my heart _____ with happiness.

15 • They _____(e)d me to the library.

   • He wants to _____ movies.

   • _____ sales from the farmer are cheaper.

16 • Good medicine tastes _____.

   • He remained calm despite _____ criticism.

   • It is _____ cold outside.

Answer ¹ 확신하는; 확실한, 틀림없는; 특정한; 어느 정도의 ² (수)공예; 기술; 배, 비행기, 우주선; 공들여 만들다 ³ 절하다; 숙이다; 휘다, 굽다; 절, 인사; 활 ⁴ 들러붙다; 충실하다, 고수하다 ⁵ 막다, 금하다; 잠그다; 술집; 막대기 (모양의 것) ⁶ 나뭇가지; 지사, 분점, 부서; 분야; 갈라지다, 나뉘다 ⁷ faculty ⁸ condition ⁹ asset ¹⁰ tough ¹¹ refer ¹² edge ¹³ beat ¹⁴ burst ¹⁵ direct[Direct] ¹⁶ bitter

DAY 37

여러 가지 뜻을 가진 어휘 (4)

클래스카드

1045 ☐☐☐

fountain
[fáuntən]

⑲ 1. 분수 2. 샘 3. 근원, 원천

Tourists threw coins into the **fountain**.
관광객들이 분수에 동전을 던졌다.

A **fountain** of pure water is flowing. 맑은 샘물이 흐르고 있다.

The **fountain** of my wisdom is books. 내 지혜의 원천은 책이다.

➕ fountain pen 만년필

1046 ☐☐☐

bill
[bil]

⑲ 1. 계산서, 청구서 2. 지폐 3. 법안 4. (새의) 부리

Bring me the **bill**, please.
계산서를 가져다주세요.

I want to change a dollar **bill** into coins.
나는 1달러짜리 지폐를 동전으로 바꾸고 싶다.

Congress passed the Medicare **bill** yesterday.
의회는 어제 노인 의료 보험 법안을 통과시켰다.

1047 ☐☐☐

owe
[ou]

⑧ 1. 빚지고 있다 2. 덕택으로 생각하다 3. ~에게 (어떤 감정을) 품고 있다

He still **owes** me $100. 그는 여전히 나에게 100달러를 빚지고 있다.

I **owe** my success to my parents. 내 성공은 부모님 덕분이다.

I feel I **owe** him an apology. 나는 그에게 사과해야 할 것 같다.

decent
[díːsənt]

형 1. (수준·질이) 괜찮은, 제대로 된 2. 예의 바른 3. (상황에) 적절한

He has a **decent** job. 그는 괜찮은 직업을 가졌다.

James is always a **decent** man. James는 항상 예의 바른 사람이다.

Please call back at a **decent** hour. 적절한 시간에 다시 전화해 주세요.

➕ decency 명 품위, 체면

---

term
[təːrm]

명 1. 기간, 임기 2. 용어 3. 학기 4. ((~s)) 조건

Under the Constitution, the president's **term** of office is five years. 헌법에 따르면 대통령의 임기는 5년이다.

Medical **terms** are difficult to understand.
의학 용어는 이해하기 어렵다.

The new **term** will start on March 2.
새 학기는 3월 2일에 시작할 것이다.

➕ in terms of ~의 측면에서

---

discipline
[dísəplin]

명 1. 규율, 훈육 2. 절제력 3. 단련, 수련   동 1. 징계하다 2. 훈육하다

I was brought up under strict **discipline**.
나는 엄격한 훈육을 받으며 자랐다.

You need self-**discipline** to be a good athlete.
좋은 선수가 되기 위해서는 자기 수양이 필요하다.

She **disciplined** her son for his bad behavior.
그녀는 아들의 나쁜 행동을 벌했다.

➕ disciplined 형 훈련된, 통제가 잘 된

1051 ☐☐☐

launch
[lɔːntʃ]

屠 1. 시작하다, 착수하다 2. 출시하다 3. 발사하다   명 1. 출시 2. 발사

She's going to **launch** a small business soon.
그녀는 곧 소규모 사업에 착수할 것이다.

We will **launch** a new product next month.
우리는 다음 달에 신제품을 출시할 것이다.

They have successfully **launched** a rocket.
그들은 로켓을 성공적으로 발사했다.

 launch ⟶ 시작 ┬⟶ 시작하다, 착수하다
                              ├⟶ 출시(하다)
                              └⟶ 발사(하다)

1052 ☐☐☐

inflate
[infléit]

屠 1. 부풀리다[부풀다] 2. 과장하다 3. (물가·가격을) 올리다[오르다]

Airbags failed to **inflate** in the crash.
그 추돌사고에서 에어백이 부풀지 않았다.

Ted tends to **inflate** the facts.
Ted는 사실을 과장하는 경향이 있다.

They illegally **inflated** the price of their stocks.
그들은 불법으로 주가를 올렸다.

➕ inflated 형 1. 부풀린, 과장된 2. (물가가) 폭등한
　 inflation 명 1. 인플레이션 2. 팽창

 inflate ⟶ 팽창 ┬⟶ 부풀리다[부풀다]
                               ├⟶ 과장하다
                               └⟶ (물가·가격을) 올리다[오르다]

1053 ☐☐☐

race
[reis]

명 1. 경주 2. 인종   屠 경주하다

Slow and steady wins the **race**.
〈속담〉 천천히 그리고 꾸준히 하면 경주에서 이긴다.

Many **races** of people live in the USA.
미국에는 많은 인종이 산다.

➕ racial 형 인종(상)의　　　　　　　racist 명 민족주의자, 인종 차별주의자
　 racism 명 인종적 우월감, 민족주의

 race ┬⟶ 경주 ⟶ 경주(하다)
                        └⟶ 종(種) ⟶ 인종

1054 □□□

flat

[flæt]

형 1. 평평한 2. 균일의 3. 바람이 빠진　명 1. 아파트 2. (타이어의) 펑크

The company produces **flat** screen monitors.
그 회사는 평면 모니터를 생산한다.

They charge a **flat** fee for rides depending on the area.
그들은 지역에 따라 균일한 승차 요금을 부과한다.

One of the front tires has gone **flat**. 앞바퀴 중 하나가 펑크 났다.

➕ flatten 동 1. 평평하게 하다 2. 쓰러뜨리다

1055 □□□

demonstrate

[démənstrèit]

동 1. 입증하다 2. (사용법 등을) 설명하다 3. 시위하다

The results **demonstrated** the effectiveness of the punishment.
그 결과는 처벌의 효과를 입증했다.

I **demonstrated** how to use the vacuum.
나는 그 진공청소기의 사용법을 설명했다.

They **demonstrated** against the war. 그들은 반전 시위를 했다.

➕ demonstration 명 1. 시위 2. 실물 설명 3. 증명

1056 □□□

flush

[flʌʃ]

동 1. (얼굴이) 붉어지다 2. 물로 씻어내리다　명 1. 홍조 2. 물로 씻어냄

Her face **flushed** red with anger.
그녀의 얼굴이 분노로 벌겋게 달아올랐다.

Please **flush** the toilet after using it.
사용 후에 변기 물을 내려주세요.

➕ flushed 형 (얼굴이) 빨간, 상기된

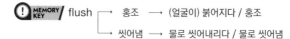

272

1057 ☐☐☐

custom
[kʌ́stəm]

몡 1. 관습 2. 습관 3. ((~s)) 관세, 세관

It is hard to break an old **custom**.
오래된 관습을 깨기는 어렵다.

She ate breakfast, as was her **custom**.
그녀는 습관대로 아침 식사를 했다.

These products are exempt from **customs** duties.
이 제품들은 관세가 면제된다.

➕ customary 몡 1. 관례적인 2. 습관적인   customable 몡 관세가 붙는

1058 ☐☐☐

firm
[fəːrm]

몡 1. 단단한, 딱딱한 2. 흔들리지 않는, 확고한   몡 회사

I'll build my house on **firm** ground.
나는 단단한 지대에 집을 지을 것이다.

He showed a **firm** determination of his own.
그는 자신만의 확고한 결심을 보였다.

Many people want to work for this **firm**.
많은 사람이 이 회사에서 일하고 싶어 한다.

➕ firmly 몡 1. 단단히 2. 확고하게   firmness 몡 1. 견고 2. 확고함

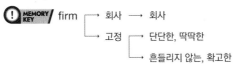

1059 ☐☐☐

folk
[fouk]

몡 1. 사람들 2. ((~s)) 가족, 친척   몡 1. 민속의 2. 민간의

Different strokes for different **folks**. 〈속담〉 사람마다 제각각이다.
Give my best regards to your **folks**. 네 가족에게 안부를 전해 줘.
The **folk** song festival was held yesterday. 어제 민요 축제가 열렸다.

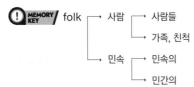

balance

[bǽləns]

명 1. 균형 2. 잔액 3. 저울　동 균형을 잡다

The baby lost its **balance** and fell down.
그 아기는 균형을 잃고 넘어졌다.

You can check your account **balance** on your smartphone.
스마트폰으로 계좌 잔액을 확인할 수 있다.

The boy **balanced** on one leg for 10 minutes.
그 남자아이는 10분 동안 한 다리로 서서 균형을 잡았다.

---

radical

[rǽdikəl]

형 1. 근본적인 2. 급진적인　명 급진주의자

They discussed **radical** solutions to unemployment problems.
그들은 취업난의 근본적인 해결책에 관해 논의했다.

She put forward a **radical** idea at the meeting.
그녀는 회의에서 급진적인 의견을 내놓았다.

The **radicals** challenged the government's policies.
급진주의자들은 정부의 정책에 이의를 제기했다.

➕ radically 부 근본적으로, 철저하게　radicalism 명 급진주의

---

margin

[máːrdʒin]

명 1. 여백 2. (득표 수 등의) 차이 3. 마진, 수익

He made some note in the **margins** of the book.
그는 책의 여백에 메모했다.

She won by a **margin** of ten votes.
그녀는 10표 차이로 이겼다.

The product has a small profit **margin**.
그 제품은 마진이 작다.

➕ marginal 형 1. 미미한 2. 주변부의

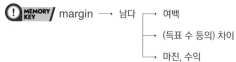

Daily Test

1-12 영어를 우리말로, 우리말을 영어로 바꾸시오.

1 custom _____

2 demonstrate _____

3 bill _____

4 inflate _____

5 margin _____

6 radical _____

7 분수; 샘; 근원, 원천 _____

8 균형(을 잡다); 잔액; 저울 _____

9 규율, 훈육; 절제력; 단련; 징계하다 _____

10 경주(하다); 인종 _____

11 착수하다; 출시(하다); 발사(하다) _____

12 빚지고 있다; 덕택으로 생각하다 _____

13-16 빈칸에 공통으로 들어갈 단어를 찾아 쓰시오.

folk	decent	term	firm

13 • He showed a _____ determination of his own.

• I'll build my house on _____ ground.

• Many people want to work for this _____.

14 • Under the Constitution, the president's _____ of office is five years.

• Medical _____(e)s are difficult to understand.

• The new _____ will start on March 2.

15 • Different strokes for different _____(e)s.

• Give my best regards to your _____ (e)s.

• The _____ song festival was held yesterday.

16 • He has a _____ job.

• James is always a _____ man.

• Please call back at a _____ hour.

Answer ¹관습; 습관; 관세, 세관 ²입증하다; 설명하다; 시위하다 ³계산서, 청구서; 지폐; 법안; (새의) 부리 ⁴부풀리다[부풀다]; 과장하다; (물가·가격을) 올리다[오르다] ⁵여백; 차이; 마진, 수익 ⁶근본적인; 급진적인; 급진주의자 ⁷fountain ⁸balance ⁹discipline ¹⁰race ¹¹launch ¹²owe ¹³firm ¹⁴term ¹⁵folk ¹⁶decent

여러 가지 뜻을 가진 어휘 (5)

클래스카드

1063 ☐☐☐

recall

[rikɔ́:l]

동 1. 기억해 내다 2. 소환하다, 도로 부르다 3. (물건을) 회수하다
명 1. 기억(력) 2. 회수 3. 소환

I can't **recall** the title of the book.
나는 그 책의 제목이 생각나지 않는다.

The government **recalled** the ambassador.
정부는 대사를 소환했다.

The products were **recalled** due to risk of fire.
그 제품은 화재 위험 때문에 회수되었다.

> **MEMORY KEY** recall ⟶ 되부르기 ┬ 기억해 내다 / 기억(력)
> ├ 소환(하다), 도로 부르다
> └ (물건을) 회수(하다)

1064 ☐☐☐

remark

[rimá:rk]

동 1. 말하다, 논평하다 2. 알아채다   명 말, 의견

Critics **remarked** that the film was full of cliches.
비평가들은 그 영화가 진부한 표현으로 가득했다고 말했다.

No one **remarked** on his absence.
아무도 그의 결석을 알아채지 못했다.

➕ remarkable 형 주목할 만한, 놀라운

> **MEMORY KEY** remark ┬ 말 ┬ 말하다, 논평하다
> │   └ 말, 의견
> └ 감지 ⟶ 알아채다

1065 ☐☐☐

row

[rou]

명 1. 줄, 열 2. 노 젓기   동 노[배]를 젓다

All the players stood in a **row**.
모든 선수들이 줄 맞춰 서 있었다.

We **rowed** a boat on the lake.
우리는 호수에서 배를 저었다.

> **MEMORY KEY** row ┬ 줄 ⟶ 줄, 열
> └ 노 ⟶ 노 젓기 / 노[배]를 젓다

1066 ☐☐☐

score
[skɔːr]

명 1. 득점 2. 점수, 성적 3. ~라는 점   동 1. 득점하다 2. 채점하다

Jim got the highest **score** on the final exam.
Jim은 기말고사에서 가장 높은 성적을 받았다.

There is more to be said on that **score**.
그 점에 대해 더 이야기할 것이 있다.

He **scored** a goal to tie the game at 1-1.
그가 득점해서 경기는 1:1 무승부가 되었다.

1067 ☐☐☐

stroke
[strouk]

동 1. 쓰다듬다 2. (공 등을) 치다   명 1. 타격 2. 뇌졸중

Mom **stroked** my hair silently.
엄마가 내 머리를 조용히 쓰다듬으셨다.

Little **strokes** fell great oaks.
〈속담〉 열 번 찍어 안 넘어가는 나무 없다.

The old man suddenly died of a **stroke**.
그 노인은 뇌졸중으로 급사했다.

1068 ☐☐☐

subtle
[sʌ́tl]

형 1. 미묘한, 감지하기 힘든 2. 교묘한 3. 예민한

There are **subtle** differences between the two paintings.
그 두 그림에는 미묘한 차이가 있다.

They have a **subtle** plan to save the day.
그들은 궁지에서 벗어날 교묘한 계획이 있다.

She has **subtle** sensitivity.
그녀는 예민한 감수성을 지녔다.

➕ subtlety 명 미묘함   subtly 부 미묘하게

MEMORY KEY / subtle ⟶ 섬세 ┬ 미묘한, 감지하기 힘든
                          ├ 교묘한
                          └ 예민한

tissue
[tíʃuː]

명 1. (생물) 조직 2. 화장지 3. 얇은 종이

Damaged lung **tissue** doesn't repair itself.
손상된 폐 조직은 자가 회복되지 않는다.

I need a **tissue** to blow my nose.
나는 코를 풀 휴지가 필요하다.

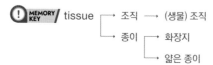

---

seed
[siːd]

명 1. 씨 2. 근원, 원인   동 씨를 뿌리다

It's easy to grow tomatoes from **seeds**.
씨를 심어 토마토를 기르는 것은 쉽다.

Curiosity is the **seed** of creativity.
호기심은 창의력의 근원이다.

Farmers **seed** a field with wheat.
농부들이 밭에 밀 씨를 뿌린다.

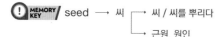

---

shallow
[ʃǽlou]

형 1. 얕은 (반 deep) 2. 피상적인 3. (호흡이) 약한

The stream is **shallow** enough for kids to play in.
그 개울은 아이들이 놀 수 있을 정도로 얕다.

It was a **shallow** argument.
그것은 피상적인 논쟁이었다.

Her breathing was **shallow** due to a lung disease.
폐 질환 때문에 그녀의 호흡이 약했다.

➕ shallowly 부 얕게

(!) MEMORY KEY / shallow ⟶ 얕은 ┬ 얕은
                                  ├ 피상적인
                                  └ (호흡이) 약한

1072

shed
[ʃed]

동 (shed – shed) 1. 없애다 2. 떨어뜨리다, 흘리다 3. (빛을) 비추다   명 헛간

The company **shed** a lot of jobs.
그 회사는 많은 일자리를 없앴다.

We **shed** a lot of sweat to achieve our goal.
우리는 목표를 이루기 위해 많은 땀을 흘렸다.

➕ shed light on 1. ~을 비추다 2. 밝히다, 해명하다

1073

stick
[stik]

동 (stuck – stuck) 1. 찌르다 2. 붙이다 3. 꼼짝하지 않다   명 막대기

A needle **stuck** into my finger while sewing on a button.
단추를 꿰매다가 바늘에 손가락을 찔렸다.

She **stuck** labels on all the bottles.
그녀는 모든 병에 라벨을 붙였다.

The paper is **stuck** in the printer.
프린터에 종이가 걸렸다.

➕ sticky 형 1. 끈적거리는 2. 무더운

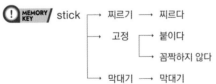

1074

trial
[tráiəl]

명 1. 재판 2. 시험, 실험 3. 시련   동 시험하다 (유 try out)

She will be sent to **trial** over the case.
그녀는 그 사건과 관련해 재판에 회부될 것이다.

trial and error 시행착오

His life seems to be a series of **trials**.
그의 삶은 시련의 연속인 것 같다.

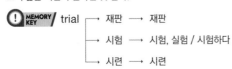

DAY 38

1075 ☐☐☐

treat
[triːt]

동 1. 대우하다, 취급하다 2. 간주하다 3. 치료하다 4. 대접하다

Treat others the way you would like to be treated.
네가 대우받고 싶은 것처럼 다른 이들을 대하라.

The dentist **treated** her for free.
그 치과의사는 그녀를 무료로 치료했다.

We were **treated** with great courtesy.
우리는 매우 정중한 대접을 받았다.

➕ treatment 명 1. 취급, 대우 2. 치료

1076 ☐☐☐

slight
[slait]

형 1. 약간의, 경미한 2. 가냘픈 동 무시하다

The two caps are similar with a **slight** difference in color.
그 두 모자는 약간의 색상 차이를 빼고는 비슷하다.

Jane is a **slight** woman with short brown hair.
Jane은 짧은 갈색 머리의 가냘픈 여성이다.

I felt **slighted** when he didn't answer my question.
나는 그가 내 질문에 대답하지 않았을 때 무시당했다고 느꼈다.

➕ slightly 부 약간

1077 ☐☐☐

spare
[spɛər]

동 1. (시간·돈을) 할애하다, 내다 2. (고생 등을) 면하게 하다 형 여분의

Can you **spare** me ten minutes? 나에게 10분만 내줄래?

You could have **spared** yourself the effort by reserving a table.
네가 식당에 자리를 예약했었다면 수고를 덜 수 있었을 텐데.

I carry a **spare** tire in case we get a flat.
나는 펑크 날 때를 대비해 여분의 타이어를 가지고 다닌다.

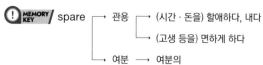

1078 □□□
square
[skwɛər]

명 1. 정사각형 2. 광장 3. 제곱 형 정사각형의

A **square** has four equal sides and angles.
정사각형은 4개의 변과 각이 같다.

A lot of people gathered in the town **square**.
많은 사람들이 마을 광장에 모였다.

The **square** of 10 is 100.
10의 제곱은 100이다.

1079 □□□
perform
[pərfɔ́:rm]

동 1. 수행하다 2. 공연하다, 연주하다 3. 작동하다

He **performed** the task perfectly.
그는 그 일을 완벽히 수행했다.

The students will **perform** the play in English.
그 학생들은 영어로 연극을 공연할 것이다.

The new photocopier doesn't **perform** properly.
새 복사기가 잘 작동하지 않는다.

➕ performer 명 1. 행위자 2. 연기자   performance 명 1. 공연 2. 성과

1080 □□□
starve
[stɑ:rv]

동 1. 굶주리다, 굶어 죽다 2. 굶기다 3. 갈망하다

Many people are **starving** because of the drought.
가뭄으로 많은 이들이 굶주리고 있다.

The children are **starving** for attention and affection.
그 아이들은 관심과 애정을 갈망하고 있다.

➕ starvation 명 기아

Daily Test

1-12 영어를 우리말로, 우리말을 영어로 바꾸시오.

1	row	_____	7	굶주리다; 굶기다; 갈망하다	_____
2	shed	_____	8	씨(를 뿌리다); 근원	_____
3	treat	_____	9	찌르다; 붙이다; 막대기	_____
4	shallow	_____	10	정사각형(의); 광장; 제곱	_____
5	remark	_____	11	수행하다; 공연하다, 연주하다; 작동하다	_____
6	slight	_____	12	(생물) 조직; 화장지; 얇은 종이	_____

13-16 빈칸에 공통으로 들어갈 단어를 찾아 쓰시오.

score	recall	subtle	spare

13 • I can't _____ the title of the book.

 • The government _____(e)d the ambassador.

 • The products were _____(e)d due to risk of fire.

14 • Can you _____ me ten minutes?

 • You could have _____(e)d yourself the effort by reserving a table.

 • I carry a _____ tire in case we get a flat.

15 • There are _____ differences between the two paintings.

 • They have a _____ plan to save the day.

 • She has _____ sensitivity.

16 • Jim got the highest _____ on the final exam.

 • There is more to be said on that _____.

 • He _____(e)d a goal to tie the game at 1-1.

Answer ¹ 줄, 열; 노 젓기; 노[배]를 젓다 ² 없애다; 떨어뜨리다, 흘리다; (빛을) 비추다; 헛간 ³ 대우하다, 취급하다; 간주하다; 치료하다; 대접하다 ⁴ 얕은; 피상적인; (호흡이) 약한 ⁵ 말(하다), 논평하다; 알아채다; 의견 ⁶ 약간의, 경미한; 가냘픈; 무시하다 ⁷ starve ⁸ seed ⁹ stick ¹⁰ square ¹¹ perform ¹² tissue ¹³ recall ¹⁴ spare ¹⁵ subtle ¹⁶ score

PART
05

주제별로
외우는 어휘

DAY 39~52

Interest
관심

adore	아주 좋아하다
envious	부러워하는
fascinated	매료된
fond	좋아하여
manifest	밖으로 나타내다
keen	몹시 하고 싶어 하는
indifferent	무관심한
affection	애정

Astonishment
놀라움

astonished	깜짝 놀란
embarrassed	난처한
hesitate	망설이다
panic	당황한
startled	놀란

Feelings
감정

Displeasure
불쾌

provoke	화나게 하다
disgusting	역겨운
annoyed	짜증이 난
frustrated	좌절감을 느끼는
furious	격노한
hatred	증오
humiliating	굴욕적인
irritated	짜증이 난
ashamed	창피한
disappointed	실망한
miserable	비참한

Sadness
슬픔

mournful	슬픔에 잠긴
sorrowful	슬픈
gloomy	우울한
grief	큰 슬픔

Enjoyment
즐거움

delighted	기쁜
gratifying	만족스러운

1081 ☐☐☐

adore
[ədɔ́:r]

통 1. 동경[흠모]하다, 아주 좋아하다 2. 숭배하다

The girl **adored** her younger sister.
그 소녀는 여동생을 아주 좋아했다.

➕ adorable 혱 귀여운, 사랑스러운

1082 ☐☐☐

envious
[énviəs]

혱 부러워하는, 샘내는

I'm **envious** of people who made their dreams come true.
나는 자신의 꿈을 이룬 사람들이 부럽다.

➕ envy 통 부러워하다 명 질투, 선망

1083 ☐☐☐

fascinated
[fǽsənèitid]

혱 매료된, 매혹된

He was **fascinated** by Indian music.
그는 인도 음악에 매료되었다.

➕ fascinate 통 매혹하다　　fascinating 혱 매혹적인

1084 ☐☐☐

fond
[fɑnd]

혱 1. 좋아하여 2. 다정한

Mary is **fond** of telling interesting stories.
Mary는 재미있는 이야기하는 것을 좋아한다.

➕ fondly 분 다정하게, 귀여워하여　　be fond of ~을 좋아하다

1085 ☐☐☐

manifest
[mǽnəfèst]

통 (감정 등을) 밖으로 나타내다　혱 명백한, 분명한

They **manifested** their intention to invest in our new products.
그들은 우리의 신제품에 투자하겠다는 의사를 보였다.

➕ manifestation 명 징후, 표명

1086 ☐☐☐

astonished
[əstániʃt]

혱 깜짝 놀란

She is **astonished** at the amount of work she has to do now.
그녀는 자신이 지금 해야 하는 업무량에 깜짝 놀랐다.

➕ astonish 통 놀라게 하다　　astonishing 혱 놀라운, 놀랄 만한

1087 ☐☐☐

indifferent
[indífərənt]

형 무관심한, 사심이 없는

Because he was **indifferent** to politics, he never voted.
그는 정치에 무관심했기 때문에 투표하지 않았다.

➕ indifference 명 무관심, 냉담

1088 ☐☐☐

embarrassed
[imbǽrəst]

형 난처한, 거북한

Her words were so direct that I got **embarrassed**.
그녀의 말이 너무 단도직입적이어서 나는 난처해졌다.

➕ embarrass 동 난처하게 하다
embarrassing 형 난처하게 하는, 당혹스럽게 하는

1089 ☐☐☐

hesitate
[hézitèit]

동 주저하다, 망설이다

I'm **hesitating** about joining the movie club.
나는 영화 동호회에 가입할까 망설이고 있다.

➕ hesitant 형 망설이는

1090 ☐☐☐

panic
[pǽnik]

동 (panicked – panicked) 당황하여 허둥대다   형 당황한   명 공황

Schools urged parents not to **panic** when flu strikes.
학교는 학부모에게 독감이 퍼질 때 당황하지 말라고 권고했다.

➕ panicky 형 1. 공황의 2. 당황한   in a panic 허둥지둥, 공황을 일으켜

1091 ☐☐☐

startled
[stáːrtld]

형 놀란

I was **startled** when a man grabbed my arm.
나는 한 남자가 나의 팔을 잡았을 때 깜짝 놀랐다.

➕ startling 형 놀랄 만한   startle 동 깜짝 놀라게 하다

1092 ☐☐☐

affection
[əfékʃən]

명 애정, 애착

Children need to receive a lot of **affection** from their parents
for healthy development.
아이들은 건강한 성장을 위해 부모로부터 많은 애정을 받아야 한다.

➕ affectionate 형 애정 어린, 다정한

286

1093 ☐☐☐

provoke
[prəvóuk]

동 1. 유발하다 2. 화나게 하다

The criticism **provoked** strong anger in people.

그 비평은 사람들의 강한 분노를 유발했다.

➕ provocation 명 도발, 자극

1094 ☐☐☐

disgusting
[disgʌ́stiŋ]

형 역겨운, 혐오스러운

The air in the abandoned house had a **disgusting** smell.

그 버려진 집 안의 공기는 역겨운 냄새가 났다.

➕ disgust 동 역겹게 하다 명 혐오감, 역겨움

1095 ☐☐☐

annoyed
[ənɔ́id]

형 짜증이 난, 화가 난 (유 irritated)

The woman's neighbors were **annoyed** because her dog kept barking all night. 그녀의 개가 밤새 짖어서 이웃은 화가 났다.

➕ annoy 동 짜증 나게 하다, 귀찮게 굴다   annoying 형 성가신, 난처한

1096 ☐☐☐

frustrated
[frʌ́strèitid]

형 좌절감을 느끼는, 불만스러워 하는

Michael was **frustrated** about being an awful swimmer.

Michael은 수영을 잘 못 해서 좌절했다.

➕ frustrate 동 좌절시키다, 실망시키다   frustration 명 좌절(감)

1097 ☐☐☐

furious
[fjúəriəs]

형 1. 격노한 2. 맹렬한

His rude words made me **furious**. 그의 무례한 말이 나를 화나게 했다.

➕ fury 명 격노, 분노

1098 ☐☐☐

hatred
[héitrid]

명 미움, 증오, 혐오

She looked at him with eyes full of **hatred**.

그녀는 증오가 가득한 눈으로 그를 보았다.

1099 ☐☐☐

humiliating
[hju:mílièitiŋ]

형 치욕적인, 굴욕적인

It is **humiliating** to be scolded in public.

사람들이 보는 앞에서 혼나는 것은 굴욕적인 일이다.

➕ humiliate 동 창피를 주다, 자존심을 상하게 하다

DAY **39**

1100 ☐☐☐

irritated
[írətèitid]

형 짜증이 난, 화난

I'm **irritated** by the fact that my cell phone doesn't work.
나는 내 휴대전화가 작동하지 않는다는 사실에 짜증이 난다.

➕ irritate 통 짜증나게 하다　　　irritation 명 1. 화 2. 짜증나게 하는 것

1101 ☐☐☐

keen
[ki:n]

형 1. 열심인 2. 몹시 하고 싶어 하는 3. 예민한

He was **keen** to promote Korean culture.
그는 한국 문화를 홍보하는 데 열심이었다.

1102 ☐☐☐

mournful
[mɔ́:rnfəl]

형 구슬픈, 슬픔에 잠긴

Your **mournful** story brought tears to her eyes.
네 슬픈 이야기가 그녀를 눈물짓게 했다.

➕ mourn 통 애도하다, 슬퍼하다

1103 ☐☐☐

ashamed
[əʃéimd]

형 창피한, 부끄러운

The company's president was **ashamed** of his actions and made a formal apology.
그 회사의 사장은 자신의 행동에 부끄러움을 느끼고 공식적인 사과를 했다.

1104 ☐☐☐

disappointed
[dìsəpɔ́intid]

형 실망한, 낙담한

I was **disappointed** that the singer decided to cancel the show. 나는 그 가수가 공연을 취소하기로 결정해서 실망했다.

➕ disappoint 통 실망시키다　　　disappointment 명 실망, 낙심

1105 ☐☐☐

sorrowful
[sɑ́rəfəl]

형 슬픈, 비탄에 잠긴

Matt played a **sorrowful** melody on his violin.
Matt는 바이올린으로 슬픈 멜로디를 연주했다.

➕ sorrow 명 1. 슬픔, 비애 2. 슬픈 일

1106 ☐☐☐

gloomy
[glú:mi]

형 우울한, 울적한

She looks **gloomy** because she broke up with her boyfriend.
그녀는 남자친구와 헤어져서 우울해 보인다.

1107 ☐☐☐
grief
[griːf]

명 큰 슬픔, 비탄

He was out of his mind with **grief**. 그는 슬퍼서 제정신이 아니었다.

➕ grieve 통 몹시 슬퍼하다[슬프게 하다]
　 grievous 형 슬픈, 비통한

1108 ☐☐☐
delighted
[diláitid]

형 기쁜, 즐거워하는 (윤 pleased)

The fans were **delighted** to meet their favorite singer.
팬들은 가장 좋아하는 가수를 만나게 되어 기뻤다.

➕ delight 명 기쁨 통 기쁘게 하다

1109 ☐☐☐
gratifying
[grǽtəfàiiŋ]

형 만족스러운, 유쾌한

We achieved **gratifying** results with our business.
우리는 사업에서 만족스러운 결과를 얻었다.

➕ gratify 통 만족시키다, 기쁘게 하다

1110 ☐☐☐
miserable
[mízərəbl]

형 비참한, 불행한

He had a **miserable** life until he got a job.
그는 직장을 구하기 전까지 비참한 생활을 했다.

➕ misery 명 비참, 불행

DAY 39

Daily Test

1-18 영어를 우리말로, 우리말을 영어로 바꾸시오.

1 manifest _____

2 adore _____

3 affection _____

4 fascinated _____

5 embarrassed _____

6 delighted _____

7 annoyed _____

8 grief _____

9 hatred _____

10 만족스러운, 유쾌한 _____

11 우울한, 울적한 _____

12 역겨운, 혐오스러운 _____

13 주저하다, 망설이다 _____

14 부러워하는, 샘내는 _____

15 치욕적인, 굴욕적인 _____

16 무관심한, 사심이 없는 _____

17 열심인; 몹시 하고 싶어 하는; 예민한 _____

18 짜증이 난, 화난 _____

19-23 문맥상 빈칸에 들어갈 단어를 찾아 적절한 형태로 넣으시오.

mournful	fond	furious	panic	astonished

19 Mary is _____ of telling interesting stories.

20 Schools urged parents not to _____ when flu strikes.

21 Your _____ story brought tears to her eyes.

22 His rude words made me _____.

23 She is _____ at the amount of work she has to do now.

Answer ¹ (감정 등을) 밖으로 나타내다; 명백한, 분명한 ² 동경[흠모]하다; 숭배하다 ³ 애정, 애착 ⁴ 매료된, 매혹된 ⁵ 난처한, 거북한 ⁶ 기쁜, 즐거워하는 ⁷ 짜증이 난, 화가 난 ⁸ 큰 슬픔, 비탄 ⁹ 미움, 증오, 혐오 ¹⁰ gratifying ¹¹ gloomy ¹² disgusting ¹³ hesitate ¹⁴ envious ¹⁵ humiliating ¹⁶ indifferent ¹⁷ keen ¹⁸ irritated ¹⁹ fond ²⁰ panic ²¹ mournful ²² furious ²³ astonished

주제별로 외우는 어휘 (2)

클래스카드

Dangerous
위험한

risky	위험한
urgent	긴급한
chaotic	혼돈된
hazardous	위험한

Depressing
우울한

tragic	비극적인
cruel	잔혹한
melancholic	우울한
desperate	자포자기의
dreary	쓸쓸한

Frightening
겁을 주는

dreadful	지독한
formidable	무서운
horror	공포
stunning	깜짝 놀라게 하는

Atmosphere
분위기

yearn	동경하다
exotic	이국풍의
vigorous	활발한
dynamic	동적인

weird	이상한
serene	평온한
solemn	엄숙한
stern	엄중한

cynical	냉소적인
satirical	풍자적인
ironic(al)	반어적인
pessimistic	비관적인

Tone
어조

informative	유익한
admirable	감탄할 만한
suspicious	의심스러운
narrative	서술의

1111 ☐☐☐

risky
[ríski]

형 모험적인, 대담한, 위험한

I consciously avoided the **risky** situation.
나는 의식적으로 위험한 상황을 피했다.

➕ risk 명 위험 동 위험에 내맡기다

1112 ☐☐☐

urgent
[ə́ːrdʒənt]

형 긴박한, 긴급한

Jessica sent an **urgent** message to her friend.
Jessica는 친구에게 긴급 메시지를 보냈다.

1113 ☐☐☐

chaotic
[keiátik]

형 혼돈된, 무질서한, 혼란한

The global economy is becoming more and more **chaotic**.
세계 경제는 점점 더 혼란스러워지고 있다.

➕ chaos 명 혼돈, 혼란

1114 ☐☐☐

hazardous
[hǽzərdəs]

형 위험한, 모험적인

Everyone knows that smoking is **hazardous** to the body.
모두가 흡연이 몸에 해롭다는 것을 알고 있다.

➕ hazard 명 위험, 위험 요소

1115 ☐☐☐

frightening
[fráitniŋ]

형 겁을 주는 (유 scary)

After watching the **frightening** movie, I had nightmares for several days. 무서운 영화를 보고 나서 나는 며칠 동안 악몽을 꿨다.

➕ frighten 동 두려워하게 하다   frightened 형 겁먹은

1116 ☐☐☐

formidable
[fɔ́ːrmidəbl]

형 1. 무서운 2. 만만치 않은

We'll face many **formidable** opponents in this contest.
이 대회에서 우리는 만만치 않은 적수를 많이 만날 것이다.

1117 ☐☐☐

stunning
[stʌ́niŋ]

형 1. 깜짝 놀라게 하는 2. 놀랄 만큼 아름다운[멋진]

Her clothes are absolutely **stunning**. 그녀의 옷은 정말 멋지다.

➕ stun 동 1. 기절시키다 2. 깜짝 놀라게 하다

1118 ☐☐☐
dreadful
[drédfəl]

형 지독한, 몹시 싫은

I can't stand these **dreadful** weather conditions.
나는 이 고약한 날씨를 견딜 수가 없다.

➕ dread 명 근심, 불안 동 두려워하다, 걱정하다

1119 ☐☐☐
horror
[hɔ́ːrər]

명 공포, 무서움

We watched **horror** movies at home last night.
어젯밤에 우리는 집에서 공포영화를 봤다.

➕ horrify 동 무서워하게 하다, 소름 끼치게 하다
horrific 형 무서운, 소름 끼치는

1120 ☐☐☐
vigorous
[vígərəs]

형 1. 활발한, 격렬한 2. 활기찬, 건강한

They had a very **vigorous** debate.
그들은 매우 격렬한 토론을 했다.

➕ vigor 명 활기, 힘

1121 ☐☐☐
yearn
[jəːrn]

동 1. 동경하다, 그리워하다 2. 열망하다

She is **yearning** for the old days, when her family lived together. 그녀는 온 가족이 함께 살았던 옛날을 그리워하고 있다.

➕ yearning 명 동경, 열망

1122 ☐☐☐
exotic
[igzátik]

형 1. 외래의 2. 이국풍의

The restaurant has an **exotic** atmosphere.
그 식당은 이국적인 분위기를 풍긴다.

1123 ☐☐☐
tragic
[trǽdʒik]

형 1. 비극적인 2. 매우 슬픈

Eighteen people were injured when a **tragic** accident occurred. 비극적인 사고가 발생해서 18명이 다쳤다.

➕ tragedy 명 1. 비극 2. 참사

1124 ☐☐☐
cruel
[krúːəl]

형 1. 잔인한, 잔혹한 2. 비참한

I believe hunting is **cruel** and unnecessary.
나는 사냥이 잔인하고 불필요하다고 생각한다.

➕ cruelty 명 잔인함, 학대

melancholic
[mèlənkálik]

형 우울한, 침울한

I feel **melancholic** when I hear this song.
나는 이 노래를 들으면 우울해진다.

➕ melancholy 명 우울감 형 구슬픈

---

weird
[wiərd]

형 이상한, 괴상한

His behavior was a bit **weird** today.
오늘 그의 행동이 좀 이상했다.

weirdly 부 이상하게　　　　　　weirdness 명 기묘함

---

desperate
[déspərit]

형 1. 자포자기의 2. 필사적인 3. 절망적인

The refugees were **desperate** to find someplace safe.
난민들은 안전한 곳을 찾으려 필사적이었다.

➕ desperately 부 필사적으로, 자포자기하여

---

dreary
[dríəri]

형 쓸쓸한, 음울한, 황량한

Her smile could brighten a **dreary** winter's day.
그녀의 미소는 황량한 겨울날도 밝혀줄 것 같다.

---

dynamic
[dainǽmik]

형 1. 동적인 2. 정력적인, 활발한　명 1. ((~s)) 역학 2. 원동력

She was well known for her **dynamic** personality.
그녀는 활발한 성격으로 잘 알려져 있었다.

➕ dynamically 부 1. 활동적으로 2. 역학적으로

---

serene
[sərí:n]

형 잔잔한, 평온한

This picture makes me feel so **serene**.
이 그림은 내가 매우 평온함을 느끼게 해 준다.

➕ serenity 명 조용함, 평온

---

solemn
[sáləm]

형 진지한, 엄숙한

My father read the article with a **solemn** expression on his face.
아버지는 진지한 표정으로 그 기사를 읽으셨다.

➕ solemnity 명 엄숙, 장엄

1132 ☐☐☐

stern
[stəːrn]

[형] 엄중한, 강경한

The teacher used a **stern** voice to get her students' attention.
그 선생님은 학생들의 주의를 끌기 위해 엄중한 목소리를 냈다.

1133 ☐☐☐

cynical
[sínikəl]

[형] 1. 냉소적인 2. 비관적인

Some people are **cynical** about politics.
어떤 사람들은 정치에 냉소적이다.

1134 ☐☐☐

satirical
[sətírikəl]

[형] 풍자적인, 비꼬는

He began to draw **satirical** cartoons for newspapers.
그는 신문에 게재할 풍자만화를 그리기 시작했다.

➕ satire [명] 1. 풍자, 비꼼 2. 풍자문

1135 ☐☐☐

ironic(al)
[airánik(əl)]

[형] 반어적인, 빗대는

It is **ironic** that such a lazy boy grew up to be a CEO.
그렇게 게으른 소년이 자라서 최고 경영자가 되다니 아이러니하다.

➕ irony [명] 1. 반어, 비꼼 2. 역설적인 상황
   ironically [부] 1. 반어적으로 2. 얄궂게도

1136 ☐☐☐

pessimistic
[pèsəmístik]

[형] 비관적인, 염세적인 (반 optimistic)

Some people have a **pessimistic** view on the increase in
housing prices. 어떤 사람들은 집값 상승에 대해 비관적인 견해를 가지고 있다.

➕ pessimist [명] 비관주의자

1137 ☐☐☐

informative
[infɔ́ːrmətiv]

[형] 정보를 주는, 유익한

The book is quite **informative**. 그 책은 꽤 유익하다.

➕ inform [동] 알리다, 통지하다   information [명] 정보, 자료

1138 ☐☐☐

admirable
[ǽdmərəbl]

[형] 감탄할 만한

Steve's business achievements in China are **admirable**.
Steve의 중국에서의 사업성과는 감탄할 만하다.

➕ admire [동] 감탄하다, 칭찬하다   admiration [명] 감탄, 존경

1139 ☐☐☐

suspicious
[səspíʃəs]

[형] 의심스러운, 수상한

His friends were **suspicious** about why he was acting so nice to them. 그의 친구들은 왜 그가 자신들에게 그렇게 친절하게 대하는지 의심스러웠다.

1140 ☐☐☐

narrative
[nǽrətiv]

[형] 1. 서술의 2. 이야기로 이루어진 [명] 이야기, 담화

The book's **narrative** style makes it easy to read.
그 책의 서술 방식은 책을 쉽게 읽을 수 있도록 해 준다.

➕ narrate [동] 1. 이야기하다 2. 내레이션을 하다

1-18 영어를 우리말로, 우리말을 영어로 바꾸시오.

1 risky _____

2 frightening _____

3 serene _____

4 horror _____

5 dreadful _____

6 stunning _____

7 melancholic _____

8 hazardous _____

9 dreary _____

10 반어적인, 빗대는 _____

11 잔인한; 비참한 _____

12 외래의; 이국풍의 _____

13 비극적인; 매우 슬픈 _____

14 활발한, 격렬한; 활기찬 _____

15 혼돈된, 무질서한, 혼란한 _____

16 서술의; 이야기로 이루어진; 이야기 _____

17 긴박한, 긴급한 _____

18 정보를 주는, 유익한 _____

19-23 문맥상 빈칸에 들어갈 단어를 찾아 적절한 형태로 넣으시오.

solemn	formidable	satirical	desperate	yearn

19 We'll face many _____ opponents in this contest.

20 My father read the article with a(n) _____ expression on his face.

21 She is _____ for the old days, when her family lived together.

22 He began to draw _____ cartoons for newspapers.

23 The refugees were _____ to find someplace safe.

주제별로 외우는 어휘 (3)

Economy
경제

wage	임금
auction	경매
incentive	인센티브
boost	신장시키다
lease	임대하다
thrift	절약

Finance
금융

budget	예산
collapse	폭락하다
loan	융자금
monetary	화폐의
stock	주식
currency	화폐
debt	부채
constrain	제한하다
exclusive	독점적인
affiliate	제휴하다

Agriculture
농업

harvest	추수
reap	수확하다
barn	헛간, 창고
barren	불모의

Industry
산업

enterprise	회사
commercial	상업의
barter	물물교환
incorporate	법인 조직으로 만들다
executive	경영의

Transportation
교통

transport	수송하다
freight	운송 화물
shipment	선적
vessel	선박
wagon	4륜차

1141 ☐☐☐

wage
[weidʒ]

명 임금, 급료

She earns a high monthly **wage**.
그녀는 높은 수준의 월급을 받는다.

1142 ☐☐☐

incentive
[inséntiv]

명 1. 포상물, 인센티브 2. 자극, 동기

Providing **incentives** can motivate workers.
인센티브를 제공하는 것은 직원에게 동기를 부여할 수 있다.

1143 ☐☐☐

boost
[buːst]

동 신장시키다, 북돋우다   명 1. 격려, 힘 2. 증가

TV ads can **boost** sales by targeting specific audiences.
TV 광고는 특정한 시청자를 목표로 하여 판매를 신장시킬 수 있다.

1144 ☐☐☐

collapse
[kəlǽps]

동 1. (가격이) 폭락하다 2. 무너지다, 붕괴하다

The stock's value rapidly **collapsed**.
주가가 빠르게 폭락했다.

1145 ☐☐☐

thrift
[θrift]

명 검약, 절약

We were taught that **thrift** is a virtue.
우리는 절약이 미덕이라고 배웠다.

➕ thrifty 형 절약하는, 알뜰한

1146 ☐☐☐

constrain
[kənstréin]

동 1. ~하게 만들다[강요하다] 2. 제한하다

Advertising costs are likely to be **constrained** by budget.
광고 비용은 예산의 제약을 받을 가능성이 있다.

➕ constraint 명 1. 제약 2. 제한, 통제

1147 ☐☐☐

budget
[bʌ́dʒit]

명 1. 예산 2. 예산안

We need to increase our **budget** and staff for the new project.
우리는 새 프로젝트를 위해 예산과 직원을 늘려야 한다.

1148 ☐☐☐
auction
[ɔ́ːkʃən]

몡 경매   통 경매하다

I sold my art collection at a public **auction**.
나는 내 미술 수집품을 경매에서 팔았다.

1149 ☐☐☐
lease
[liːs]

몡 임대차 계약   통 임대하다

I'll tell you the best way to save money when you **lease** a car.
차를 빌릴 때 돈을 절약하는 가장 좋은 방법을 알려줄게.

1150 ☐☐☐
loan
[loun]

몡 1. 대여 2. 융자금   통 빌려주다

It is not a good idea to **loan** money to a friend.
친구에게 돈을 빌려주는 것은 좋은 생각이 아니다.

1151 ☐☐☐
monetary
[mɑ́nətèri]

혱 화폐의, 통화의

Korea got financial help from the International **Monetary**
Fund (IMF). 한국은 국제 통화 기금(IMF)으로부터 재정적인 지원을 받았다.

1152 ☐☐☐
stock
[stɑk]

몡 1. 주식 2. 재고 3. 저장

This is the lowest the **stock** market has been in ten years.
10년 만에 주식 시장이 가장 저조한 수준이다.

➕ stockholder 몡 주주   stock market 주식 시장

1153 ☐☐☐
currency
[kə́ːrənsi]

몡 1. 통화, 화폐 2. (화폐의) 유통

Many shops at tourist sites accept U.S. **currency**.
관광지에 있는 많은 가게가 미국 화폐를 받는다.

1154 ☐☐☐
debt
[det]

몡 빚, 부채

I have to pay off my remaining **debt** this month.
나는 이번 달에 남은 부채를 다 갚아야 한다.

➕ debtor 몡 채무자

1155 ☐☐☐
exclusive
[iksklú:siv]

형 1. 독점적인 2. 배타적인 3. 고급의, 고가의   명 독점 기사

This special offer is **exclusive** to our credit card holders.

이번 특별 행사는 저희의 신용카드를 소지하신 분들을 위한 것입니다.

➕ exclude 동 제외하다, 배제하다
   exclusion 명 제외, 배제

1156 ☐☐☐
affiliate
동 [əfílièit]
명 [əfíliət]

동 (더 큰 회사 · 기관과) 제휴하다, 연계하다   명 지부, 계열사

The kindergarten is **affiliated** with the local university.

그 유치원은 지역 대학에 부속되어 있다.

➕ affiliation 명 1. 가입, 소속 2. 제휴

1157 ☐☐☐
enterprise
[éntərpràiz]

명 1. 기업(체), 회사 2. 사업

Starting a new **enterprise** is invariably risky.

새로운 사업을 시작하는 것은 언제나 위험하다.

➕ entrepreneur 명 기업가

1158 ☐☐☐
commercial
[kəmə́:rʃəl]

형 상업의, 무역의   명 광고 방송

The city will become a **commercial** hub soon.

그 도시는 곧 상업의 중심지가 될 것이다.

➕ commerce 명 상업, 무역
   commercialize 동 상업화하다

1159 ☐☐☐
barter
[bá:rtər]

명 물물교환   동 물물교환을 하다, 교역하다

Long ago, trading was carried out under the **barter** system.

오래전에는 거래가 물물교환제도를 통해 이루어졌다.

1160 ☐☐☐
incorporate
[inkɔ́:rpərèit]

동 1. 법인 조직으로 만들다 2. 포함하다

The motor company was **incorporated** in 1903.

그 자동차 회사는 1903년에 법인이 되었다.

executive
[igzékjutiv]

명 1. (기업 등의) 경영 간부[이사] 2. ((the ~)) 행정부
형 1. 경영의 2. 행정의

He is an **executive** in our company.
그는 우리 회사의 간부이다.

---

harvest
[há:rvist]

명 수확, 추수 동 수확하다

They celebrated the **harvest** with a feast.
그들은 축제를 하며 추수를 축하했다.

---

reap
[ri:p]

동 (농작물을) 베어들이다, 수확하다

You **reap** what you sow.
〈속담〉 뿌린 대로 거둔다.

---

barn
[ba:rn]

명 (곡식 등의) 헛간, 창고

The **barn** is used for storing hay and grain.
그 헛간은 건초와 곡식을 저장하는 데 사용된다.

➕ barnyard 명 농가[농장] 마당

---

barren
[bǽrən]

형 1. 불모의 2. 열매를 맺지 못하는

They are trying to make the **barren** land fertile.
그들은 불모지를 옥토로 만들려고 노력하고 있다.

---

vessel
[vésəl]

명 1. 배, 선박 2. 용기, 그릇

The fishing **vessels** returned to port.
어선들이 항구로 돌아왔다.

---

freight
[freit]

명 운송[적재] 화물 동 1. 화물을 싣다 2. 운송하다

Packages weighing over 10kg may require additional **freight** charges. 10kg을 초과하는 소포에는 추가 화물 운송료가 부과될 수 있다.

1168 ☐☐☐

shipment
[ʃípmənt]

명 선적, (화물의) 발송

You can cancel your order at any time before the **shipment** has been sent. 화물이 발송되기 전에는 언제든지 주문을 취소할 수 있다.

1169 ☐☐☐

transport
동 [trænspɔ́ːrt]
명 [trǽnspɔːrt]

동 수송하다, 나르다　명 수송, 운송

The guy helped me **transport** my load to the 2nd floor.
그 남자는 내가 2층으로 짐 옮기는 것을 도와주었다.

➕ transportation 명 수송, 운송, 수송 기관

1170 ☐☐☐

wagon
[wǽgən]

명 1. 4륜차　2. (노상의) 물건 파는 수레, 짐마차

The horse pulled a **wagon** full of hay.
그 말은 건초로 가득 찬 마차를 끌었다.

Daily Test

1-18 영어를 우리말로, 우리말을 영어로 바꾸시오.

1	vessel	_____	10	물물교환(을 하다), 교역하다	_____
2	boost	_____	11	빚, 부채	_____
3	enterprise	_____	12	화폐의, 통화의	_____
4	wage	_____	13	대여; 융자금; 빌려주다	_____
5	commercial	_____	14	경매(하다)	_____
6	barn	_____	15	(가격이) 폭락하다; 붕괴하다	_____
7	harvest	_____	16	~하게 만들다[강요하다]; 제한하다	_____
8	shipment	_____	17	예산(안)	_____
9	executive	_____	18	검약, 절약	_____

19-23 문맥상 빈칸에 들어갈 단어를 찾아 적절한 형태로 넣으시오.

barren	exclusive	transport	lease	currency

19 Many shops at tourist sites accept U.S. _____.

20 They are trying to make the _____ land fertile.

21 I'll tell you the best way to save money when you _____ a car.

22 This special offer is _____ to our credit card holders.

23 The guy helped me _____ my load to the 2nd floor.

Answer ¹ 배, 선박; 용기 ² 신장시키다, 북돋우다; 격려, 힘; 증가 ³ 기업(체), 회사; 사업 ⁴ 임금, 급료 ⁵ 상업의, 무역의; 광고 방송 ⁶ (곡식 등의) 헛간, 창고 ⁷ 수확(하다), 추수 ⁸ 선적, (화물의) 발송 ⁹ (기업 등의) 경영 간부 [이사]; 행정부; 경영의; 행정의 ¹⁰ barter ¹¹ debt ¹² monetary ¹³ loan ¹⁴ auction ¹⁵ collapse ¹⁶ constrain ¹⁷ budget ¹⁸ thrift ¹⁹ currency ²⁰ barren ²¹ lease ²² exclusive ²³ transport

클래스카드

DAY 42

Literature
문학

author	저자	metaphor	은유
epic	서사시	rhyme	압운
plot	줄거리	context	문맥
clue	실마리	paradox	역설
summary	요약	legendary	전설에 나오는

Art & Literature
예술과 문학

Art
예술

aesthetic	미학의	mo(u)ld	(주조용의) 틀
pottery	도기	symphony	교향곡
sculpture	조각	choir	합창단

Pollution
오염

acid	산(성의)
contaminate	오염시키다
litter	쓰레기
landfill	쓰레기 매립(지)
detergent	세제
pesticide	살충제

Environment
환경

resource	자원
biomass	생물량
ecosystem	생태계
marine	바다의
urban	도시의
consensus	의견 일치
intertwine	뒤얽히다

1171 ☐☐☐

literature

[lítərətʃər]

명 문예, 문학

She is interested in classic **literature**.

그녀는 고전문학에 관심이 있다.

➕ literary 형 문학의, 문학적인

1172 ☐☐☐

author

[ɔ́:θər]

명 저자, 작가

William Shakespeare is the **author** of *Hamlet*.

윌리엄 셰익스피어는 '햄릿'의 저자이다.

➕ authorial 형 저자[작가]의

1173 ☐☐☐

epic

[épik]

형 서사시의, 서사체의   명 1. 서사시 2. 대하 소설

Homer's *Iliad* is my favorite **epic**.

호머의 '일리아드'는 내가 제일 좋아하는 서사시이다.

1174 ☐☐☐

plot

[plɑt]

명 1. 줄거리 2. 음모

The **plot** of the movie is different from the original book.

그 영화의 줄거리는 원작과 다르다.

1175 ☐☐☐

clue

[klu:]

명 1. (이야기 · 생각의) 줄거리 2. 실마리, 단서   동 ~에 암시를 주다

The police haven't found any **clues** for the crime.

경찰은 그 범행에 대한 어떤 단서도 찾을 수 없었다.

1176 ☐☐☐

summary

[sʌ́məri]

명 요약, 개요

I wrote a brief **summary** of the contents.

나는 그 내용의 간략한 개요를 작성했다.

➕ summarize 동 요약하다   in summary 요약하면

1177 ☐☐☐

rhyme

[raim]

명 운, 압운

This poem is filled with **rhymes** and repetitions.

이 시는 압운과 반복으로 가득하다.

1178 □□□

metaphor
[métəfɔ̀ːr]

명 은유

He used a lot of wonderful **metaphors** in his poem.
그는 자신의 시에서 훌륭한 은유를 많이 사용했다.

➕ metaphorical 형 은유의, 비유적인

1179 □□□

context
[kántekst]

명 1. 문맥 2. (사건 따위의) 정황

I guessed the meaning of the word from the **context**.
나는 그 단어의 의미를 문맥에서 유추해냈다.

➕ contextualize 동 맥락과 관련짓다

1180 □□□

legendary
[lédʒəndèri]

형 1. 전설적인, 아주 유명한 2. 전설에 나오는

The performance of the guitarist is **legendary**.
그 기타리스트의 연주는 전설적이다.

➕ legend 명 1. 전설 2. 전설적 인물

1181 □□□

paradox
[pǽrədàks]

명 1. 역설, 패러독스 2. 모순되는 말

It is a **paradox** that such a rich country has so many beggars.
그런 부유한 나라에 그렇게 많은 거지가 있다는 것은 모순이다.

➕ paradoxical 형 역설의, 모순적인

1182 □□□

aesthetic
[esθétik]

형 미(美)의, 미학의

The building has a nice design from an **aesthetic** point of
view. 미학적 관점에서 보면 그 건물은 디자인이 훌륭하다.

1183 □□□

pottery
[pátəri]

명 1. 도기 2. 도기 제조법

I have learned how to make a teapot in a **pottery** class.
나는 도자기 수업에서 찻주전자를 만드는 방법을 배웠다.

➕ potter 명 도공, 도예가

DAY 42

1184 ☐☐☐

sculpture
[skʌ́lptʃər]

몡 1. 조각 2. 조각술

One of his hobbies is carving **sculptures** out of wood.
그의 취미 중 하나는 나무를 깎아서 조각을 만드는 것이다.

➕ sculpt 동 새기다, 조각하다　　　sculptor 명 조각가

1185 ☐☐☐

mo(u)ld
[mould]

몡 1. (주조용의) 틀 2. 곰팡이 3. 성격　동 1. 본뜨다 2. (성격을) 형성하다

Pour wax into a **mold**.
틀에 밀랍을 부어라.

➕ molding 명 틀로 만들기, 주조

1186 ☐☐☐

symphony
[símfəni]

몡 교향곡, 심포니

His cousin plays flute in a **symphony** orchestra.
그의 사촌은 교향악단에서 플루트를 연주한다.

1187 ☐☐☐

choir
[kwáiər]

몡 합창단, (교회의) 성가대

I sing in the church **choir**.
나는 교회 성가대에서 노래한다.

1188 ☐☐☐

acid
[ǽsid]

몡 산(酸)　형 산성의

Many pine trees were killed because of **acid** rain.
산성비로 인해 많은 소나무가 죽었다.

➕ acid rain 산성비

1189 ☐☐☐

litter
[lítər]

몡 잡동사니, 쓰레기　동 어지르다

The room was **littered** with empty bottles.
그 방은 빈 병들로 어질러져 있었다.

1190 ☐☐☐

consensus
[kənsénsəs]

몡 의견 일치, 합의 (㊜ agreement)

It is not easy to achieve a **consensus**.
합의를 이끌어 내는 것은 쉽지 않다.

1191 ☐☐☐
landfill
[lǽndfil]

명 쓰레기 매립(지)

People who live near **landfill** sites may be exposed to chemicals. 쓰레기 매립지 근처에 사는 사람들은 화학물질에 노출될 수도 있다.

1192 ☐☐☐
pesticide
[péstisàid]

명 살충제, 농약

You can't remove all the **pesticides** from fruit when you wash it. 과일을 씻을 때 농약 성분을 모두 제거할 수는 없다.

1193 ☐☐☐
contaminate
[kəntǽmənèit]

통 더럽히다, 오염시키다

Pesticides can potentially **contaminate** the water. 살충제는 잠재적으로 물을 오염시킬 수 있다.

➕ contamination 명 오염

1194 ☐☐☐
detergent
[ditə́:rdʒənt]

명 세제

Don't use more **detergent** than you need. 필요 이상의 세제를 사용하지 마라.

1195 ☐☐☐
biomass
[báioumæs]

명 1. 생물량 2. 바이오매스(에너지원으로 이용되는 생물체 폐기물, 생물 자원)

Biomass is a renewable resource. 바이오매스는 재생 가능한 자원이다.

➕ biomass fuel 바이오매스 연료(메탄 · 수소로 만든 합성 연료)

1196 ☐☐☐
resource
[rí:sɔ:rs]

명 1. 자원 2. 원천

Petroleum and coal are limited **resources**. 석유와 석탄은 유한한 자원이다.

1197 ☐☐☐
intertwine
[ìntərtwáin]

통 1. 뒤얽히다 2. 밀접하게 관련되다

Environmental and economic issues are inseparably **intertwined**. 환경적인 문제와 경제적인 문제는 서로 밀접하게 관련되어 있다.

1198 ☐☐☐

ecosystem
[íkousìstəm]

몡 생태계

Organic food production can help preserve an **ecosystem's** health. 유기농 식품 생산이 생태계의 건강을 보호하는 데 도움을 줄 수 있다.

1199 ☐☐☐

marine
[mərí:n]

몡 바다의, 바다에 사는

This documentary focuses on the effects of **marine** pollution on people. 이 다큐멘터리는 해양 오염이 인간에게 미치는 영향에 초점을 맞추고 있다.

1200 ☐☐☐

urban
[ə́:rbən]

몡 도시의, 도시에 사는 (빤 rural)

Urban populations are growing steadily.
도시의 인구가 꾸준히 증가하고 있다.

➕ urbanization 몡 도시화

Daily Test

1-18 영어를 우리말로, 우리말을 영어로 바꾸시오.

1	literature	_____	10	조각; 조각술	_____
2	choir	_____	11	역설; 모순되는 말	_____
3	landfill	_____	12	줄거리; 음모	_____
4	urban	_____	13	요약, 개요	_____
5	resource	_____	14	운, 압운	_____
6	ecosystem	_____	15	저자, 작가	_____
7	marine	_____	16	도기; 도기 제조법	_____
8	epic	_____	17	세제	_____
9	contaminate	_____	18	은유	_____

19-23 문맥상 빈칸에 들어갈 단어를 찾아 적절한 형태로 넣으시오.

aesthetic	clue	intertwine	acid	context

19 Many pine trees were killed because of _____ rain.

20 The building has a nice design from a(n) _____ point of view.

21 I guessed the meaning of the word from the _____.

22 The police haven't found any _____ for the crime.

23 Environmental and economic issues are inseparably _____.

Answer   ¹ 문예, 문학 ² 합창단, 성가대 ³ 쓰레기 매립(지) ⁴ 도시의, 도시에 사는 ⁵ 자원; 원천 ⁶ 생태계 ⁷ 바다의, 바다에 사는 ⁸ 서사시(의); 대하 소설 ⁹ 더럽히다, 오염시키다 ¹⁰ sculpture ¹¹ paradox ¹² plot ¹³ summary ¹⁴ rhyme ¹⁵ author ¹⁶ pottery ¹⁷ detergent ¹⁸ metaphor ¹⁹ acid ²⁰ aesthetic ²¹ context ²² clues ²³ intertwined

클래스카드

Crime
범죄

cheat	속이다	outrage	불법 행위
criminal	범죄자	rebellion	폭동
infringe	위반하다	revenge	복수
kidnap	납치하다	theft	절도죄
guilty	유죄의	sin	죄

Law
법

enact	(법령을) 제정하다
forbid	금지하다
legalize	합법화하다
legislate	법률을 제정하다
code	법전
patent	특허(권)
comply	(법·명령 등에) 따르다

Crime & Law
범죄와 법

Court of Law
법정

victim	피해자	warranty	보증(서)
jury	배심(원단)	lawsuit	소송
prosecute	기소하다	innocent	결백한
sue	고소하다	jail	교도소
attorney	변호사	penalty	형벌
verify	입증하다	imprison	투옥하다
witness	목격자		

1201 ☐☐☐
cheat
[tʃi:t]

⑧ 속이다   ⑲ 1. 사기꾼 2. 속이기

She **cheated** on the test by writing notes on the desk.
그녀는 책상에 메모를 하여 시험에서 부정행위를 했다.

1202 ☐☐☐
criminal
[krímənl]

⑲ 범죄자, 범인   ⑱ 범죄의

They were chasing a **criminal** down the street.
그들은 길을 따라 범인을 쫓고 있었다.
➕ crime ⑲ (법률상의) 죄, 범죄

1203 ☐☐☐
infringe
[infrínʤ]

⑧ (법률 · 협정 따위를) 어기다, 위반하다, (권리를) 침해하다

I believe Internet filtering **infringes** on the freedom of the
individual. 나는 인터넷 필터링이 개인의 자유를 침해한다고 생각한다.
➕ infringement ⑲ 위반, 침해

1204 ☐☐☐
kidnap
[kídnæp]

⑧ 유괴하다, 납치하다

They **kidnapped** foreigners as hostages.
그들은 외국인들을 인질로 납치했다.

1205 ☐☐☐
guilty
[gílti]

⑱ 1. 죄를 범한, 유죄의 2. 죄책감이 드는

The jury found them **guilty** of plotting a terror attack.
배심원들은 그들이 테러 공격을 계획한 것에 대해 유죄 판결을 내렸다.
➕ guilt ⑲ 1. 죄책감 2. 유죄

1206 ☐☐☐
outrage
[áutreiʤ]

⑲ 1. 격노, 분노 2. 불법 행위, 난폭   ⑧ 격분하게 하다

We should do something to stop the **outrage** of violence in
our schools. 우리는 교내 폭력 행위를 막기 위해 무언가를 해야 한다.
➕ outrageous ⑱ 난폭한, 극악한

1207 ☐☐☐
rebellion
[ribéljən]

⑲ 반란, 폭동

They raised a **rebellion** against authority.
그들은 권력에 맞서 반란을 일으켰다.
➕ rebel ⑲ 1. 반역자 2. 반대자 ⑧ 반란을 일으키다

1208 ☐☐☐

revenge
[rivéndʒ]

몡 복수   됭 복수하다

Billy took **revenge** on his fellow worker for his betrayal.
Billy는 그의 동료가 배신한 것에 대한 복수를 했다.

➕ take[get] revenge 복수하다

1209 ☐☐☐

theft
[θeft]

몡 도둑질, 절도죄

He was arrested for **theft**.
그는 절도죄로 체포되었다.

1210 ☐☐☐

sin
[sin]

몡 1. 죄 2. 위반   됭 (죄를) 짓다

He didn't commit any **sins**.
그는 어떤 죄도 짓지 않았다.

1211 ☐☐☐

enact
[inǽkt]

됭 1. (법령을) 제정하다, 규정하다 2. 상연하다

Congress **enacted** a special law on smoke-free restaurants.
의회는 금연 식당에 관한 특별법을 제정했다.

➕ enactment 몡 (법의) 제정

1212 ☐☐☐

forbid
[fərbíd]

됭 (forbade – forbidden) ~을 금지하다, 막다

My mom **forbade** my brother to go out.
우리 엄마는 남동생이 외출하는 것을 금지했다.

1213 ☐☐☐

legalize
[líːgəlàiz]

됭 법률화하다, 합법화하다

Many states have **legalized** casino gaming.
많은 주들이 카지노 도박을 합법화했다.

➕ legal 혱 1. 법률(상)의 2. 합법의   legalization 몡 적법화, 법률화

1214 ☐☐☐

legislate
[léʤislèit]

됭 법률을 제정하다, 입법하다

The law was **legislated** in 1998.
그 법률은 1998년에 제정되었다.

➕ legislative 혱 입법상의, 법률을 제정하는

1215 ☐☐☐

code
[koud]

명 1. 법전 2. 규범 3. 암호

I received and read the Student **Code** of Conduct.
나는 학생 행동 강령을 받아서 읽어보았다.

➕ codify 동 법전으로 편찬하다

1216 ☐☐☐

patent
[pǽtnt]

명 특허(권) 형 특허를 받은 동 특허권을 얻다

She obtained a **patent** for her new invention.
그녀는 자신의 새 발명품으로 특허를 받았다.

1217 ☐☐☐

victim
[víktim]

명 피해자

Anyone can be a **victim** of crime.
누구라도 범죄의 피해자가 될 수 있다.

➕ victimize 동 희생시키다, 부당하게 괴롭히다

1218 ☐☐☐

jury
[dʒúəri]

명 배심(원단)

The **jury** found him guilty of attempting to escape from prison.
배심원은 그의 탈옥 시도에 대해 유죄 판결을 내렸다.

1219 ☐☐☐

prosecute
[prásikjùːt]

동 기소하다, 고소하다

He was **prosecuted** for murder.
그는 살인으로 기소되었다.

➕ prosecutor 명 검사, 검찰관   prosecution 명 기소, 고발

1220 ☐☐☐

sue
[suː]

동 소송을 제기하다, 고소하다

If you don't pay back the money on time, they may **sue** you.
네가 돈을 제때 갚지 않으면 그들은 너를 고소할지도 몰라.

1221 ☐☐☐

attorney
[ətə́ːrni]

명 변호사 (⑲ lawyer)

Even if you have the best **attorney** in the world, you will lose this lawsuit. 네가 세계 최고의 변호사를 고용한다 해도 너는 이 소송에서 질 거야.

1222 ☐☐☐

verify

[vérəfài]

동 입증하다

The police **verified** the suspect's identity.
경찰은 그 용의자의 신원을 확인했다.

➕ verifiable 형 증명할 수 있는

1223 ☐☐☐

witness

[wítnis]

명 목격자　동 1. 목격하다　2. 증언하다

A woman **witnessed** the car accident.
한 여자가 그 차 사고를 목격했다.

1224 ☐☐☐

warranty

[wɔ́:rənti]

명 보증(서)

The **warranty** of my car lasts until next February.
내 차의 보증은 내년 2월까지 유효하다.

➕ under warranty (상품이) 보증기간 중인

1225 ☐☐☐

lawsuit

[lɔ́:sù:t]

명 소송

The actor filed a **lawsuit** for libel against them.
그 배우는 그들을 상대로 명예 훼손 소송을 제기했다.

➕ file a lawsuit 소송을 제기하다

1226 ☐☐☐

innocent

[ínəsənt]

형 죄 없는, 결백한

The suspect insisted that he was **innocent**.
그 용의자는 자신이 결백하다고 주장했다.

➕ innocence 명 무죄, 결백

1227 ☐☐☐

imprison

[imprízn]

동 투옥하다, 수감하다

He was **imprisoned** for injuring his neighbor.
그는 이웃을 다치게 해서 수감되었다.

1228 ☐☐☐

jail
[dʒeil]

명 교도소, 감옥 동 투옥하다

Prisoners are making plans to break out of **jail**.
죄수들이 탈옥할 계획을 세우고 있다.

1229 ☐☐☐

penalty
[pénəlti]

명 형벌, 벌금

There will be a **penalty** for late enrollment.
늦게 등록한 것에 대한 벌금이 있을 것이다.

➕ penalize 동 1. 벌하다 2. 벌칙을 과하다   penal 형 형벌의
death penalty 사형

1230 ☐☐☐

comply
[kəmplái]

동 (법·명령 등에) 따르다, 준수하다

He refused to **comply** with the rule.
그는 그 규칙에 따르기를 거부했다.

➕ compliant 형 고분고분한, (법률을) 준수하는

Daily Test

1-18 영어를 우리말로, 우리말을 영어로 바꾸시오.

1	cheat _____	10	소송 _____
2	legislate _____	11	복수(하다) _____
3	enact _____	12	형벌, 벌금 _____
4	victim _____	13	특허(권); 특허를 받은; 특허권을 얻다 _____
5	prosecute _____	14	죄를 범한, 유죄의; 죄책감이 드는 _____
6	imprison _____	15	범죄자, 범인; 범죄의 _____
7	attorney _____	16	도둑질, 절도죄 _____
8	outrage _____	17	유괴하다, 납치하다 _____
9	legalize _____	18	반란, 폭동 _____

19-23 문맥상 빈칸에 들어갈 단어를 찾아 적절한 형태로 넣으시오.

sue	forbid	warranty	innocent	jail

19 The suspect insisted that he was _____.

20 My mom _____ my brother to go out.

21 The _____ of my car lasts until next February.

22 Prisoners are making plans to break out of _____.

23 If you don't pay back the money on time, they may _____ you.

주제별로 외우는 어휘 (6)

Symptom
증상

sneeze	재채기하다
swell	붓다
fatigue	피로
vomit	구토하다
chronic	만성인

Ailment
병

epidemic	전염병	insomnia	불면증
paralysis	마비	obese	지나치게 살찐
allergic	알레르기의		
asthma	천식	phobia	공포증
deficiency	부족	plague	전염병
diabetes	당뇨병		

Medical Care
치료

remedy	치료(법)
heal	고치다
cure	치료(법)
surgery	수술
tablet	알약
dietary	식이요법의
sanitary	위생의

Disease
질병

Incident
사고

scar	상처	drown	익사하다
suicide	자살	wreck	난파시키다
choke	질식시키다	wound	부상

1231 □□□
ailment
[éilmənt]

몡 병

His **ailment** is not that serious.
그의 병은 그렇게 심각하지 않다.

1232 □□□
epidemic
[èpədémik]

몡 유행병, 전염병　혱 유행성의, 전염성의

An **epidemic** spreads rapidly across many geographic locations. 전염병은 많은 지역에 급속도로 퍼진다.

1233 □□□
asthma
[ǽzmə]

몡 천식

He suffers from chronic **asthma**.
그는 만성 천식을 앓고 있다.

➕ asthmatic 혱 천식의 몡 천식 환자

1234 □□□
insomnia
[insámniə]

몡 불면증

I've been troubled by **insomnia** lately.
나는 최근에 불면증으로 고생하고 있다.

➕ insomniac 몡 불면증 환자 혱 불면증에 걸린

1235 □□□
obese
[oubíːs]

혱 뚱뚱한, 지나치게 살찐

Obese children should eat a balanced diet.
비만인 아이들은 균형 잡힌 식사를 해야 한다.

➕ obesity 몡 비만

1236 □□□
phobia
[fóubiə]

몡 공포증, (병적인) 공포

I have a **phobia** of high places.
나는 고소 공포증이 있다.

➕ aquaphobia 몡 물 공포(증)

1237 □□□
dietary
[dáiətèri]

혱 음식물의, 식이요법의

Good **dietary** habits are very important.
좋은 식습관은 매우 중요하다.

320

1238 ☐☐☐

deficiency
[difíʃənsi]

명 부족, 결핍

Hair loss can be caused by a vitamin **deficiency**.
탈모는 비타민 부족이 원인일 수 있다.

➕ deficient 형 결핍되어 있는, 불충분한

1239 ☐☐☐

paralysis
[pərǽləsis]

명 마비

She couldn't move because of **paralysis** in her legs.
그녀는 다리가 마비되어 움직일 수가 없었다.

➕ paralyze 동 마비시키다　　　paralyzed 형 마비된

1240 ☐☐☐

allergic
[ələ́:rdʒik]

형 알레르기의, 알레르기 체질의

I'm **allergic** to raw peaches but can eat them as long as they
are cooked. 나는 익히지 않은 복숭아에는 알레르기가 있지만, 요리된 것은 먹을 수 있다.

➕ allergy 명 알레르기

1241 ☐☐☐

sanitary
[sǽnitèri]

형 1. 위생의 (⊕ hygienic) 2. 위생적인, 청결한

Cholera is an infectious disease caused by poor **sanitary**
conditions. 콜레라는 열악한 위생 상태로 인해 발병되는 전염성 질환이다.

➕ sanitation 명 공중 위생, 위생 설비[시설]

1242 ☐☐☐

diabetes
[dàiəbí:tiz]

명 당뇨병

She suffers from **diabetes** and has to use insulin.
그녀는 당뇨병을 앓아서 인슐린을 이용해야만 한다.

➕ diabetic 형 당뇨병을 앓는 명 당뇨병 환자

1243 ☐☐☐

plague
[pleig]

명 전염병, 돌림병

A **plague** descended on the town, bringing severe illness to
many people. 마을에 전염병이 돌아 많은 사람들에게 심각한 병을 옮겼다.

DAY 44

1244 ☐☐☐

symptom
[símptəm]

명 증상, 증후

He showed some **symptoms** of depression.
그는 몇 가지 우울증 증세를 보였다.

➕ symptomatic 형 증상을 나타내는

1245 ☐☐☐

chronic
[kránik]

형 (병이) 만성인, 고질인

This treatment is appropriate for patients with **chronic**
headaches. 이 치료는 만성 두통이 있는 환자들에게 적절하다.

➕ chronically 부 만성적으로

1246 ☐☐☐

swell
[swel]

동 (swelled - swollen) 1. 붓다, 부풀다 2. 증가하다   명 증가, 팽창

The bug bite is beginning to **swell** up.
벌레에 물린 곳이 부어오르기 시작하고 있다.

1247 ☐☐☐

fatigue
[fətíːg]

명 (심신의) 피로, 피곤

He's been suffering from **fatigue** for several months.
그는 몇 달째 피로로 고생하고 있다.

➕ fatigued 형 지친, 피로해진

1248 ☐☐☐

sneeze
[sniːz]

명 재채기   동 재채기하다

I **sneeze** constantly, especially in the morning.
나는 특히 아침에 계속 재채기한다.

1249 ☐☐☐

vomit
[vámit]

명 구토   동 구토하다

I **vomited** up all that I ate for lunch.
나는 점심으로 먹은 모든 것을 토했다.

1250 ☐☐☐

cure
[kjuər]

명 치료(법)   동 치료하다

Most cancers can be **cured** completely if they are found early.
대부분의 암은 조기에 발견되면 완치될 수 있다.

1251 ☐☐☐
remedy
[rémədi]

몡 치료(법), 의약(품)

Ginger is a well-known home **remedy** for a sore throat.
생강은 아픈 목을 위해 잘 알려진 민간요법이다.

➕ remedial 톙 (문제를) 개선하기 위한

1252 ☐☐☐
surgery
[sə́ːrdʒəri]

몡 수술

My mother just had **surgery** and needs to rest.
나의 어머니는 방금 수술을 받으셔서 휴식이 필요하다.

➕ surgical 톙 수술의

1253 ☐☐☐
tablet
[tǽblit]

몡 알약 (❀ pill)

He takes vitamin C **tablets** once a day.
그는 하루에 한 번 비타민C 알약을 먹는다.

1254 ☐☐☐
heal
[hiːl]

톰 1. 고치다, 치료하다 2. (상처 등이) 낫다

The wound will **heal** soon because it is not that serious.
상처가 그렇게 심하지 않으니 곧 나을 것이다.

➕ healing 몡 치료, 치유

1255 ☐☐☐
scar
[skɑːr]

몡 상처, 흉터 톰 상처 자국이 남다

The **scars** on his face are almost gone now.
그의 얼굴에 난 흉터는 이제 거의 다 없어졌다.

1256 ☐☐☐
suicide
[sjúːəsàid]

몡 자살

He attempted **suicide** by taking poison.
그는 음독 자살을 시도했다.

➕ suicidal 톙 자살 충동을 느끼는

1257 ☐☐☐
choke
[tʃouk]

톰 숨통을 끊다, 질식시키다

The smoke from the fire **choked** many people.
화재에서 발생한 연기가 많은 사람들을 질식시켰다.

1258 ☐☐☐

drown
[draun]

동 물에 빠지다, 익사하다

A man rescued a 5-year-old boy from **drowning**.
한 남자가 물에 빠진 5세 남자아이를 구해냈다.

1259 ☐☐☐

wreck
[rek]

명 1. 파괴 2. 난파   동 난파시키다

A voyaging ship was **wrecked** during a storm at sea.
항해 중이던 배가 폭풍을 만나 난파되었다.

1260 ☐☐☐

wound
[wu:nd]

명 1. 상처, 부상 2. (마음의) 상처, 고통   동 상처를 입히다

The doctor cleaned and applied medicine to the **wound**.
의사는 상처를 소독하고 약을 발랐다.

➕ wounded 형 다친

Daily Test

1-18 영어를 우리말로, 우리말을 영어로 바꾸시오.

1	vomit	_____	10	증상, 증후	_____
2	ailment	_____	11	붓다; 증가(하다)	_____
3	plague	_____	12	불면증	_____
4	tablet	_____	13	마비	_____
5	drown	_____	14	(병이) 만성인, 고질인	_____
6	remedy	_____	15	뚱뚱한, 지나치게 살찐	_____
7	epidemic	_____	16	위생의; 위생적인, 청결한	_____
8	surgery	_____	17	천식	_____
9	fatigue	_____	18	당뇨병	_____

19-23 문맥상 빈칸에 들어갈 단어를 찾아 적절한 형태로 넣으시오.

allergic	cure	deficiency	phobia	wound

19 I have a(n) _____ of high places.

20 Hair loss can be caused by a vitamin _____.

21 The doctor cleaned and applied medicine to the _____.

22 I'm _____ to raw peaches but can eat them as long as they are cooked.

23 Most cancers can be _____ completely if they are found early.

Answer ¹구토(하다) ²병 ³전염병, 돌림병 ⁴알약 ⁵물에 빠지다, 익사하다 ⁶치료(법), 의약(품) ⁷유행병, 전염병; 유행성의, 전염성의 ⁸수술 ⁹(심신의) 피로, 피곤 ¹⁰symptom ¹¹swell ¹²insomnia ¹³paralysis ¹⁴chronic ¹⁵obese ¹⁶sanitary ¹⁷asthma ¹⁸diabetes ¹⁹phobia ²⁰deficiency ²¹wound ²²allergic ²³cured

클래스카드

Climate & Weather
기후와 날씨

chill	추운	damp	습기 있는
hail	우박	humid	습한
moist	습한	turbulence	난기류
frost	서리	drought	가뭄
breeze	산들바람	tropic	열대지방
disaster	재해	violent	격렬한

Geology
지질

cave	동굴
cliff	절벽
copper	구리

Nature
자연

Animals
동물

herd	(짐승의) 떼
species	(생물의) 종(種)
mammal	포유류
reptile	파충류
beast	짐승
cattle	소
roar	으르렁거리다
hatch	부화하다
livestock	가축(류)
predator	포식자

Farming
경작

ripe	익은
bunch	송이
weed	잡초
grain	곡물
dawn	새벽

1261 ☐☐☐

chill
[tʃil]

뗑 추위 휑 추운, 한기가 도는

Use these extra blankets when you feel a **chill**.
한기가 들면 이 여분의 담요를 이용해라.

➕ chilling 휑 으스스한

1262 ☐☐☐

damp
[dæmp]

휑 축축한, 습기 있는 (땐 dry) 뗑 1. 축축한 곳, 물기 2. 낙담

Put a **damp** cloth on your forehead to reduce a fever.
열을 내리기 위해 젖은 천을 이마에 올려라.

➕ dampen 뙁 1. 축축하게 하다, 적시다 2. (남을) 풀 죽게 하다

1263 ☐☐☐

hail
[heil]

뗑 우박, 싸락눈

The **hail** struck throughout the whole city.
우박이 도시 전체에 쏟아졌다.

➕ hailstone 뗑 (한 알의) 우박, 싸락눈

1264 ☐☐☐

humid
[hjúːmid]

휑 습기 찬, 습한

The weather is **humid** and cloudy today.
오늘은 날씨가 습하고 흐리다.

➕ humidity 뗑 습기, 습도

1265 ☐☐☐

moist
[mɔist]

휑 습한, 축축한

The rain made the soil **moist**, so it would be good to plant the seeds now. 비가 땅을 촉촉하게 해서 이제 씨를 심기 좋을 것이다.

➕ moisture 뗑 습기, 수분

1266 ☐☐☐

turbulence
[tɔ́ːrbjuləns]

뗑 1. 폭풍 상태 2. 난기류 3. 소란

When experiencing **turbulence** on a plane, you must wear your seat belt. 기내에서 난기류를 경험할 때, 안전벨트를 매야 한다.

➕ turbulent 휑 1. 격동의, 격변의 2. 요동치는

DAY 45

1267 ☐☐☐

frost
[frɔːst]

몡 1. 얼어붙는 추위 2. 서리, 서릿발

Severe **frost** destroyed grain in some areas.
혹독한 추위가 몇몇 지역의 작물을 망쳤다.

➕ frosty 혱 서리가 내리는, 몹시 추운   frosted 혱 서리가 내린

1268 ☐☐☐

drought
[draut]

몡 가뭄

The **drought** dried up the soil and raised its acidity.
그 가뭄은 땅을 마르게 하고 산성도를 높였다.

1269 ☐☐☐

breeze
[briːz]

몡 산들바람

The sun is shining, and a **breeze** is blowing gently through the
trees. 태양은 빛나고 나무 사이로 산들바람이 부드럽게 불고 있다.

1270 ☐☐☐

tropic
[trápik]

몡 ((the ~s)) 열대지방

Many kinds of rare plants can be found in the **tropics**.
많은 종류의 희귀 식물이 열대지방에서 발견될 수 있다.

➕ tropical 혱 열대(지방)의

1271 ☐☐☐

disaster
[dizǽstər]

몡 재해, 천재(天災)

Last Sunday's earthquake was a terrible natural **disaster**.
지난 일요일에 발생한 지진은 끔찍한 자연재해였다.

➕ disastrous 혱 처참한, 피해가 막심한

1272 ☐☐☐

violent
[váiələnt]

혱 1. 격렬한, 맹렬한 2. 폭력적인

A **violent** wind will blow tonight.
오늘 밤에 거센 바람이 불 것이다.

➕ violence 몡 1. 폭력 2. 격렬함   violently 뷔 1. 세차게 2. 난폭하게

1273 ☐☐☐

herd
[həːrd]

몡 (짐승의) 떼, 무리   동 떼를 짓다

There is a **herd** of cows grazing in the field.
소 떼가 들판에서 풀을 뜯고 있다.

1274 ☐☐☐

species
[spíːʃiːz]

명 (생물의) 종(種)

New **species** are still being discovered in the rainforest every year. 새로운 종이 여전히 열대 우림에서 매년 발견되고 있다.

1275 ☐☐☐

mammal
[mǽməl]

명 포유류, 포유동물

Blue whales are the largest **mammals** on Earth.
대왕고래는 지구상에서 가장 큰 포유동물이다.

1276 ☐☐☐

reptile
[réptail]

명 파충류

Almost all **reptile** are cold-blooded.
거의 모든 파충류는 냉혈 동물이다.

1277 ☐☐☐

beast
[biːst]

명 동물, 짐승

A wild **beast** came running out of the woods.
한 야생 동물이 숲속에서 뛰어나왔다.

1278 ☐☐☐

cattle
[kǽtl]

명 1. 소 2. 가축

The boys led the **cattle** to their pasture.
그 소년들은 소를 목장으로 몰았다.

1279 ☐☐☐

roar
[rɔːr]

동 1. 으르렁거리다, 울리다 2. 고함치다   명 포효

Male lions **roar** to protect their families.
수사자는 가족을 보호하기 위해 포효한다.

1280 ☐☐☐

hatch
[hætʃ]

동 깨다, 부화하다   명 (배 · 비행기의) 출입구

Newly **hatched** turtles use the moon to guide them toward the sea. 갓 부화한 거북들은 달을 이용해 바다를 향해 간다.

1281 ☐☐☐

livestock
[láivstàk]

명 가축(류)

My grandparents live in the country, raising **livestock**.
나의 조부모님은 시골에서 가축을 기르면서 지내신다.

1282 ☐☐☐

ripe
[raip]

형 여문, 익은

By late August, the wheat is **ripe** and golden.
8월 말쯤에 밀은 여물어서 황금빛을 띤다.

➕ ripen 동 익다, 숙성하다

1283 ☐☐☐

bunch
[bʌntʃ]

명 송이, 다발

I bought a **bunch** of bananas.
나는 바나나 한 송이를 샀다.

1284 ☐☐☐

weed
[wi:d]

명 잡초　동 잡초를 뽑다

You'll need to pull the **weeds** until the plants are well established.
너는 식물이 자리를 잘 잡을 때까지 잡초를 뽑아야 할 것이다.

1285 ☐☐☐

grain
[grein]

명 1. 곡식알, 낟알　2. 곡물, 곡류

I usually eat rice mixed with other **grains**.
나는 보통 잡곡밥을 먹는다.

1286 ☐☐☐

predator
[prédətər]

명 1. 포식자, 포식 동물　2. 약탈자

The baby turtle eventually became food for a **predator**.
그 새끼 거북은 결국 포식 동물의 먹이가 되었다.

➕ predatory 형 1. 포식성의　2. (자신의 이익을 위해) 남을 희생시키는

1287 ☐☐☐

cave
[keiv]

명 굴, 동굴

Bats hung upside down in the dark **cave**.
박쥐들이 어두운 동굴 안에 거꾸로 매달려 있었다.

➕ cave in 함몰되다, 무너지다

1288 ☐☐☐

dawn
[dɔːn]

명 1. 새벽, 동틀 녘 2. 시작, 발단 동 날이 새다

They planned to set off at **dawn**.
그들은 새벽에 출발할 계획이었다.

➕ at dawn 새벽에

1289 ☐☐☐

cliff
[klif]

명 (해안 따위의) 벼랑, 절벽

A woman is climbing up a **cliff**.
한 여자가 절벽을 오르고 있다.

1290 ☐☐☐

copper
[kápər]

명 구리, 동

A penny is made of **copper**.
페니는 구리로 만들어진다.

➕ coppery 형 구리 같은, 구릿빛의

Daily Test

1-18 영어를 우리말로, 우리말을 영어로 바꾸시오.

1	damp	_____	10	열대지방	_____
2	frost	_____	11	추위; 추운, 한기가 도는	_____
3	humid	_____	12	우박, 싸락눈	_____
4	drought	_____	13	격렬한, 맹렬한; 폭력적인	_____
5	beast	_____	14	여문, 익은	_____
6	predator	_____	15	(생물의) 종(種)	_____
7	bunch	_____	16	가축(류)	_____
8	roar	_____	17	포유류, 포유동물	_____
9	cliff	_____	18	재해, 천재(天災)	_____

19-23 문맥상 빈칸에 들어갈 단어를 찾아 적절한 형태로 넣으시오.

herd	breeze	turbulence	cave	cattle

19 Bats hung upside down in the dark _____.

20 The boys led the _____ to their pasture.

21 There is a _____ of cows grazing in the field.

22 When experiencing _____ on a plane, you must wear your seat belt.

23 The sun is shining, and a _____ is blowing gently through the trees.

Answer   ¹ 축축한, 습기 있는; 축축한 곳, 물기; 낙담 ² 얼어붙는 추위; 서리 ³ 습기 찬, 습한 ⁴ 가뭄 ⁵ 동물, 짐승 ⁶ 포식자, 포식 동물; 약탈자 ⁷ 송이, 다발 ⁸ 으르렁거리다, 울리다; 고함치다; 포효 ⁹ 벼랑, 절벽 ¹⁰ tropic ¹¹ chill ¹² hail ¹³ violent ¹⁴ ripe ¹⁵ species ¹⁶ livestock ¹⁷ mammal ¹⁸ disaster ¹⁹ cave ²⁰ cattle ²¹ herd ²² turbulence ²³ breeze

주제별로 외우는 어휘 (8)

클래스카드

Positive
긍정적

courteous	예의 바른	ambitious	야망을 가진	sturdy	튼튼한
deliberate	신중한	sincere	성실한	faithful	신의 있는
intimate	친밀한	loyal	충성스러운	frank	솔직한
tolerant	관대한	gorgeous	매력적인	sensible	분별 있는
indulgent	관대한	eager	열심인	masculine	남자다운

Character
성격

Negative
부정적

arrogant	건방진	mischievous	장난이 심한	awkward	서투른
naughty	말을 듣지 않는	wicked	사악한	timid	소심한
nasty	비열한	brutal	야만적인	peculiar	별난
fierce	사나운	greedy	탐욕스러운	stubborn	고집 센
naive	순진한	merciless	무자비한	clumsy	어색한

1291 ☐☐☐

courteous
[kə́ːrtiəs]

형 예의 바른, 공손한

He is always **courteous** to his customers.
그는 항상 고객에게 공손하다.

➕ courteously 부 예의 바르게　　courtesy 명 공손함

1292 ☐☐☐

deliberate
[dilíbərət]

형 1. 신중한　2. 고의의, 계획적인

He is very **deliberate** when he invests his money.
그는 투자를 할 때 매우 신중하다.

➕ deliberately 부 1. 신중하게　2. 고의로

1293 ☐☐☐

intimate
[íntəmət]

형 친밀한, 친숙한

I have been her **intimate** acquaintance for a long time.
나는 그녀와 오랫동안 절친한 사이로 지내왔다.

➕ intimacy 명 친밀함　　　　intimately 부 친밀히

1294 ☐☐☐

tolerant
[tɑ́lərənt]

형 관대한, 아량이 있는

She is a **tolerant** person.
그녀는 관대한 사람이다.

➕ tolerate 동 1. 용인하다　2. 참다　　tolerance 명 관대, 용인

1295 ☐☐☐

masculine
[mǽskjulin]

형 1. 남성의　2. 남자다운

My sister has a **masculine** voice.
우리 언니는 남성적인 목소리를 지녔다.

➕ masculinity 명 남성성

1296 ☐☐☐

gorgeous
[gɔ́ːrdʒəs]

형 1. 매력적인, 멋진　2. 호화로운

A nice country house with **gorgeous** gardens is for sale.
멋진 정원이 있는 좋은 시골집을 팔려고 내놓았다.

1297 ☐☐☐
merciless
[mɔ́ːrsilis]

형 무자비한, 잔인한

The **merciless** murderer was sentenced to life imprisonment.
그 잔인한 살인자는 종신형을 선고받았다.

➕ mercilessly 부 무자비하게, 무정하게

1298 ☐☐☐
sturdy
[stɔ́ːrdi]

형 1. 튼튼한, 힘센 2. 견고한

Despite its age, the old horse is still **sturdy**.
나이에도 불구하고 그 늙은 말은 여전히 튼튼하다.

➕ sturdily 부 튼튼하게, 완강하게

1299 ☐☐☐
ambitious
[æmbíʃəs]

형 대망을 품은, 야망을 가진

Boys, be **ambitious**!
소년들이여, 야망을 가져라!

➕ ambition 명 대망, 야망

1300 ☐☐☐
faithful
[féiθfəl]

형 1. 충실한 2. 신의 있는

A person who finds a **faithful** friend finds a treasure.
신의가 두터운 친구를 찾은 사람은 보물을 찾은 것이다.

➕ faith 명 신뢰, 신념

1301 ☐☐☐
sincere
[sinsíər]

형 1. 성실한 2. 참된

He seems **sincere** in all he does.
그는 매사에 성실한 것 같다.

➕ sincerely 부 진심으로   sincerity 명 성실, 정직

1302 ☐☐☐
frank
[fræŋk]

형 솔직한, 가식이 없는

Janet had a **frank** talk with her two sons.
Janet은 그녀의 두 아들과 솔직한 대화를 나눴다.

➕ frankly 부 솔직히, 숨김없이   to be frank 솔직히 말하면

1303 □□□

eager
[íːgər]

형 1. 열망[갈망]하는 2. 열심인

Ray is **eager** to learn foreign languages.
Ray는 외국어 공부에 열심이다.

➕ eagerly 부 간절히, 열심히

1304 □□□

loyal
[lɔ́iəl]

형 충성스러운, 충의가 있는

Employers want workers who are **loyal**.
고용주들은 헌신적인 직원을 원한다.

➕ loyalty 명 충의, 충성

1305 □□□

sensible
[sénsəbl]

형 분별 있는, 현명한

He seems to be a very **sensible** man.
그는 매우 현명한 사람인 것 같다.

1306 □□□

mischievous
[místʃivəs]

형 장난이 심한, 개구쟁이의

My brother is active and **mischievous**.
내 남동생은 활동적이고 장난이 심하다.

➕ mischief 명 장난, 못된 짓

1307 □□□

naughty
[nɔ́ːti]

형 말을 듣지 않는

My sister is a **naughty** girl.
내 여동생은 말을 듣지 않는 아이다.

1308 □□□

wicked
[wíkid]

형 1. 사악한 2. 심술궂은

Don't do such a **wicked** thing.
그렇게 못된 짓을 하지 마.

1309 □□□

nasty
[nǽsti]

형 1. 비열한 2. 더러운, 불쾌한

She is a **nasty** person.
그녀는 비열한 사람이다.

1310 ☐☐☐

brutal

[brúːtl]

형 1. 야만적인 2. 잔혹한, 무자비한

Some say that the death penalty is a **brutal** punishment.

어떤 이들은 사형이 가혹한 형벌이라고 말한다.

➕ brutality 명 잔인성, 만행

1311 ☐☐☐

fierce

[fiərs]

형 1. 사나운, 거친 2. 잔인한

This dog is very **fierce**, so stay away from it.

이 개는 정말 사나우니까 가까이 가지 마라.

➕ fiercely 부 사납게, 맹렬하게

1312 ☐☐☐

greedy

[gríːdi]

형 욕심 많은, 탐욕스러운

He is very **greedy** for money and power.

그는 돈과 권력에 욕심이 아주 많다.

➕ greed 명 1. 탐욕 2. 식탐

1313 ☐☐☐

stubborn

[stʌ́bərn]

형 완고한, 고집 센

He is too **stubborn** to admit his mistakes.

그는 너무 고집이 세서 실수를 인정하지 않는다.

➕ stubbornly 부 완고하게

1314 ☐☐☐

arrogant

[ǽrəgənt]

형 건방진, 거만한

He seems **arrogant** because he is too confident in his decisions. 그는 자신의 결정에 너무 자신만만해서 거만해 보인다.

➕ arrogance 명 거만, 오만

1315 ☐☐☐

clumsy

[klʌ́mzi]

형 1. 어색한 2. 서투른

He murmured a **clumsy** apology for his rudeness.

그는 작은 목소리로 그의 무례함에 대해 어색한 사과를 했다.

1316 □□□

awkward

[ɔ́:kwərd]

형 1. 다루기 힘든 2. 어색한 3. 서투른, 미숙한

I don't want to be in an **awkward** situation.
나는 어색한 상황에 놓이는 것을 원하지 않는다.

➕ awkwardly 부 어색하게

1317 □□□

naive

[nɑːíːv]

형 순진한, 천진난만한

She is so **naive** that she believes everything people say.
그녀는 너무 순진해서 사람들이 말하는 모든 것을 믿는다.

1318 □□□

timid

[tímid]

형 겁 많은, 소심한

Some people are too **timid** to speak in front of others.
어떤 사람들은 너무 소심해서 다른 이들 앞에서 말하지 못한다.

➕ timidly 부 소심하게   timidity 명 겁, 소심

1319 □□□

peculiar

[pikjúːljər]

형 1. 이상한, 별난 2. 특이한, 독특한

Her **peculiar** dress distinguished her among the people at the
party. 그녀의 특이한 드레스는 파티에 있는 사람들 사이에서 그녀를 눈에 띄게 했다.

➕ peculiarity 명 1. 특성 2. 특이

1320 □□□

indulgent

[indʌ́ldʒənt]

형 관대한

Rebecca is **indulgent** with children, even if they misbehave.
Rebecca는 아이들이 버릇없이 굴어도 그들에게 관대하다.

➕ indulge 동 1. (욕망 등에) 빠지다 2. 제멋대로 하게 하다
    indulgence 명 1. 관대 2. 탐닉

Daily Test

1-18 영어를 우리말로, 우리말을 영어로 바꾸시오.

1	courteous	_____	10 남성의; 남자다운	_____
2	loyal	_____	11 열망하는; 열심인	_____
3	wicked	_____	12 대망을 품은, 야망을 가진	_____
4	merciless	_____	13 장난이 심한, 개구쟁이의	_____
5	sturdy	_____	14 건방진, 거만한	_____
6	fierce	_____	15 성실한; 참된	_____
7	intimate	_____	16 신중한; 고의의, 계획적인	_____
8	clumsy	_____	17 겁 많은, 소심한	_____
9	tolerant	_____	18 순진한, 천진난만한	_____

19-23 문맥상 빈칸에 들어갈 단어를 찾아 적절한 형태로 넣으시오.

gorgeous	faithful	brutal	stubborn	greedy

19 A nice country house with _____ gardens is for sale.

20 Some say that the death penalty is a(n) _____ punishment.

21 A person who finds a(n) _____ friend finds a treasure.

22 He is too _____ to admit his mistakes.

23 He is very _____ for money and power.

Answer ¹ 예의 바른, 공손한 ² 충성스러운, 충의가 있는 ³ 사악한; 심술궂은 ⁴ 무자비한, 잔인한 ⁵ 튼튼한, 힘센; 견고한 ⁶ 사나운, 거친; 잔인한 ⁷ 친밀한, 친숙한 ⁸ 어색한; 서투른 ⁹ 관대한, 아량이 있는 ¹⁰ masculine ¹¹ eager ¹² ambitious ¹³ mischievous ¹⁴ arrogant ¹⁵ sincere ¹⁶ deliberate ¹⁷ timid ¹⁸ naive ¹⁹ gorgeous ²⁰ brutal ²¹ faithful ²² stubborn ²³ greedy

Body
신체

Characteristics
특성

beard	턱수염
wrinkle	주름
mustache	콧수염
slender	가냘픈
thin	얇은
slim	날씬한

Body Parts
신체 부위

abdomen	배
limb	팔다리
wrist	손목
muscle	근육
joint	관절
oral	입의
throat	목구멍
thumb	엄지손가락
thigh	넓적다리
spine	척추, 등뼈
skeleton	해골

In the Body
체내

organism	유기체, 생물
pulse	맥박
organ	장기
kidney	신장, 콩팥
liver	간
lung	허파
artery	동맥
cell	세포
bone	뼈
gene	유전자
immune	면역의
nerve	신경
digest	소화하다

1321 ☐☐☐

abdomen
[ǽbdəmən]

명 배, 복부

I sometimes have pain in my **abdomen**.
나는 가끔 복부에 통증이 있다.

➕ abdominal 형 배의, 복부의

1322 ☐☐☐

artery
[ɑ́ːrtəri]

명 동맥

High calcium levels in the **arteries** may signal a serious heart attack. 동맥 내의 높은 칼슘 수치는 심각한 심장마비의 전조일 수도 있다.

➕ cf. vein 명 정맥

1323 ☐☐☐

cell
[sel]

명 세포

A **cell** divides to produce two genetically identical **cells**.
세포는 분열하여 유전적으로 동일한 두 개의 세포를 생성한다.

➕ cellular 형 세포의

1324 ☐☐☐

bone
[boun]

명 뼈, 골격

There are 206 **bones** in the human body.
인간의 몸에는 206개의 뼈가 있다.

1325 ☐☐☐

gene
[dʒiːn]

명 유전자

The mutated **gene** is passed down through the family.
그 돌연변이 유전자는 가족을 통해서 유전된다.

➕ genetic 형 유전(학)의

1326 ☐☐☐

immune
[imjúːn]

형 면역성의, 면역의

Once you're exposed to a virus, your **immune** system reacts to fight it off.
일단 네가 바이러스에 노출이 되면, 면역 체계는 그것을 퇴치하기 위해 대응한다.

➕ immunity 명 1. 면역(성) 2. 면제
　 immunize 동 면역성을 주다

1327 ☐☐☐

kidney
[kídni]

몡 신장, 콩팥

The typical individual has two **kidneys**.
보통 사람들은 두 개의 신장을 가지고 있다.

1328 ☐☐☐

limb
[lim]

몡 팔다리

Both of the **limbs** on the right side of his body were
paralyzed. 그의 몸의 오른쪽 팔다리는 모두 마비되었다.

1329 ☐☐☐

liver
[lívər]

몡 간

Her mother died from **liver** cancer.
그녀의 어머니는 간암으로 돌아가셨다.

1330 ☐☐☐

wrist
[rist]

몡 손목

The child slipped on the ice and broke his **wrist**.
그 아이는 빙판에서 미끄러져 손목이 부러졌다.

1331 ☐☐☐

beard
[biərd]

몡 턱수염

He shaved his **beard** before his blind date.
그는 소개팅을 하기 전에 턱수염을 깎았다.

1332 ☐☐☐

lung
[lʌŋ]

몡 폐, 허파

Cigarette smoking accelerates **lung** disease.
흡연은 폐 질환을 가속시킨다.

1333 ☐☐☐

muscle
[mʌ́sl]

몡 근육

Stretching helps relax your tense **muscles**.
스트레칭은 긴장된 근육을 풀어주는 데 도움이 된다.
➕ muscular 혱 1. 근육의 2. 근육이 잘 발달된

1334 ☐☐☐

throat
[θrout]

몡 목구멍, 인후

My **throat** hurt from cheering so hard.
너무 열심히 응원해서 목이 아팠다.

➕ throaty 휑 목이 쉰 듯한   sore throat 인후염, 아픈 목

1335 ☐☐☐

slender
[sléndər]

휑 1. 가느다란, 날씬한 2. 가냘픈, 연약한

The model has long, **slender** legs.
그 모델은 다리가 길고 날씬하다.

➕ slenderize 동 가늘어지다, 날씬해지다

1336 ☐☐☐

thumb
[θʌm]

몡 엄지손가락

The baby is sucking its **thumb**.
그 아기는 엄지손가락을 빨고 있다.

Thumbs up! 최고야!

1337 ☐☐☐

wrinkle
[ríŋkl]

몡 주름 동 주름살 지다

It is natural to have **wrinkles** as we get older.
나이가 들면서 주름이 생기는 것은 당연하다.

➕ wrinkly 휑 주름진

1338 ☐☐☐

mustache
[mʌ́stæʃ]

몡 콧수염

The good-looking man with the **mustache** is my boyfriend.
콧수염이 있는 저 잘생긴 남자가 나의 남자친구이다.

1339 ☐☐☐

thin
[θin]

휑 1. 얇은, 가느다란 2. 여윈, 수척한

He's getting **thinner** and **thinner** because of his illness.
그는 병으로 점점 더 말라가고 있다.

1340 ☐☐☐

thigh
[θai]

몡 넓적다리, 허벅다리

He bumped into the desk, and his **thigh** was bruised.
그는 책상에 부딪쳐서 허벅지에 멍이 들었다.

1341 ☐☐☐

joint
[dʒɔint]

명 관절   형 공동의, 연합의

My **joints** ache when it rains.
비가 올 때면 내 관절이 아프다.

1342 ☐☐☐

organism
[ɔ́ːrɡənìzm]

명 유기체, 생물

Bacteria are single-celled **organisms**.
박테리아는 단세포 생물이다.

1343 ☐☐☐

oral
[ɔ́ːrəl]

형 1. 입의 2. 구술의   명 구술시험

Good **oral** hygiene is very important.
청결한 구강 위생 상태는 매우 중요하다.

➕ orally 부 구두로, 입을 통해서

1344 ☐☐☐

nerve
[nəːrv]

명 신경

Some patients with Alzheimer's disease have damaged visual
nerves. 알츠하이머병에 걸린 몇몇 환자들은 손상된 시신경을 가지고 있다.

➕ nervous 형 1. 신경(성)의 2. 불안해하는

1345 ☐☐☐

slim
[slim]

형 날씬한

My mother exercises every day to maintain her **slim** figure.
나의 어머니는 날씬한 체형을 유지하기 위해 매일 운동을 하신다.

1346 ☐☐☐

spine
[spain]

명 척추, 등뼈

Always stand up straight to avoid having a crooked **spine**.
척추가 휘는 것을 예방하기 위해 항상 똑바로 서라.

➕ spinal 형 척추의

1347 ☐☐☐

pulse
[pʌls]

명 맥박

A doctor is taking the **pulse** of the man lying on the floor.
의사는 바닥에 누워 있는 남자의 맥박을 재고 있다.

➕ pulsate 동 (심장·맥박 등이) 뛰다

1348 ☐☐☐

digest
[daidʒést]

동 소화하다[되다]

Grass is difficult for many animals to **digest**.
많은 동물들에게 풀은 소화하기 어렵다.

➕ digestion 명 소화   digestive 형 소화의

1349 ☐☐☐

organ
[ɔ́ːrɡən]

명 【생물】 기관, 장기

The rate of **organ** donation can't keep pace with the number of people needing transplants.
장기 기증 비율은 이식을 필요로 하는 사람의 수를 따라가지 못한다.

➕ organic 형 1. (인체) 장기[기관]의 2. 유기체의, 생물의

1350 ☐☐☐

skeleton
[skélətn]

명 1. 해골, 골격 2. 윤곽, 개략

The curator excavated the **skeletons** from the site of the battle. 그 큐레이터는 전쟁터에서 해골들을 발굴했다.

➕ skeletal 형 1. 골격의 2. 피골이 상접한

Daily Test

1-18 영어를 우리말로, 우리말을 영어로 바꾸시오.

1	abdomen	_____	10	엄지손가락	_____
2	lung	_____	11	넓적다리, 허벅다리	_____
3	slender	_____	12	간	_____
4	organ	_____	13	유전자	_____
5	kidney	_____	14	세포	_____
6	wrinkle	_____	15	면역성의, 면역의	_____
7	spine	_____	16	목구멍, 인후	_____
8	muscle	_____	17	해골; 윤곽, 개략	_____
9	nerve	_____	18	관절; 공동의, 연합의	_____

19-23 문맥상 빈칸에 들어갈 단어를 찾아 적절한 형태로 넣으시오.

bone	limb	pulse	beard	digest

19 He shaved his _____ before his blind date.

20 There are 206 _____(e)s in the human body.

21 A doctor is taking the _____ of the man lying on the floor.

22 Both of the _____(e)s on the right side of his body were paralyzed.

23 Grass is difficult for many animals to _____.

Answer ¹ 배, 복부 ² 폐, 허파 ³ 가느다란, 날씬한; 가냘픈, 연약한 ⁴ [생물] 기관, 장기 ⁵ 신장, 콩팥 ⁶ 주름; 주름살 지다 ⁷ 척추, 등뼈 ⁸ 근육 ⁹ 신경 ¹⁰ thumb ¹¹ thigh ¹² liver ¹³ gene ¹⁴ cell ¹⁵ immune ¹⁶ throat ¹⁷ skeleton ¹⁸ joint ¹⁹ beard ²⁰ bone ²¹ pulse ²² limb ²³ digest

Attack
공격

battlefield	전쟁터	defeat	패배시키다
border	국경	devastate	황폐시키다
strategy	전략	slaughter	대학살(하다)
tactics	전술	martial	전쟁의
foe	적	triumph	승리
assault	급습하다	salute	경례하다
bombard	포격하다	troops	군대

Weapon
무기

cannon	대포
nuclear	핵무기의
spear	창
shield	방패

War
전쟁

Politics
정치

Rule
통치

dignity	위엄	reign	통치하다
govern	통치하다	federal	연방의
authority	권위	embassy	대사관
throne	군주		

Election
선거

candidate	후보자	parliament	의회
poll	투표	senator	상원 의원
vote	투표		

1351 □□□
battlefield
[bǽtlfìːld]

명 전쟁터, 싸움터

The whole country turned into a **battlefield**.
나라 전체가 전쟁터로 변했다.

1352 □□□
border
[bɔ́ːrdər]

명 1. 경계, 국경 2. 가장자리 통 접경[인접]하다

The army of the northern kingdom violated the **border**.
북쪽 왕국의 군대가 국경을 침범했다.

1353 □□□
bombard
[bɑmbáːrd]

통 포격[폭격]하다

We will **bombard** the fort unless you surrender.
너희가 항복하지 않으면 우리는 요새를 포격할 것이다.

1354 □□□
slaughter
[slɔ́ːtər]

명 대학살 통 1. 대학살하다 2. (가축을) 도살하다

During the war, Jews were **slaughtered** or exiled.
전쟁 동안 유대인들은 학살을 당하거나 추방당했다.

1355 □□□
defeat
[difíːt]

통 패배시키다, 쳐부수다 명 패배

We were **defeated** by the foreign enemy.
우리는 외적에 패했다.

1356 □□□
devastate
[dévəstèit]

통 황폐시키다, 철저하게 파괴하다

The civil war **devastated** transportation and water supply
facilities. 그 내전은 운송 수단과 상수도 시설을 완전히 파괴했다.
➕ devastation 명 황폐 (상태)   devastating 형 대단히 파괴적인

1357 □□□
martial
[mɑ́ːrʃəl]

형 1. 전쟁의 2. 군의, 군사의

The governor proclaimed **martial** law in the colony.
그 통치자는 식민지에 계엄령을 선포했다.
➕ martial art 무술, 무도

1358 ☐☐☐

assault
[əsɔ́:lt]

명 습격, 급습   동 급습하다, 공격하다

They are planning to **assault** their enemy tonight.
그들은 오늘 밤 적을 급습할 계획이다.

1359 ☐☐☐

foe
[fou]

명 적 (㊤ enemy)

A friend today may become a **foe** tomorrow.
오늘의 친구가 내일의 적이 될 수 있다.

1360 ☐☐☐

salute
[səlú:t]

명 1. 경례 2. 인사   동 1. 【군사】 경례하다 2. 인사하다

The soldiers stopped and **saluted** the general.
군인들은 멈춰서 장군에게 경례를 했다.

➕ salutation 명 인사(말)

1361 ☐☐☐

triumph
[tráiəmf]

명 승리(감)   동 승리를 차지하다

Our team was carried away by our **triumph**.
우리 팀은 승리감에 도취되었다.

➕ triumphal 형 승리를 축하하는
  triumphant 형 1. 승리를 거둔 2. 의기양양한

1362 ☐☐☐

spear
[spiər]

명 창, 투창   동 창으로 찌르다

Two soldiers are standing and holding **spears**.
두 명의 군인이 창을 들고 서 있다.

1363 ☐☐☐

shield
[ʃi:ld]

명 1. 방패 2. 방어물   동 보호하다

The enemy was armed with spears and **shields**.
적군은 창과 방패로 무장했다.

1364 ☐☐☐

cannon
[kǽnən]

명 대포

They fired **cannons** toward the enemy combatants.
그들은 적의 전투 부대를 향해 대포를 발사했다.

1365 ☐☐☐

nuclear
[njúːkliər]

📝 1. 핵의 2. 핵무기의

African countries signed a ban on **nuclear** arms proliferation in Africa. 아프리카 국가들은 아프리카에서의 핵무기 확산 금지에 서약했다.

➕ nucleus 📝 1. (원자) 핵 2. 핵심

1366 ☐☐☐

troop
[truːp]

📝 1. 무리, 떼 2. ((~s)) 군대

The council agreed to withdraw **troops** from the country immediately. 의회는 그 나라에서 군대를 즉시 철수하기로 합의했다.

1367 ☐☐☐

strategy
[strǽtədʒi]

📝 1. 전략, 전술 2. 계략, 술수

We won the war because of our well-calculated **strategy**.
우리는 치밀한 전략 덕분에 전쟁에서 승리했다.

➕ strategic 📝 전략(상)의, 전략상 중요한

1368 ☐☐☐

tactics
[tǽktiks]

📝 1. 전술(학), 병법 2. 술책, 책략

Their **tactics** were designed to stun and quickly overpower the opposition. 그들의 전술은 상대를 놀라게 해 빠르게 제압하도록 고안되었다.

1369 ☐☐☐

authority
[əθɔ́ːrəti]

📝 1. 권위, 권한 2. ((~s)) 당국, 관헌 3. 권위자, 대가

That's out of my **authority**.
그것은 내 권한 밖의 일이다.

➕ authoritative 📝 권위적인   authorize 📝 권한을 주다

1370 ☐☐☐

reign
[rein]

📝 통치 기간 📝 1. 통치[지배]하다 2. 군림하다

The **reign** of Mary I of England was one of the most cruel in the country's history.
잉글랜드의 Mary 1세의 통치 기간은 그 나라의 역사에서 가장 잔혹했던 때 중 하나였다.

1371 ☐☐☐

embassy
[émbəsi]

몡 대사관

If you lose your passport in a foreign country, contact your **embassy**. 외국에서 여권을 잃어버리면, 대사관에 연락해라.

1372 ☐☐☐

dignity
[dígnəti]

몡 1. 존엄, 위엄 2. 엄숙함

She always behaves with **dignity**.
그녀는 항상 위엄 있게 행동한다.

➕ with dignity 위엄 있게　　　dignify 통 위엄[품위] 있어 보이게 하다

1373 ☐☐☐

federal
[fédərəl]

혱 1. 연방의, 연방제의 2. 연방 정부의

Smoking in public places is illegal according to **federal** law.
연방법에 따르면 공공장소에서 담배를 피우는 것은 불법이다.

1374 ☐☐☐

govern
[ɡʌ́vərn]

통 1. (나라·기관 등을) 다스리다, 통치하다 2. (행동 등을) 결정하다

The country is **governed** by the military.
그 나라는 군부의 통치를 받고 있다.

➕ government 몡 1. 정부 2. 정치 체제

1375 ☐☐☐

throne
[θroun]

몡 1. 왕좌, 왕위 2. 군주

The king passed on the **throne** to his son.
왕은 그의 아들에게 왕위를 물려주었다.

➕ enthrone 통 즉위시키다　　　dethrone 통 퇴위시키다

1376 ☐☐☐

parliament
[pɑ́ːrləmənt]

몡 의회, 국회

The French **Parliament** rejected an anti-democratic Internet law. 프랑스 국회는 반민주적인 인터넷 법을 거부했다.

➕ parliamentary 혱 의회의

1377 ☐☐☐

senator
[sénətər]

몡 상원 의원

The **senator** objected to the president's discretionary powers.
그 상원 의원은 대통령의 재량권에 반대했다.

➕ senatorial 혱 상원 의원의

1378 □□□

poll
[poul]

명 1. 투표 2. 여론 조사 동 1. (표를) 얻다 2. 여론 조사를 하다

When the **polls** opened at 8 a.m., about 200 people were
waiting in line to vote.

오전 8시에 투표가 시작되었을 때, 약 200명의 사람들이 투표를 하려고 줄을 서서 기다리고
있었다.

➕ pollster 명 여론 조사 요원

1379 □□□

candidate
[kǽndidèit]

명 후보자, 지원자

He is the democratic **candidate** for mayor of New York.

그는 뉴욕 시장 민주당 후보이다.

1380 □□□

vote
[vout]

명 1. 투표 2. 투표[선거]권 동 투표하다

About 56 percent of eligible voters cast a **vote** for president.

유권자들 중 약 56%가 대통령 선거 투표를 했다.

➕ voter 명 투표인, 유권자

Daily Test

1-18 영어를 우리말로, 우리말을 영어로 바꾸시오.

1	parliament	_____	10	대사관	_____
2	federal	_____	11	승리(를 차지하다)	_____
3	senator	_____	12	존엄, 위엄; 엄숙함	_____
4	foe	_____	13	창(으로 찌르다)	_____
5	defeat	_____	14	대포	_____
6	salute	_____	15	포격[폭격]하다	_____
7	troop	_____	16	통치 기간; 통치[지배]하다; 군림하다	_____
8	devastate	_____	17	전쟁터, 싸움터	_____
9	tactics	_____	18	핵의, 핵무기의	_____

19-23 문맥상 빈칸에 들어갈 단어를 찾아 적절한 형태로 넣으시오.

border	assault	throne	candidate	martial

19 The king passed on the _____ to his son.

20 He is the democratic _____ for mayor of New York.

21 The governor proclaimed _____ law in the colony.

22 The army of the northern kingdom violated the _____ .

23 They are planning to _____ their enemy tonight.

Answer ¹ 의회, 국회 ² 연방(제)의; 연방 정부의 ³ 상원 의원 ⁴ 적 ⁵ 패배(시키다), 쳐부수다 ⁶ 경례(하다); 인사(하다) ⁷ 무리, 떼; 군대 ⁸ 황폐시키다, 철저하게 파괴하다 ⁹ 전술(학), 병법; 술책, 책략 ¹⁰ embassy ¹¹ triumph ¹² dignity ¹³ spear ¹⁴ cannon ¹⁵ bombard ¹⁶ reign ¹⁷ battlefield ¹⁸ nuclear ¹⁹ throne ²⁰ candidate ²¹ martial ²² border ²³ assault

클래스카드

Earth
지구

tide	조수
hemisphere	반구
erode	침식하다
glacier	빙하
landscape	풍경
aquatic	물의
fossil	화석
erupt	분출하다
atmosphere	대기(권)

Cosmos
우주

orbit	궤도
comet	혜성
astronaut	우주 비행사
galaxy	은하계
meteorite	운석
satellite	인공위성
solar	태양의
lunar	달의

Science
과학

Physical Properties
물리적 물질

elastic	탄성의
fluid	유동성의
friction	마찰
float	(물 위에) 뜨다

Chemical Properties
화학적 물질

atom	원자
evaporate	증발하다
vapor	증기
chemical	화학 물질
melt	녹다
element	원소

1381 ☐☐☐

cosmos
[kázməs]

몡 (질서와 조화가 있는 체계라고 생각된) 우주

The professor explained the origins of the **cosmos**.
그 교수는 우주의 기원에 대해 설명했다.

➕ cosmic 휑 우주의

1382 ☐☐☐

tide
[taid]

몡 1. 조수(의 간만) 2. ((the ~)) 경향

The best times to fish are when the **tide** is coming in or going
out. 조수가 들어오거나 빠져나갈 때가 낚시하기 가장 좋은 시기이다.

➕ tidal 휑 조수의

1383 ☐☐☐

hemisphere
[hémisfìər]

몡 (지구 · 천체의) 반구

This picture shows the southern **hemisphere** of Mars.
이 사진은 화성의 남반구를 보여준다.

1384 ☐☐☐

erode
[iróud]

동 침식하다[되다]

Beach rocks are **eroded** by waves.
해변의 바위들은 파도에 의해서 침식된다.

➕ erosion 몡 침식

1385 ☐☐☐

glacier
[gléiʃər]

몡 빙하

Greenland's **glaciers** are melting twice as fast as previously
reported. 그린란드의 빙하는 이전에 보고된 것보다 두 배나 빠른 속도로 녹고 있다.

1386 ☐☐☐

landscape
[lǽndskèip]

몡 풍경, 경치

The **landscape** seen from the top of the mountain was
beautiful. 산 정상에서 본 경치는 아름다웠다.

1387 □□□
aquatic
[əkwǽtik]

형 1. 물의 2. 물속에 사는

Aquatic sports such as water skiing are very popular.
수상 스키와 같은 수상 스포츠는 매우 인기 있다.

➕ aquatically 부 물속에서, 물속에 살면서

1388 □□□
fossil
[fásəl]

명 화석

Some dinosaur footprint **fossils** were found near the beach.
해변에서 몇 개의 공룡 발자국 화석들이 발견되었다.

➕ fossilize 동 화석화하다[되다]

1389 □□□
erupt
[irʌ́pt]

동 (화산이) 분출하다, 폭발하다

The volcano **erupted** and the whole town disappeared.
화산이 폭발해서 마을 전체가 사라졌다.

➕ eruption 명 폭발, 분화

1390 □□□
atmosphere
[ǽtməsfiər]

명 1. ((the ~)) 대기(권) 2. 분위기

We should stop releasing toxic gases into the **atmosphere**.
우리는 대기로 유독가스를 방출하는 것을 그만해야 한다.

➕ atmospheric 형 1. 대기의 2. 분위기 있는

1391 □□□
orbit
[ɔ́ːrbit]

명 궤도 동 선회하다, 궤도를 그리며 돌다

Mercury **orbits** the sun faster than any other planet.
수성은 다른 어떤 행성보다 더 빨리 태양 주위를 돈다.

➕ orbital 형 궤도의

1392 □□□
comet
[kámit]

명 혜성

When people look at a **comet**, they first notice the tail of the
comet. 사람들이 혜성을 볼 때 제일 먼저 혜성의 꼬리를 알아본다.

1393 ☐☐☐
astronaut
[ǽstrənɔ̀ːt]

몡 우주 비행사

His dream was to be an **astronaut**, and he finally succeeded.
그는 우주 비행사가 되는 것이 꿈이었고, 마침내 성공했다.

1394 ☐☐☐
galaxy
[ɡǽləksi]

몡 은하(수), 은하계

I think there is a high potential for extraterrestrial life in our
galaxy. 나는 우리 은하계에 외계 생명체가 살 가능성이 높다고 생각한다.

1395 ☐☐☐
meteorite
[míːtiəràit]

몡 운석

A **meteorite** from Mars was found by a team of scientists in
1996. 1996년에 화성에서 온 운석이 한 연구팀에 의해 발견되었다.

1396 ☐☐☐
satellite
[sǽtəlàit]

몡 위성, 인공위성

Our country succeeded in launching the **satellite** into orbit.
우리나라는 인공위성을 궤도로 발사하는 데 성공했다.

1397 ☐☐☐
solar
[sóulər]

톙 태양의

My house uses **solar** energy to produce hot water.
우리 집은 온수를 만들기 위해 태양 에너지를 이용한다.

1398 ☐☐☐
lunar
[lúːnər]

톙 1. 달의 2. 음력의

People celebrate the first full moon of the **lunar** calendar.
사람들은 음력 첫 번째 보름달[정월 대보름]을 기념한다.

1399 ☐☐☐
evaporate
[ivǽpərèit]

통 (물 등이) 증발하다[시키다]

Water **evaporates** quickly when the temperature is high.
물은 기온이 높을 때 빨리 증발한다.

➕ evaporation 몡 증발 (작용)

vapor
[véipər]

명 증기

The amount of water **vapor** in the air varies depending on temperature. 공기 중의 수증기 양은 기온에 따라 변화한다.

➕ vaporize 동 증발시키다[하다]

---

chemical
[kémikəl]

형 화학의, 화학적인   명 화학 제품[물질]

Pesticides include **chemicals** to kill pests such as insects. 살충제는 곤충과 같은 해충을 죽이는 화학 물질을 포함한다.

➕ chemist 명 화학자   chemistry 명 화학

---

melt
[melt]

동 녹다, 녹이다

Ice **melts** and forms liquid water. 얼음이 녹아서 액체인 물이 된다.

---

element
[éləmənt]

명 1. 요소, 성분 2. 【화학】 원소

The symbol of an **element** is a short way of representing it. 원소 기호는 원소를 나타내는 간단한 방법이다.

➕ elemental 형 1. 요소의 2. 원소의 3. 기본적인

---

elastic
[ilǽstik]

형 탄력 있는, 탄성의   명 고무줄

This hairband is **elastic**, so it will fit anyone. 이 머리띠는 탄성이 있어서 누구에게나 딱 맞을 것이다.

---

filter
[fíltər]

동 거르다, 여과하다[되다]   명 여과기

Wetlands **filter** water by trapping and absorbing harmful bacteria. 습지는 해로운 박테리아를 잡아 흡수함으로써 물을 여과시킨다.

➕ filtrate 명 여과액   filtration 명 여과 작용

1406 ☐☐☐

fluid
[flú:id]

형 1. 유동성의 2. 유동적인   명 유동체(액체·기체의 총칭)

If you have a fever, drink plenty of **fluids**.
열이 나면 충분한 양의 음료를 섭취해라.

➕ fluidity 명 유동성

1407 ☐☐☐

friction
[fríkʃən]

명 1. 【물리】 마찰 2. 불화, 충돌

As you rub your hands, **friction** creates heat.
네 손을 문지르면 마찰이 열을 발생시킨다.

➕ frictional 형 마찰의, 마찰로 일어나는

1408 ☐☐☐

float
[flout]

동 (물 위에) 뜨다, (물 위·공중에서) 떠다니다

An empty bottle **floats**, but as you fill it with water, it sinks.
빈 병은 물에 뜨지만 네가 그것을 물로 채우면 가라앉는다.

1409 ☐☐☐

atom
[ǽtəm]

명 원자

A molecule is composed of **atoms**.
분자는 원자로 구성된다.

➕ atomic 형 원자의, 원자력의

1410 ☐☐☐

suck
[sʌk]

동 1. 빨다 2. 빨아들이다, 흡수하다

Black holes **suck** in heat as well as light.
블랙홀은 빛뿐만 아니라 열도 빨아들인다.

Daily Test

1-18 영어를 우리말로, 우리말을 영어로 바꾸시오.

1	erupt	10	태양의
2	landscape	11	은하(수), 은하계
3	orbit	12	(지구·천체의) 반구
4	element	13	원자
5	erode	14	빙하
6	satellite	15	혜성
7	evaporate	16	우주 비행사
8	melt	17	화석
9	lunar	18	마찰; 불화, 충돌

19-23 문맥상 빈칸에 들어갈 단어를 찾아 적절한 형태로 넣으시오.

tide	float	elastic	atmosphere	suck

19 This hairband is _____, so it will fit anyone.

20 An empty bottle _____, but as you fill it with water, it sinks.

21 We should stop releasing toxic gases into the _____.

22 Black holes _____ in heat as well as light.

23 The best times to fish are when the _____ is coming in or going out.

Answer   [1] 분출하다, 폭발하다 [2] 풍경, 경치 [3] 궤도; 선회하다, 궤도를 그리며 돌다 [4] 요소, 성분; 원소 [5] 침식하다[되다] [6] (인공)위성 [7] 증발하다[시키다] [8] 녹다, 녹이다 [9] 달의; 음력의 [10] solar [11] galaxy [12] hemisphere [13] atom [14] glacier [15] comet [16] astronaut [17] fossil [18] friction [19] elastic [20] floats [21] atmosphere [22] suck [23] tide

주제별로 외우는 어휘 (12)

클래스카드

Scholar
학자

sociolinguist	사회 언어학자
zoologist	동물학자
astronomer	천문학자
botanist	식물학자
sociologist	사회학자
chemist	화학자

Expert
전문가

ambassador	대사	architect	건축가
athlete	운동선수	counselor	상담원
pharmacist	약사	consultant	컨설턴트
chef	요리사	technician	기술자
mechanic	기계공	repairman	수리공
alchemist	연금술사	miner	광부
therapist	치료 전문가		

Job
직업

Study
학문

anatomy	해부학	mythology	신화학
hygiene	위생학	biotechnology	생명 공학
anthropology	인류학	archaeology	고고학
ethics	윤리학	linguistics	언어학

ambassador
[æmbǽsədər]

명 대사, 사절, 특사

He was appointed the new Korean **ambassador** to China.
그는 중국의 새 한국 대사로 임명되었다.
➕ ambassadorial 형 대사의

---

architect
[ά:rkətèkt]

명 건축가, 설계자

A famous **architect** designed this building.
유명한 건축가가 이 빌딩을 설계했다.
➕ architecture 명 건축(학)

---

athlete
[ǽθli:t]

명 운동선수

A top **athlete** needs passion and natural talent.
최고의 운동선수는 열정과 천부적인 재능이 필요하다.
➕ athletic 형 1. 운동 경기의 2. 강건한

---

counselor
[káunsələr]

명 상담원, 조언자

The **counselor** helped me find my career path.
그 상담 전문가는 나의 진로를 찾는 데 도움을 주었다.
➕ counsel 명 1. 상담 2. 조언 동 충고[조언]하다

---

pharmacist
[fá:rməsist]

명 약사, 제약사

The **pharmacist** filled the prescription.
약사는 처방대로 약을 조제해 주었다.
➕ pharmacy 명 1. 약국 2. 약학

---

therapist
[θérəpist]

명 치료 전문가

An art **therapist** uses the visual arts as a medium for healing.
미술 치료 전문가는 치료의 매개체로 시각적인 예술 작품을 이용한다.
➕ therapy 명 요법, 치료

1417 ☐☐☐

consultant
[kənsʌ́ltənt]

몡 컨설턴트, 상담자

Our company is seeking a financial **consultant** with broad experience. 우리 회사는 폭넓은 경험이 있는 금융 컨설턴트를 찾고 있다.

➕ consult 통 (전문가에게) 상담하다, 상의하다

1418 ☐☐☐

alchemist
[ǽlkəmist]

몡 연금술사

The poet is an **alchemist** of language.
그 시인은 언어의 연금술사이다.

1419 ☐☐☐

chef
[ʃef]

몡 요리사, 주방장

The **chef** at this restaurant always uses fresh ingredients.
이 식당의 요리사는 항상 신선한 재료를 사용한다.

1420 ☐☐☐

technician
[tekníʃən]

몡 기술자, 전문가

The **technician** explained what was wrong with our car.
그 기술자는 우리 차에 무슨 문제가 있는지 설명했다.

➕ technical 휑 과학 기술의, 기술적인

1421 ☐☐☐

mechanic
[məkǽnik]

몡 수리공, 기계공

If I were a car **mechanic**, I could fix my own car.
내가 자동차 정비공이라면, 내 차를 고칠 수 있을 텐데.

➕ mechanical 휑 1. 기계의, 기계와 관련된 2. 기계적인

1422 ☐☐☐

repairman
[ripέərmæ̀n]

몡 수리공

You should call a **repairman** to fix your computer.
너는 네 컴퓨터를 고칠 수리공을 불러야 한다.

➕ repair 통 수리[수선]하다 몡 수선, 수리

1423 ☐☐☐
miner
[máinər]

명 광산 노동자, 광부

He works as a **miner** at a gold mine.
그는 금광에서 광부로 일한다.

➕ mine 명 광산 동 채굴하다

1424 ☐☐☐
zoologist
[zouálədʒist]

명 동물학자

The **zoologist** observed the behavior of the lions.
그 동물학자는 사자의 행동을 관찰했다.

➕ zoology 명 동물학

1425 ☐☐☐
astronomer
[əstránəmər]

명 천문학자

The **astronomer** observed an asteroid through a telescope.
그 천문학자는 망원경으로 소행성을 관찰했다.

➕ astronomy 명 천문학   astronomical 형 천문(학상)의

1426 ☐☐☐
botanist
[bátənist]

명 식물학자

The **botanist** knows the name of almost every flower on the island. 그 식물학자는 그 섬에 있는 거의 모든 꽃의 이름을 안다.

➕ botany 명 식물학

1427 ☐☐☐
sociolinguist
[sòusiəlíŋgwist]

명 사회 언어학자

The **sociolinguist** studied conversational styles pertaining to women and men. 그 사회 언어학자는 여성과 남성에 관한 대화 방식을 연구했다.

➕ sociolinguistics 명 사회 언어학

1428 ☐☐☐
sociologist
[sòusiálədʒist]

명 사회학자

The **sociologist** investigated the problems of migrants' adaptation to a new social setting.
그 사회학자는 이주자들의 새로운 사회적 상황에 대한 적응의 문제점을 조사했다.

➕ sociology 명 사회학

scholar
[skάlər]

명 학자

She is an authoritative **scholar** of history.
그녀는 역사 분야에서 권위 있는 학자이다.

chemist
[kémist]

명 화학자

The **chemist** kept many strange liquids in his laboratory.
그 화학자는 실험실에 많은 이상한 액체들을 보관했다.

DAY 50

diploma
[diplóumə]

명 졸업 증서, 졸업장

I received my **diploma** from Cornell University in the mail.
나는 우편으로 코넬 대학교 졸업장을 받았다.

anatomy
[ənǽtəmi]

명 1. 해부 2. 해부학

All first-year medical students must attend this **anatomy** class.
모든 의대 1학년 학생들은 이 해부학 수업을 들어야 한다.

biotechnology
[bàiouteknάlədʒi]

명 생물[생명] 공학

Biotechnology is a rapidly-growing new field.
생명 공학은 빠르게 성장하는 새로운 분야이다.

hygiene
[háidʒiːn]

명 1. 위생 2. 위생학

She majored in dental **hygiene** at the university.
그녀는 대학에서 치위생학을 전공했다.

➕ hygienic 형 위생적인

anthropology
[ӕnθrəpάlədʒi]

명 인류학

We studied ancient civilizations in our **anthropology** class.
우리는 인류학 수업에서 고대 문명을 공부했다.

➕ anthropologist 명 인류학자

1436 □□□
archaeology
[àːrkiálədʒi]

명 고고학

Many ancient historic sites have been identified through **archaeology.** 많은 고대 유적지가 고고학을 통해서 확인되었다.

➕ archaeologist 명 고고학자　　archaeological 형 고고학의

1437 □□□
ethics
[éθiks]

명 1. 윤리학 2. 윤리

Ethics is the study of what is right and what is not.
윤리학은 무엇이 옳고 그른 것인지를 연구하는 학문이다.

➕ ethical 형 도덕상의, 윤리상의

1438 □□□
hypnosis
[hipnóusis]

명 최면, 최면술

They try to cure patients of their mental issues with **hypnosis.**
그들은 정신적인 문제가 있는 환자들을 최면술을 사용해서 치료하려고 한다.

1439 □□□
linguistics
[liŋgwístiks]

명 언어학

Linguistics is the systematic study of human languages in general. 언어학은 일반적인 인간의 언어에 대한 체계적인 연구이다.

➕ linguistic 형 말의, 언어의　　linguist 명 언어학자

1440 □□□
mythology
[miθálədʒi]

명 1. 신화 2. 신화학

According to ancient Greek **mythology,** Poseidon is the god of the sea. 고대 그리스 신화에 의하면, 포세이돈은 바다의 신이다.

➕ myth 명 신화　　mythological 형 신화의

1-18 영어를 우리말로, 우리말을 영어로 바꾸시오.

1 athlete _____
2 botanist _____
3 alchemist _____
4 miner _____
5 chemist _____
6 mechanic _____
7 ambassador _____
8 archaeology _____
9 therapist _____

10 천문학자 _____
11 졸업 증서, 졸업장 _____
12 동물학자 _____
13 요리사, 주방장 _____
14 신화; 신화학 _____
15 건축가, 설계자 _____
16 최면, 최면술 _____
17 기술자, 전문가 _____
18 해부; 해부학 _____

19-23 문맥상 빈칸에 들어갈 단어를 찾아 적절한 형태로 넣으시오.

| ethics | pharmacist | scholar | consultant | repairman |

19 Our company is seeking a financial _____ with broad experience.

20 _____ is the study of what is right and what is not.

21 She is an authoritative _____ of history.

22 You should call a(n) _____ to fix your computer.

23 The _____ filled with prescription.

Answer ¹운동선수 ²식물학자 ³연금술사 ⁴광산 노동자, 광부 ⁵화학자 ⁶수리공, 기계공 ⁷대사, 사절, 특사 ⁸고고학 ⁹치료 전문가 ¹⁰astronomer ¹¹diploma ¹²zoologist ¹³chef ¹⁴mythology ¹⁵architect ¹⁶hypnosis ¹⁷technician ¹⁸anatomy ¹⁹consultant ²⁰Ethics ²¹scholar ²²repairman ²³pharmacist

클래스카드

Senses
감각

glance	흘끗 보다
glare	노려보다
sniff	냄새를 맡다
glimpse	흘끗 보다
stare	응시하다

Emotions
감정

sob	흐느껴 울다
yawn	하품하다
sigh	한숨 쉬다
yell	소리 지르다
grin	방긋 웃다
shudder	몸서리치다

Motion
동작

Movement
움직임

blink	깜빡거리다	crawl	기어가다
creep	기다	roam	걸어 다니다
grab	붙잡다	swallow	삼키다
lean	몸을 구부리다	leap	껑충 뛰다
grip	꽉 잡다	shrug	어깨를 으쓱하다
sip	찔끔찔끔 마시다	breathe	숨 쉬다
grasp	붙잡다	tickle	간지럽게 하다
chase	뒤쫓다	squeeze	짜다
nod	끄덕이다	graze	스치다
whisper	속삭이다		

1441

blink
[bliŋk]

동 깜빡거리다　명 깜빡거림

He **blinked** several times to get rid of something in his eyes.
그는 눈에 들어간 무언가를 빼내려고 여러 번 눈을 깜빡거렸다.

1442

crawl
[krɔːl]

동 1. 기어가다　2. 서행하다　명 서행

The baby is **crawling** around the living room.
아기는 거실을 이리저리 기어다니고 있다.

1443

creep
[kriːp]

동 (crept – crept) 1. 기다　2. 살금살금 걷다

A snail is **creeping** on the glass of a window.
달팽이가 유리창 위를 기어가고 있다.

1444

roam
[roum]

동 걸어 다니다, 거닐다

I let my children **roam** freely on the beach.
나는 내 아이들이 해변에서 자유롭게 거닐도록 해줬다.

1445

grab
[ɡræb]

동 1. 붙잡다, 움켜잡다　2. 낚아채다

A man **grabbed** her bag and ran away.
한 남자가 그녀의 가방을 낚아채서 달아났다.

1446

swallow
[swɑ́lou]

동 삼키다　명 1. 삼키기　2. 제비

I **swallowed** at the smell of food.
나는 음식 냄새를 맡고 침을 꿀꺽 삼켰다.

1447

lean
[liːn]

동 1. 기대다　2. 몸을 구부리다　형 1. 지방이 적은　2. 여윈

He was **leaning** against the wall.
그는 벽에 기대어 서 있었다.

1448

leap
[liːp]

동 껑충 뛰다, 뛰어넘다　명 뜀, 도약

Look before you **leap**.
〈속담〉 돌다리도 두드려 보고 건너라.

1449 □□□
grip
[grip]

명 꽉 잡음 　동 꽉 잡다, 움켜잡다

I **gripped** the steering wheel tightly as the car smashed into the tree. 차가 나무와 충돌할 때 나는 운전대를 꽉 잡았다.

1450 □□□
shrug
[ʃrʌg]

동 어깨를 으쓱하다 　명 어깨를 으쓱하기

She **shrugged** as though it did not matter.
그녀는 마치 그것이 중요하지 않은 것처럼 어깨를 으쓱했다.

1451 □□□
sip
[sip]

동 찔끔찔끔 마시다, 조금씩 음미하며 마시다 　명 한 모금

They **sipped** coffee and had a conversation at my house.
그들은 나의 집에서 커피를 마시며 이야기를 했다.
➕ take a sip 한 모금 마시다

1452 □□□
breathe
[briːð]

동 숨 쉬다, 호흡하다

Suddenly she began to **breathe** fast and with difficulty.
갑자기 그녀가 가쁘고 힘들게 숨을 쉬기 시작했다.
➕ breath 명 숨, 호흡

1453 □□□
grasp
[græsp]

동 1. 붙잡다, 움켜잡다 (유 grip) 2. 파악하다 　명 1. 움켜잡기 2. 이해(력)

I **grasped** the rope and carefully climbed up the cliff.
나는 그 밧줄을 붙잡고 조심스럽게 절벽을 올라갔다.

1454 □□□
tickle
[tíkl]

동 간지럽게 하다 　명 간지럼

My brother used to **tickle** me under the arm.
우리 형은 내 겨드랑이를 간지럽게 하곤 했다.
➕ ticklish 형 간지럼을 잘 타는

1455 □□□
chase
[tʃeis]

동 뒤쫓다, 추격하다 　명 추격

The police **chased** the robbers.
경찰이 그 강도들을 뒤쫓았다.

1456 ☐☐☐

squeeze
[skwiːz]

동 압착하다, 짜다

Don't **squeeze** pimples with dirty fingers.
더러운 손가락으로 여드름을 짜지 마라.

1457 ☐☐☐

nod
[nɑd]

동 (고개를) 끄덕이다 명 끄덕임

He **nodded** his head in agreement.
그는 동의의 뜻으로 그의 고개를 끄덕였다.

1458 ☐☐☐

graze
[greiz]

동 1. 스치다 2. (피부 등이) 까지다 3. (가축이) 풀을 뜯어먹다

The video showed that the ball **grazed** his bat.
그 영상은 공이 그의 방망이를 스쳐 지나갔다는 것을 보여주었다.

1459 ☐☐☐

whisper
[hwíspər]

동 속삭이다 명 속삭임

There's too much noise outside, so I couldn't hear what he
whispered. 바깥은 소음이 심해서 나는 그가 속삭이는 말을 듣지 못했다.

1460 ☐☐☐

glance
[glæns]

동 흘끗 보다, 대충 훑어보다 명 흘끗 봄

He **glanced** around the shop. 그는 가게 안을 흘끗 보았다.
➕ at a glance 한눈에, 즉시

1461 ☐☐☐

glare
[glɛər]

동 1. 노려보다 2. 번쩍번쩍 빛나다 명 1. 노려봄 2. 눈부신 빛

They **glared** at each other angrily.
그들은 화나서 서로를 노려보았다.

1462 ☐☐☐

sniff
[snif]

동 코를 킁킁거리다, 냄새를 맡다 명 킁킁거리며 냄새 맡음

The dog **sniffed** around the kitchen.
그 개가 부엌에서 이리저리 코를 킁킁댔다.

1463 ☐☐☐

glimpse
[glimps]

명 흘끗 봄   동 흘끗 보다

He caught a quick **glimpse** of her face.
그는 그녀의 얼굴을 흘끗 보았다.

1464 ☐☐☐

stare
[stɛər]

동 응시하다, 빤히 보다

I lay down on the grass and **stared** at the sky.
나는 잔디에 누워서 하늘을 빤히 쳐다보았다.

1465 ☐☐☐

sob
[sɑb]

동 흐느껴 울다, 흐느끼다

We **sobbed** loudly at his funeral.
우리는 그의 장례식에서 큰 소리로 흐느껴 울었다.

1466 ☐☐☐

yawn
[jɔːn]

명 하품   동 하품하다

Animals **yawn** instinctively when bored or tired.
동물들은 지루하거나 피곤할 때 본능적으로 하품을 한다.

1467 ☐☐☐

sigh
[sai]

명 한숨   동 한숨 쉬다

We gave a **sigh** of relief.
우리는 안도의 한숨을 쉬었다.

1468 ☐☐☐

yell
[jel]

동 소리 지르다, 외쳐 말하다

Our basketball coach **yelled** at us to start playing defense.
우리 농구 코치는 우리에게 수비를 시작하라고 외쳤다.

1469 ☐☐☐

grin
[grin]

동 방긋 웃다   명 밝은 웃음

I was **grinning** because I was so glad to see her.
나는 그녀를 봐서 너무 기뻤기 때문에 방긋 웃고 있었다.

1470 ☐☐☐

shudder
[ʃʌdər]

동 (공포 · 추위로) 떨다, 몸서리치다   명 떨림

She **shuddered** at the thought of the accident.
그녀는 그 사고 생각에 몸서리쳤다.

Daily Test

1-18 영어를 우리말로, 우리말을 영어로 바꾸시오.

1 roam _____

2 grip _____

3 nod _____

4 sniff _____

5 shrug _____

6 grin _____

7 glance _____

8 blink _____

9 chase _____

10 하품(하다) _____

11 숨 쉬다, 호흡하다 _____

12 속삭이다; 속삭임 _____

13 한숨 (쉬다) _____

14 껑충 뛰다; 도약 _____

15 압착하다, 짜다 _____

16 흐느껴 울다, 흐느끼다 _____

17 간지럽게 하다; 간지럼 _____

18 소리 지르다, 외쳐 말하다 _____

19-23 문맥상 빈칸에 들어갈 단어를 찾아 적절한 형태로 넣으시오.

sip	swallow	lean	creep	stare

19 A snail is _____ on the glass of a window.

20 I _____ at the smell of food.

21 He was _____ against the wall.

22 They _____ coffee and had a conversation at my house.

23 I lay down on the grass and _____ at the sky.

Answer ¹ 걸어 다니다, 거닐다 ² 꽉 잡음; 꽉 잡다, 움켜잡다 ³ 끄덕이다; 끄덕임 ⁴ 코를 킁킁거리다, 냄새를 맡다; 킁킁거리며 냄새 맡음 ⁵ 어깨를 으쓱하다; 어깨를 으쓱하기 ⁶ 방긋 웃다; 밝은 웃음 ⁷ 흘끗 보다, 대충 훑어보다; 흘끗 봄 ⁸ 깜빡거리다; 깜빡거림 ⁹ 뒤쫓다, 추격(하다) ¹⁰ yawn ¹¹ breathe ¹² whisper ¹³ sigh ¹⁴ leap ¹⁵ squeeze ¹⁶ sob ¹⁷ tickle ¹⁸ yell ¹⁹ creeping ²⁰ swallowed ²¹ leaning ²² sipped ²³ stared

DAY 52 주제별로 외우는 어휘 (14)

클래스카드

Time 시간

durable	영속성 있는	rapid	빠른
eternal	영원한	swift	신속한
outdated	구식의	simultaneous	동시에 일어나는
punctual	시간을 잘 지키는	meantime	그동안
brief	잠깐의	initial	처음의
prompt	신속한		

Frequency 빈도

rare	드문
seldom	드물게
scarce	드문

Size 크기

vast	거대한
bulky	부피가 큰
enormous	거대한
gigantic	거대한
substantial	상당한

Degree 정도

High 높은

maximum	최대의
ultimate	최후의
essential	본질적인
fluent	유창한
extreme	극도의
severe	심한
indeed	참으로

Low 낮은

barely	간신히
approximate	대략의
rough	대강의

1471 ☐☐☐
brief
[bri:f]

형 1. 잠깐의 2. 간결한   명 (요점만 정리된) 요약서

His **brief** speech was very moving.
그의 짧은 연설은 매우 감동적이었다.

➕ briefly 부 1. 간단히 2. 잠시   in brief 간단히 말해서

1472 ☐☐☐
prompt
[prɑmpt]

형 신속한, 재빠른   동 자극하다

Heart attacks require **prompt** treatment.
심장 마비는 신속한 치료를 필요로 한다.

➕ promptly 부 즉시

1473 ☐☐☐
rapid
[rǽpid]

형 빠른, 신속한

East Asia has experienced **rapid** economic growth.
동아시아는 빠른 경제 성장을 경험했다.

➕ rapidly 부 빨리, 급속히

1474 ☐☐☐
swift
[swift]

형 신속한, 재빠른

He unexpectedly made a **swift** decision.
그는 예상외로 빠른 결정을 내렸다.

➕ swiftly 부 신속히, 빨리

1475 ☐☐☐
simultaneous
[sàimultéiniəs]

형 동시에 일어나는, 동시의

She is trying hard to be a **simultaneous** interpreter.
그녀는 동시통역사가 되기 위해 열심히 노력하고 있다.

➕ simultaneously 부 동시에

1476 ☐☐☐
punctual
[pʌ́ŋktʃuəl]

형 시간을 잘 지키는, 시간을 엄수하는

He is always **punctual** for appointments.
그는 언제나 약속 시간을 잘 지킨다.

➕ punctuality 명 시간 엄수   punctually 부 시간을 엄수하여

1477 ☐☐☐

durable
[djúərəbl]

혱 1. 내구력이 있는, 튼튼한 2. 영속성 있는

This bag is **durable** and lightweight.
이 가방은 튼튼하고 가볍다.

1478 ☐☐☐

eternal
[itə́:rnl]

혱 영원한

Even the richest man can't buy **eternal** life.
심지어 최고의 부자조차도 영생을 살 수는 없다.

➕ eternity 몡 영원, 영구   eternally 뮈 영원히

1479 ☐☐☐

outdated
[àutdéitid]

혱 구식의, 시대에 뒤진 (윤 old-fashioned)

They will modernize **outdated** public facilities.
그들은 노후한 공공시설을 현대화할 것이다.

1480 ☐☐☐

ultimate
[ʌ́ltəmət]

혱 1. 최후의, 최종의 2. 궁극의

Happiness is everyone's **ultimate** goal.
행복은 모두의 궁극적인 목표이다.

➕ ultimately 뮈 궁극적으로, 마침내

1481 ☐☐☐

approximate
혱 [əpráksəmət]
됭 [əpráksəmèit]

혱 1. 가까운 2. 대략의   됭 (~에) 가깝다

What is the **approximate** cost to renovate a bathroom?
화장실을 개조하는 데 드는 대략적인 비용은 얼마인가요?

➕ approximation 몡 접근, 근사   approximately 뮈 대략, 거의

1482 ☐☐☐

barely
[bɛ́ərli]

뮈 1. 간신히 2. 거의 ~ 않다

We **barely** survived the horrific car crash.
우리는 그 끔찍한 자동차 충돌 사고에서 간신히 살아남았다.

➕ bare 혱 1. 발가벗은 2. 텅 빈 3. 가까스로의

1483 ☐☐☐

fluent
[flú:ənt]

혱 유창한, 유창하게 말하는

She is **fluent** in English and French.
그녀는 영어와 불어에 유창하다.

➕ fluency 몡 유창성

1484 ☐☐☐

essential
[isénʃəl]

형 1. 본질적인 2. 가장 중요한, 필수의   명 기본적인 요소

Water and air are **essential** for living things.
물과 공기는 생명체에게 필수적인 것이다.

➕ essentially 부 본질적으로   essence 명 본질

1485 ☐☐☐

extreme
[ikstríːm]

형 1. 극도의 2. 과격한   명 극단, 극도

They screamed in **extreme** terror.
그들은 극도의 공포에 질려 비명을 질렀다.

➕ extremely 부 극도로, 극히

1486 ☐☐☐

bulky
[bʌ́lki]

형 부피가 큰, 거대한

You should replace your **bulky** luggage with a more simple set.
너는 네 부피가 큰 짐을 더 간소하게 바꾸어야 한다.

➕ bulkiness 명 거대함

1487 ☐☐☐

rough
[rʌf]

형 1. 대강의, 대충의 2. 거친, 험한 3. 힘든

Good writing usually begins with a **rough** outline.
좋은 글쓰기는 대개 대강의 개요 작성으로 시작된다.

➕ roughly 부 1. 대략 2. 거칠게

1488 ☐☐☐

enormous
[inɔ́ːrməs]

형 거대한, 엄청난

There is an **enormous** amount of information on the Internet.
인터넷에는 엄청난 양의 정보가 있다.

➕ enormously 부 대단히, 엄청나게

1489 ☐☐☐

indeed
[indíːd]

부 1. 【강조】 실로, 참으로 2. 【동감을 나타내며】 정말

A friend in need is a friend **indeed**.
〈속담〉 어려울 때 도와주는 친구가 진정한 친구다.

meantime
[mí:ntàim]

명 ((the ~)) 그동안   부 그동안에, 그사이에 (㊀ meanwhile)

In the **meantime**, we will prepare for dinner.
그사이에 우리는 저녁을 준비할게.

➕ for the meantime 우선은, 당분간은

---

severe
[sivíər]

형 1. 엄한, 엄격한 2. 심한, 맹렬한

I had a **severe** cold accompanied by a bad cough.
나는 심한 기침을 동반한 심한 감기에 걸렸다.

➕ severely 부 엄격하게, 심하게

---

overall
[òuvərɔ́:l]

형 전부의, 총체적인   부 전반적으로

The newest product boosted the **overall** sales of that company.
신제품은 그 회사의 전체 매출을 증가시켰다.

---

gigantic
[dʒaigǽntik]

형 거대한

The **gigantic** waves washed over the beach.
그 거대한 파도가 해변으로 밀려들었다.

---

substantial
[səbstǽnʃəl]

형 상당한

The therapy will have a **substantial** impact on people who
have cancer. 그 치료법은 암에 걸린 사람들에게 상당한 영향을 미칠 것이다.

➕ substantially 부 상당히, 많이

---

vast
[væst]

형 거대한, 막대한

After his death at the age of 33, Alexander's **vast** empire fell
apart. 알렉산더가 33세의 나이로 죽고 난 뒤, 그의 거대한 제국은 무너졌다.

➕ vastly 부 대단히, 엄청나게

1496 □□□
maximum
[mǽksəməm]

몡 최대치, 최대량 혱 최대의, 최고의

Drivers must watch for signs showing the **maximum** speed limit. 운전자들은 최대 제한 속도를 알려주는 표지판을 주목해야 한다.

➕ maximize 통 최대[극대]화하다   maximal 혱 최고의, 최대한의

1497 □□□
seldom
[séldəm]

閉 드물게, 좀처럼 ~ 않는

He **seldom** complains about his duties.
그는 자신의 의무에 대해 좀처럼 불평하지 않는다.

1498 □□□
scarce
[skɛərs]

혱 부족한, 드문

When food became **scarce** in one area, people moved to new places. 어떤 지역에서 음식이 부족하게 되면 사람들은 새로운 곳으로 이동했다.

➕ scarcely 閉 거의 ~ 않다, 겨우   scarcity 몡 부족, 결핍

1499 □□□
initial
[iníʃəl]

혱 처음의, 초기의 (㊠ first) 몡 이름의 첫 글자

the **initial** period of infection 감염 초기
➕ initially 閉 처음에

1500 □□□
rare
[rɛər]

혱 드문, 진기한

They are trying to protect a **rare** plant in the rain forest.
그들은 열대 우림에 있는 희귀 식물을 보호하기 위해서 노력하고 있다.

➕ rarely 閉 드물게, 좀처럼 ~ 않는

Daily Test

1-18 영어를 우리말로, 우리말을 영어로 바꾸시오.

1	gigantic	_____	10	가까운; 대략의; (~에) 가깝다	_____
2	durable	_____	11	최대치; 최대의	_____
3	rapid	_____	12	엄격한; 심한	_____
4	barely	_____	13	동시에 일어나는, 동시의	_____
5	prompt	_____	14	영원한	_____
6	ultimate	_____	15	전부의; 전반적으로	_____
7	swift	_____	16	상당한	_____
8	enormous	_____	17	처음의, 초기의; 이름의 첫 글자	_____
9	essential	_____	18	극도(의); 과격한	_____

19-23 문맥상 빈칸에 들어갈 단어를 찾아 적절한 형태로 넣으시오.

bulky	outdated	punctual	rough	fluent

19 They will modernize _____ public facilities.

20 You should replace your _____ luggage with a more simple set.

21 She is _____ in English and French.

22 He is always _____ for appointments.

23 Good writing usually begins with a(n) _____ outline.

Answer ¹ 거대한 ² 내구력이 있는, 튼튼한; 영속성 있는 ³ 빠른, 신속한 ⁴ 간신히; 거의 ~ 않다 ⁵ 신속한, 재빠른; 자극하다 ⁶ 최후의, 최종의; 궁극의 ⁷ 신속한, 재빠른 ⁸ 거대한, 엄청난 ⁹ 본질적인; 가장 중요한, 필수의; 기본적인 요소 ¹⁰ approximate ¹¹ maximum ¹² severe ¹³ simultaneous ¹⁴ eternal ¹⁵ overall ¹⁶ substantial ¹⁷ initial ¹⁸ extreme ¹⁹ outdated ²⁰ bulky ²¹ fluent ²² punctual ²³ rough

원리를 알면
쉬운 숙어

DAY 53~62

원리를 알면 쉬운 숙어 (1)

클래스카드

| **up** | 상승 / 접근 / 계속 / 완성 / 표시 |

1501 ☐☐☐
back up

~을 지원하다

I have some evidence to **back up** my opinion.
내 의견을 뒷받침해 줄 몇몇 증거가 있다.

Ⓤ 지원하다: support, reinforce

! MEMORY KEY / back(후원하다) + up(위로 떠받쳐) → ~을 지원하다

1502 ☐☐☐
stand up for

~을 옹호하다, 지지하다

She always **stands up for** his opinion.
그녀는 항상 그의 의견을 지지한다.

Ⓤ 지지하다: uphold, support

! MEMORY KEY / stand(서다) + up(위로) + for(~을 위해) → ~을 위해 서다

1503 ☐☐☐
look up to

~을 존경하다

She is a wise CEO, and all the workers **look up to** her.
그녀는 현명한 최고 경영자로, 모든 직원이 그녀를 존경한다.

Ⓤ 존경하다: admire, respect, esteem

! MEMORY KEY / look(보다) + up(위로) + to(향하여) → ~을 올려다보다

1504 ☐☐☐
pile up

1. ~을 쌓다 2. 축적하다

They are **piling up** the red bricks neatly.
그들은 빨간 벽돌을 반듯하게 쌓고 있다.

Ⓤ 쌓다: accumulate, gather, collect

! MEMORY KEY / pile(쌓다) + up(위로) → 쌓다

1505 ☐☐☐

stay up

자지 않고 일어나 있다

I **stayed up** all night watching movies. 나는 밤새 자지 않고 영화를 봤다.

 stay(머무르다) + up(일어나) → 일어난 상태로 있다

1506 ☐☐☐

pick up

1. ~을 집어 올리다 2. 도중에 태우다

The students must **pick up** the trash. 그 학생들은 쓰레기를 주워야 한다.
I'll **pick up** my sister at school. 나는 학교에 내 여동생을 태우러 갈 것이다.
⊕ 집어 올리다: lift, raise   도중에 태우다: give a ride to, carry

 pick(고르다) + up(위로) → 집어 올리다

1507 ☐☐☐

set up

1. 시작하다, 창설하다 2. ~을 건립하다, 세우다

He **set up** a company to produce robots.
그는 로봇을 만들기 위해 회사를 창립했다.
They **set up** a tent in the woods. 그들은 숲속에 텐트를 쳤다.
⊕ 시작하다: establish, launch   건립하다: build, construct

 set(착수하다) + up(활동하여) → 활동에 착수하다

1508 ☐☐☐

bring up

1. ~을 기르다, 양육하다 2. 제기하다

He was **brought up** in the countryside. 그는 시골에서 자랐다.
She **brought up** a new matter at the meeting.
그녀는 회의에서 새로운 문제를 제기했다.
⊕ 양육하다: raise   제기하다: raise, suggest

 bring(상태에 이르게 하다) + up(높은 곳에) → 기르다

1509 ☐☐☐

throw up

토하다

I ate too much food and now I feel like I'm going to **throw up**.
나는 너무 많은 음식을 먹어서 지금 토할 것 같다.
⊕ 토하다: vomit

 throw(내던지다) + up(위로) → 토하다

1510 ☐☐☐

hang up

1. ~을 걸다, 매달다 2. 전화를 끊다

Hang your coat **up** on a hanger. 네 코트를 옷걸이에 걸어라.

He **hung up** the phone suddenly. 그는 갑자기 전화를 끊었다.

㈜ 매달다: suspend, dangle　　　전화를 끊다: disconnect, ring off

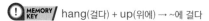 **MEMORY KEY** hang(걸다) + up(위에) → ~에 걸다

1511 ☐☐☐

be up to

~에게 달렸다

It**'s up to** you to choose which restaurant we will go to.
우리가 어느 식당에 갈지를 정하는 것은 너에게 달렸다.

㈜ ~에게 달렸다: depend on, rely on, rest with

MEMORY KEY be(이다) + up(다가온) + to(~에게) → ~에게 달렸다

1512 ☐☐☐

catch up with

1. 따라잡다 2. 만회하다

I spent lots of time **catching up with** the class.
나는 수업을 따라잡느라 많은 시간을 보냈다.

㈜ 따라잡다: get closer to, approach　　　만회하다: recover, make up for

MEMORY KEY catch(잡다) + up(따라잡아) + with(~와) → ~을 따라잡다

1513 ☐☐☐

come up with

~이 생각나다, 창안하다

She sometimes **comes up with** great ideas.
그녀는 가끔 아주 좋은 생각을 해낸다.

㈜ 창안하다: discover, create, invent, conceive

MEMORY KEY come(오다) + up(나타나) + with(~을 가지고) → ~이 생각나다

1514 ☐☐☐

turn up

1. (모습이) 나타나다 2. 도착하다

My lost watch suddenly **turned up** in the living room.
내 잃어버린 시계가 갑자기 거실에서 나타났다.

㈜ 나타나다: appear, show up

MEMORY KEY turn(~로 향하다) + up(나타나) → (…을 향해) ~이 나타나다

384

1515 ☐☐☐

come up to

~에 도달하다

I'll **come up to** New York and see you.
나는 뉴욕에 가서 너를 만날 거야.

㉦ 도달하다: reach, attain, get to

! MEMORY KEY / come(오다) + up(다가온) + to(~에) → ~에 가까이 다가오다

1516 ☐☐☐

hold up

1. 지연시키다 2. 정지하다, 서다

The heavy snow **held up** our train. 폭설로 기차가 지연되었다.
I got **held up** in traffic at an intersection.
교차로에서 교통이 정체되어 꼼짝도 못했다.

㉦ 지연시키다: delay, detain, postpone, defer   정지하다: stop, halt

! MEMORY KEY / hold(붙들다) + up(완전히) → 붙들어 놓다

1517 ☐☐☐

end up

결국 ~하게 되다

I **ended up** missing a flight. 나는 결국 비행기를 놓치고 말았다.

㉦ 결국 ~하게 되다: wind up, finish up

! MEMORY KEY / end(끝나다) + up(완전히) → 완전히 끝나버리다 → 결국 ~하게 되다

1518 ☐☐☐

keep up with

뒤떨어지지 않다

He struggled to **keep up with** the other students.
그는 다른 학생들에게 뒤떨어지지 않기 위해 노력했다.

㉦ 뒤떨어지지 않다: catch up with

! MEMORY KEY / keep(유지하다) + up(맞먹게) + with(~와) → 뒤떨어지지 않게 유지하다

1519 ☐☐☐

live up to

1. 어울리는 생활을 하다 2. (기대 등에) 부응하다

He has **lived up to** his reputation as a smart businessman.
그는 명석한 사업가라는 명성에 어울리는 삶을 살아왔다.

㉦ 부응하다: satisfy, fulfill, meet, fit, conform to

! MEMORY KEY / live(살다) + up(맞먹게) + to(~까지) → (기대에) 맞게 생활하다

break up

1. 갈라서다 2. 박살을 내다

The Beatles **broke up** in 1970. 비틀즈는 1970년에 해체했다.

㊡ 갈라서다: go separate ways

박살을 내다: shatter, smash (up), crush

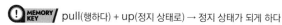 **MEMORY KEY** break(부서지다) + up(잘게) → 잘게 부수다

---

pull up

서다, 멈추다

The car **pulled up** when the light turned red.
빨간 불이 켜지자 차가 멈추었다.

㊡ 멈추다: stop, halt, draw up, brake

MEMORY KEY pull(행하다) + up(정지 상태로) → 정지 상태가 되게 하다

---

put up with

참다, 견디다

I can't **put up with** his bad behavior any longer.
나는 그의 나쁜 행동을 더는 참을 수 없다.

㊡ 참다: tolerate, endure, bear, stand

MEMORY KEY put(가다) + up(계속하여) + with(~와) → (불평하지 않고) ~와 계속 함께 가다

---

blow up

폭발하다, 터지다

They used explosives to **blow up** the abandoned building.
그들은 버려진 건물을 폭파하기 위해 폭탄을 사용했다.

㊡ 폭발하다: explode, detonate, set off

MEMORY KEY blow(터지다) + up(완전히) → 폭발하다

---

cover up

숨기다, 은폐하다

The actor tried to **cover up** the scandal.
그 배우는 스캔들을 숨기려고 애썼다.

㊡ 숨기다: hide, conceal, obscure, bury

㊫ 드러내다: expose, uncover, bare, show, reveal

MEMORY KEY cover(덮다) + up(완전히) → 완전히 은폐하다

1525 ☐☐☐

take up

(습관·흥미로) ~을 시작하다

I decided to **take up** exercising. 나는 운동을 시작하기로 결심했다.

㊌ 시작하다: start, begin, commence

 MEMORY KEY take(행동을 하다) + up(활동하여) → 활동을 하기 시작하다

1526 ☐☐☐

warm up

준비운동을 하다

You have to **warm up** before swimming.
수영하기 전에 준비운동을 해야 한다.

 MEMORY KEY warm(데우다) + up(활발하게) → 활발하게 움직이기 위해 먼저 몸을 데우다

1527 ☐☐☐

look up

~을 찾다, 조사하다

I **looked up** the word in the dictionary to find its meaning.
나는 그 단어의 의미를 알아보기 위해 사전을 찾아봤다.

 MEMORY KEY look(찾다) + up(철저히) → 찾다, 조사하다

1528 ☐☐☐

sum up

요약하다

Please **sum up** the problem in a word. 그 문제를 한마디로 요약해 주세요.

㊌ 요약하다: summarize, condense

 MEMORY KEY sum(요약하다) + up(모두) → 요약하다

1529 ☐☐☐

use up

~을 다 써버리다, 소모하다

I **used up** my money buying game CDs.
나는 게임 CD를 사느라 돈을 다 써버렸다.

㊌ 소모하다: expend, consume, exhaust, wear out, deplete

 MEMORY KEY use(사용하다) + up(모두) → 다 써버리다

1530 ☐☐☐

make up for

만회하다, 보충하다

You cannot **make up for** lost time. 허비한 시간을 만회할 수는 없다.

㊌ 보충하다: compensate for, recompense, atone

MEMORY KEY make(만들다) + up(맞먹게) + for(~에 대해) → 잃어버린 것에 맞먹게 만들어 내다

DAY 53

Daily Test

1-4 두 문장의 뜻이 비슷해지도록, 빈칸에 들어갈 숙어를 골라 알맞은 형태로 쓰시오.

look up to	back up	take up	make up for

1   She is a wise CEO, and all the workers respect her.

   → She is a wise CEO, and all the workers _____ her.

2   I decided to start exercising.

   → I decided to _____ exercising.

3   I have some evidence to support my opinion.

   → I have some evidence to _____ my opinion.

4   You cannot compensate for lost time.

   → You cannot _____ lost time.

5-8 빈칸에 공통으로 들어갈 단어를 골라 알맞은 형태로 쓰시오.

set	pick	bring	hold

5   • The students must _____ up the trash.

   • I'll _____ up my sister at school.

6   • The heavy snow _____ up our train.

   • I got _____ up in traffic at an intersection.

7   • He _____ up a company to produce robots.

   • They _____ up a tent in the woods.

8   • He was _____ up in the countryside.

   • She _____ up a new matter at the meeting.

Answer ¹look up to ²take up ³back up ⁴make up for ⁵pick ⁶held ⁷set ⁸brought

DAY 54 원리를 알면 쉬운 숙어 ⁽²⁾

클래스카드

down   하강 / 감소 / 억압 / 정지

1531 ☐☐☐
bring down

1. ~을 내리다, 인하하다 2. 떨어뜨리다

The government made efforts to **bring down** the prices of essential items. 정부는 필수품의 가격을 내리려고 노력했다.

㈜ 내리다: lower, reduce

> **MEMORY KEY** bring(이끌다) + down(아래로) → 아래로 이끌다, 내리다

1532 ☐☐☐
come down to

1. 결국 ~이 되다 2. ~에 이르다

The problem **comes down to** money. 그 문제는 결국 돈 문제로 귀결된다.
The coat **comes down to** my ankles.
그 코트는 내 발목까지 온다.

> **MEMORY KEY** come(도달하다) + down(아래로) + to(~까지) → 결국 (~까지) 이르게 되다

1533 ☐☐☐
cut down

~을 베어 넘어뜨리다, 벌목하다

They **cut down** all the trees.
그들은 모든 나무를 베었다.

㈜ 벌목하다: fell, log

> **MEMORY KEY** cut(자르다) + down(아래로) → 잘라 쓰러뜨리다

1534 ☐☐☐
fall down

1. 넘어지다 2. 떨어지다

A big tree **fell down** on my new car on a stormy day.
폭풍우 치던 날에 큰 나무가 내 새 차 위로 쓰러졌다.

㈜ 넘어지다: tumble, fall over

> **MEMORY KEY** fall(넘어지다) + down(아래로) → 넘어지다

go down

감소하다, 떨어지다

Recently gas prices **went down**.
최근에 유가가 떨어졌다.

㈜ 떨어지다: descend, drop, fall

 go(가다) + down(아래로) → 떨어지다

---

get down

~에서 내리다

My cousin **got down** off the horse's back.
내 사촌이 말 등에서 내렸다.

㈜ 내리다: get off, dismount

 get(도달하다) + down(아래로) → 아래에 도달하다 → 내리다

---

hand down

~을 전하다, (후세에) 물려주다

She **handed** her wedding dress **down** to her daughter.
그녀는 딸에게 자신의 웨딩드레스를 물려주었다.

㈜ 물려주다: leave, bequeath, pass down

 hand(건네다) + down(아래로) → 후세에 건네주다

---

knock down

~을 때려눕히다

The boxer **knocked** the opponent **down** with a single punch.
그 권투 선수는 상대방을 한방에 때려눕혔다.

 knock(치다) + down(아래로) → 쳐서 눕히다

---

take down

1. (위치를) 내리다, 낮추다   2. 받아적다

We **took down** the pictures after the exhibition.
우리는 전시가 끝난 후에 그림들을 내렸다.

 take(옮기다) + down(아래로) → 아래로 옮기다

1540 ☐☐☐

boil down

1. 요약하다 2. (물 · 찌개 등을) 졸이다

Can you **boil down** the movie's plot into a single sentence?
그 영화의 줄거리를 한 문장으로 요약해 줄래?

㊀ 요약하다: summarize, sum up

MEMORY KEY / boil(끓이다) + down(적게) → 졸이다; 줄이다

1541 ☐☐☐

break down

고장 나다

The tour bus **broke down** in the middle of the road.
관광버스가 길 한가운데서 고장 났다.

MEMORY KEY / break(고장 나다) + down(나빠져) → 고장 나다

1542 ☐☐☐

calm down

가라앉다, 진정하다

Calm down and think carefully.
진정하고 신중하게 생각해 봐.

㊀ 진정하다: relax, settle down, take it easy

MEMORY KEY / calm(가라앉다) + down(약해져) → 진정하다

1543 ☐☐☐

come down with

(~의 병에) 걸리다

I **came down with** the flu a few days ago.
나는 며칠 전에 감기에 걸렸다.

MEMORY KEY / come(나타나다) + down(약해져) + with(~로) → 약해져 (병이) 나타나다

1544 ☐☐☐

mark down

값을 내리다

All items in this store are **marked down** by 20%.
이 가게의 모든 상품의 가격이 20% 인하되었다.

㊀ 값을 내리다: lower the price, bring down, reduce

MEMORY KEY / mark(가격을 붙이다) + down(적게) → 가격을 적게 붙이다

DAY 54

hold down

~을 억누르다, 억제하다

An effort was made to **hold down** the price of gold.
금값 상승을 억제하기 위해 노력을 기울였다.

㉴ 억제하다: restrict, confine, repress, suppress, restrain

⚠ MEMORY KEY hold(유지하다) + down(억압하여) → 억제하다

---

look down on

~을 깔보다, 얕보다

She tends to **look down on** others.
그녀는 다른 사람들을 얕보는 경향이 있다.

㉴ 깔보다: belittle, despise, scorn, underestimate

⚠ MEMORY KEY look(보다) + down(낮추어) + on(~을) → ~을 낮춰 보다

---

put down

1. ~을 진압하다, 억누르다 2. 적어두다

The revolt was **put down** by the military.
그 반란은 군에 의해 진압되었다.

I **put down** what he said in my notes.
나는 그가 한 말을 노트에 적어두었다.

㉴ 진압하다: subdue, suppress, squash
　적어두다: write down, set down

⚠ MEMORY KEY put(두다) + down(억압하여) → 진압하다

---

settle down

1. 정착하다 2. 진정하다, 안정되다

I'll **settle down** in Seoul because of my job.
나는 일 때문에 서울에 정착할 것이다.

It was difficult for me to **settle down** after the fight.
싸움 후에 나를 진정시키기가 힘들었다.

㉴ 진정하다: calm down, take it easy

⚠ MEMORY KEY settle(자리 잡다) + down(고정되어) → 자리를 잡다

1549 ☐☐☐
tear down

~을 부수다, 철거하다

The town decided to **tear down** the old school and rebuild it.
그 마을은 낡은 학교 건물을 부수고 새로 짓기로 결정했다.

㉮ 부수다: destroy, demolish

 **MEMORY KEY** / tear(뜯어내다) + down(완전히) → 완전히 뜯어내다

1550 ☐☐☐
turn down

~을 거절하다

I **turned down** the job offer. 나는 그 일자리 제안을 거절했다.

㉮ 거절하다: refuse, reject, decline

 **MEMORY KEY** / turn(변하다) + down(정지하여) → 정지하도록 (마음을) 바꾸다 → 거절하다

1551 ☐☐☐
shut down

폐쇄하다, 문을 닫다

This station was **shut down** 20 years ago.
이 역은 20년 전에 폐쇄되었다.

㉮ 폐쇄하다: close down

MEMORY KEY / shut(문을 닫다) + down(정지하여) → 폐쇄하다

through 통과 / 완료

1552 ☐☐☐
get through

1. 통과하다 2. 해내다, ~을 끝내다

After you **get through** immigration, you can get your luggage.
당신은 입국심사를 통과한 후에 수하물을 받을 수 있다.

When I **got through** with my work, I was so tired.
내가 일을 끝마쳤을 때 나는 너무 지쳤다.

㉮ 끝내다: complete, finish

 MEMORY KEY / get(도착하다) + through(통과하여) → 통과하여 (원하는 곳에) 도착하다

1553 ☐☐☐
come through

1. 성공하다, 해내다 2. 살아남다

It is amazing that he **came through** the plane crash alive.
그가 비행기 사고에서 살아남았다는 것이 놀랍다.

MEMORY KEY / come(오다) + through(통과하여) → (모든 어려움을) 통과해서 오다

DAY 54

1554 ☐☐☐

break through ~을 뚫고 지나가다, 돌파하다

The player **broke through** the other team's defense easily and scored a goal. 그 선수는 상대편 수비수를 쉽게 뚫고 골을 넣었다.

㈜ 뚫고 지나가다: burst through, penetrate, breach, pass

⓵ MEMORY KEY break(부수다) + through(통과하여) → 부수어 통과하다

1555 ☐☐☐

go through 1. 겪다, 경험하다 2. 견디다

Our country **went through** a financial crisis several years ago. 우리나라는 몇 년 전에 재정 위기를 겪었다.

㈜ 겪다: experience, undergo

⓵ MEMORY KEY go(가다) + through(통과하여) → 겪다

1556 ☐☐☐

look through 샅샅이 뒤지다

I **looked through** all the folders but I couldn't find the file. 나는 모든 폴더를 샅샅이 뒤졌지만 그 파일을 찾을 수 없었다.

㈜ 샅샅이 뒤지다: search through

⓵ MEMORY KEY look(보다) + through(끝까지) → 끝까지 샅샅이 보다

1557 ☐☐☐

be through 끝내다, 완료하다

I have already **been through** the book. 나는 이미 그 책을 다 봤다.

㈜ 끝내다: be done, finish, complete, end

⓵ MEMORY KEY be(이다) + through(끝까지) → 끝내다

1558 ☐☐☐

carry through ~을 완수하다, 수행하다

There is not enough time to **carry through** with the project. 그 프로젝트를 끝낼 수 있는 시간이 충분하지 않다.

⓵ MEMORY KEY carry(수행하다) + through(끝까지) → 완수하다

1559 ☐☐☐

go through
with

~을 끝까지 해내다, 완성하다

She had second thoughts and decided not to **go through with** her plans. 그녀는 다시 한번 생각해 보았고, 그녀의 계획을 계속하지 않기로 결심했다.

!MEMORY KEY go(가다) + through(끝까지) + with(~와 관련해서) → ~을 끝까지 하다

1560 ☐☐☐

put through

1. (시험 · 시련 등을) 받게 하다 2. ~을 성사시키다

The product was **put through** a series of tests.
그 제품은 일련의 시험을 받았다.

!MEMORY KEY put(노력을 기울이다) + through(끝까지) → 끝까지 노력하여 성사시키다

DAY 54

Daily Test

1-4 두 문장의 뜻이 비슷해지도록, 빈칸에 들어갈 숙어를 골라 알맞은 형태로 쓰시오.

go through	tear down	be through	bring down

1 Our country experienced a financial crisis several years ago.

→ Our country _____ a financial crisis several years ago.

2 I have already finished the book.

→ I have already _____ the book.

3 The government made efforts to lower the prices of essential items.

→ The government made efforts to _____ the prices of essential items.

4 The town decided to destroy the old school and rebuild it.

→ The town decided to _____ the old school and rebuild it.

5-7 빈칸에 공통으로 들어갈 단어를 골라 알맞은 형태로 쓰시오.

come	put	settle

5 • The problem _____ down to money.

• The coat _____ down to my ankles.

6 • I'll _____ down in Seoul because of my job.

• It was difficult for me to _____ down after the fight.

7 • The revolt was _____ down by the military.

• I _____ down what he said in my notes.

8 빈칸에 들어갈 알맞은 단어를 고르시오.

It is amazing that he _____ through the plane crash alive.

① broke   ② came   ③ put   ④ got   ⑤ looked

Answer ¹went through ²been through ³bring down ⁴tear down ⁵comes ⁶settle ⁷put ⁸②

DAY 55 원리를 알면 쉬운 숙어 (3)

클래스카드

on 추가 / 접촉 / 계속 / 대상 / 의지

1561 ☐☐☐
take on

1. ~을 떠맡다 2. ~을 고용하다

As children grow older, they **take on** more responsibility.
아이들은 자라면서 더 많은 책임을 떠맡는다.

㈜ 떠맡다: undertake
   고용하다: employ, recruit, hire

 take(받아들이다) + on(더하여) → 떠맡다

1562 ☐☐☐
try on

~을 입어보다

Can I **try on** this piece of clothing?
이 옷을 입어봐도 되나요?

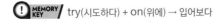 try(시도하다) + on(위에) → 입어보다

1563 ☐☐☐
carry on

~을 계속하다

Carry on with your work without thinking about the opinions
of others. 다른 사람의 의견은 생각하지 말고 네 일을 계속해라.

㈜ 계속하다: continue, keep, go on

 carry(수행하다) + on(계속하여) → 계속하다

1564 ☐☐☐
hang on

1. ~에 매달리다, 걸다 2. 기다리다

I'd like to **hang** pictures **on** the wall without using nails.
못을 사용하지 않고 그림들을 벽에 걸고 싶다.

Hang on, I have to wash my hands before dinner.
기다려봐, 저녁 식사하기 전에 손을 씻어야 해.

㈜ 매달리다: suspend, dangle
   기다리다: wait

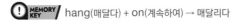 hang(매달다) + on(계속하여) → 매달리다

1565 ☐☐☐

hold on to

1. ~을 고수하다, 집착하다   2. ~을 꽉 붙잡다

People **hold on to** their customs and traditions.
사람들은 그들의 관습과 전통을 고수한다.

Hold on to the strap tightly on the bus.
버스에서는 손잡이를 꽉 잡아라.

㈜ 고수하다: adhere to, stick to   꽉 붙잡다: grip, grasp, clutch

 hold(잡다) + on(계속하여) + to(~에) → 계속하여 ~을 잡다, 고수하다

1566 ☐☐☐

go on

1. 계속하다   2. (일이) 일어나다

He **went on** studying in the noisy classroom.
그는 시끄러운 교실에서도 계속 공부했다.

What's **going on** here?
여기에서 무슨 일이 벌어지고 있는 거야?

㈜ 계속하다: continue, keep on
일어나다: occur, happen, take place

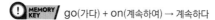 go(가다) + on(계속하여) → 계속하다

1567 ☐☐☐

act on

~에 작용하다, 영향을 주다

Medications may **act on** your disease without affecting your
body. 약물 치료는 네 몸에 영향을 주지 않으면서 네 질병에 효과가 있을 것이다.

㈜ 영향을 주다: have an effect on, work, affect

 act(작용하다) + on(~에 대하여) → ~에 작용하다

1568 ☐☐☐

base on

~을 근거로 하다

The movie is **based on** a true story. 그 영화는 실화를 바탕으로 한다.

MEMORY KEY base(바탕을 두다) + on(근거하여) → 근거로 하다

1569 ☐☐☐

build on

1. ~을 기반으로 하다   2. (~에) 증축하다

We prepared the project **built on** his theory.
우리는 그의 이론을 기반으로 한 프로젝트를 준비했다.

MEMORY KEY build(만들어내다) + on(근거하여) → 근거하여 만들어내다

1570 ☐☐☐

count on

기대다, 의존하다

It's good to have a friend to **count on**.
기댈 수 있는 친구가 있다는 것은 좋은 것이다.

㊀ 의존하다: depend on, rely on

 MEMORY KEY / count(믿다) + on(의지하여) → 의지하다

1571 ☐☐☐

depend on

1. ~에 달렸다 2. 의존하다

Your life may **depend on** your decision.
네 삶은 너의 결정에 달렸을지도 모른다.

㊀ ~에 달렸다: rest with, be up to

 MEMORY KEY / depend(의존하다) + on(의지하여) → ~에 의존하다

1572 ☐☐☐

dwell on

~을 깊이 생각하다, 되풀이해서 생각하다

If you **dwell on** the problem, you may miss the solution.
문제를 너무 깊이 생각하면, 너는 해답을 놓칠 수도 있다.

㊀ 깊이 생각하다: think about, ponder

 MEMORY KEY / dwell(계속되다) + on(~에 대하여) → ~에 대한 (생각이) 계속되다

1573 ☐☐☐

let on

(비밀 등을) 누설하다

I didn't **let on** that I knew his secret.
내가 그의 비밀을 알고 있었다는 것을 발설하지 않았다.

㊀ 누설하다: disclose, divulge, reveal

 MEMORY KEY / let(허락하다) + on(~에 대하여) → ~에 대해 알게 하다

1574 ☐☐☐

work on

~에 효과가 있다, 작용하다

This medicine will **work on** you.
이 약은 너에게 효과가 있을 것이다.

㊀ 효과가 있다: be effective, have an effect on

 MEMORY KEY / work(작용하다) + on(~에) → ~에 작용하다

off 분리 / 완료 / 중단 / 감소 / '강조'

1575 ☐☐☐
break off

1. (~와의) 관계를 단절하다 2. (협상 등이) 결렬되다

Ecuador has **broken off** diplomatic relations with Columbia.
에콰도르는 콜롬비아와의 외교 관계를 단절했다.

㉤ 관계를 단절하다: cut off, sever

 **MEMORY KEY** break(부수다) + off(끊어져) → 단절하다

1576 ☐☐☐
cut off

1. ~을 끊다 2. (말을) 가로막다

The power supply was **cut off** by the earthquake.
지진 때문에 전력 공급이 끊겼다.

㉤ 끊다: disconnect
　　가로막다: interrupt, intervene

MEMORY KEY cut(자르다) + off(끊어져; 멈추도록) → 끊다; 멈추게 하다

1577 ☐☐☐
drop off

1. ~을 도중에 차에서 내려놓다 2. 줄다

Can you **drop** me **off** at the corner?
저를 모퉁이에서 내려주실래요?

Marketing budgets have **dropped off** by about 20%.
마케팅 예산이 약 20% 줄었다.

㉤ 줄다: decrease, diminish, lessen, fall

MEMORY KEY drop(내리다) + off(떨어져) → (차에서) 내리다

1578 ☐☐☐
call off

~을 취소하다, 철회하다

They may be forced to **call off** the baseball game because of
rain. 비 때문에 그들은 야구 경기를 취소해야 할지도 모른다.

㉤ 취소하다: cancel, abandon, halt

MEMORY KEY call(선언하다) + off(그만두어) → 취소하다

400

1579 ☐☐☐
give off

(냄새를) 풍기다, ~을 발[발산]하다

The yellow flower **gives off** a beautiful smell.
그 노란 꽃은 아름다운 향기를 풍긴다.

㉠ 발하다: emit, radiate, send out

 give(주다) + off(멀리) → 멀리까지 보내다

1580 ☐☐☐
keep off

1. 떼어놓다, 가까이 못 오게 하다 2. 막다

He told the children to **keep off** his lawn.
그는 아이들에게 그의 잔디밭에 들어가지 말라고 말했다.

㉠ 떼어놓다: keep away from, stay off   막다: avoid, avert

 keep(유지하다) + off(떨어져) → 떨어져 있다

1581 ☐☐☐
lay off

~을 해고하다

Some employees will be **laid off** soon.
몇몇 직원들이 곧 해고될 것이다.

㉠ 해고하다: dismiss, fire, discharge

 lay(두다) + off(그만두어) → 그만두게 하다

1582 ☐☐☐
put off

~을 연기하다, 늦추다

Today's meeting will be **put off**.
오늘 회의는 연기될 것이다.

㉠ 늦추다: postpone, defer

 put(두다) + off(중단되어) → 중단된 상태로 두다 → 늦추다

1583 ☐☐☐
see off

배웅하다

We're going to go **see** Mark **off** at the airport.
우리는 공항에 Mark를 배웅하러 갈 것이다.

㉠ 배웅하다: send off

 see(보다) + off(떠나서) → 떠나는 것을 보다

1584 ☐☐☐

set off

1. 출발하다 2. ~을 폭발시키다

Bill packed his bags and **set off** for Europe.
Bill은 가방을 싸서 유럽으로 출발했다.

You must not **set off** fireworks late at night.
밤늦게 폭죽을 터뜨리면 안 된다.

㈜ 출발하다: start out, leave   폭발시키다: explode, detonate

 **MEMORY KEY** set(~이 되게 하다) + off(떠나서) → 떠나는 상태가 되게 하다

1585 ☐☐☐

take off

1. ~을 벗다 2. 이륙하다

Take off your wet clothes and put this on.
네 젖은 옷을 벗고 이걸 입어라.

I fell asleep before the plane **took off**.
나는 비행기가 이륙하기 전에 잠들어버렸다.

㈜ 벗다: undress, unclothe, strip   이륙하다: depart

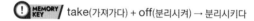 **MEMORY KEY** take(가져가다) + off(분리시켜) → 분리시키다

1586 ☐☐☐

turn off

1. 잠그다 2. 끄다

Turn off the gas after using the oven. 오븐을 사용한 후엔 가스를 잠가라.

㈜ 끄다: switch off, turn out

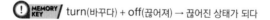 **MEMORY KEY** turn(바꾸다) + off(끊어져) → 끊어진 상태가 되다

1587 ☐☐☐

carry off

~을 훌륭히 해내다

It was a difficult task, but we managed to **carry it off**.
그것은 힘든 일이었지만, 우리는 훌륭히 해냈다.

㈜ 훌륭히 해내다: succeed, accomplish, achieve

MEMORY KEY carry(실행에 옮기다) + off(완전히) → (의도한 대로) 완벽히 실행에 옮기다

1588 ☐☐☐

pay off

1. 전액을 지불하다 2. 대가를 얻다

He **paid off** all his debts today. 그는 오늘 그의 부채를 모두 청산했다.
Your efforts will **pay off** in the end.
결국에는 너의 노력에 대한 보상을 얻을 것이다.

MEMORY KEY pay(지불하다) + off(완전히) → 완전히 다 지불하다

show off

~을 과시하다

He likes to **show off** how brilliant he is.
그는 본인이 얼마나 똑똑한지 과시하는 것을 좋아한다.

㈜ 과시하다: boast, brag

 show(보여주다) + off('강조') → 지나치게 보여주다

ease off

누그러지다, 완화되다

If you take this pill, the pain will **ease off**.
이 약을 복용하면 통증이 완화될 것이다.

㈜ 완화되다: lessen, ease, slacken, relax

 ease(완화하다) + off(줄어서) → 점점 줄어 완화되다

Daily Test

1-4 두 문장의 뜻이 비슷해지도록, 빈칸에 들어갈 숙어를 골라 알맞은 형태로 쓰시오.

let on	put off	break off	take on

1 Today's meeting will be postponed.

→ Today's meeting will be _____.

2 As children grow older, they undertake more responsibility.

→ As children grow older, they _____ more responsibility.

3 I didn't reveal that I knew his secret.

→ I didn't _____ that I knew his secret.

4 Ecuador has cut off diplomatic relations with Columbia.

→ Ecuador has _____ diplomatic relations with Columbia.

5-7 빈칸에 공통으로 들어갈 단어를 골라 알맞은 형태로 쓰시오.

hold	hang	set

5 • Bill packed his bags and _____ off for Europe.

• You must not _____ off fireworks late at night.

6 • People _____ on to their customs and traditions.

• _____ on to the strap tightly on the bus.

7 • I'd like to _____ pictures on the wall without using nails.

• _____ on, I have to wash my hands before dinner.

8 빈칸에 들어갈 알맞은 단어를 고르시오.

They may be forced to _____ off the baseball game because of rain.

① pay ② keep ③ call ④ take ⑤ lay

Answer ¹put off ²take on ³let on ⁴broken off ⁵set ⁶hold[Hold] ⁷hang[Hang] ⁸③

DAY 56 원리를 알면 쉬운 숙어 (4)

클래스카드

in 안에 / 제출 / 대상

1591 ☐☐☐
cut in

끼어들다, 간섭하다

Sorry to **cut in** on your conversation.
대화에 끼어들어 죄송해요.

㈜ 끼어들다: interrupt, interject, interpose

(!) **MEMORY KEY** / cut(자르다) + in(안에) → ~안에 (끼어들어) 자르다

1592 ☐☐☐
kick in

효과가 나타나기 시작하다

He fell asleep as the medicine started to **kick in**.
약 기운이 돌자 그는 잠이 들었다.

(!) **MEMORY KEY** / kick(차다) + in(안에) → 안에 들어가 움직이다

1593 ☐☐☐
fit in

어울리다, 조화하다

She doesn't **fit in** with any of the groups.
그녀는 어떤 무리와도 잘 어울리지 못한다.

㈜ 어울리다: match, harmonize

(!) **MEMORY KEY** / fit(어울리다) + in(안에) → (그룹) 안에서 잘 어울리다

1594 ☐☐☐
get in

1. (안에) 들어가다   2. (차에) 타다

Please see if he has **gotten in** to the office.
그가 사무실에 들어왔는지 확인해 주세요.

㈜ 들어가다: enter, come in, go in

(!) **MEMORY KEY** / get(도착하다) + in(안에) → 안에 들어가다

1595 ☐☐☐
look in

(특히 아프거나 도움이 필요한 사람의 집에) 들르다

I asked him to **look in** on my grandfather in the hospital while I'm away. 나는 그에게 내가 없는 동안 할아버지 병문안을 가달라고 부탁했다.

⑲ 들르다: drop in, call in

MEMORY KEY look(보다) + in(안에) → ~ 안을 보러 가다 → 들르다

1596 ☐☐☐
fill in

~에 적어 넣다

I **filled in** the blanks on the form.
나는 신청서의 빈칸을 채웠다.

⑲ 적어 넣다: fill out, write out

MEMORY KEY fill(채우다) + in(안에) → ~ 안을 채우다

1597 ☐☐☐
give in

1. (~에게) 항복하다 2. (마지못해) 동의하다[받아들이다]

They **gave in** to our demands after a couple of debates.
그들은 몇 번의 논의 끝에 우리의 요구 조건을 받아들였다.

⑲ 마지못해 동의하다: yield, surrender, cave in

MEMORY KEY give(주다) + in(안에) → 안에 있는 것을 내어주다

1598 ☐☐☐
step in

끼어들다, 간섭하다

The police **stepped in** and stopped the fight.
경찰이 개입해서 싸움을 중지시켰다.

⑲ 끼어들다: intervene, interpose, interrupt, cut in

MEMORY KEY step(발을 들여놓다) + in(안에) → 끼어들다

1599 ☐☐☐
take in

섭취하다, 흡수하다

Eat a lot of anchovies to **take in** calcium.
칼슘 섭취를 위해 멸치를 많이 먹어라.

⑲ 흡수하다: absorb

MEMORY KEY take(받아들이다) + in(안에) → 안으로 받아들이다

1600 ☐☐☐
drop in

(잠시) 들르다

I don't want anyone to **drop in** on me without calling first.
나는 먼저 전화하지 않고 나에게 들르는 어떤 누구도 원치 않는다.

㈜ 들르다: visit, stop by

 drop(들르다) + in(안에) → 안에 들르다

1601 ☐☐☐
hand in

~을 제출하다

Time's up. **Hand in** your papers.
시간 다 됐습니다. 답안지를 제출하세요.

㈜ 제출하다: submit

 hand(건네주다) + in(제출하여) → 제출하다

1602 ☐☐☐
put in for

1. ~을 신청하다 2. 요청하다

I **put in for** a membership at the fitness club.
나는 그 헬스장 회원권을 신청했다.

㈜ 요청하다: request, call for

MEMORY KEY / put(놓다) + in(제출하여) + for(~을 위해) → ~을 신청하다

1603 ☐☐☐
turn in

~을 건네다, 제출하다

Turn in your homework by Friday.
금요일까지 숙제를 제출해라.

㈜ 제출하다: submit, hand in

MEMORY KEY / turn(보내다) + in(제출하여) → 제출하다

1604 ☐☐☐
come in

도착하다

He **came in** just in time to the meeting.
그는 회의에 제시간에 도착했다.

㈜ 도착하다: arrive, get to, reach

MEMORY KEY / come(오다) + in(도착하여) → 도착하다

1605 ☐☐☐

believe in

~의 존재를 믿다

He **believes in** the existence of aliens.
그는 외계인의 존재를 믿는다.
㉠ 믿다: trust, have faith in

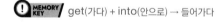 believe(믿다) + in(~을 대상으로) → 어떤 대상을 믿다

---

into   안으로, ~에

1606 ☐☐☐

get into

1. ~에 들어가다 2. 입학 허가를 받다

The burglar **got into** the house through the window.
도둑은 창문을 통해 그 집에 들어갔다.
He will work hard and **get into** college.
그는 열심히 공부해서 대학에 들어갈 것이다.
㉠ 들어가다: enter, come in

 get(가다) + into(안으로) → 들어가다

1607 ☐☐☐

go into

~을 조사하다, 연구하다

He **went into** the history of government policy.
그는 정부 정책의 역사를 조사했다.
㉠ 조사하다: investigate, examine, study

MEMORY KEY go(가다) + into(안으로) → 안으로 들어가다 → 조사하다

1608 ☐☐☐

bump into

1. ~와 부딪치다 2. ~와 우연히 만나다

The car **bumped into** the truck in front of it.
그 차는 앞에 있던 트럭에 부딪쳤다.
㉠ 부딪치다: collide, knock into, smash into

MEMORY KEY bump(부딪치다) + into(~에) → ~에 부딪치다

1609 ☐☐☐
burst into

갑자기 ~하기 시작하다

The woman **burst into** tears at the news.
그 소식에 여자는 갑자기 울기 시작했다.

 burst(갑자기 ~하다) + into(~에) → 갑자기 ~하기 시작하다

1610 ☐☐☐
be into

~에 열중하다, ~에 푹 빠져 있다

He **is into** scuba diving.
그는 스쿠버 다이빙에 빠져 있다.

⑪ ~에 푹 빠져 있다: be enthusiastic about

 be(있다) + into(안으로) → 안으로 들어가 있다 → 열중하다

1611 ☐☐☐
break into

~에 침입하다

Somebody **broke into** my house while I was away.
내가 없는 동안 누군가가 집에 침입했다.

⑪ 침입하다: break in, burgle

 break(깨다) + into(안으로) → 깨고 안으로 들어오다

1612 ☐☐☐
look into

~을 조사하다

Please **look into** the cause of the delay immediately.
지연 사유를 즉시 조사해 주세요.

⑪ 조사하다: investigate

 look(보다) + into(안으로) → ~ 안을 (깊이) 조사하다

1613 ☐☐☐
run into

우연히 만나다

I **ran into** my teacher at the store.
나는 가게에서 우연히 선생님을 만났다.

⑪ 우연히 만나다: bump into, encounter, meet by chance

 run(달리다) + into(~로) → ~로 가다가 (우연히) 만나다

DAY 56

talk A into B   A를 설득하여 B를 시키다

I **talked** him **into** lending me money.
나는 그가 나에게 돈을 빌려주도록 설득했다.

㊠ 설득하다: persuade, coax, induce, convince

! MEMORY KEY/ talk(말하다) + into(~로) → ~하도록 설득하다

---

by   곁에 / 이동

come by   1. ~에 들르다 2. ~을 얻다, 입수하다

Come by my office anytime.
내 사무실에 아무 때나 들러라.

I don't think she has **come by** the money dishonestly.
나는 그녀가 그 돈을 부정직하게 구했다고 생각하지 않는다.

㊠ 얻다: get, acquire, obtain

! MEMORY KEY/ come(두다) + by(곁에) → (~을 얻어) 곁에 두다

---

stand by   1. 대기[준비]하다 2. 곁에 있다

Stand by for further announcements.
다음 안내 방송이 있을 때까지 대기하세요.

He is **standing by** his car.
그는 자신의 차 옆에 있다.

㊠ 대기하다: wait   곁에 있다: be there for

! MEMORY KEY/ stand(서 있다) + by(곁에) → 움직이지 않고 곁에 있다

---

pass by   ~을 그냥 지나치다, 모른 체하고 지나가다

He **passed by** without greeting us.
그는 우리에게 인사도 하지 않고 그냥 지나쳐 갔다.

! MEMORY KEY/ pass(지나가다) + by(곁에) → (그냥) 옆을 지나치다

1618 ☐☐☐
get by

그럭저럭 살아[해]나가다

Some students need to work part-time so they can **get by**.
어떤 학생들은 근근이 살아가기 위해 아르바이트를 해야 한다.

㈜ 그럭저럭 살아나가다: manage, afford

MEMORY KEY / get(얻다) + by(곁에) → 부수적으로 얻다 → 그럭저럭 살아나가다

DAY 56

1619 ☐☐☐
stop by

(잠시) 들르다

My boyfriend promised to **stop by** later on.
내 남자친구는 나중에 들르겠다고 약속했다.

MEMORY KEY / stop(멈추다) + by(지나다가) → 지나다가 멈추고 들르다

1620 ☐☐☐
drop by

(잠시) 들르다

I **dropped by** his office on the way home.
나는 집에 오는 길에 그의 사무실에 잠시 들렀다.

MEMORY KEY / drop(찾아가다) + by(지나다가) → 지나다가 찾아가다

Daily Test

1-4 두 문장의 뜻이 비슷해지도록, 빈칸에 들어갈 숙어를 골라 알맞은 형태로 쓰시오.

run into	believe in	look into	step in

1 The police intervened and stopped the fight.

→ The police _____ and stopped the fight.

2 He trusts the existence of aliens.

→ He _____ the existence of aliens.

3 I encountered my teacher at the store.

→ I _____ my teacher at the store.

4 Please investigate the cause of the delay immediately.

→ Please _____ the cause of the delay immediately.

5-6 빈칸에 공통으로 들어갈 단어를 골라 쓰시오.

stand	come

5 • _____ by for further announcements.

• He is _____ing by his car.

6 • _____ by my office anytime.

• I don't think she has _____ by the money dishonestly.

7-8 빈칸에 들어갈 알맞은 단어를 고르시오.

7 Eat a lot of anchovies to _____ in calcium.

① fill ② give ③ turn ④ take ⑤ drop

8 The woman _____ into tears at the news.

① bumped ② burst ③ broke ④ got ⑤ went

Answer ¹stepped in ²believes in ³ran into ⁴look into ⁵stand[Stand] ⁶come[Come] ⁷④ ⁸②

DAY 57 원리를 알면 쉬운 숙어 (5)

클래스카드

out 돌출 / 완성 / 제외 / 소멸

DAY 57 (side tab)

1621

break out

(전쟁 · 화재 등이) 일어나다, 발생하다

A big fire **broke out** at the airport last night.
어젯밤 공항에서 큰 화재가 발생했다.

MEMORY KEY break(갑자기 ~하다) + out(밖으로) → 갑자기 밖으로 나타나다

1622

carry out

실행하다, 이행하다

They are **carrying out** a grave mission now.
그들은 현재 막중한 임무를 수행 중이다.

㊀ 이행하다: perform, fulfill

MEMORY KEY carry(수행하다) + out(밖으로) → 실행하다

1623

check out

1. (호텔에서) 체크아웃하다 2. 검사하다

We have to **check out** before noon.
우리는 정오 이전에 체크아웃을 해야 한다.

㊀ 검사하다: inspect, examine

MEMORY KEY check(검사하다) + out(밖으로) → 검사하다

1624

come out

1. 발간되다 2. 알려지다, 드러나다

The new vocabulary book will **come out** soon.
새 어휘서가 곧 출간될 것이다.

The truth always eventually **comes out**.
진실은 항상 결국 밝혀진다.

㊀ 발간되다: publish

MEMORY KEY come(나오다) + out(밖으로) → 밖으로 나오다

원리를 알면 쉬운 숙어 • 413

figure out

1. 이해하다 2. 계산하다

He still hasn't **figured out** what's wrong.
그는 무엇이 잘못됐는지 여전히 모른다.

I **figured out** how much I spent this month.
내가 이번 달에 얼마나 지출했는지 계산해보았다.

⑤ 이해하다: understand, comprehend　　계산하다: calculate

 figure(이해하다) + out(드러난) → 이해하다

---

make out

1. 작성하다 2. 이해하다

It took a lot of time to **make out** the report.
그 보고서를 작성하는 데 많은 시간이 걸렸다.

I can't **make out** the meaning of it.
나는 그것의 의미를 모르겠다.

⑤ 작성하다: fill in, write　　이해하다: understand, comprehend

 make(나타내다) + out(밖으로) → (보이게) 밖으로 나타내다

---

give out

1. ~을 배포하다 2. (소리 · 빛을) 내다, 발산하다

He **gave out** flyers to the passengers.
그는 승객들에게 전단지를 배포했다.

The heater doesn't **give out** much heat.
그 난로는 열을 많이 내지 않는다.

⑤ 배포하다: distribute, hand out　　발산하다: emit, radiate

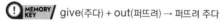 give(주다) + out(퍼뜨려) → 퍼뜨려 주다

---

grow out of

1. ~에서 생겨나다 2. ~이 작아지다

His anger **grew out of** the misunderstanding.
그의 노여움은 오해에서 생겨났다.

She has **grown out of** her clothes.
그녀가 자라서 옷이 작아졌다.

 grow(생기다) + out(밖으로) + of(떨어져) → ~에서 떨어져 생겨나다

1629 □□□

hand out

~을 나누어주다, 배포하다

The teacher will **hand out** reading materials.
교사가 읽을 자료를 나눠줄 것이다.

(!) MEMORY KEY / hand(건네주다) + out(퍼뜨려) → 나누어주다

1630 □□□

keep out

~을 안에 들이지 않다

Students must **keep out** of the teacher's lounge.
학생들은 교사용 휴게실에 들어가서는 안 된다.

㈜ 안에 들이지 않다: exclude, bar, ban

(!) MEMORY KEY / keep(계속하다) + out(밖에) → 계속 밖에 있게 하다

1631 □□□

lay out

1. 설계하다 2. 펼치다, 진열하다

The building is **laid out** as a square.
그 건물은 정사각형 모양으로 설계되었다.

The shoes were **laid out** beautifully in the shop window.
신발들이 가게 진열장에 아름답게 진열되어 있었다.

㈜ 설계하다: design, plan, organize   진열하다: display

(!) MEMORY KEY / lay(놓다) + out(펼쳐서) → 펼쳐놓다

1632 □□□

leak out

1. (비밀 · 정보 등이) 누설되다 2. (불빛 · 말소리 등이) 새다

I don't know how the secret **leaked out**.
나는 어떻게 그 비밀이 누설되었는지 모른다.

(!) MEMORY KEY / leak(새다) + out(밖으로) → 밖으로 새다

1633 □□□

get out of

~에서 나오다, 벗어나다

I wanted to **get out of** the crowded city for the weekend.
나는 주말 동안 혼잡한 도시에서 벗어나고 싶었다.

㈜ ~에서 나오다: evade, avoid, escape

(!) MEMORY KEY / get(도달하다) + out(밖으로) + of(떨어져) → ~에서 떨어져 밖에 도달하다

1634 ☐☐☐

point out

~을 가리키다, 지적하다

She **pointed out** the spelling errors in the article.
그녀는 기사에 있는 철자 오류를 지적했다.

㊡ 가리키다: indicate

 point(지적하다) + out(밖으로) → 지적하다

1635 ☐☐☐

set out

1. 출발하다, 길을 떠나다 2. 배열하다

They **set out** on a journey to an unknown place.
그들은 미지의 장소로 여행을 떠났다.

㊡ 출발하다: leave, set off   배열하다: arrange, display

 set(출발하다) + out(밖으로) → 밖으로 떠나다

1636 ☐☐☐

call out

소리치다, 소리쳐 부르다

Across the street, my father **called out** to me.
길 건너편에서 아버지가 나를 소리쳐 부르셨다.

㊡ 소리치다: shout out, exclaim, yell

 call(부르다) + out(큰 소리로) → 큰 소리로 부르다

1637 ☐☐☐

cry out

1. 크게 소리치다 2. 강력히 항의[반대]하다

I **cried out** in fear when the mouse ran by.
나는 쥐가 지나갈 때 무서워서 크게 소리쳤다.

㊡ 항의하다: complain, remonstrate, protest

(!) MEMORY KEY / cry(소리치다) + out(큰 소리로) → 크게 소리치다

1638 ☐☐☐

burn out

1. 타버리다 2. 기진맥진하게 하다

You'll get **burnt out** at work if you continue to put in such long hours. 네가 그렇게 오랜 시간 계속 일한다면 직장에서 기진맥진해질 것이다.

㊡ 기진맥진하게 하다: exhaust, wear out

(!) MEMORY KEY / burn(타다) + out(완전히) → 완전히 타다

1639 ☐☐☐

cut out

잘라내다, 제거하다

I **cut out** the rotten parts of the apple.
나는 사과의 썩은 부분을 잘라냈다.

㊌ 잘라내다: chop off

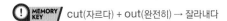 cut(자르다) + out(완전히) → 잘라내다

1640 ☐☐☐

fill out

~에 기입하다

Fill out this form and mail it to us.
이 양식을 작성하셔서 저희에게 우편으로 보내주세요.

㊌ 기입하다: complete, fill in, write out

MEMORY KEY / fill(채우다) + out(완전히) → (공란을) 완전히 채우다

1641 ☐☐☐

map out

계획하다, 구상하다

It is time to **map out** your career path.
이제 너의 진로를 구상할 때이다.

㊌ 계획하다: plan, outline, arrange, design

MEMORY KEY / map(배치하다) + out(완전히) → 완전히 배치해보다

1642 ☐☐☐

be sold out

매진되다

The tickets **were** all **sold out** a week ago.
표는 일주일 전에 모두 매진되었다.

㊌ 매진되다: run out (of), be out of stock

MEMORY KEY / be sold(팔리다) + out(완전히) → 완전히 팔리다

1643 ☐☐☐

root out

~을 뿌리 뽑다, 근절하다

The voices urging **rooting out** terrorism are growing louder
and louder. 테러를 근절해야 한다는 목소리가 점점 높아지고 있다.

㊌ 근절하다: throw away

MEMORY KEY / root(뿌리) + out(완전히) → 완전히 뿌리를 뽑다

DAY 57

1644 ☐☐☐

run out of

~을 다 써버리다, ~을 바닥내다

We **ran out of** toilet paper.
우리는 화장실 휴지를 다 썼다.

㊤ 다 써버리다: use up

! MEMORY KEY / run(어떤 상태가 되다) + out(없어져) + of(떨어져) → 없어진 상태가 되다

1645 ☐☐☐

drop out

1. 빠지다, 손을 떼다 2. 중퇴하다

The marathoner **dropped out** in the middle of the race.
그 마라톤 선수는 경주 도중에 기권했다.

! MEMORY KEY / drop(어떤 상태로 되다) + out(제외하여) → 제외된 상태가 되다 → 빠지다

1646 ☐☐☐

fade out

사라지다, 희미해지다

The music **fades out** at the end of the song.
그 음악은 노래가 끝날 때 소리가 점점 작아진다.

㊤ 사라지다: disappear, vanish

! MEMORY KEY / fade(희미해지다) + out(없어져) → 점점 희미해지다

1647 ☐☐☐

leave out

~을 빼다, 제외하다

Don't **leave out** the salt, or it will be tasteless.
소금을 빼지 마라, 그렇지 않으면 그것은 맛없어질 것이다.

㊤ 빼다: omit, exclude, count out

! MEMORY KEY / leave(내버려 두다) + out(제외하여) → 제외한 상태로 두다

1648 ☐☐☐

put out

~을 끄다

The fire was **put out** before spreading to other houses.
그 불은 다른 집들로 번지기 전에 꺼졌다.

㊤ 끄다: extinguish

! MEMORY KEY / put(어떤 상태로 만들다) + out(없어져) → 없어지게 하다

1649 ☐☐☐

rule out

~을 제외하다, 배제하다

We cannot **rule out** his opinion just because we disagree.
우리는 단지 동의하지 않는다는 이유로 그의 의견을 배제해서는 안 된다.

ⓨ 제외하다: exclude, eliminate, reject

(!) MEMORY KEY rule(결정하다) + out(제외하여) → 제외하기로 결정하다

1650 ☐☐☐

count out

1. 세어보다 2. ~을 제외하다

She **counted out** the money. 그녀는 돈을 세어보았다.

They **counted** her **out** of the lineup because of her injury.
그들은 부상 때문에 그녀를 선발 명단에서 제외시켰다.

ⓨ 제외하다: exclude, leave out, omit

(!) MEMORY KEY count(세다) + out(제외하여) → 제외하다

Daily Test

1-4 두 문장의 뜻이 비슷해지도록, 빈칸에 들어갈 숙어를 골라 알맞은 형태로 쓰시오.

carry out	fill out	point out	map out

1 She indicated the spelling errors in the article.

→ She _____ the spelling errors in the article.

2 It is time to plan your career path.

→ It is time to _____ your career path.

3 Complete this form and mail it to us.

→ _____ this form and mail it to us.

4 They are performing a grave mission now.

→ They are _____ a grave mission now.

5-8 빈칸에 공통으로 들어갈 단어를 골라 알맞은 형태로 쓰시오.

make	count	lay	figure

5 • He still hasn't _____ out what's wrong.

• I _____ out how much I spent this month.

6 • She _____ out the money.

• They _____ her out of the lineup because of her injury.

7 • The building is _____ out as a square.

• The shoes were _____ out beautifully in the shop window.

8 • It took a lot of time to _____ out the report.

• I can't _____ out the meaning of it.

Answer   ¹pointed out ²map out ³Fill out ⁴carrying out ⁵figured ⁶counted ⁷laid ⁸make

DAY 58

원리를 알면 쉬운 숙어 (6)

클래스카드

out 돌출 / 완성

1651 ☐☐☐
sort out

가려내다, 선별하다

The machine **sorts out** the defective products automatically.
그 기계는 불량품을 자동으로 가려낸다.

㊅ 선별하다: classify, assort, separate

MEMORY KEY / sort(구분하다) + out(밖으로) → 밖으로 구분해내다

1652 ☐☐☐
stand out

눈에 띄다

She **stands out** among the new recruits.
그녀는 신입사원들 중에서 눈에 띈다.

MEMORY KEY / stand(어떤 상태에 있다) + out(밖으로 드러나게) → 밖으로 드러난 상태이다

1653 ☐☐☐
take out

꺼내다, 끄집어내다

I **took** the jammed paper **out** of the copying machine.
나는 복사기에 낀 종이를 빼냈다.

㊅ 꺼내다: withdraw, draw

MEMORY KEY / take(잡다) + out(밖으로) → 끄집어내다

1654 ☐☐☐
speak out

이야기하다, 분명하게 말하다

If you have a problem, you should **speak out**.
문제가 있으면 분명하게 말해야 한다.

MEMORY KEY / speak(말하다) + out(밖으로 드러나게) → (의도가) 밖으로 드러나게 말하다

1655 ☐☐☐
stick out

1. 튀어나오다 2. 두드러지다

Her flute was **sticking out** of her bag.
플루트가 그녀의 가방 밖으로 튀어나와 있었다.

Your dress **sticks out** in a large crowd.
네 드레스는 많은 사람들 속에서도 눈에 띈다.

㈜ 튀어나오다: protrude, jut

 MEMORY KEY stick(내밀다) + out(밖으로) → 밖으로 나오다

1656 ☐☐☐
turn out

1. 판명되다, 결국 ~임이 드러나다 2. 끄다

The rumor **turned out** to be false.
그 소문은 거짓임이 드러났다.

Turn out the light when you go out.
외출할 때는 불을 꺼라.

㈜ 판명되다: prove

 MEMORY KEY turn(돌리다) + out(밖으로 드러나게) → ~로 드러나다

1657 ☐☐☐
work out

1. 운동하다 2. (문제를) 풀다

He goes to the gym to **work out** every day.
그는 매일 운동을 하러 체육관에 간다.

How did you **work out** this math problem?
너는 이 수학 문제를 어떻게 풀었니?

㈜ 운동하다: exercise   풀다: solve

 MEMORY KEY work(힘을 다하다) + out(밖으로 드러나게) → 드러나게 노력하다 → 연습하다

1658 ☐☐☐
pass out

1. 의식을 잃다, 기절하다 2. 배포하다

He **passed out** when he heard of the accident.
그는 사고 소식을 듣고 의식을 잃었다.

㈜ 의식을 잃다: faint, knock out
　　배포하다: hand out, distribute, give out

 MEMORY KEY pass(전달하다) + out(밖으로) → 배포하다

1659 ☐☐☐
spell out

상세히 설명하다

You should **spell out** what you have in mind when you meet with them. 그들을 만나면 너는 네가 가진 생각을 상세히 설명해야 한다.

㊌ 상세히 설명하다: specify, particularize

(!) MEMORY KEY spell(철자하다) + out(완전히) → (완전히) 모든 것을 철자하다 → 상세히 설명하다

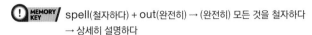

DAY 58

1660 ☐☐☐
try out

써보게 하다, 시험하다

Would you like to **try out** today's special menu?
오늘의 특별 메뉴를 드셔보시겠어요?

(!) MEMORY KEY try(해보다) + out(완전히) → 시험 삼아 해보다

1661 ☐☐☐
wear out

1. ~을 써서 낡게 하다, 닳다 2. 지치게 하다

The heels are all **worn out**.
굽이 완전히 닳았다.

She was totally **worn out** after cleaning the whole house.
그녀는 집 전체를 청소한 후 완전히 지쳤다.

㊌ 지치게 하다: tire

(!) MEMORY KEY wear(닳다) + out(완전히) → 완전히 닳다

for

대상 / 추구 / 찬성 / 대신

1662 ☐☐☐
care for

1. 돌보다 2. 좋아하다

I **cared for** my brother when he had the flu.
나는 남동생이 독감에 걸렸을 때 그를 돌봤다.

I don't **care for** Italian food.
나는 이탈리아 음식을 좋아하지 않는다.

㊌ 돌보다: take care of, look after   좋아하다: like

(!) MEMORY KEY care(간호하다) + for(~에 대하여) → ~을 간호하다

1663 ☐☐☐

go for

적용되다, ~으로 통하다

The new policy **goes for** small businesses.
새로운 정책은 소규모 기업에 적용된다.

㊌ 적용되다: apply to

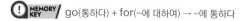 go(통하다) + for(~에 대하여) → ~에 통하다

1664 ☐☐☐

pay for

~의 대가를 지불하다, 물어주다

Employees get **paid for** their work.
직원들은 일한 것에 대한 보수를 받는다.

 pay(지불하다) + for(~에 대하여) → ~의 대가를 치르다

1665 ☐☐☐

apply for

1. 신청하다 2. 지원하다

Can I **apply for** a credit card online?
온라인으로 신용카드를 신청할 수 있나요?

I'll **apply for** a job in the sales department.
나는 영업부에 지원할 것이다.

㊌ 신청하다: ask for, register

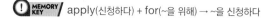 apply(신청하다) + for(~을 위해) → ~을 신청하다

1666 ☐☐☐

sign up for

~을 신청하다

I'm thinking of **signing up for** driving lessons this month.
나는 이번 달에 운전 연수를 신청할까 생각 중이다.

㊌ 신청하다: register, enroll, join

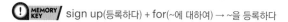 sign up(등록하다) + for(~에 대하여) → ~을 등록하다

1667 ☐☐☐

be for

1. 찬성하다 2. 지지하다

Are you **for** or against the plan?
너는 그 계획에 찬성이야, 반대야?

㊌ 지지하다: support

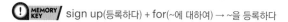 be(~이다) + for(~에 찬성하여) → ~에 찬성이다

1668 ☐☐☐
ask for

요구하다, 요청하다

Some people don't know how to **ask for** help appropriately.
어떤 사람들은 적절하게 도움을 청하는 방법을 모른다.

㉮ 요구하다: request, demand

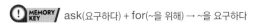 ask(요구하다) + for(~을 위해) → ~을 요구하다

1669 ☐☐☐
call for

요구하다, 청하다

The labor union is **calling for** a raise in wages.
노동조합은 임금 인상을 요구하고 있다.

㉮ 요구하다: ask for, call on

 call(소리치다) + for(~을 찾아) → 원하는 바를 소리치다

1670 ☐☐☐
pray for

간절히 바라다

We all **pray for** his speedy recovery.
우리 모두는 그의 빠른 회복을 간절히 바란다.

 pray(간절히 바라다) + for(~을 찾아) → ~을 간절히 바라다

1671 ☐☐☐
long for

1. 갈망하다 2. 그리워하다

A lot of emigrants **long for** their homelands.
많은 이민자들이 고국을 그리워한다.

㉮ 갈망하다: crave for, be eager for   그리워하다: miss, yearn

 long(바라다) + for(~을 찾아) → ~을 (간절히) 바라다

1672 ☐☐☐
head for

~로 향해 가다

We **headed for** the library.
우리는 도서관으로 향했다.

㉮ ~로 향해 가다: make for, leave for

 head(나아가게 하다) + for(~을 향해) → ~을 향해 나아가게 하다

1673 ☐☐☐
make for

~로 향해 가다

They were hungry so they **made for** the nearest restaurant.
그들은 배가 고파서 가장 가까운 식당으로 향했다.

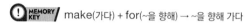 make(가다) + for(~을 향해) → ~을 향해 가다

1674 ☐☐☐
reach for

손을 뻗다

She **reached for** the cup on the top shelf.
그녀는 맨 위 선반에 있는 컵을 향해 손을 뻗었다.

㉤ 손을 뻗다: stretch (out) one's hand, put out one's hand,
reach out (one's hand)

 reach(손을 내밀다) + for(~을 향해) → ~을 향해 손을 내밀다

1675 ☐☐☐
run for

출마하다

He decided to **run for** public office next year.
그는 내년에 공직에 출마하기로 결심했다.

 run(입후보하다) + for(~을 향해) → ~에 출마하다

1676 ☐☐☐
take for

~이라고 (잘못) 생각하다

The mysterious story was **taken for** the truth by some people.
그 신비한 이야기는 몇몇 사람들에게 사실로 여겨졌다.

㉤ 잘못 생각하다: misjudge

 take(취하다) + for(~로서) → ~로 (잘못) 취하다

1677 ☐☐☐
act for

~의 대리[대행]를 하다

I'll let him **act for** me while I'm away on business.
나는 내가 출장 가 있는 동안, 그가 나를 대신하도록 할 것이다.

MEMORY KEY/ act(역할을 하다) + for(~을 대신해서) → ~을 대신하는 역할을 하다

1678 □□□

speak for

~을 대변하다

The party **speaks for** ordinary lower middle class citizens.
그 정당은 평범한 중하류층 시민들을 대변한다.

㊠ 대변하다: represent

 speak(말하다) + for(~을 대신해서) → ~을 대변하다

1679 □□□

stand for

상징하다, 의미하다

The fifty stars on the U.S. flag **stand for** the fifty states.
미국 국기의 50개의 별은 50개의 주를 상징한다.

㊠ 상징하다: represent, symbolize

 stand(있다) + for(~을 대신해서) → ~을 대신해서 보여주다

1680 □□□

substitute for

~을 대신[대리]하다

When cooking, milk mixed with vinegar can be **substituted for**
buttermilk. 요리를 할 때, 식초를 섞은 우유는 버터밀크를 대신할 수 있다.

㊠ 대신하다: replace

 substitute(대신하다) + for(~을 대신해서) → ~을 대신하다

Daily Test

1-4 두 문장의 뜻이 비슷해지도록, 빈칸에 들어갈 숙어를 골라 알맞은 형태로 쓰시오.

ask for	go for	sort out	stand for

1 The machine separates the defective products automatically.

→ The machine _____ the defective products automatically.

2 The new policy applies to small businesses.

→ The new policy _____ small businesses.

3 The fifty stars on the U.S. flag represent the fifty states.

→ The fifty stars on the U.S. flag _____ the fifty states.

4 Some people don't know how to request help appropriately.

→ Some people don't know how to _____ help appropriately.

5-8 빈칸에 공통으로 들어갈 단어를 골라 알맞은 형태로 쓰시오.

apply	care	turn	work

5 • Can I _____ for a credit card online?

• I'll _____ for a job in the sales department.

6 • He goes to the gym to _____ out every day.

• How did you _____ out this math problem?

7 • The rumor _____(e)d out to be false.

• _____ out the light when you go out.

8 • I _____(e)d for my brother when he had the flu.

• I don't _____ for Italian food.

Answer ¹sorts out ²goes for ³stand for ⁴ask for ⁵apply ⁶work ⁷turn[Turn] ⁸care

DAY 59

원리를 알면 쉬운 숙어 (7)

클래스카드

over | 위치 / 전복 / 반복 / 완성

1681 ☐☐☐
bring over

가지고 오다, 데리고 오다

They'll **bring over** an expert in that field from abroad.
그들은 해외에서 그 분야의 전문가를 모시고 올 것이다.

 bring(가져오다) + over(이쪽으로) → (떨어진 곳에서) 이쪽으로 가져오다

1682 ☐☐☐
pull over

차를 (길) 한쪽에 대다

I **pulled over** to the side of the road.
나는 도로변에 차를 댔다.

 pull((자동차를) 바짝 대다) + over(이쪽으로) → (차를) 이쪽으로 바짝 대다

1683 ☐☐☐
take over

인계받다, 일을 넘겨받다

His son will **take over** his work after he dies.
그가 죽은 후에 그의 아들이 일을 넘겨받을 것이다.

 take(받다) + over(이쪽으로) → (일을) 넘겨받다

1684 ☐☐☐
pass over

무시하다

His mistake isn't something that should be **passed over** lightly.
그의 실수는 가볍게 넘길 문제가 아니다.

㋴ 무시하다: neglect, ignore

 pass(지나가다) + over(위로) → (무시하며) 위로 지나가다

1685 ☐☐☐
move over

(자리를 만들려고) 자리를 옮기다

Could you **move over** just a bit?
조금만 자리를 옮겨주시겠어요?

MEMORY KEY move(옮기다) + over(저쪽으로) → 저쪽으로 (자리를) 옮기다

1686 ☐☐☐

hand over

건네주다, 넘겨주다

The robber demanded that I **hand over** my money.
그 도둑은 내게 돈을 달라고 요구했다.

㊠ 건네주다: pass, turn over, give

(!) MEMORY KEY hand(넘기다) + over(저쪽으로) → 저쪽으로 넘기다

1687 ☐☐☐

get over

1. 극복하다 2. 낫다, 회복하다

Our country tried to **get over** the economic crisis quickly.
우리나라는 경제 위기를 빨리 극복하기 위해 노력했다.

It took me a long time to **get over** that bad cold.
내가 지독한 감기에서 회복하는 데 오랜 시간이 걸렸다.

㊠ 극복하다: overcome   회복하다: recover

(!) MEMORY KEY get(~하게 되다) + over(~을 위쪽으로 넘어) → ~을 위로 넘어서다

1688 ☐☐☐

run over

(차가) 치다

The dog was **run over** by a car but it survived.
그 개는 차에 치였지만 살아남았다.

㊠ 치다: hit, crash

(!) MEMORY KEY run(달리다) + over(위로) → (차가) 위로 달리다 → 치다

1689 ☐☐☐

come over

1. 오다, 찾아오다 2. 엄습하다

Will you **come over** to my house for dinner on Saturday?
토요일에 우리 집에 와서 저녁 식사 할래?

A strange feeling suddenly **came over** me.
갑자기 이상한 느낌이 들었다.

(!) MEMORY KEY come(오다) + over(이쪽으로) → 이쪽으로 오다

1690 ☐☐☐

kick over

(~을) 차서 뒤엎다

The child **kicked** the water bucket **over** on the floor.
아이가 물통을 차서 바닥에 엎었다.

(!) MEMORY KEY kick(차다) + over(거꾸로 넘어져) → 차서 거꾸로 뒤집어지다

1691 ☐☐☐

fall over

넘어지다, ~에 걸려 넘어지다

The bus driver hit the brakes so suddenly that I **fell over**.
버스 운전기사가 갑자기 브레이크를 밟아서 나는 넘어졌다.

! MEMORY KEY/ fall(넘어지다) + over(거꾸로) → 넘어져 고꾸라지다

1692 ☐☐☐

turn over

1. 넘겨주다 2. 뒤집다

He **turned over** all the evidence to the prosecution.
그는 모든 증거를 검찰에 넘겼다.

Turn over the meat on the frying pan.
프라이팬에 있는 고기를 뒤집어라.

㉲ 넘겨주다: pass, hand over, give

! MEMORY KEY/ turn(넘기다) + over(거꾸로) → 거꾸로 뒤집다

1693 ☐☐☐

do over

1. 다시 하다 2. 다시 꾸미다

Do all the figures **over** to check that there are no mistakes.
실수가 없는지 확인하기 위해 모든 계산을 다시 해라.

㉲ 다시 하다: try again

! MEMORY KEY/ do(하다) + over(한 번 더) → 한 번 더 하다

1694 ☐☐☐

go over

잘 살펴보다, 검사하다

We need to **go over** the plan in detail.
우리는 그 계획을 자세히 살펴볼 필요가 있다.

㉲ 검사하다: check over, examine

! MEMORY KEY/ go(하다) + over(되풀이해서) → 되풀이해서 하다

1695 ☐☐☐

check over

점검하다, 검사하다

Check over the document before you give it to the boss.
사장님께 서류를 제출하기 전에 검토해라.

㉲ 점검하다: go over, examine

! MEMORY KEY/ check(확인하다) + over(완전히) → 자세히 확인하다

cry over

~에 대해 한탄하다

It is no use **crying over** spilt milk.
〈속담〉 이미 엎질러진 물이다.

㈜ 한탄하다: mourn, regret

 **MEMORY KEY** cry(울다) + over(~에 관해) → ~ 때문에 울다

---

look over

대강 훑어보다

He **looked over** the document to figure out what it was about.
그는 그 서류가 무엇에 관한 것인지 알기 위해 대강 훑어보았다.

㈜ 대강 훑어보다: skim

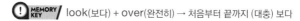 **MEMORY KEY** look(보다) + over(완전히) → 처음부터 끝까지 (대충) 보다

---

read over

~을 끝까지 읽다, 통독하다

Read over this guidebook before you go on a trip.
여행을 가기 전에 이 안내서를 꼼꼼히 읽어라.

MEMORY KEY read(읽다) + over(완전히) → 처음부터 끝까지 읽다

---

think over

~을 숙고하다

I need some time to **think over** his offer.
나는 그의 제안을 숙고해볼 시간이 좀 필요하다.

㈜ 숙고하다: chew over, ponder, contemplate, speculate

MEMORY KEY think(생각하다) + over(완전히) → ~에 대해 깊이 생각하다

---

hold over

연기하다

I was disappointed that our picnic was **held over** for a week.
나는 소풍이 일주일 연기되었다는 소식에 실망했다.

㈜ 연기하다: postpone, defer, put off, delay

MEMORY KEY hold(붙들다) + over((기간을) 지나) → 기간이 지나도록 붙들다

1701 ☐☐☐
spread over
퍼지다

Many computer viruses have **spread over** the Internet.
많은 컴퓨터 바이러스들이 인터넷을 통해 퍼지고 있다.

 spread(퍼지다) + over(여러 장소에 걸쳐) → 여러 장소에 걸쳐 퍼지다

1702 ☐☐☐
stay over
하룻밤 머물다, 외박하다

We're planning to **stay over** at the villa beside the river.
우리는 강가에 있는 별장에서 하룻밤 머물 계획이다.

 stay(머물다) + over((기간을) 지나) → ~동안 머물다

1703 ☐☐☐
argue over
왈가왈부하다, 논쟁하다

The couple always **argues over** money.
그 부부는 항상 돈 때문에 싸운다.

㊌ 논쟁하다: dispute (with)

 argue(논쟁하다) + over(~에 관해) → ~에 관해 논쟁하다

1704 ☐☐☐
chew over
~을 심사숙고하다

I'll **chew over** the matter for a few days.
나는 며칠간 그 문제에 대해 심사숙고할 것이다.

㊌ 심사숙고하다: think over, ponder, contemplate, speculate

 chew(씹다) + over(~에 대해) → ~에 대해 곱씹다 → ~을 계속 생각하다

1705 ☐☐☐
talk over
~에 관해 상의하다

Talk it **over** with your parents and maybe they can help you.
부모님과 그 일에 대해 상의해 봐. 그럼 너를 도와주실지도 몰라.

 talk(이야기하다) + over(~에 관해) → ~에 관해 이야기하다

after 추구

1706 ☐☐☐
go after
뒤쫓다

The police **went after** the pickpocket. 경찰이 소매치기를 뒤쫓았다.
㉤ 뒤쫓다: chase, track, run after

(!) MEMORY KEY go(가다) + after(~을 따라) → ~을 따라 가다

1707 ☐☐☐
name A
after B
B의 이름을 따서 A의 이름을 짓다

The planet was **named after** the king of the Roman gods,
Jupiter. 그 행성의 이름은 로마 신들의 왕인 주피터의 이름을 따서 지어졌다.
㉤ B의 이름을 따서 A의 이름을 짓다: call A after B

(!) MEMORY KEY name(이름을 붙이다) + after(~을 따라) → ~을 따라 이름을 붙이다

1708 ☐☐☐
run after
뒤쫓다

It was frightening when the dog **ran after** me.
그 개가 날 쫓아왔을 때 무서웠다.

(!) MEMORY KEY run(달려가다) + after(~을 따라) → ~을 따라 달려가다

1709 ☐☐☐
take after
닮다

Who do you **take after** in your family?
너는 가족 중에 누구를 닮았니?
㉤ 닮다: resemble

(!) MEMORY KEY take(~의 영향을 받다) + after(~을 따라) → ~의 영향을 받아 닮다

1710 ☐☐☐
look after
~을 돌보다, 보살펴 주다

She has to **look after** her niece tonight.
그녀는 오늘 밤 조카를 돌봐야 한다.
㉤ 돌보다: care for, take care of

(!) MEMORY KEY look(보다) + after(~을 따라) → ~을 (따라 다니며) 돌보다

Daily Test

1-3 두 문장의 뜻이 비슷해지도록, 빈칸에 들어갈 숙어를 골라 알맞은 형태로 쓰시오.

chew over	take after	hold over

1 Who do you resemble in your family?

→ Who do you _____ in your family?

2 I'll think over the matter for a few days.

→ I'll _____ the matter for a few days.

3 I was disappointed that our picnic was postponed for a week.

→ I was disappointed that our picnic was _____ for a week.

4-5 빈칸에 공통으로 들어갈 단어를 골라 쓰시오.

turn	get

4 • Our country tried to _____ over the economic crisis quickly.

• It took me a long time to _____ over that bad cold.

5 • He _____(e)d over all the evidence to the prosecution.

• _____ over the meat on the frying pan.

6-8 괄호 안에서 알맞은 말을 고르시오.

6 He looked (over / after) the document to figure out what it was about.

7 The planet was named (over / after) the king of the Roman gods, Jupiter.

8 Do all the figures (over / after) to check that there are no mistakes.

Answer   ¹take after ²chew over ³held over ⁴get ⁵turn[Turn] ⁶over ⁷after ⁸over

원리를 알면 쉬운 숙어 (8)

클래스카드

away	멀리 / 소멸

1711 ☐☐☐

carry away

도취시키다, 넋을 잃게 하다

They were **carried away** by the beauty of the music.
그들은 그 음악의 아름다움에 넋을 잃었다.

㉮ 도취시키다: intoxicate

!MEMORY KEY / carry(가지고 가다) + away(멀리) → (정신을) 멀리 가지고 가게 하다

1712 ☐☐☐

come away

1. 벗겨지다, 떨어져 나가다 2. 떠나다, 멀어지다

A ripe apple **comes away** from the tree easily.
잘 익은 사과는 나무에서 쉽게 떨어진다.

We **came away** with the feeling that we were poorly treated.
우리는 푸대접을 받았다는 기분으로 자리를 떠났다.

㉮ 떨어져 나가다: detach, come off   떠나다: leave, depart

!MEMORY KEY / come(오다) + away(떨어져) → 떨어져 나오다

1713 ☐☐☐

go away

떠나다, 가버리다

He **went away** for a week on business.
그는 일주일 동안 출장 갔다.

!MEMORY KEY / go(가다) + away(멀리) → 멀리 가다

1714 ☐☐☐

get away

도망치다, 탈출하다

The man robbed the bank and **got away**.
그 남자가 은행을 털고 도망쳤다.

㉮ 도망치다: escape, flee, run away

!MEMORY KEY / get(즉시 가다) + away(멀리) → 즉시 멀리 가다 → 도망치다

1715 ☐☐☐

keep away

멀리하다, 피하다

You should **keep away** from that park after sunset.
해가 진 뒤에는 저 공원을 피해야 한다.

⟨유⟩ 멀리하다: avoid, stay away

 keep(유지하다) + away(멀리) → 멀리 가서 간격을 유지하다

1716 ☐☐☐

put away

~을 치우다

The mother told her children to **put away** their toys.
그 어머니는 아이들에게 장난감을 치우라고 말했다.

⟨유⟩ 치우다: put aside

 put(놓다) + away(멀리) → (물건을) 멀리 놓다 → 치우다

1717 ☐☐☐

run away

도망치다

The thief **ran away** hurriedly as soon as he heard somebody
come in. 그 도둑은 누군가가 들어오는 소리를 듣자마자 급히 도망쳤다.

⟨유⟩ 도망치다: escape, flee, get away

 run(도망치다) + away(멀리) → 멀리 도망치다

1718 ☐☐☐

send away

~을 추방하다, 내쫓다

He **sent** me **away** at the door.
그는 문간에서 나를 내쫓았다.

⟨유⟩ 내쫓다: turn away

send(보내다) + away(멀리) → 멀리 보내다

1719 ☐☐☐

stay away

떨어져 있다, 멀리하다

The dog is very violent, so **stay away** from it.
그 개는 아주 사나우니까 멀리 떨어져 있어라.

⟨유⟩ 멀리하다: avoid, keep away

 stay(머물다) + away(멀리) → 멀리 있다

1720 ☐☐☐

take away

1. 가져가다 2. (식탁을) 치우다

My parents **took away** my cell phone.
부모님이 내 휴대전화를 빼앗아 가셨다.

The waiter **took away** the dishes before the dessert.
후식이 나오기 전에 웨이터는 접시를 치웠다.

(!) MEMORY KEY / take(가지고 가다) + away(멀리) → 멀리 가지고 가다

1721 ☐☐☐

turn away

내쫓다

They were **turned away** from the party because they didn't
have an invitation. 그들은 초대장이 없었기 때문에 파티에서 쫓겨났다.

(유) 내쫓다: send away

(!) MEMORY KEY / turn(몰아내다) + away(멀리) → 멀리 몰아내다

1722 ☐☐☐

cut away

(필요 없는 부분을) 베어내다, 잘라내다

Cut away the dead branches from the tree.
나무의 죽은 가지들을 잘라내라.

(!) MEMORY KEY / cut(베다) + away(없어져) → 베어내서 없애다

1723 ☐☐☐

wear away

닳아 없애다, 마멸시키다

Rain very slowly **wears away** rocks.
비는 바위를 아주 천천히 마멸시킨다.

(!) MEMORY KEY / wear(차츰 닳다) + away(없어져) → 닳아 없어지다

1724 ☐☐☐

fade away

사라지다, 사라져 버리다

The footsteps gradually **faded away** into the distance.
발소리가 점점 멀어져 사라졌다.

(유) 사라지다: disappear

(!) MEMORY KEY / fade(희미해지다) + away(없어져) → 희미해지다가 없어지다

438

1725 ☐☐☐
give away

1. 거저 주다 2. (비밀을) 누설하다

At its grand opening, the store will **give away** free gifts.
그 가게는 개업식에서 경품을 줄 것입니다.

He **gave away** the military secret. 그는 군사 기밀을 누설했다.

MEMORY KEY give(주다) + away(없어져) → 줘버리다

1726 ☐☐☐
pass away

죽다

He **passed away** at the age of 100 last night.
그는 어젯밤 100세의 나이로 별세했다.

㊡ 죽다: die, perish

MEMORY KEY pass(없어지다, 죽다) + away(없어져) → 죽어서 사라지다

1727 ☐☐☐
throw away

1. 버리다 2. 낭비하다

Throw away those old jeans and buy some new ones.
오래된 청바지를 버리고 새 것을 사라.

㊡ 버리다: discard   낭비하다: waste

MEMORY KEY throw(던지다) + away(없어져) → 없어지게 던져버리다

1728 ☐☐☐
wash away

씻겨 내려가다, 흘러 떠내려가게 하다

The fallen leaves were **washed away** by the rain.
낙엽들이 빗물에 씻겨 내려갔다.

MEMORY KEY wash(씻다) + away(없어져) → 씻겨 (눈앞에서) 없어지다

1729 ☐☐☐
die away

잠잠해지다, 점차 희미해지다

The noisy music **died away** and another soft song came on.
시끄러운 음악이 잦아들며 다른 조용한 노래가 흘러 나왔다.

㊡ 희미해지다: fade away

MEMORY KEY die(사라지다) + away(없어져) → 점점 사라지다

about   주위 / 대상

1730 ☐☐☐
bring about
불러일으키다, 초래하다

Hiring a new CEO **brought about** a number of unexpected changes. 새로운 최고 경영자의 고용은 예상치 못한 많은 변화를 불러일으켰다.

㈜ 불러일으키다: cause, trigger

 bring(일으키다) + about(주위에) → 일을 (주위에) 일으키다

1731 ☐☐☐
come about
일어나다, 발생하다

I wondered how such a strange situation **came about**.
나는 어떻게 그렇게 이상한 상황이 발생했는지 궁금했다.

㈜ 발생하다: occur, happen, take place

 come(오다) + about(주위에) → (일이) 주위에 생기다

1732 ☐☐☐
go about
1. 돌아다니다   2. 착수하다

There's a strange man **going about** knocking on doors.
문을 두드리면서 돌아다니는 이상한 사람이 있다.

㈜ 돌아다니다: walk around, wander
    착수하다: start, begin, get down to

 go(가다) + about(주위에) → (주위를) 돌아다니다

1733 ☐☐☐
hear about
~에 관해 알게 되다

I **heard about** this restaurant through word of mouth.
나는 입소문을 통해 이 식당에 대해 알게 되었다.

 hear(듣다) + about(~에 관해) → ~에 대하여 듣다

1734 ☐☐☐
set about
착수하다

They soon **set about** preparing for the new project.
그들은 곧 새 프로젝트의 준비를 시작했다.

㈜ 착수하다: undertake, initiate, start

 set(시작하다) + about(~에 관해) → ~을 시작하다

DAY 60

1735 ☐☐☐
rob A of B

A로부터 B를 빼앗다

The accident **robbed** him **of** all his hopes and dreams.
그 사고는 그의 모든 꿈과 희망을 빼앗아갔다.

㈜ A로부터 B를 빼앗다: deprive A of B

! MEMORY KEY / rob(도둑질하다) + of(떨어져) → (…에게서) ~을 빼앗다

1736 ☐☐☐
deprive A of B

A로부터 B를 빼앗다

The earthquake **deprived** a lot of people **of** their homes.
지진으로 많은 사람들이 그들의 집을 잃었다.

㈜ A로부터 B를 빼앗다: strip A of B

! MEMORY KEY / deprive(빼앗다) + of(떨어져) → (…에게서) ~을 빼앗다

1737 ☐☐☐
ease A of B

A로부터 B를 덜어주다

This pill will **ease** you **of** your pain.
이 약이 너의 통증을 덜어줄 것이다.

㈜ A로부터 B를 덜어주다: relieve A of B

! MEMORY KEY / ease(완화하다) + of(떨어져) → (…에게서) ~을 완화하다

1738 ☐☐☐
accuse A of B

A를 B의 혐의로 고소[비난]하다

The public prosecutor **accused** me **of** fraud.
그 검사는 나를 사기 혐의로 기소했다.

㈜ A를 B의 혐의로 고소하다: charge A with B

! MEMORY KEY / accuse(고소하다) + of(~에 관하여) → (…을) ~의 혐의로 고소하다

1739 ☐☐☐
approve of

동의하다, 승인하다

They **approved of** my proposal.
그들이 나의 제안을 승인했다.

㈜ 동의하다: consent, assent, concur

! MEMORY KEY / approve(찬성하다) + of(~에 관해서) → ~에 관해서 찬성하다

remind A of B A에게 B를 생각나게 하다, 상기시키다

This music **reminds** me **of** childhood memories.
이 음악은 나에게 어린 시절의 추억을 생각나게 한다.

(!) MEMORY KEY / remind(생각나게 하다) + of(~에 관해서) → (…에게) ~을 생각나게 하다

1-3 두 문장의 뜻이 비슷해지도록, 빈칸에 들어갈 숙어를 골라 알맞은 형태로 쓰시오.

pass away	carry away	fade away

1 He died at the age of 100 last night.

→ He _____ at the age of 100 last night.

2 The footsteps gradually disappeared into the distance.

→ The footsteps gradually _____ into the distance.

3 They were intoxicated by the beauty of the music.

→ They were _____ by the beauty of the music.

4-6 빈칸에 공통으로 들어갈 알맞은 말을 골라 쓰시오.

of	about	away

4 • The mother told her children to put _____ their toys.

• Cut _____ the dead branches from the tree.

5 • I wondered how such a strange situation came _____.

• They soon set _____ preparing for the new project.

6 • The public prosecutor accused me _____ fraud.

• This music reminds me _____ childhood memories.

7 빈칸에 공통으로 들어갈 알맞은 숙어를 고르시오.

• My parents _____ my cell phone.

• The waiter _____ the dishes before the dessert.

① took away   ② washed away   ③ wore away   ④ turned away   ⑤ ran away

---

Answer   ¹passed away ²faded away ³carried away ⁴away ⁵about ⁶of ⁷①

to	대상 / 방향 / 정도

1741 ☐☐☐

appeal to

1. 간청하다, 호소하다 2. 흥미를 끌다

They **appealed to** the judge for a light jail sentence.
그들은 가벼운 징역형을 달라고 판사에게 간청했다.

The recently released movie **appeals to** many people.
최근 개봉한 영화가 많은 사람들의 관심을 끌고 있다.

㈜ 간청하다: plead   흥미를 끌다: attract

 MEMORY KEY / appeal(간청하다) + to(~에게) → ~에게 간청하다

1742 ☐☐☐

attend to

1. ~에 주의를 기울이다 2. ~을 돌보다

He has some important work to **attend to**.
그는 주의를 기울여야 할 중요한 일이 있다.

 MEMORY KEY / attend(주의하다) + to(~에게) → ~에 주의를 기울이다

1743 ☐☐☐

come to

(머리 · 마음 속에) 떠오르다, 생각나다

A good idea **came to** me this morning.
오늘 아침에 내게 좋은 생각이 떠올랐다.

MEMORY KEY / come(떠오르다) + to(~에게) → ~에게 (생각이) 떠오르다

1744 ☐☐☐

get to

1. ~에 도착하다 2. ~하기 시작하다

She **got to** the airport earlier than I did.
그녀는 나보다 일찍 공항에 도착했다.

I'll **get to** work soon.
나는 곧 일을 시작할 것이다.

㈜ 도착하다: reach, arrive   시작하다: commence

 MEMORY KEY / get(닿다) + to(~에) → ~에 도착하다

1745 ☐☐☐
lead to

(어떤 결과에) 이르다, 초래하다

Too many cars **lead to** traffic congestion.
너무 많은 차가 교통 체증을 유발한다.

㊌ 초래하다: cause, bring about, result in

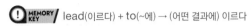 lead(이르다) + to(~에) → (어떤 결과에) 이르다

1746 ☐☐☐
look to

~을 기대하다

I **look to** my family for support when I feel under stress.
나는 스트레스를 받을 때에는 가족의 지지를 기대한다.

㊌ 기대하다: rely upon

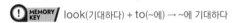 look(기대하다) + to(~에) → ~에 기대하다

1747 ☐☐☐
occur to

(감정 · 생각 등이) 떠오르다

It didn't **occur to** me to ask him for help.
그에게 도움을 요청해야겠다는 생각이 떠오르지 않았다.

㊌ 떠오르다: cross one's mind, come to

 occur(생각나다) + to(~에게) → ~에게 (…가) 생각이 나다

1748 ☐☐☐
turn to

~에 의지하다, 의탁하다

There was no one I could **turn to** when I was sick.
내가 아팠을 때 의지할 수 있는 사람이 아무도 없었다.

㊌ 의지하다: depend on, rely on

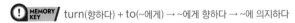 turn(향하다) + to(~에게) → ~에게 향하다 → ~에 의지하다

1749 ☐☐☐
hold to

붙들다, 고수하다

You should **hold to** your New Year's resolutions.
너는 새해 결심을 지켜야 한다.

MEMORY KEY / hold(붙들고 있다) + to(~에) → ~을 붙들고 있다, 고수하다

1750 ☐☐☐

adhere to

1. 고수[고집]하다 2. 들러붙다

He **adheres to** his beliefs no matter what the circumstances are. 그는 어떤 상황에서도 그의 신념을 고수한다.

Glue is used to make one surface **adhere to** another. 접착제는 한쪽 면이 다른 면에 붙게 하는 데 사용된다.

⑨ 고수하다: stick to, cling to, hold to

 **MEMORY KEY** adhere(들러붙다) + to(~에) → ~에 들러붙다

1751 ☐☐☐

keep to

1. 지키다, 따르다 2. 이탈하지 않다

Drivers should **keep to** the speed limit. 운전자들은 제한 속도를 지켜야 한다.

Keep to the point of this debate. 이 논쟁의 핵심에서 벗어나지 마라.

 **MEMORY KEY** keep(지키다) + to(~에) → ~을 지키다

1752 ☐☐☐

stick to

1. 고수하다 2. 계속하다

I tried to change her mind, but she **stuck to** her decision. 나는 그녀의 마음을 돌리려 노력했지만, 그녀는 자신의 결정을 고수했다.

She has a strong willpower to **stick to** a vegetarian diet. 그녀는 채식을 계속할 정도로 강한 의지력을 지니고 있다.

⑨ 고수하다: adhere to

 **MEMORY KEY** stick(고정시키다) + to(~에) → ~을 고수하다

1753 ☐☐☐

amount to

총계가 ~이다

Fourteen nights accommodation and two weeks car rental **amounts to** $756. 14일 동안의 숙박비와 2주간의 자동차 대여 비용이 총 756달러이다.

⑨ 총계가 ~이다 : total, add up

MEMORY KEY amount(총계가 ~에 달하다) + to(~까지) → 합계가 ~이 되다

1754 ☐☐☐

prefer A to B B보다 A를 더 좋아하다

I **prefer** action movies **to** sci-fi movies.
나는 공상 과학 영화보다 액션 영화를 더 좋아한다.

 MEMORY KEY / prefer(~을 더 좋아하다) + to(~에 비해서) → ~보다 …을 더 좋아하다

1755 ☐☐☐

see to ~을 처리하다, ~을 맡아 하다

He **saw to** the children's lunch while they were on a picnic.
그는 소풍을 갔을 때 아이들의 점심을 맡았다.

MEMORY KEY / see(마음을 쓰다) + to(~에게) → ~에게 주의를 기울이다, 처리하다

---

across 교차 / 통과

1756 ☐☐☐

come across (우연히) 마주치다, 발견하다

In my research, I **came across** some very interesting facts.
연구에서 나는 우연히 매우 흥미로운 사실들을 발견했다.

MEMORY KEY / come(오다) + across(교차하여) → 와서 교차하다 → (우연히) 마주치다

1757 ☐☐☐

cut across (가운데로) 지나가다, 가로질러 가다

Let's **cut across** the park, then we won't be late.
공원을 가로질러 가자. 그러면 늦지 않을 거야.

㈜ 가로질러 가다: cut through, traverse, cross

MEMORY KEY / cut(질러가다) + across(가로질러) → ~을 가로질러 가다

1758 ☐☐☐

run across (우연히) 만나다, 찾아내다

He **ran across** a strange ad while reading the newspaper.
그는 신문을 읽다가 우연히 이상한 광고를 봤다.

MEMORY KEY / run(달려가다) + across(교차하여) → 달려와서 교차하다 → 우연히 만나다

1759 ☐☐☐

get across 이해시키다

I tried to **get** my opinion **across**, but she didn't agree with me.
나는 내 의견을 이해시키려 했지만, 그녀는 내게 동의하지 않았다.

 get(~에 도착하다) + across(가로질러) → (상대에게) 도착하다 → (상대를) 이해시키다

1760 ☐☐☐

put across 이해시키다

To **put** my point **across**, let me compare China with Korea.
요점의 이해를 돕기 위해 중국과 한국을 비교해 보겠습니다.

 put(표현[진술]하다) + across(가로질러) → 상대에게 (이해를 위해) 표현하다 → 이해시키다

---

with 관련 / 대상 / 분리

1761 ☐☐☐

do away with ~을 없애다, 끝내다

The government decided to **do away with** some inefficient systems. 정부는 몇몇 비효율적인 제도를 폐지하기로 결정했다.

 do(하다) + away(떨어져) + with(~와) → ~와 떨어져 있도록 하다 → ~을 없애다

1762 ☐☐☐

go with 1. ~와 어울리다 2. ~에 부수되다, 부속되다

Your necktie **goes** well **with** your suit. 너의 넥타이는 양복과 잘 어울린다.
This title **goes with** your job. 이 직함은 네 직업에 부수적으로 따라가는 것이다.

 go(가다) + with(함께) → ~와 같이 가다, 부수되다

1763 ☐☐☐

come with ~을 수반하다

All of these meals **come with** salad, rice and coffee.
모든 식사는 샐러드와 밥, 커피와 함께 나온다.

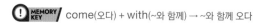 come(오다) + with(~와 함께) → ~와 함께 오다

get away with
1. (잘못된 행동을) 벌 받지 않고 해내다 2. 대충 넘어가다

She won't let her son **get away with** bad behavior.
그녀는 아들의 나쁜 행동을 대충 넘어가지 않을 것이다.

 get((벌로서) ~을 받다) + away(멀어져) + with(~에) → ~에 대해 벌 받는 것에서부터 멀어지다

---

dispense with
1. 생략하다 2. ~없이 지내다

Let's **dispense with** these unnecessary rules.
이 불필요한 규칙들은 생략하자.

㈜ ~없이 지내다: do without, go without

 dispense(면제하다) + with(~을) → ~을 생략하다

---

plead with
~에게 간청[애원]하다

She **pleaded with** the people on the street to help her.
그녀는 거리에 있는 사람들에게 자신을 도와달라고 간청했다.

㈜ 간청하다: beg, appeal

 plead(간청하다) + with(~에게) → ~에게 간청하다

---

rest with
(선택 · 결정이) ~에 달렸다

The final choice **rests with** a single person.
마지막 선택은 개인에게 달렸다.

㈜ ~에 달렸다: be up to

 rest(~에 달렸다) + with(~에) → ~에 달렸다

---

break with
1. (전통 · 생각 따위를) 버리다 2. 결별하다

An idealist **broke with** the old tradition.
한 이상주의자는 오랜 전통을 깨버렸다.

㈜ 결별하다: separate

 break(깨지다) + with(~와) → ~와 헤어지다

charge A
with B

A를 B로 고소[비난]하다

The man was **charged with** theft.

그 남자는 절도죄로 고소당했다.

⊕ A를 B로 고소하다: accuse A of B

(!) **MEMORY KEY** / charge(비난하다) + with(~에) → ~에 대해 비난하다

do without

~없이 지내다[견디다]

She can't **do without** coffee for even a day.

그녀는 커피 없이 단 하루도 지낼 수 없다.

(!) **MEMORY KEY** / do(되어가다) + without(~없이) → ~없이 지내다

Daily Test

1-4 두 문장의 뜻이 비슷해지도록, 빈칸에 들어갈 숙어를 골라 알맞은 형태로 쓰시오.

lead to	turn to	stick to	occur to

1 There was no one I could depend on when I was sick.

→ There was no one I could _____ when I was sick.

2 Too many cars cause traffic congestion.

→ Too many cars _____ traffic congestion.

3 I tried to change her mind, but she adhered to her decision.

→ I tried to change her mind, but she _____ her decision.

4 It didn't come to me to ask him for help.

→ It didn't _____ me to ask him for help.

5-7 빈칸에 공통으로 들어갈 알맞은 말을 골라 쓰시오.

to	with	across

5 • She won't let her son get away _____ bad behavior.

• Let's dispense _____ these unnecessary rules.

6 • I look _____ my family for support when I feel under stress.

• Drivers should keep _____ the speed limit.

7 • Let's cut _____ the park, then we won't be late.

• He ran _____ a strange ad while reading the newspaper.

8 빈칸에 공통으로 들어갈 알맞은 단어를 고르시오.

• Your necktie _____ well with your suit.

• This title _____ with your job.

① comes ② rests ③ goes ④ breaks ⑤ pleads

Answer ¹turn to ²lead to ³stuck to ⁴occur to ⁵with ⁶to ⁷across ⁸③

`1771` ☐☐☐
compare A to B

A를 B에 비유하다

He **compared** her face **to** an apple.
그는 그녀의 얼굴을 사과에 비유했다.

`1772` ☐☐☐
compare A with B

A와 B를 비교하다

They **compared** our educational system **with** that of Northern Europe.
그들은 우리의 교육 제도와 북유럽의 교육 제도를 비교했다.

`1773` ☐☐☐
be familiar with

(사물에) 정통하다, 잘 알고 있다

He**'s familiar with** medical terms.
그는 의학 용어를 잘 알고 있다.

`1774` ☐☐☐
be familiar to

(사람에게) 익숙하다, 잘 알려져 있다

Your name **is familiar to** me. 네 이름은 알고 있어.

`1775` ☐☐☐
be possessed by

1. (감정에) 사로잡히다 2. (귀신 등에) 홀리다

Many people thought that he **was possessed by** the devil. 많은 사람들이 그가 악마에 홀렸다고 생각했다.

`1776` ☐☐☐
be possessed of

1. (재능을) 갖추다 2. (성품을) 지니다

He **is possessed of** the passion to create something unique. 그는 독창적인 무언가를 창조할 수 있는 열정을 가지고 있다.

➕ be in possession of (사람이) ~을 소유하고 있다
　 be in the possession of (사물이) ~의 소유가 되다

452

1777 ☐☐☐
be concerned about

~을 걱정하다

We **are concerned about** my father's health.
우리는 아버지의 건강을 걱정한다.

1778 ☐☐☐
be concerned with

~와 관계가 있다

He insisted that he **wasn't concerned with** the matter. 그는 그 일과 관련이 없다고 주장했다.

1779 ☐☐☐
deal in

1. (상품 등을) 취급하다, 팔다 2. ~에 종사하다

They don't **deal in** second-hand goods.
그들은 중고품은 취급하지 않는다.

1780 ☐☐☐
deal with

1. ~을 처리하다, 대응하다 2. 거래하다

He **dealt with** the situation properly.
그는 그 상황에 적절하게 대응했다.

1781 ☐☐☐
succeed in

~에 성공하다

I **succeeded in** getting a ticket to the concert.
나는 그 콘서트 티켓을 구하는 데 성공했다.

➕ success 몡 성공   successful 톙 성공적인

1782 ☐☐☐
succeed to

~을 물려받다, 계승하다

His brother **succeeded to** the throne because the king had no child. 그 왕은 자식이 없었기 때문에 그의 동생이 왕위를 계승했다.

➕ succession 몡 1. 연속 2. 계승   successive 톙 연속하는

1783 ☐☐☐
may well

(~하는 것도) 당연하다

You **may well** be confused. 네가 당황하는 게 당연하다.

1784 ☐☐☐
may as well

~하는 게 좋다

If it snows too heavily, we **may as well** stay at home.
눈이 너무 많이 오면, 우리는 집에 있는 게 좋겠다.

1785 ☐☐☐
subject to

〈부사적〉 ~을 조건[전제]으로 하여

The plan was delayed, **subject to** his agreement.
그의 동의하에 그 계획은 지연되었다.

1786 ☐☐☐
be subject to

~하기 쉽다

Fruit prices **are subject to** change in summer.
여름에는 과일 가격이 변하기 쉽다.

1787 ☐☐☐
in charge (of)

(~을) 맡고 있는, 담당의

He is **in charge of** the security of the building.
그가 그 건물의 보안 담당이다.

1788 ☐☐☐
on charges of

~의 혐의로

He was arrested **on charges of** assault.
그는 폭행 혐의로 구속되었다.

1789 ☐☐☐
take place

개최되다, 일어나다

The committee meeting will **take place** in the auditorium.
위원회 회의는 강당에서 개최될 것이다.

1790 ☐☐☐
take the place of

~을 대신하다

Nothing can **take the place of** you.
어떤 것도 너를 대신할 수는 없다.

1791 ☐☐☐
wait for

~을 기다리다

I could not **wait for** him any longer.
나는 더 이상 그를 기다릴 수 없었다.

1792 ☐☐☐
wait on

시중을 들다

She always **waits on** the customers with a smile.
그녀는 항상 미소를 지으며 고객들의 시중을 든다.

1793 ☐☐☐

interfere in

~을 간섭하다

I don't want other people to **interfere in** my life.
나는 다른 사람이 내 삶에 간섭하는 것을 원하지 않는다.

1794 ☐☐☐

interfere with

~을 방해하다

Their noise **interfered with** my work.
그들의 소음은 내 일을 방해했다.

1795 ☐☐☐

result in

~로 끝나다, 초래하다

The soccer match **resulted in** a draw.
그 축구 경기는 무승부로 끝났다.

1796 ☐☐☐

result from

~에서 기인하다, 비롯되다

Many inventions have **resulted from** necessity.
많은 발명품은 필요에서 비롯되었다.

1797 ☐☐☐

provide for

1. (생계를) 부양하다 2. 대비하다

They have five children to **provide for**.
그들에게는 부양해야 할 다섯 명의 아이들이 있다.

1798 ☐☐☐

provide A with B

A에게 B를 제공하다

The school **provides** us **with** the necessary books.
학교는 우리에게 필요한 책을 제공한다.

1799 ☐☐☐

consist of

~으로 구성되다, 이루어져 있다

The meal **consists of** an appetizer, salad, entrée, dessert and beverage. 식사는 애피타이저, 샐러드, 주요리, 디저트와 음료로 구성된다.

1800 ☐☐☐

consist in

~에 있다, 존재하다

Goodness does not **consist in** greatness, but greatness in goodness. 선은 위대함에 있지 않지만, 위대함은 선에 있다.

Daily Test

1-7 괄호 안에서 알맞은 말을 고르시오.

1 She always waits (for / on) the customers with a smile.

2 They don't deal (in / with) second-hand goods.

3 The soccer match resulted (in / from) a draw.

4 The meal consists (in / of) an appetizer, salad, entrée, dessert and beverage.

5 His brother succeeded (in / to) the throne because the king had no child.

6 They have five children to provide (for / with).

7 He was arrested (in / on) charges of assault.

8-11 빈칸에 공통으로 들어갈 단어를 골라 알맞은 형태로 쓰시오.

compare	concern	subject	familiar

8 • The plan was delayed, _____ to his agreement.
   • Fruit prices are _____ to change in summer.

9 • We are _____ about my father's health.
   • He insisted that he wasn't _____ with the matter.

10 • He's _____ with medical terms.
   • Your name is _____ to me.

11 • He _____ her face to an apple.
   • They _____ our educational system with that of Northern Europe.

Answer   ¹on ²in ³in ⁴of ⁵to ⁶for ⁷on ⁸subject ⁹concerned ¹⁰familiar ¹¹compared

PART
07

고난도 어휘
DAY 63~70

클래스카드

1801 ☐☐☐
vulnerable
[vʌ́lnərəbl]

형 1. 상처받기 쉬운 2. 취약한, 저항력이 없는

Stress makes trees **vulnerable** to severe winter weather.
스트레스는 나무들이 혹독한 겨울 날씨에 저항력이 없게 만든다.

➕ invulnerable 형 손상되지 않는
vulnerability 명 상처를 받기 쉬움

1802 ☐☐☐
equate
[ikwéit]

동 동등하다고 생각하다

We generally **equate** myths with the ancient Greeks.
우리는 일반적으로 신화를 고대 그리스 신화와 같은 것으로 생각한다.

➕ equation 명 1. 방정식, 등식 2. 동일시

1803 ☐☐☐
deteriorate
[ditíəriərèit]

동 악화되다

Her condition seriously **deteriorated**, so she stopped working.
그녀는 병세가 심하게 악화되어서 일을 그만두었다.

➕ deterioration 명 악화, 저하

1804 ☐☐☐
abbreviation
[əbrì:viéiʃən]

명 1. 생략, 단축 2. 약어, 약자

Many people use **abbreviations** such as 4 (for) and u (you).
많은 사람들이 4(for)와 u(you) 같은 약어를 사용한다.

➕ abbreviate 동 (어구를) 단축[생략]하다

1805 ☐☐☐
incur
[inkə́:r]

동 1. 초래하다 2. (빚 등을) 지다

His words **incurred** our displeasure.
그의 말은 우리에게 불쾌감을 주었다.

1806 ☐☐☐

bureaucracy

[bjuərǽkrəsi]

명 1. 관료 제도, 관료 정치 2. 관료주의

Some complained that government **bureaucracy** is inefficient.
어떤 이들은 정부의 관료 제도가 비효율적이라고 불평했다.

➕ bureaucrat 명 관료

1807 ☐☐☐

amplify

[ǽmpləfài]

동 증폭시키다

The rumor **amplified** his anger.
그 소문은 그의 분노를 증폭시켰다.

➕ ample 형 충분한

1808 ☐☐☐

mount

[maunt]

동 1. (조직하여) 시작하다 2. 올라가다 3. 증가하다   명 ((M~)) 산

As the king **mounted** the scaffold, a great cry arose from the crowd. 왕이 단두대에 오르자, 군중들로부터 큰 울음이 터져 나왔다.

1809 ☐☐☐

static

[stǽtik]

형 정적인 (윤 immobile)   명 1. 잡음 2. 정전기

The mayor is concerned that the population of the city has remained **static** in recent years.
그 시장은 최근 몇 년간 도시의 인구 변화가 없는 것을 걱정하고 있다.

When I turned on the radio, I could only hear **static**.
내가 라디오를 틀었을 때, 오직 잡음만 들렸다.

1810 ☐☐☐

alleviate

[əlí:vièit]

동 완화시키다, 경감하다

They were attempting to **alleviate** tension between the two countries. 그들은 두 나라 간의 긴장을 완화시키기 위한 시도를 하고 있었다.

1811 ☐☐☐

ambiguity

[æmbəgjú:əti]

명 모호함, 불명료

The **ambiguity** of his attitude really confused me.
그의 애매한 태도는 나를 정말 혼란시켰다.

➕ ambiguous 형 두 가지 이상의 뜻이 있는, (의미가) 애매한

DAY 63

고난도 어휘 • 459

1812 ☐☐☐

reservoir
[rézərvwàːr]

명 저수지, 저장소

The water level in the **reservoir** fell rapidly.
저수지의 수위가 급속히 내려갔다.

1813 ☐☐☐

biannual
[baiǽnjuəl]

형 한 해 두 번의, 반년마다의

We host a **biannual** conference for promising artists at the national library.
우리는 국립도서관에서 전도유망한 예술가들을 위해 한 해 두 번의 회의를 개최한다.

1814 ☐☐☐

cherish
[tʃériʃ]

동 소중히 하다, 자상히 돌보다

Our society **cherishes** honor and bravery.
우리 사회는 명예와 용기를 소중히 여긴다.

1815 ☐☐☐

soluble
[sáljubl]

형 1. 녹는, 용해할 수 있는 2. 해결할 수 있는

Sugar is **soluble** in water.
설탕은 물에 녹는다.

1816 ☐☐☐

catastrophic
[kæ̀təstráfik]

형 대이변의, 큰 재앙의, 비극적인

Many people lost their lives in the **catastrophic** accident.
많은 사람들이 그 비극적인 사건으로 목숨을 잃었다.

➕ catastrophe 명 대참사[재해]

1817 ☐☐☐

browse
[brauz]

동 1. 띄엄띄엄 읽다 2. 방목하다 3. 검색하다

Patients can **browse** through magazines while they wait.
환자들은 기다리는 동안 잡지를 훑어볼 수 있다.

➕ browser 명 1. [컴퓨터] 브라우저 2. 구경만 하는 손님

460

1818 ☐☐☐
abhorrent
[əbhɔ́:rənt]

[형] 몹시 싫은, 딱 질색인

Terrorism is **abhorrent** to us.
테러는 우리에게 혐오스러운 것이다.

➕ abhor [동] 혐오하다, 몹시 싫어하다 　　abhorrence [명] 혐오, 질색

1819 ☐☐☐
textile
[tékstail]

[명] 직물

The **textile** industry has become decidedly worse.
섬유 산업은 확실히 더 악화되고 있다.

1820 ☐☐☐
recess
[risés]

[명] 휴식, 휴업, 휴지(休止)

Congress is in **recess** until next year.
의회는 내년까지 열리지 않는다.

➕ recession [명] 불경기, 불황

1821 ☐☐☐
lure
[ljuər]

[동] 유혹하다, 유인하다 　[명] 유혹물, 매력

Many people are **lured** into buying products by advertising.
많은 사람들이 광고에 의해 제품을 구매하도록 유인당한다.

1822 ☐☐☐
metabolism
[mətǽbəlìzəm]

[명] 신진대사

Plants use darkness to regulate their **metabolism**.
식물은 신진대사를 조절하기 위해 어둠을 이용한다.

➕ metabolize [동] 신진대사 시키다

1823 ☐☐☐
refrain
[rifréin]

[동] 억제하다, 삼가다

I'll **refrain** from criticizing his work.
나는 그의 작품에 대해 비평하는 것을 삼갈 것이다.

➕ refrain from v-ing ~하는 것을 삼가다, 자제하다

penetrate
[pénitrèit]

동 관통하다, 꿰뚫다, 투과하다

Sound waves can **penetrate** the wall through cracks.
음파는 틈을 통해 벽을 통과할 수 있다.

➕ penetrating 형 꿰뚫는, 관통하는
   penetration 명 관통

---

intrigue
[intríːg]

동 1. 호기심을 자극하다 2. 음모를 꾸미다   명 음모

She was **intrigued** by the city's plans for redeveloping the waterfront. 그녀는 둔치를 재개발하는 도시 계획에 호기심이 있었다.

Daily Test

1-16 영어를 우리말로, 우리말을 영어로 바꾸시오.

1 static _____

2 abhorrent _____

3 abbreviation _____

4 penetrate _____

5 cherish _____

6 soluble _____

7 bureaucracy _____

8 browse _____

9 호기심을 자극하다; 음모를 꾸미다 _____

10 한 해 두 번의, 반년마다의 _____

11 악화되다 _____

12 초래하다; (빛 등을) 지다 _____

13 증폭시키다 _____

14 저수지, 저장소 _____

15 상처받기 쉬운; 취약한, 저항력이 없는 _____

16 모호함, 불명료 _____

17-21 문맥상 빈칸에 들어갈 단어를 찾아 적절한 형태로 넣으시오.

textile	recess	metabolism	catastrophic	equate

17 Many people lost their lives in the _____ accident.

18 Congress is in _____ until next year.

19 Plants use darkness to regulate their _____.

20 The _____ industry has become decidedly worse.

21 We generally _____ myths with the ancient Greeks.

Answer ¹ 정적인; 잡음; 정전기 ² 몹시 싫은, 딱 질색인 ³ 생략, 단축; 약어 ⁴ 관통하다, 꿰뚫다 ⁵ 소중히 하다, 자상히 돌보다 ⁶ 녹는, 용해할 수 있는; 해결할 수 있는 ⁷ 관료 제도; 관료주의 ⁸ 띄엄띄엄 읽다; 방목하다; 검색하다 ⁹ intrigue ¹⁰ biannual ¹¹ deteriorate ¹² incur ¹³ amplify ¹⁴ reservoir ¹⁵ vulnerable ¹⁶ ambiguity ¹⁷ catastrophic ¹⁸ recess ¹⁹ metabolism ²⁰ textile ²¹ equate

DAY 64 고난도 어휘 (2)

클래스카드

1826 ☐☐☐

nuisance

[njúːsəns]

명 귀찮은 것[사람]

These mosquitos are a real **nuisance**.
이 모기들은 정말 귀찮구나.

1827 ☐☐☐

anonymous

[ənánəməs]

형 1. 익명의 2. 작자 불명의 (⑪ unidentified)

The author of the article wished to remain **anonymous**.
그 기사의 작가는 익명으로 남기를 원했다.

➕ anonymously 부 익명으로
 anonymity 명 익명(성)

1828 ☐☐☐

nurture

[nə́ːrtʃər]

동 1. 양육하다 2. 양성하다   명 교육

As children, we are **nurtured** and sustained by others.
어릴 때 우리는 타인에 의해 양육되며 부양된다.

➕ nurturer 명 양육하는 사람

1829 ☐☐☐

sermon

[sə́ːrmən]

명 설교

The preacher delivered a **sermon** on honesty.
그 설교자는 정직에 대해 설교했다.

➕ sermonize 동 설교하다, 잔소리하다
 give[deliver] a sermon 설교하다

1830 ☐☐☐

chore

[tʃɔːr]

명 허드렛일, 잡일

Her grandchildren helped with the gardening **chores**.
그녀의 손주들이 정원의 허드렛일을 도왔다.

464

1831 ☐☐☐
peasant
[pézənt]

명 소작농

Exploitation by landlords made the **peasants** suffer from poverty. 지주들의 착취는 그 소작농들을 빈곤에 허덕이게 했다.

1832 ☐☐☐
clash
[klæʃ]

명 충돌, 대립 동 충돌하다, 대립하다

A **clash** of personalities has made it difficult for them to work together. 성격 충돌로 그들은 같이 일하기 어려워졌다.

1833 ☐☐☐
linear
[líniər]

형 1. (직)선의, 선 모양의 2. 길이와 관계하는

The **linear** pattern on the dishes is simple but attractive. 접시 위의 직선 무늬가 단순하지만 매력적이다.

1834 ☐☐☐
sweep
[swiːp]

동 (swept – swept) 1. 청소하다, 쓸다 2. 몰아가다

Their eyes were fastened upon the waves that **swept** toward them. 그들의 눈은 그들에게 휘몰아치는 파도에 고정되었다.

1835 ☐☐☐
coherent
[kouhíərənt]

형 일관성 있는, 논리적인

The witness's words were not **coherent**.
그 목격자의 말은 일관성이 없었다.

➕ coherence 명 일관성

1836 ☐☐☐
crude
[kruːd]

형 1. 천연 그대로의, 가공하지 않은 2. 조잡한

Each day, nearly a billion gallons of **crude** oil are refined here.
매일 거의 십억 갤런의 원유가 여기에서 정제된다.

1837 ☐☐☐

insane
[inséin]

형 미친, 정신 이상의 (반 sane)

The inventor could not find anyone to invest in his **insane** ideas. 그 발명가는 그의 미친 아이디어에 투자할 사람을 아무도 찾을 수 없었다.

1838 ☐☐☐

spontaneous
[spɑntéiniəs]

형 1. 자발적인 2. 즉흥적인

People's behavior at the stadium is often **spontaneous**.
경기장에서의 사람들의 행동은 흔히 즉흥적이다.

➕ spontaneity 명 1. 자발성 2. 자연 발생
  spontaneously 부 1. 자발적으로 2. 즉흥적으로

1839 ☐☐☐

sphere
[sfiər]

명 1. 구(체) 2. 범위, 분야, 영역

Armenia was within the **sphere** of influence of the Soviet Union. 아르메니아는 구소련의 영향권 내에 있었다.

1840 ☐☐☐

hierarchy
[háiərὰːrki]

명 계급제(도), 계층제, 서열

Some animals have a very strict **hierarchy**.
어떤 동물들은 매우 엄격한 서열을 지킨다.

➕ hierarchical 형 계층제(계급제)의

1841 ☐☐☐

perpetually
[pərpétʃuəli]

부 영원히, 불후하게

Jen seemed **perpetually** out of money.
Jen은 항상 돈이 없는 것 같았다.

➕ perpetual 형 영원한, 끊임없는   perpetuity 명 영속, 영존(永存)

1842 ☐☐☐

endorse
[indɔ́ːrs]

동 1. 지지하다 2. 기입하다, 서명하다

I have to say, I fully **endorse** his opinion.
나는 전적으로 그의 의견을 지지한다고 말해야겠다.

➕ endorsement 명 1. 지지 2. 보증

1843 ☐☐☐

swap
[swɑp]

동 교환하다, 바꾸다 명 교환(품)

I **swapped** my books for hers.
나는 내 책을 그녀의 책과 교환했다.

1844 ☐☐☐

maze
[meiz]

명 1. 미궁, 미로 2. 혼란

We wandered around in a **maze** for an hour.
우리는 미로에서 한 시간 동안 헤맸다.

1845 ☐☐☐

artifact
[ɑ́ːrtəfæ̀kt]

명 (문화) 유물

A lot of **artifacts** are smuggled out of the country.
많은 유물들이 해외로 밀수출되고 있다.

1846 ☐☐☐

ferment
동 [fərmént]
명 [fɔ́ːrment]

동 발효시키다 명 불안, 정치적 동요

Yogurt is produced when milk is **fermented** by certain
bacteria. 요구르트는 우유가 특정 박테리아에 의해 발효될 때 생성된다.

➕ fermentation 명 발효 (작용)

1847 ☐☐☐

stitch
[stitʃ]

명 한 바늘, 한 땀 동 꿰매어 깁다

A **stitch** in time saves nine.
〈속담〉 제때의 한 바늘은 후에 아홉 바늘을 던다.

1848 ☐☐☐

forge
[fɔːrdʒ]

동 1. 구축하다 2. 위조하다

He **forged** a new career in the art business.
그는 예술 사업 분야에서 새로운 경력을 구축했다.

formulate
[fɔ́ːrmjulèit]

동 1. 고안하다 2. 명확히 나타내다

It is difficult for me to **formulate** my feelings.
내 느낌을 명확하게 표현하는 것은 어렵다.

➕ formulation 명 1. 공식화 2. 명확한 표현
formula 명 1. 방식 2. 공식

---

grotesque
[groutésk]

형 1. 그로테스크 풍의 2. 기괴한   명 기괴한 것

They wore **grotesque** masks to protect their faces.
그들은 얼굴을 보호하기 위해 기괴한 가면을 썼다.

Daily Test

1-16 영어를 우리말로, 우리말을 영어로 바꾸시오.

1 sweep _____

2 anonymous _____

3 clash _____

4 artifact _____

5 insane _____

6 ferment _____

7 swap _____

8 nurture _____

9 미궁, 미로; 혼란 _____

10 일관성 있는, 논리적인 _____

11 영원히, 불후하게 _____

12 설교 _____

13 허드렛일, 잡일 _____

14 구축하다; 위조하다 _____

15 소작농 _____

16 귀찮은 것[사람] _____

17-21 문맥상 빈칸에 들어갈 단어를 찾아 적절한 형태로 넣으시오.

linear	crude	hierarchy	formulate	endorse

17 Some animals have a very strict _____.

18 It is difficult for me to _____ my feelings.

19 I have to say, I fully _____ his opinion.

20 The _____ pattern on the dishes is simple but attractive.

21 Each day, nearly a billion gallons of _____ oil are refined here.

Answer ¹ 청소하다, 쓸다; 몰아가다 ² 익명의; 작자 불명의 ³ 충돌(하다), 대립(하다) ⁴ (문화) 유물 ⁵ 미친, 정신 이상의 ⁶ 발효시키다; 불안, 정치적 동요 ⁷ 교환하다, 바꾸다; 교환(품) ⁸ 양육하다; 양성하다; 교육 ⁹ maze ¹⁰ coherent ¹¹ perpetually ¹² sermon ¹³ chore ¹⁴ forge ¹⁵ peasant ¹⁶ nuisance ¹⁷ hierarchy ¹⁸ formulate ¹⁹ endorse ²⁰ linear ²¹ crude

DAY 65

고난도 어휘 (3)

클래스카드

1851 □□□

furnish

[fə́ːrniʃ]

동 1. (가구를) 비치하다 2. 제공하다, 공급하다

The house was **furnished** with antique furniture.
그 집에는 고풍스러운 가구가 비치되어 있었다.

⊕ furnished 형 가구가 비치된

1852 □□□

scorn

[skɔːrn]

동 경멸하다, 비웃다 명 경멸, 모욕

Critics **scorned** that movie.
비평가들은 그 영화를 혹평했다.

1853 □□□

renovate

[rénəvèit]

동 수리하다, 새것으로 만들다

I recently **renovated** my house.
나는 최근에 집을 개조했다.

⊕ renovation 명 수리

1854 □□□

infrastructure

[ínfrəstrʌ̀ktʃər]

명 기반 시설

Developing countries should invest in **infrastructure** projects.
개발도상국은 기반 시설 사업에 투자를 해야 한다.

⊕ build infrastructure 기반 시설을 구축하다

1855 □□□

notorious

[noutɔ́ːriəs]

형 악명 높은 (유 infamous)

He is **notorious** for his cruelty.
그는 잔인하기로 악명이 높다.

⊕ notoriously 부 악명 높게

1856 ☐☐☐

diffuse
[difjúːz]

동 1. 발산하다 2. 보급하다[보급되다]

The Internet has **diffused** rapidly all across the world.
인터넷이 전 세계에 빠르게 보급되었다.

➕ diffusion 명 발산, 보급

1857 ☐☐☐

rite
[rait]

명 의식, 의례

Getting a driver's license has become the **rite** of passage to
the adult world. 운전면허증을 취득하는 것이 성인 세계로 가는 통과 의례가 되었다.

➕ ritual 명 의식 형 의식의

1858 ☐☐☐

replicate
[réplikèit]

동 1. 복제하다, 모사하다 2. 자기 복제를 하다

Many computer viruses **replicate** in a fast manner.
많은 컴퓨터 바이러스는 빠르게 자기 복제를 한다.

1859 ☐☐☐

lateral
[lǽtərəl]

형 측면의, 옆의, 옆을 향한

She made a quick **lateral** movement to avoid the ball.
그녀는 공을 피하려고 빠르게 옆으로 움직였다.

1860 ☐☐☐

cling
[kliŋ]

동 (clung – clung) 1. 달라붙다 2. 고집하다

Don't **cling** to old habits, and learn about new things instead.
낡은 습관을 고집하지 말고 대신 새로운 것을 배워라.

1861 ☐☐☐

discrete
[diskríːt]

형 분리된, 별개의 (유 disconnected)

Children learn how to read by breaking words up into **discrete**
sounds. 아이들은 단어들을 별개의 소리로 나누면서 읽는 방법을 배운다.

1862 ☐☐☐

depict
[dipíkt]

동 그리다, 묘사하다

The artist **depicted** children playing at a nursery.
그 화가는 육아실에서 놀고 있는 아이들을 그렸다.

➕ depiction 명 묘사, 서술   depictive 형 묘사적인, 서술적인

1863 ☐☐☐

molecular
[məlékjulər]

형 분자의

The **molecular** structure of DNA was discovered in 1953.
DNA의 분자 구조는 1953년에 발견되었다.

➕ molecule 명 분자

1864 ☐☐☐

optical
[áptikəl]

형 광학의

Bacteria can be seen with **optical** instruments such as a
microscope. 박테리아는 현미경과 같은 광학기기로 볼 수 있다.

➕ optic 형 눈의

1865 ☐☐☐

paddle
[pǽdl]

명 노 동 노를 저어 나아가다

He has kayaked off the coast and **paddled** down the river.
그는 해안에서 카약을 타고 강 아래쪽으로 노를 저어갔다.

1866 ☐☐☐

magnetic
[mægnétik]

형 자석의, 자성을 띤

Keep cartridges away from anything **magnetic**.
탄약통은 자성을 띤 물체로부터 멀리 두어라.

➕ magnet 명 자석   magnetize 동 자기를 띠게 하다

1867 ☐☐☐

endow
[endáu]

동 1. (돈 등을) 기부하다 (윤 donate) 2. (재능·권리 등을) 주다, 부여하다

He announced that he would **endow** a new hospital for the city.
그는 도시에 새로운 병원을 기부하겠다고 발표했다.

My father was **endowed** with a wonderful sense of humor.
우리 아빠는 타고난 멋진 유머 감각이 있었다.

➕ endow A with B A에게 B(자질 등)가 있다고 생각하다

1868 ☐☐☐

ornament

명 [ɔ́ːrnəmənt]
동 [ɔ́ːrnəmènt]

명 1. 장식품 2. 장식 동 장식하다

The refrigerator was **ornamented** with magnets.
그 냉장고는 냉장고용 자석으로 장식되었다.

➕ ornamental 형 장식용의, 장식적인

1869 ☐☐☐

preach

[priːtʃ]

동 전도하다, 설교하다

He **preaches** good study habits to his students.
그는 학생들에게 좋은 공부 습관에 대해 설교한다.

➕ preacher 명 전도사, 설교자, 목사

1870 ☐☐☐

allocate

[ǽləkèit]

동 할당하다, 배분하다 (⊕ distribute)

Managers must learn how to properly **allocate** work to their staff. 매니저들은 직원들에게 적절하게 일을 배분하는 방법을 배워야 한다.

➕ allocate A to B B에게 A를 할당하다

1871 ☐☐☐

allot

[əlát]

동 할당하다, 분배하다

We decided to **allot** the profits equally.
우리는 그 수익을 똑같이 나누기로 결정했다.

➕ allotment 명 할당, 분배

1872 ☐☐☐

prone

[proun]

형 1. ~하기 쉬운 2. (납작) 엎드린

The shoulder is **prone** to injury, especially when handling heavy weights. 어깨는 특히 무거운 것을 다룰 때 잘 다친다.

1873 ☐☐☐

flatter

[flǽtər]

동 아첨하다, 비위 맞추다

He is good at **flattering** his boss.
그는 상사에게 아첨을 잘한다.

➕ flattery 명 아첨, 아부

1874 ☐☐☐

malfunction
[mælfʌ́ŋkʃən]

명 고장, 기능 부전   통 제 기능을 발휘하지 않다

I couldn't call you because my cell phone **malfunctioned**.
내 휴대전화가 고장 나서 너에게 전화를 못 했어.

1875 ☐☐☐

mandate
명 [mǽndeit]
통 [mændéit]

명 1. 위임 통치 2. 위임, 권한 (㈜ authority)
통 1. 통치를 위임하다 2. (~하도록) 명령하다 (㈜ command)

The new government has a **mandate** to lower the taxes of
small businesses. 새로운 정부는 소기업들의 세금을 줄일 권한이 있다.

Daily Test

1-16 영어를 우리말로, 우리말을 영어로 바꾸시오.

1 replicate _____

2 allocate _____

3 infrastructure _____

4 depict _____

5 ornament _____

6 diffuse _____

7 optical _____

8 magnetic _____

9 분자의 _____

10 경멸하다, 비웃다; 경멸, 모욕 _____

11 의식, 의례 _____

12 아첨하다, 비위 맞추다 _____

13 전도하다, 설교하다 _____

14 분리된, 별개의 _____

15 악명 높은 _____

16 수리하다, 새것으로 만들다 _____

17-21 문맥상 빈칸에 들어갈 단어를 찾아 적절한 형태로 넣으시오.

malfunction	prone	lateral	paddle	cling

17 He has kayaked off the coast and _____ down the river.

18 Don't _____ to old habits, and learn about new things instead.

19 She made a quick _____ movement to avoid the ball.

20 I couldn't call you because my cell phone _____.

21 The shoulder is _____ to injury, especially when handling heavy weights.

Answer ¹ 복제하다, 모사하다; 자기 복제를 하다 ² 할당하다, 배분하다 ³ 기반 시설 ⁴ 그리다, 묘사하다 ⁵ 장식(품); 장식하다 ⁶ 발산하다; 보급하다[보급되다] ⁷ 광학의 ⁸ 자석의, 자성을 띤 ⁹ molecular ¹⁰ scorn ¹¹ rite ¹² flatter ¹³ preach ¹⁴ discrete ¹⁵ notorious ¹⁶ renovate ¹⁷ paddled ¹⁸ cling ¹⁹ lateral ²⁰ malfunctioned ²¹ prone

---

1876 ☐☐☐

surplus
[sə́ːrplʌs]

명 나머지, 여분   형 나머지의

They might share their **surplus** items with others.
그들은 남은 물품들을 다른 사람들과 나눌지도 모른다.

1877 ☐☐☐

speculate
[spékjulèit]

동 1. 사색하다 2. 추측하다 (윤 presume) 3. (주식 · 토지 등에) 투기하다

Fans love to **speculate** about the lives of their favorite celebrities.
팬들은 그들이 가장 좋아하는 유명인들의 삶에 대해 추측해보는 것을 좋아한다.

He has made a lot of money by **speculating** on the real estate market. 그는 부동산 시장에 투기해서 많은 돈을 벌었다.

➕ speculate about (~에 대하여) 사색하다, 추측하다

1878 ☐☐☐

sober
[sóubər]

형 1. 술에 취하지 않은 2. 분별 있는   동 1. 술이 깨다 2. 진지해지다

He was not **sober** enough to drive.
그는 술에 취해서 운전을 할 수 없었다.

➕ sobriety 명 1. 취하지 않은 상태 2. 진지함

1879 ☐☐☐

conservatory
[kənsə́ːrvətɔ̀ːri]

명 온실

There are a lot of flowers and plants in the **conservatory**.
온실 안에 많은 꽃과 식물이 있다.

1880 ☐☐☐

fabulous
[fǽbjuləs]

형 굉장한, 멋진

This magic show was **fabulous**. 이 마술 쇼는 굉장했다.

➕ fabulously 부 엄청나게, 놀랄 만큼

1881 ☐☐☐
pledge
[pledʒ]

명 1. 서약, 공약 2. 담보 동 서약하다

Many people were asked to phone in **pledges** of money to give to African relief efforts.
많은 사람들이 아프리카 구호 노력에 쓸 돈을 기부하는 전화를 해달라는 부탁을 받았다.

1882 ☐☐☐
retrieve
[ritríːv]

동 되찾다, 만회하다

This lets you easily **retrieve** data from a failed computer.
이것은 손상된 컴퓨터의 자료를 쉽게 복구할 수 있게 해준다.

➕ retrieval 명 회복, 만회

1883 ☐☐☐
grant
[grænt]

동 1. 주다, 수여하다 2. 인정하다 명 보조금

The university will **grant** a doctorate to her next fall.
그 대학은 내년 가을에 그녀에게 박사 학위를 수여할 것이다.

➕ take ~ for granted ~을 당연한 일로 생각하다

1884 ☐☐☐
scramble
[skrǽmbl]

동 1. 기어오르다 2. 바삐 서둘러 하다

The children tried to **scramble** up the tree.
아이들은 나무에 기어오르려고 노력했다.

1885 ☐☐☐
spiral
[spáiərəl]

형 나선형의 명 나선 동 나선꼴로 움직이다

A snail's shell looks like a **spiral**.
달팽이의 껍질은 나선형으로 보인다.

1886 ☐☐☐
collide
[kəláid]

동 1. 충돌하다, 부딪치다 2. 일치하지 않다

He **collided** with a spectator's bag and tumbled to the ground.
그는 관객의 가방과 부딪쳐서 넘어졌다.

➕ collision 명 충돌

1887 ☐☐☐
drawback
[drɔ́ːbæ̀k]

몡 장애, 방해, 결점, 불리

The major **drawback** of the plan is its high expense.
그 계획의 가장 큰 결점은 비용이 많이 든다는 것이다.

1888 ☐☐☐
reluctant
[rilʌ́ktənt]

혱 (마음이) 내키지 않는, 꺼리는

The government was **reluctant** to shoulder the financial
burden. 정부는 재정적인 부담을 떠맡기를 꺼려했다.
➕ reluctantly 뷔 마지못해, 싫어하며
   reluctance 몡 싫음, 마음 내키지 않음

1889 ☐☐☐
plunge
[plʌndʒ]

통 뛰어들다, 곤두박질치다, 추락하다

The airplane **plunged** into the Pacific Ocean a year ago.
그 비행기는 일 년 전에 태평양에 추락했다.

1890 ☐☐☐
subdue
[səbdʒúː]

통 1. (나라·국민 등을) 정복하다, 진압하다 (㊰ conquer)
   2. 복종시키다 3. (감정·충동 등을) 억누르다 (㊰ control)

The police **subdued** the man and arrested him.
경찰은 그 남자를 진압하고 체포했다.
The woman tried to **subdue** her fear of heights.
그녀는 고소공포증을 억누르려고 노력했다.

1891 ☐☐☐
steer
[stiər]

통 조종하다

A bicycle rider **steers** by turning the handlebars.
자전거 타는 사람은 핸들을 돌리며 조종한다.

1892 ☐☐☐
pastoral
[pǽstərəl]

혱 1. 전원생활의, 시골의 2. 목사(직무)의

Pastoral poetry is a literary work dealing with rural life.
전원시는 전원생활을 다루는 문학작품이다.

1893 ☐☐☐
ransom
[rǽnsəm]

명 몸값, 배상금　동 (배상금을 치르고) 되찾다

The pirates demanded **ransom** for the hostages.
해적들은 인질들의 몸값을 요구했다.

➕ hold ~ for ransom ~을 인질로 해서 몸값을 요구하다

1894 ☐☐☐
summon
[sʌ́mən]

동 1. 소환하다 (유 call)　2. (의회 등을) 소집하다

The student was **summoned** to the principal's office.
그 학생은 교장실에 소환됐다.

1895 ☐☐☐
flourish
[flə́:riʃ]

동 1. 번창하다, 번성하다　2. 건강하다

The small restaurant is **flourishing** even in the current depressed economy.
그 작은 레스토랑은 현재의 침체된 경기에서도 번창하고 있다.

1896 ☐☐☐
fabric
[fǽbrik]

명 1. 직물, 천　2. (사회·건물 등의) 구조

Cotton, wool, and linen are examples of natural **fabrics**.
면, 모직, 그리고 리넨은 천연섬유의 예이다.

➕ fabricate 동 1. 날조하다　2. 제작하다

1897 ☐☐☐
vegetation
[vèdʒitéiʃən]

명 식물, 초목

The wasteland used to be covered in lush green **vegetation**.
그 황무지는 한때 푸른 초목으로 무성하게 덮여있었다.

1898 ☐☐☐
maternity
[mətə́:rnəti]

명 어머니임, 모성　형 임산부의

She is on **maternity** leave for a year.
그녀는 일 년간 육아 휴직 중이다.

➕ cf. paternity 명 아버지임, 부성

drowsy
[dráuzi]

형 졸리는, 나른한 (유 sleepy)

I always feel **drowsy** after lunch.
나는 점심 식사 후에는 항상 졸리다.

➕ drowsiness 명 졸음

---

rusty
[rʌ́sti]

형 녹슨, 녹에서 생긴

He found a **rusty** old rifle lying near him.
그는 주변에 놓여 있는 녹슨 낡은 소총을 발견했다.

➕ rust 명 녹 동 녹슬다

Daily Test

1-16 영어를 우리말로, 우리말을 영어로 바꾸시오.

1	reluctant	_____	9	충동하다; 일치하지 않다	_____

1 reluctant _____

2 scramble _____

3 rusty _____

4 pastoral _____

5 fabulous _____

6 drowsy _____

7 vegetation _____

8 pledge _____

9 충동하다; 일치하지 않다 _____

10 번창하다; 건강하다 _____

11 나머지, 여분; 나머지의 _____

12 되찾다, 만회하다 _____

13 어머니임, 모성; 임산부의 _____

14 장애, 방해, 결점, 불리 _____

15 주다; 인정하다; 보조금 _____

16 온실 _____

17-21 문맥상 빈칸에 들어갈 단어를 찾아 적절한 형태로 넣으시오.

sober	fabric	speculate	steer	ransom

17 A bicycle rider _____ by turning the handlebars.

18 He was not _____ enough to drive.

19 The pirates demanded _____ for the hostages.

20 Cotton, wool, and linen are examples of natural _____.

21 Fans love to _____ about the lives of their favorite celebrities.

Answer ¹(마음이) 내키지 않는, 꺼리는 ²기어오르다; 바삐 서둘러 하다 ³녹슨, 녹에서 생긴 ⁴전원생활의, 시골의; 목사 (직무)의 ⁵굉장한, 멋진 ⁶졸리는, 나른한 ⁷식물, 초목 ⁸서약, 공약; 담보; 서약하다 ⁹collide ¹⁰flourish ¹¹surplus ¹²retrieve ¹³maternity ¹⁴drawback ¹⁵grant ¹⁶conservatory ¹⁷steers ¹⁸sober ¹⁹ransom ²⁰fabrics ²¹speculate

67 고난도 어휘 (5)

1901 ☐☐☐
soar
[sɔːr]

동 1. 급등하다 2. 날아오르다, 하늘 높이 날다

Soaring eagles have the ability to see a mouse in the grass from a mile away.
비상하는 독수리는 1마일이나 떨어진 잔디의 쥐를 보는 능력이 있다.

1902 ☐☐☐
stack
[stæk]

명 더미, 무더기 동 쌓아 올리다

She ate the entire **stack** of pancakes for breakfast.
그녀는 아침으로 한 무더기의 팬케이크를 전부 먹었다.

1903 ☐☐☐
hypothesize
[haipáθisàiz]

동 가설을 세우다, 가정하다

While reading the text, we **hypothesize** about what the author might discuss next.
글을 읽으면서, 우리는 작가가 다음에 무엇에 대해 이야기할지 가정해 본다.

➕ hypothesis 명 가설, 가정

1904 ☐☐☐
impoverish
[impávəriʃ]

동 1. 가난하게 하다, 피폐하게 하다 2. 저하시키다

The increasing weight of the land tax **impoverished** the peasantry. 늘어가는 토지세의 부담이 소작인들을 가난하게 했다.

➕ impoverished 형 빈곤한, 가난해진

1905 ☐☐☐
dwell
[dwel]

동 (dwelled/dwelt – dwelled/dwelt) 살다, 거주하다

He **dwelt** alone on a deserted island for 30 years.
그는 30년 동안 무인도에서 혼자 살았다.

➕ dwell on[upon] 깊이 생각하다
dweller 명 거주자, 주민

1906 □□□

shelter
[ʃéltər]

圈 피난처, 은신처　동 1. 보호하다　2. 피하다

A family is a trouble-free unit that **shelters** its members from the stresses of the outside world.
가족은 외부 세계의 스트레스로부터 구성원들을 보호하는 갈등이 없는 조직이다.

➕ sheltered 휑 보호받고 있는

1907 □□□

priest
[priːst]

圈 성직자, 목사

He followed the path of his uncle, the great **priest**.
그는 위대한 성직자였던 그의 삼촌의 길을 따랐다.

➕ priestly 휑 성직자의, 사제의

1908 □□□

supplement
동 [sʌ́pləmènt]
圈 [sʌ́pləmənt]

동 보완하다　圈 보완, 보충

He **supplemented** his salary by working part-time jobs on the weekend.　그는 주말에 아르바이트를 해서 그의 월급을 보충했다.

➕ supplementary 휑 보충하는, 추가의

1909 □□□

vein
[vein]

圈 정맥

The doctor injected medicine into my **vein**.
의사가 나의 정맥에 약물을 주입했다.

➕ cf. artery 圈 동맥

1910 □□□

regime
[reiʒíːm]

圈 1. 정치 제도　2. 정권　3. 사회 제도 (㊀ administration)

Some countries are under a socialist **regime**.
몇몇의 나라들은 사회주의 체제이다.

1911 □□□

splash
[splæʃ]

동 (물 등이) 튀다, 튀기다　圈 튀기기, 튀기는 소리

A passing car **splashed** my new coat.
지나가던 차가 내 새 코트에 물을 튀겼다.

➕ splashy 휑 눈에 확 띄는

1912 ☐☐☐

derive
[diráiv]

图 1. 얻다, 끌어내다 2. (~에서) 비롯되다, 나오다

Some English words are **derived** from Latin and Greek.
어떤 영단어들은 라틴어와 그리스어에서 유래한다.

➕ derivative 웹 유도된 옙 파생어[물]
derivation 옙 어원

1913 ☐☐☐

stereotype
[stériətàip]

옙 고정 관념

It is hard to do away with **stereotypes** and prejudices.
고정 관념과 선입견을 없애는 것은 어렵다.

1914 ☐☐☐

toll
[toul]

옙 1. 사용세 2. 사상자 수 3. 종소리   图 종을 쳐서 알리다

Paying the **toll** and driving over the bridge saves a lot of time.
통행료를 내고 다리 위를 건너 운전하면 많은 시간이 절약된다.

➕ death toll 사망자 수

1915 ☐☐☐

vendor
[véndər]

옙 행상인, 노점 상인

A street **vendor** is selling fresh fruit.
노점 상인이 신선한 과일을 팔고 있다.

1916 ☐☐☐

mumble
[mʌ́mbl]

옙 중얼거림   图 중얼중얼 말하다

She spoke in a **mumble** to herself.
그녀는 자신에게 중얼거리며 말했다.

1917 ☐☐☐

swirl
[swəːrl]

图 소용돌이치다 옙 소용돌이

There were a lot of insects **swirling** around the streetlamp.
가로등 주위를 빙빙 도는 곤충이 많았다.

1918 ☐☐☐

contemplate
[kántəmplèit]

동 1. 심사숙고하다 2. 응시하다 3. 예상하다

He is still **contemplating** whether or not he's going to buy a new car. 그는 새 차를 살지 말지 여전히 고민 중이다.

➕ contemplation 명 1. 숙고 2. 응시
   contemplative 형 숙고하는

1919 ☐☐☐

rigid
[rídʒid]

형 1. 굳은 2. 고정된 3. 엄격한

Our school has very **rigid** rules and regulations.
우리 학교에는 아주 엄격한 규칙과 규정이 있다.

➕ rigidity 명 1. 단단함, 경직 2. 엄격

1920 ☐☐☐

compartment
[kəmpáːrtmənt]

명 1. 구획, 칸막이 2. 칸막이 객실

We booked tickets for a private sleeping **compartment**.
우리는 개인 침대칸 표를 예매했다.

1921 ☐☐☐

congestion
[kəndʒéstʃən]

명 밀집, 혼잡 (유 crowding)

The pandemic caused a lot of **congestion** in hospitals.
전염병은 병원에 많은 혼잡을 야기했다.

1922 ☐☐☐

stride
[straid]

동 (strode - stridden) 성큼성큼 걷다

Two men in traditional costumes **strode** down a street.
전통의상을 입은 두 남자가 거리를 활보했다.

1923 ☐☐☐

inward
[ínwərd]

부 안으로 형 안의, 내부의

The door opens **inward** to prevent injuries.
그 문은 부상을 방지하기 위해 안으로 열린다.

affluent
[ǽfluənt]

휑 부유한, 유복한

His parents were very **affluent**.
그의 부모님은 매우 부유했다.

➕ affluently 뷰 부유하게
　 affluence 명 풍족, 유복

---

tease
[tiːz]

동 괴롭히다, 놀리다

Everyone **teased** him about the squeaky sound of his weak voice. 모든 이가 그의 가는 목소리에서 나오는 끽끽대는 소리를 놀려댔다.

Daily Test

1-16 영어를 우리말로, 우리말을 영어로 바꾸시오.

1	regime	_____	9	(물 등이) 튀다; 튀기기, 튀기는 소리	_____
2	affluent	_____	10	괴롭히다, 놀리다	_____
3	shelter	_____	11	고정 관념	_____
4	supplement	_____	12	성큼성큼 걷다	_____
5	hypothesize	_____	13	중얼거림; 중얼중얼 말하다	_____
6	dwell	_____	14	정맥	_____
7	vendor	_____	15	심사숙고하다; 응시하다	_____
8	swirl	_____	16	구획, 칸막이; 칸막이 객실	_____

17-21 문맥상 빈칸에 들어갈 단어를 찾아 적절한 형태로 넣으시오.

congestion	stack	rigid	inward	derive

17 The door opens _____ to prevent injuries.

18 She ate the entire _____ of pancakes for breakfast.

19 Some English words are _____ from Latin and Greek.

20 Our school has very _____ rules and regulations.

21 The pandemic caused a lot of _____ in hospitals.

Answer   ¹ 정치 제도; 정권; 사회 제도 ² 부유한, 유복한 ³ 피난처, 은신처; 보호하다; 피하다 ⁴ 보완하다; 보완, 보충 ⁵ 가설을 세우다, 가정하다 ⁶ 살다, 거주하다 ⁷ 행상인, 노점 상인 ⁸ 소용돌이(치다) ⁹ splash ¹⁰ tease ¹¹ stereotype ¹² stride ¹³ mumble ¹⁴ vein ¹⁵ contemplate ¹⁶ compartment ¹⁷ inward ¹⁸ stack ¹⁹ derived ²⁰ rigid ²¹ congestion

---

1926 ☐☐☐
blaze
[bleiz]

명 불길 동 1. 밝게 타다 2. 빛나다

Firefighters extinguished the **blaze** quickly with their hoses.
소방관들이 호스로 불길을 재빨리 껐다.

➕ blazing 형 1. 타는 듯이 더운 2. 맹렬한

1927 ☐☐☐
weave
[wi:v]

동 (wove – woven) (천을) 짜다, 엮다 명 짜기, 엮는 법

This fabric is **woven** by hand.
이 천은 손으로 짠 것이다.

➕ weaver 명 베 짜는 사람, 직공(織工)

1928 ☐☐☐
immerse
[imɔ́:rs]

동 1. 담그다, 적시다 2. 열중[몰두]시키다

I **immersed** my sore feet in very warm water for ten minutes.
나는 십 분 동안 매우 따뜻한 물에 내 아픈 발을 담갔다.

➕ immersion 명 1. 담금 2. 열중, 몰두

1929 ☐☐☐
arbitrary
[ɑ́:rbitrèri]

형 1. 임의의, 제멋대로의 2. 독단적인

You should avoid making **arbitrary** decisions.
너는 독단적인 결정을 하는 것을 피해야 한다.

1930 ☐☐☐
retrospect
[rétrəspèkt]

명 회상, 추억

In **retrospect**, I don't think I did my best.
돌이켜보면, 내가 최선을 다하지 않았던 것 같다.

➕ in retrospect 돌이켜보면

488

1931 ☐☐☐
acoustic
[əkúːstik]

형 1. 청각의 2. 음의, 음향의

Television is fundamentally an **acoustic** medium.
텔레비전은 근본적으로 음향 매체이다.

1932 ☐☐☐
hive
[haiv]

명 1. 벌통, 벌집 2. 발진, 두드러기 3. 붐비는 장소

He develops severe **hives** whenever he eats peaches.
그는 복숭아를 먹을 때마다 두드러기가 심하게 난다.

1933 ☐☐☐
crush
[krʌʃ]

동 1. 눌러 부수다 2. 가루로 만들다

She **crushed** the box beneath her heel.
그녀는 상자를 발로 밟아 찌그러뜨렸다.

1934 ☐☐☐
integral
[íntəgrəl]

형 1. 없어서는 안 될, 필수의 2. 통합된, 완전한

Art has become a truly **integral** part of our lives.
예술은 우리의 삶에서 진정 없어서는 안 될 부분이 되었다.

1935 ☐☐☐
righteous
[ráitʃəs]

형 1. 옳은 2. 정당한 3. 정의로운

His actions were **righteous**.
그의 행동은 정의로웠다.

1936 ☐☐☐
ragged
[rǽgid]

형 1. 누더기의 2. 초라한

They ignored him because he wore a **ragged** coat.
그들은 그가 다 해진 코트를 입었기 때문에 그를 무시했다.

➕ rag 명 넝마, 누더기

nomad
[nóumæd]

명 유목민

Their ancestors were **nomads** who raised cattle.
그들의 조상은 가축을 기르던 유목민이었다.

➕ nomadic 형 유목의, 방랑의

---

frown
[fraun]

동 눈살을 찌푸리다 명 찌푸린 얼굴

The clerk **frowned**.
점원이 눈살을 찌푸렸다.

---

foster
[fɔ́:stər]

동 1. 육성하다, 촉진하다 2. 양육하다

My boss tries to **foster** a positive working atmosphere.
우리 사장님은 좋은 근무 환경을 조성하려고 노력하신다.

---

ubiquitous
[juːbíkwətəs]

형 (동시에) 어디에나 있는

The cell phone has become a **ubiquitous** and essential part of
life. 휴대전화는 세상 어디에나 있는 삶의 필수적인 부분이 되었다.

---

monk
[mʌŋk]

명 수도사

People come to the **monk** for help and advice.
도움과 조언을 얻고자 사람들은 그 수도사를 찾아온다.

---

stake
[steik]

명 1. 말뚝, 막대기 2. 내기 3. 이해관계

Every person on Earth has a **stake** in the health of the planet.
지구상의 모든 사람은 지구의 건강과 이해관계에 있다.

➕ at stake 위태로운, 성패가 달린
　　have a stake in ~에 이해관계에 있다

1943 ☐☐☐

illusion
[iljúːʒən]

뗑 1. 환각, 환영 2. 착각

Some movies seem to confirm the **illusion** that all problems can be easily solved.
어떤 영화는 모든 문제가 쉽게 해결될 수 있다는 착각을 심어주는 것 같다.

➕ illusionist 뗑 마술사
illusory 뗑 착각을 일으키는, 현혹시키는

DAY 68

1944 ☐☐☐

delude
[dilúːd]

뙩 속이다, 착각하게 하다 (㉤ deceive)

Don't **delude** yourself into thinking that money will make you happy. 돈이 너를 행복하게 할 것이라고 생각하도록 너 자신을 속이지 말아라.

➕ delusion 뗑 1. 망상 2. 착각, 오해
delude A into v-ing A를 속여 ~시키다

1945 ☐☐☐

tilt
[tilt]

뙩 기울(이)다, 경사지게 하다

The tower is **tilting** a little and is very unstable.
그 탑은 약간 기울어져 있고 매우 불안정하다.

1946 ☐☐☐

discreet
[diskríːt]

뗑 1. 분별 있는 2. 신중한 3. 조심스러운

Please be **discreet** with this information.
이 정보에 신중해라.

She tried to be **discreet** so that nobody would notice her.
그녀는 아무도 그녀를 알아보지 못하도록 조심하려 했다.

1947 ☐☐☐

by-product
[báiprɑ̀dəkt]

뗑 1. 부산물 2. 부차적 결과

An onggi has many small air holes in it, which allow unnecessary **by-products** to escape.
옹기에는 불필요한 부산물이 밖으로 나갈 수 있게 하는 많은 작은 공기구멍이 있다.

1948 □□□

texture
[tékstʃər]

명 1. 조직, 구성 2. 결, 감촉

The **texture** of this sweater is too rough.
이 스웨터의 감촉은 너무 거칠다.

➕ textural 형 조직상의, 피륙의

1949 □□□

cradle
[kréidl]

명 요람, 유아용 침대

The mother looked at her smiling baby in the **cradle**.
엄마는 요람에서 미소 짓는 아이를 바라봤다.

➕ from (the) cradle to (the) grave 요람에서 무덤까지, 일생 동안

1950 □□□

clutch
[klʌtʃ]

동 꽉 잡다, 부여잡다 (㊎ grip)

She tightly **clutched** her purse with both hands.
그녀는 두 손으로 그녀의 지갑을 꽉 잡았다.

Daily Test

1-16 영어를 우리말로, 우리말을 영어로 바꾸시오.

1 frown _____

2 hive _____

3 delude _____

4 foster _____

5 blaze _____

6 crush _____

7 discreet _____

8 weave _____

9 조직, 구성; 결, 감촉 _____

10 환각, 환영; 착각 _____

11 부산물; 부차적 결과 _____

12 담그다; 열중[몰두]시키다 _____

13 유목민 _____

14 누더기의; 초라한 _____

15 요람, 유아용 침대 _____

16 기울(이)다, 경사지게 하다 _____

17-21 문맥상 빈칸에 들어갈 단어를 찾아 적절한 형태로 넣으시오.

retrospect	clutch	arbitrary	stake	integral

17 You should avoid making _____ decisions.

18 In _____, I don't think I did my best.

19 Art has become a truly _____ part of our lives.

20 Every person on Earth has a(n) _____ in the health of the planet.

21 She tightly _____ her purse with both hands.

Answer ¹ 눈살을 찌푸리다; 찌푸린 얼굴 ² 벌통, 벌집; 발진, 두드러기; 붐비는 장소 ³ 속이다, 착각하게 하다 ⁴ 육성하다, 촉진하다; 양육하다 ⁵ 불길; 밝게 타다; 빛나다 ⁶ 눌러 부수다; 가루로 만들다 ⁷ 분별 있는; 신중한; 조심스러운 ⁸ (천을) 짜다, 엮다; 짜기, 엮는 법 ⁹ texture ¹⁰ illusion ¹¹ by-product ¹² immerse ¹³ nomad ¹⁴ ragged ¹⁵ cradle ¹⁶ tilt ¹⁷ arbitrary ¹⁸ retrospect ¹⁹ integral ²⁰ stake ²¹ clutched

DAY 69 고난도 어휘 (7)

1951 ☐☐☐
tenant
[ténənt]

몡 임차인, 차용자, 소작인

The man employed her in dealing with **tenants**.
그 남자는 그녀를 임차인과 거래하는 일로 고용했다.

➕ tenancy 몡 차용 (기간)

1952 ☐☐☐
coexist
[kòuigzíst]

됭 동시에 존재하다, 공존하다

I think peace and freedom can **coexist** in this world.
나는 이 세상에 평화와 자유가 공존할 수 있다고 생각한다.

➕ coexistence 몡 공존

1953 ☐☐☐
legitimate
[lidʒítimət]

혱 1. 합법적인, 정당한 2. 진짜의 (㈜ genuine)

This team has a **legitimate** chance at winning the
championship. 이 팀은 우승할 정당한 기회를 가진다.

1954 ☐☐☐
insulate
[ínsʝəlèit]

됭 1. 절연[단열, 방음]하다 2. 고립시키다

The house is superbly **insulated** throughout for winter
comfort. 그 집은 겨울의 안락함을 위하여 구석구석 단열 처리가 잘 되어 있다.

➕ insulation 몡 절연[단열, 방음] 재료

1955 ☐☐☐
console
[kənsóul]

됭 위로하다, 힘내게 하다

Drying my eyes with her handkerchief, she **consoled** me with
gentle talk. 그녀는 손수건으로 내 눈물을 닦아 주면서 부드러운 말로 위로해 주었다.

➕ consolation 몡 위로, 위안(이 되는 것)
  consolatory 혱 위로하기 위한

1956 □□□
cope
[koup]

동 잘 처리하다

Doctors provide counseling to patients and help them **cope** with their diseases.
의사들은 환자들에게 상담을 해 주고 그들이 병에 잘 대처할 수 있도록 돕는다.

1957 □□□
taboo
[təbúː]

명 금기 형 금기의

Certain foods are **taboo** in some parts of the world.
세계의 어떤 지역에서는 특정 음식이 금기시된다.

1958 □□□
domestic
[dəméstik]

형 1. 국내의 2. 가정 내의 3. (동물이) 길든

The **domestic** oil, natural gas, and steel industries require protection. 국내의 석유와 천연가스, 철강 산업은 보호가 필요하다.

➕ domesticate 동 (동물을) 길들이다

1959 □□□
shatter
[ʃǽtər]

동 1. 산산이 부수다 2. 파괴하다

His dreams of traveling were **shattered** by his busy schedule.
바쁜 일정 때문에 그의 여행에 대한 꿈은 산산이 부서졌다.

➕ shattering 형 엄청나게 충격적인

1960 □□□
flock
[flɑk]

명 떼, 무리 동 모이다, 떼를 지어 가다

Hundreds of geese are flying in a **flock**.
수백 마리의 기러기가 무리를 지어 날고 있다.

1961 □□□
criterion
[kraitíəriən]

명 표준, 기준, 척도 (복수형 criteria)

They use the **criteria** to evaluate their products and services.
그들은 제품과 서비스를 평가하기 위해 기준을 사용한다.

1962 ☐☐☐
deficit
[défisit]

몡 부족(액), 적자

There was a **deficit** in sales this year.
올해 영업이 적자였다.

1963 ☐☐☐
basin
[béisən]

몡 1. 대야 2. 세면대

I put water in the **basin** to wash my face.
나는 세수를 하려고 세면대에 물을 받았다.

1964 ☐☐☐
loop
[lu:p]

몡 고리, 올가미   됭 고리로 만들다

Using the pliers, make a **loop** in the center of the wire.
펜치를 사용해서 철사의 중앙에 고리를 만들어라.

1965 ☐☐☐
cuisine
[kwizí:n]

몡 (특별한) 요리(법)

Asian **cuisine** is becoming more and more popular in Europe.
아시아 음식이 유럽에서 점점 더 인기를 얻고 있다.

1966 ☐☐☐
disperse
[dispə́:rs]

됭 1. 흩어지게 하다, 분산시키다 2. 뿌리다

Some plants **disperse** seeds by using the wind.
어떤 식물들은 바람을 이용해 씨앗을 퍼뜨린다.

➕ dispersion 몡 확산, 분산

1967 ☐☐☐
trim
[trim]

됭 다듬다, 정돈하다   혱 잘 정돈된   몡 정돈(된 상태)

I went to the beauty shop just to have my hair **trimmed**.
나는 그냥 머리를 좀 다듬으려고 미용실에 갔다.

1968 ☐☐☐

parallel
[pǽrəlèl]

형 1. 평행의 2. 유사한　명 유사　동 ~와 유사하다

The road runs **parallel** to the river.
그 도로는 강과 평행으로 뻗어 있다.

1969 ☐☐☐

haunt
[hɔːnt]

동 1. (유령 등이) 출몰하다 2. 끊임없이 떠오르다　명 자주 가는 곳

Everyone has heard that the old castle is **haunted**.
모두가 그 옛 성에서 유령이 출몰한다는 이야기를 들었다.

1970 ☐☐☐

sake
[seik]

명 동기, 이익, 목적

Happiness can be found in doing work that one enjoys for its
own **sake**. 행복은 일 자체를 즐기면서 할 때 찾을 수 있다.

➊ for one's sake ~을 위해서　　for the sake of ~ 때문에, ~을 위해서

1971 ☐☐☐

inborn
[ínbɔ́ːrn]

형 타고난, 선천적인

An **inborn** talent is a virtue that can neither be erased nor
stopped. 선천적인 재능은 없어지거나 멈춰질 수 없는 가치이다.

1972 ☐☐☐

rage
[reidʒ]

명 격노, 분노　동 격노하다

His voice was trembling with **rage**.
그의 목소리는 분노로 떨렸다.

➊ raging 형 극심한, 격렬한

1973 ☐☐☐

drift
[drift]

명 1. 표류 2. 퇴적물 3. 일반적인 경향　동 1. 떠돌다 2. 방황하다

The abandoned boat is **drifting** at sea.
버려진 보트가 바다에서 표류하고 있다.

➊ on the drift 표류하여, 방랑하여

tame
[teim]

동 길들이다, 온순해지다 형 1. 길들여진, 순한 2. 지루한

If I could **tame** a wild animal, I'd want it to be a tiger.
내가 만약 야생 동물을 길들일 수 있다면 호랑이를 길들이고 싶다.

➕ tamer 명 길들이는 사람, 조련사

---

bias
[báiəs]

명 1. 선입관 2. 편견

If people grow up experiencing all sorts of cultures, they have less **bias** towards others.
사람들이 모든 종류의 문화를 경험하면서 자라면, 그들은 타인에 대한 편견을 덜 갖게 된다.

➕ biased 형 편견을 가진

Daily Test

1-16 영어를 우리말로, 우리말을 영어로 바꾸시오.

1	legitimate	_____	9	금기(의)	_____
2	inborn	_____	10	평행의; 유사(한); ~와 유사하다	_____
3	basin	_____	11	표준, 기준, 척도	_____
4	insulate	_____	12	고리, 올가미; 고리로 만들다	_____
5	trim	_____	13	부족(액), 적자	_____
6	disperse	_____	14	산산이 부수다; 파괴하다	_____
7	haunt	_____	15	선입관; 편견	_____
8	console	_____	16	잘 처리하다	_____

17-21 문맥상 빈칸에 들어갈 단어를 찾아 적절한 형태로 넣으시오.

cuisine	coexist	rage	drift	tame

17 His voice was trembling with _____.

18 Asian _____ is becoming more and more popular in Europe.

19 If I could _____ a wild animal, I'd want it to be a tiger.

20 The abandoned boat is _____ at sea.

21 I think peace and freedom can _____ in this world.

Answer ¹ 합법적인, 정당한; 진짜의 ² 타고난, 선천적인 ³ 대야; 세면대 ⁴ 절연[단열, 방음]하다; 고립시키다 ⁵ 다듬다, 정돈하다; 잘 정돈된; 정돈(된 상태) ⁶ 흩어지게 하다, 분산시키다; 뿌리다 ⁷ (유령 등이) 출몰하다; 끊임없이 떠오르다; 자주 가는 곳 ⁸ 위로하다, 힘내게 하다 ⁹taboo ¹⁰parallel ¹¹criterion ¹²loop ¹³deficit ¹⁴shatter ¹⁵bias ¹⁶cope ¹⁷rage ¹⁸cuisine ¹⁹tame ²⁰drifting ²¹coexist

클래스카드

1976 ☐☐☐
eloquent
[éləkwənt]

형 1. 웅변의, 청중을 사로잡는 2. 표현[표정]이 풍부한

The old man's speech was **eloquent** and moving.
그 노인의 연설은 청중을 사로잡았고 감동적이었다.

➕ eloquently 부 웅변으로, 능변으로
　 eloquence 명 웅변, 능변

1977 ☐☐☐
tangle
[tǽŋgl]

동 엉키다, 얽히다　명 1. 엉킴 2. 혼란

My hair is always **tangled** when I get up in the morning.
나는 아침에 일어날 때 항상 머리가 헝클어져 있다.

➕ tangled 형 1. 헝클어진 2. 뒤얽힌
　 entangle 동 뒤얽히게 하다

1978 ☐☐☐
perpetual
[pərpétʃuəl]

형 영구적인, 끊임없는 (유 continual 반 discontinuous)

They will keep having the same **perpetual** problems until they make some changes.
그들은 그들이 몇 가지 변화를 만들어 낼 때까지 계속해서 같은 문제들을 가질 것이다.

1979 ☐☐☐
strive
[straiv]

동 (strove – striven) 노력하다, 분발하다

People have **striven** to conserve the wild plants growing in Korea.　사람들은 한국에서 자라는 야생 식물들을 보호하기 위해서 노력해왔다.

➕ strife 명 갈등, 투쟁

1980 ☐☐☐
petal
[pétəl]

명 꽃잎

Flower **petals** were all over the floor of the shop.
온 가게 바닥에 꽃잎이 흩어져 있었다.

1981 ☐☐☐

banish
[bǽniʃ]

동 추방하다, 제거하다

He was **banished** from the club for violating the rules.
그는 규칙을 어겨서 동아리에서 쫓겨났다.

1982 ☐☐☐

eject
[idʒékt]

동 1. 내쫓다 (⑨ expel) 2. 해고하다

The loud student was **ejected** from the class.
그 시끄러운 학생은 수업에서 쫓겨났다.

DAY **70**

1983 ☐☐☐

stale
[steil]

형 1. 신선하지 않은 2. 상한

The bread has gone **stale** already.
그 빵은 이미 상했다.

1984 ☐☐☐

harassment
[hərǽsmənt]

명 괴롭힘, 희롱

Workplace **harassment** is a serious problem in our society.
직장 내 괴롭힘은 우리 사회의 심각한 문제이다.

➕ harass 동 괴롭히다, 희롱하다
　 harassed 형 지친, 시달린

1985 ☐☐☐

alliance
[əláiəns]

명 동맹, 협정, 연합

We don't expect big changes in our **alliance** with the
company. 우리는 그 회사와 제휴하는 데 있어서 큰 변화를 기대하지 않는다.

➕ ally 동 동맹시키다[하다] 명 동맹국

1986 ☐☐☐

hospitalize
[háspitəlàiz]

동 입원시키다

The patient was **hospitalized** in the intensive care unit after
surgery. 수술 후에 그 환자는 집중 치료실에 입원했다.

➕ hospitalization 명 입원 (기간)

numerical
[nju:mérikəl]

형 수의, 숫자로 표시된

I arranged all the cards in **numerical** order.
나는 모든 카드를 번호순으로 정리했다.

➕ numerically 부 숫자상으로

---

halt
[hɔːlt]

명 정지, 멈춤 동 정지시키다

The police officer brought my car to a **halt**.
그 경찰관이 내 차를 정지시켰다.

➕ bring ~ to a halt ~을 정지시키다

---

virtual
[vɔ́ːrtʃuəl]

형 1. 실질상의, 실제의 2. 가상(假想)의

Drivers are able to safely practice driving using **virtual** reality programs. 가상현실 프로그램을 이용해 운전자들은 안전하게 운전 연습을 할 수 있다.

➕ virtually 부 사실상, 거의

---

inhale
[inhéil]

동 들이마시다, 흡입하다 (반 exhale)

We should avoid **inhaling** the smoke from burning garbage.
쓰레기를 태울 때 나오는 연기를 마시지 말아야 한다.

➕ inhalation 명 흡입

---

intimidate
[intímidèit]

동 두려워하게 하다, 겁주다, 협박하다

He **intimidated** us into voting for him.
그는 그에게 투표하도록 우리를 협박했다.

➕ intimidation 명 협박, 위협   intimidated 형 겁을 내는

---

afflict
[əflíkt]

동 괴롭히다, 들볶다

President Reagan was **afflicted** with Alzheimer's disease.
레이건 대통령은 알츠하이머병으로 고통받았다.

➕ affliction 명 고통(의 원인)

1993 ☐☐☐

stumble
[stʌ́mbl]

동 1. 비틀거리다 2. 넘어질 뻔하다

She **stumbled** and fell to the ground.
그녀는 비틀거리다 넘어졌다.

1994 ☐☐☐

pioneer
[pàiəníər]

명 개척자 동 개척하다

It is those **pioneers** who have paved the way for us to follow.
우리가 따라갈 길을 닦아 놓은 것은 바로 저 개척자들이다.

1995 ☐☐☐

stance
[stæns]

명 1. 자세 2. 태도, 입장

The **stance** of the cat made me expect that it would attack.
나는 그 고양이의 자세를 보고 공격할 것을 예상했다.

1996 ☐☐☐

acute
[əkjúːt]

형 1. 심한, 격렬한 2. 날카로운, 예리한

Some patients experienced **acute** pain after surgery.
수술 후에 몇몇 환자들은 극심한 통증을 경험했다.

1997 ☐☐☐

summit
[sʌ́mit]

명 1. 정상, 꼭대기 2. 정상 회담

He has a dream of standing on the **summit** of Mount Everest.
그는 에베레스트산 정상에 서는 것이 꿈이다.

1998 ☐☐☐

torch
[tɔːrtʃ]

명 1. 횃불 2. 회중 전등

People placed a **torch** on the town hill and prayed for a successful harvest.
사람들은 마을 언덕에 횃불을 놓고 성공적인 수확을 빌었다.

soothe
[suːð]

동 1. 달래다, 위로하다 2. 편안하게 해주다

Soft music **soothes** the soul and helps us relax.
부드러운 음악은 영혼을 달래고 긴장을 늦추게 도와준다.

---

strand
[strænd]

명 1. (실 · 머리카락의) 가닥 2. (이야기의) 요소, 맥락

I pulled out a few **strands** of my mother's gray hair.
나는 어머니의 흰 머리카락 몇 가닥을 뽑았다.

Daily Test

1-16 영어를 우리말로, 우리말을 영어로 바꾸시오.

1	perpetual	_____	9	비틀거리다; 넘어질 뻔하다 _____
2	petal	_____	10	웅변의; 표현[표정]이 풍부한 _____
3	strive	_____	11	정상, 꼭대기; 정상 회담 _____
4	alliance	_____	12	입원시키다 _____
5	banish	_____	13	들이마시다, 흡입하다 _____
6	pioneer	_____	14	괴롭히다, 들볶다 _____
7	virtual	_____	15	수의, 숫자로 표시된 _____
8	soothe	_____	16	자세; 태도, 입장 _____

17-21 문맥상 빈칸에 들어갈 단어를 찾아 적절한 형태로 넣으시오.

tangle	halt	eject	stale	harassment

17 My hair is always _____ when I get up in the morning.

18 Workplace _____ is a serious problem in our society.

19 The bread has gone _____ already.

20 The police officer brought my car to a(n) _____.

21 The loud student was _____ from the class.

Answer ¹ 영구적인, 끊임없는 ² 꽃잎 ³ 노력하다, 분발하다 ⁴ 동맹, 협정, 연합 ⁵ 추방하다, 제거하다 ⁶ 개척자; 개척하다 ⁷ 실질상의; 가상의 ⁸ 달래다, 위로하다; 편안하게 해주다 ⁹ stumble ¹⁰ eloquent ¹¹ summit ¹² hospitalize ¹³ inhale ¹⁴ afflict ¹⁵ numerical ¹⁶ stance ¹⁷ tangled ¹⁸ harassment ¹⁹ stale ²⁰ halt ²¹ ejected

INDEX

apology 56

apparent 68

apparently 68

appeal to 444

appetite 199

applaud 78

applause 78

applicant 19

application 19

apply 19

apply for 424

appoint 14

appointment 14

appreciate 40

appreciation 40

approach 12

appropriate 95

approval 75

approve 75

approve of 441

approved 75

approximate 376

approximately 376

approximation 376

aptitude 64

aquaphobia 320

aquatic 356

aquatically 356

arbitrary 488

archaeological 366

archaeologist 366

archaeology 366

architect 362

architecture 362

argue over 433

arrange 36

arrangement 36

arrest 177

arrogance 337

arrogant 337

artery 341, 483

article 52

artifact 467

artificial 22

ashamed 288

ask for 425

aspect 89

aspiration 194

aspire 194

assault 349

assemble 217

assembly 217

assert 17

assertion 17

assess 228

assessable 228

assessment 228

asset 264

assign 87

assignment 87

assist 178

assistance 178

assistant 178

associate 88

association 88

assume 234

assumption 234

assurance 162

assure 162

asthma 320

asthmatic 320

astonish 285

astonished 285

astonishing 285

astronaut 357

astronomer 364

astronomical 364

astronomy 364

athlete 362

athletic 362

atmosphere 356

atmospheric 356

atom 359

atomic 359

attach 223

attachment 223

attain 147

attainable 147

attempt 10

attend 252

attend to 444

attendance 252

attendant 252

attention 252

attentive 252

attitude 64

attorney 315

attract 165

attraction 165

attractive 165

attribute 244

attribution 244

auction 300

audible 143

author 306

authorial 306

authoritative 350

authority 350

authorize 350

average 45

award 234

aware 15

awareness 15

awkward 338

awkwardly 338

b

back up 382

balance 274

bald 233

baldly 233

baldness 233

ban 55

banish 501

bar 266

bare 376

barely 376

barn 302

barren 302

barrier 15

barter 301

base on 398

basin 496

battlefield 348

be concerned about 453

be concerned with 453

be familiar to 452

be familiar with 452

be for 424

be into 409

be possessed by 452

be possessed of 452

be sold out 417

be subject to 454

be through 394

be up to 384

beard 342

beast 329

beat 264

behave 46

behavior 46

believe in 408

biannual 460

bias 498

biased 498

bilingual 143

bill 269

bind 255

biography 151

biological 151

biologist 151

biology 151

biomass 309

biotechnology 365

bitter 266

bitterly 266

blame 45

blaze 488

blazing 488

blend 57

blender 57

blink 369

blow up 386

board 61

boast 49

boastful 49

boil down 391

bold 233

bombard 348

INDEX

detection 237
detective 237
detector 237
detergent 309
deteriorate 458
deterioration 458
determination 202
determine 202
determined 202
dethrone 351
devastate 348
devastating 348
devastation 348
device 195
devise 195
devote 31
devotion 31
diabetes 321
diabetic 321
diagnose 159
diagnosis 159
dialect 110
diameter 110
dictate 163
dictation 163
dictator 163
die away 439
dietary 320
differ 27
different 27
diffuse 471
diffusion 471
digest 345
digestion 345
digestive 345
dignify 351
dignity 351
dimension 189
dimensional 189
diminish 63
diploma 365
diplomat 202
diplomatic 202
direct 265
direction 265

directly 265
disability 242
disappear 35
disappoint 288
disappointed 288
disappointment 288
disaster 328
disastrous 328
discard 66
discern 150
discipline 270
disciplined 270
disclose 69
disclosure 69
discord 160
discourage 117
discouraged 117
discourse 60
discreet 491
discrete 471
discriminate 150
discrimination 150
disgust 287
disgusting 287
dismiss 117
dismissal 117
disorder 117
disorderly 117
dispel 201
dispensable 142
dispense 142
dispense with 449
disperse 496
dispersion 496
display 83
disposable 118
disposal 118
dispose 118
disprove 74
dispute 209
disrupt 35
dissolve 117
distance 34
distant 34
distinct 94

distinguish 94
distinguished 94
distort 203
distortion 203
distract 165
distress 136
distressed 136
distressing 136
distribute 17
distribution 17
disturb 34
disturbance 34
diverse 138
diversity 138
divide 142
divine 96
divinely 96
divisible 142
do away with 448
do over 431
do without 450
document 56
documentary 56
domestic 495
domesticate 495
dominance 57
dominant 57
dominate 57
donate 34
donation 34
donor 34
draft 45
drawback 478
dread 84, 293
dreadful 293
dreary 294
drift 497
drop by 411
drop in 407
drop off 400
drop out 418
drought 328
drown 324
drowsiness 480
drowsy 480

duplicate 144
duplication 144
durable 376
dwell 482
dwell on 399
dweller 482
dynamic 294
dynamically 294

e

eager 336
eagerly 336
ease A of B 441
ease off 403
ecological 185
ecology 185
economic 60
economist 60
economy 60
ecosystem 310
edge 265
edible 143
edit 161
edition 161
editor 161
editorial 161
educate 145
education 145
effect 235
effective 235
eject 501
elaborate 181
elastic 358
elect 54
election 54
electron 84
electronic 84
element 358
elemental 358
eligible 143
eliminate 234
elimination 234
eloquence 500
eloquent 500

INDEX

INDEX

professor 243
proficiency 167
proficient 167
profit 41
profitable 41
profound 174
progress 104
prohibit 96
prohibition 96
project 176
projection 176
prolong 103
prominent 245
promote 12
promotion 12
prompt 375
promptly 375
prone 473
pronounce 193
pronunciation 193
proof 207
property 252
prophecy 104
prophet 104
prophetic 104
proportion 198
prosecute 315
prosecution 315
prosecutor 315
prospect 88
prospective 88
prosper 146
prosperity 146
protect 237
protection 237
protective 237
prove 207
provide 62
provide A with B 455
provide for 455
provision 62
provocation 287
provoke 287
prudence 59
prudent 59

prudently 59
psychological 185
psychology 185
pull over 429
pull up 386
pulsate 344
pulse 344
punctual 375
punctuality 375
punctually 375
punish 95
punishment 95
purifier 75
purify 75
purpose 76
purposeful 76
pursue 87
pursuit 87
put across 448
put away 437
put down 392
put in for 407
put off 401
put out 418
put through 395
put up with 386

q

qualification 167
qualify 167
quotation 71
quote 71

r

race 271
racial 271
racism 271
racist 271
radical 274
radicalism 274
radically 274
rag 489
rage 497

ragged 489
raging 497
raise 95
random 98
randomly 98
range 82
ransom 479
rapid 375
rapidly 375
rare 379
rarely 379
rational 217
reach for 426
react 136
reaction 136
read over 432
realization 62
realize 62
reap 302
reason 258
reasonable 54, 258
reasonably 54
rebel 313
rebellion 313
recall 276
recede 153
receipt 50
recess 461
recession 153, 461
recessive 153
recharge 101
rechargeable 101
recital 158
recite 158
recognition 26
recognize 26
recover 81
recovery 81
recreate 160
recreation 160
recruit 160
recruitment 160
refer 262
reference 262
refine 171

refined 171
refinement 171
reflect 256
reflection 256
reform 101
reformation 101
reformer 101
refrain 461
regard 35
regarding 35
regime 483
region 229
regional 229
register 11
registration 11
regulate 83
regulation 83
rehearsal 68
rehearse 68
reign 350
reinforce 169
reinforcement 169
reject 50
rejection 50
relative 223
relatively 223
release 69
relevance 20
relevant 20
reliable 12
reliance 12
relief 253
relieve 253
relieved 253
religion 229
religious 229
reluctance 478
reluctant 478
reluctantly 478
rely 12
remain 101
remainder 101
remark 276
remarkable 276
remedial 323

set out 416
set up 383
settle 216
settle down 392
settlement 216
severe 378
severely 378
sew 227
shallow 278
shallowly 278
shatter 495
shattering 495
shed 279
shelter 483
sheltered 483
shield 349
shift 77
shipment 303
show off 403
shrink 89
shrug 370
shudder 372
shut down 393
sigh 372
sign up for 424
significance 151
significant 151
signify 151
simplicity 225
simulate 217, 230
simulated 230
simulation 217, 230
simultaneous 375
simultaneously 375
sin 314
sincere 335
sincerely 335
sincerity 335
sip 370
skeletal 345
skeleton 345
skeptic 225
skeptical 225
skepticism 225
slaughter 348

slender 343
slenderize 343
slight 280
slightly 280
slim 344
sneeze 322
sniff 371
soak 78
soar 482
sob 372
sober 476
sobriety 476
sociolinguist 364
sociolinguistics 364
sociologist 364
sociology 364
solar 357
sole 154
solely 154
solemn 294
solemnity 294
solid 41
solidity 41
solitary 154
soluble 460
soothe 504
sophisticated 155
sophistication 155
sophomore 155
sore throat 343
sorrow 288
sorrowful 288
sort out 421
souvenir 218
sovereign 130
sovereignty 130
sow 227
spare 280
speak for 427
speak out 421
spear 349
species 329
specific 95
specifically 95
spectacle 182

spectacular 182
spectator 182
speculate 476
spell out 423
sphere 466
spill 69
spinal 344
spine 344
spiral 477
splash 483
splashy 483
splendid 97
split 74
spontaneity 466
spontaneous 466
spontaneously 466
spread 73
spread over 433
square 281
squeeze 371
stability 178
stabilize 178
stable 178
stack 482
stake 490
stale 501
stance 503
stand by 410
stand for 427
stand out 421
stand up for 382
stare 372
startle 286
startled 286
startling 286
starvation 281
starve 281
state 24
statement 24
statesman 24
static 459
stationary 238
stationery 238
statistical 179
statistics 179

statue 234
status 234
stay away 437
stay over 433
stay up 383
steadily 179
steady 179
steep 18
steeply 18
steer 478
step in 406
stereotype 484
stern 295
stick 279
stick out 422
stick to 446
sticky 279
stimulate 230
stimulation 230
stimulus 230
stir 78
stirring 78
stitch 467
stock 300
stockholder 300
stop by 411
straight 141
straighten 141
strain 137
strand 504
strategic 350
strategy 350
strict 137
strictly 137
stride 485
strife 500
string 84
strive 500
stroke 277
struggle 33
stubborn 337
stubbornly 337
stumble 503
stun 292
stunning 292

INDEX

thrust 195

thumb 343

tickle 370

ticklish 370

tidal 355

tide 355

tilt 491

timid 338

timidity 338

timidly 338

tissue 278

tolerance 334

tolerant 334

tolerate 334

toll 484

tone 52

torch 503

torment 203

torture 203

tough 262

trace 166

tragedy 293

tragic 293

trail 165

trait 94

transact 131

transaction 131

transfer 258

transform 131

transformation 131

transit 42

transition 42

translate 95

translation 95

translator 95

transmission 131

transmit 131

transparency 197

transparent 197

transplant 131

transport 303

transportation 303

treat 280

treatment 280

treaty 166

tremble 210

tremendous 210

trial 279

tribe 144

trigger 77

trim 496

triumph 349

triumphal 349

triumphant 349

trivial 144

trivialize 144

troop 350

tropic 328

tropical 328

try on 397

try out 423

tune 252

turbulence 327

turbulent 327

turn away 438

turn down 393

turn in 407

turn off 402

turn out 422

turn over 431

turn to 445

twilight 144

u

ubiquitous 490

ultimate 376

ultimately 376

uncover 85

underestimate 134

underestimation 134

undergo 134

undergraduate 134

underlie 134

underlying 134

undertake 134

unification 96

unify 96

unique 92

universal 43

universally 43

universe 43

upcoming 135

upgrade 135

uphold 135

upright 135

urban 310

urbanization 310

urge 85

urgent 292

use up 387

utility 67

utilize 67

utmost 126

utter 127

utterance 127

utterly 127

v

vacancy 138

vacant 138

vacation 233

vacuum 139

vague 200

vaguely 200

vain 139

valid 183

validate 183

validity 183

valuable 74

value 74

vanish 139

vanity 139

vapor 358

vaporize 358

variable 13

variation 13

varied 13

variety 13

various 13

vary 13

vast 378

vastly 378

vegetation 479

vein 341, 483

vendor 484

verbal 60

verbalize 60

verbally 60

verifiable 316

verify 316

vertical 137

vertically 137

vessel 302

via 211

vibrate 78

vibration 78

victim 315

victimize 315

vigor 293

vigorous 293

violate 32

violator 32

violence 328

violent 328

violently 328

virtual 502

virtually 502

virtue 77

visible 219

vision 219

visual 219

vital 219

vitality 219

vivid 35

vividly 35

vocation 233

vocational 233

voluntary 211

volunteer 211

vomit 322

vote 352

voter 352

voyage 211

voyager 211

vulnerability 458

vulnerable 458

W

wage 299
wagon 303
wait for 454
wait on 454
wander 232
warfare 169
warm up 387
warranty 316
wash away 439
wear away 438
wear out 423
weave 488
weaver 488
weed 330
weird 294
weirdly 294
weirdness 294
welfare 169
whereas 97
whisper 371
wicked 336
withdraw 149
withhold 149
withstand 149
witness 316
wonder 232
wonderful 232
work on 399
work out 422
worsen 141
worship 87
worshipful 87
worshipper 87
worthwhile 66
wound 324
wounded 324
wreck 324
wrinkle 343
wrinkly 343
wrist 342

Y

yawn 372
yearn 293
yearning 293
yell 372
yield 31

Z

zealous 240
zoologist 364
zoology 364

INDEX

MEMO

MEMO

지은이

NE능률 영어교육연구소

NE능률 영어교육연구소는 혁신적이며 효율적인 영어 교재를 개발하고
영어학습의 질을 한 단계 높이고자 노력하는 NE능률의 연구조직입니다.

능률VOCA 〈고교필수 2000〉

펴 낸 이	주민홍
펴 낸 곳	서울특별시 마포구 월드컵북로 396(상암동) 누리꿈스퀘어 비즈니스타워 10층
	㈜NE능률 (우편번호 03925)
펴 낸 날	2023년 1월 5일 개정판 제1쇄 발행
	2024년 4월 15일 제7쇄 발행
전 화	02 2014 7114
팩 스	02 3142 0356
홈페이지	www.neungyule.com
등록번호	제 1-68호
I S B N	979-11-253-4058-4 53740
정 가	16,000원

NE 능률

고객센터

교재 내용 문의 : contact.nebooks.co.kr (별도의 가입 절차 없이 작성 가능)
제품 구매, 교환, 불량, 반품 문의 : 02-2014-7114 　☎ 전화문의는 본사 업무시간 중에만 가능합니다.

NE능률 교재 MAP

어휘

아래 교재 MAP을 참고하여 본인의 현재 혹은 목표 수준에 따라 교재를 선택하세요.
NE능률 교재들과 함께 영어실력을 쑥쑥~ 올려보세요!
MP3 파일 등 교재 부가 학습 서비스 및 자세한 교재 정보는 www.nebooks.co.kr 에서 확인하세요.

초1-2	초3	초3-4	초4-5	초5-6
	초등영어 단어가 된다 1	초등영어 단어가 된다 2 주니어 능률VOCA Starter 1	초등영어 단어가 된다 3 주니어 능률VOCA Starter 2	초등영어 단어가 된다 4

초6-예비중	중1	중1-2	중2-3	중3
주니어 능률VOCA 입문		주니어 능률VOCA 기본 능률VOCA 어원편 Lite	주니어 능률VOCA 실력	주니어 능률VOCA 숙어

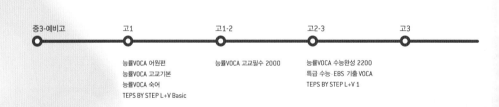

중3-예비고	고1	고1-2	고2-3	고3
	능률VOCA 어원편 능률VOCA 고교기본 능률VOCA 숙어 TEPS BY STEP L+V Basic	능률VOCA 고교필수 2000	능률VOCA 수능완성 2200 특급 수능·EBS 기출 VOCA TEPS BY STEP L+V 1	

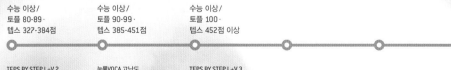

수능 이상/ 토플 80-89· 텝스 327-384점	수능 이상/ 토플 90-99· 텝스 385-451점	수능 이상/ 토플 100· 텝스 452점 이상		
TEPS BY STEP L+V 2	능률VOCA 고난도	TEPS BY STEP L+V 3		

10분 만에 끝내는 영어 수업 준비!

NE Tutor

NE Tutor는 NE능률이 만든 대한민국 대표 영어 티칭 플랫폼으로
영어 수업에 필요한 모든 콘텐츠와 서비스를 제공합니다.

www.netutor.co.kr

NE Tutor ▼
튜터 Mall
교재 / 수업자료
커리큘럼
스마트 문제뱅크
E-Book
스마트 클래스

− ☐ ✕

• 전국 영어 학원 선생님들이 뽑은 NE Tutor 서비스 TOP 4! •

교재 수업자료 ELT부터 초중고까지 수백여 종 교재의 부가자료, E-Book,
어휘 문제 마법사 등 믿을 수 있는 영어 수업 자료 제공

커리큘럼 대상별/영역별/수준별 교재 커리큘럼 & 영어 실력에 맞는
교재를 추천하는 레벨테스트 제공

한국 교육과정 기반의 IBT 영어 테스트 어휘+문법+듣기+독해 영역별 영어
실력을 정확히 측정하여, 전국 단위 객관적 지표 및 내신/수능 대비 약점 처방

문법 문제뱅크 NE능률이 엄선한 3만 개 문항 기반의 문법 문제 출제 서비스,
최대 50문항까지 간편하게 객관식&주관식 문제 출제

NE_Tutor